Stanisław Lem
Werke in Einzelausgaben

Stanisław Lem
Philosophie des Zufalls

Zu einer empirischen Theorie der Literatur
Band 2

Aus dem Polnischen
von Friedrich Griese

Insel Verlag

Originaltitel: *Filozofia przypadku.*
Literatura w świetle empirii
Wydawnictwo Literackie, Kraków, 1968
Die Übersetzung folgt der vom Autor revidierten Fassung der 2. Auflage und wurde von ihm autorisiert.

Erste Auflage 1985

Druck: Wagner GmbH, Nördlingen
Printed in Germany

Inhaltsübersicht

Vorwort

In den beiden bisherigen Auflagen des zweiten Bandes dieser Arbeit habe ich Sünden begangen, die ich wiedergutmachen möchte. Die erste Sünde, die einen erheblichen Teil des Buches betrifft, erblicke ich darin, daß ich mich immer wieder in ebenso abstrakten und scholastischen wie nutzlosen Überlegungen verloren habe. Statt mich an die Untersuchung der modernen Kultur zu machen, besonders der literarischen und der für sie repräsentativen Werke, habe ich mich auf eine verbissene Polemik gegen den Strukturalismus in der Literaturwissenschaft eingelassen. Damit habe ich die zweite Sünde begangen, die der Naivität. Diese Sünde begeht jeder, der sich in polemischer Weise mit Literaturkritik und -wissenschaft beschäftigt, ohne eine weithin anerkannte Autorität zu sein. Einen Sinn kann diese Beschäftigung nur dann haben, wenn sie die wichtigsten Vertreter der kritisierten Schule erreicht. Eine tonangebende kulturelle Mode (und der Strukturalismus war eine solche Mode) kann man nur dann sinnvoll kritisieren und entwerten, wenn man weiß, daß man zumindest wahrgenommen wird, wenn man nicht gar mit seiner Argumentation Gehör findet. Gegen den Strom einer Mode anzuschreiben, die weltweites Ansehen genießt, das ist, als wollte man mit einem Stock die Richtung eines Flusses umkehren. Die Sünde der Naivität wird dadurch, daß meine Kritik am Strukturalismus berechtigt war, nicht harmloser, denn der Strukturalismus hat Ruhm und Ehre nicht deshalb eingebüßt, weil ich ihn auf einigen hundert Seiten diskreditierte. Seine Karriere hätte auch dann damit geendet, daß er in Vergessenheit geriet, wenn ich nicht ein einziges Wort geschrieben hätte. Der einzige bekannte Strukturalist, den mein Angriff erreichte, war Tzvetan Todorov, doch selbst er ließ sich nicht auf eine Polemik mit mir ein, sondern nur seine Anhänger in den USA – in der kaum bekannten Vierteljahreszeitschrift *Science Fiction Studies*. So habe ich denn in der neuen Fassung dieses Bandes die großen Kanonen der antistrukturalistischen Diatribe auf die Seite geräumt und mich damit begnügt, das Kapitel mit der Polemik gegen Todorovs

Theorie der phantastischen Literatur unverändert zu übernehmen.

Meine dritte Sünde – oder wenn man so will: Dummheit – bestand darin, daß ich die Phänomene der Kultur allzu abstrakt behandelt habe. Die Kapitel, die sich mit dieser Problematik befassen, schwangen sich zu einer solchen Höhe auf, daß der Zustand der modernen literarischen Kultur fast ganz aus dem Blick geriet. Ich denke zwar, daß an meinen Überlegungen viel Vernünftiges war, doch gebe ich sie dem Vergessen anheim. Man sollte sich auf das beschränken, was wirklich wichtig und insofern notwendig ist. Deshalb lasse ich von den Schlachten, die ich gegen den Strukturalismus schlug, nur noch einen bloßen Erinnerungsrest stehen und befasse mich zunächst mit den Daseinsbedingungen der Belletristik; in den folgenden Kapiteln nehme ich Romane unter die Lupe, die mir für das Problem, das mich beschäftigt, besonders wichtig zu sein scheinen. Ich deute dieses Problem hier durch die Frage an, ob es möglich ist, aufgrund des Textes eines belletristischen Werkes sein *gesellschaftliches Schicksal* vorherzusagen. Diesen soziologischen Aspekt der Literatur habe ich bereits im ersten Band gestreift, mich dabei allerdings auf allgemeine Aussagen beschränkt, die sich nicht auf eine Analyse der Karriere konkreter Bücher stützten, und ich habe meine persönlichen Erfahrungen als Autor übergangen. Diesen vierten und vielleicht nicht letzten Fehler, die einschlägigen Kenntnisse, über die ich verfüge, außer acht gelassen zu haben, möchte ich nunmehr korrigieren.

XI.
Grenzen des Wachstums der Kultur

1 Sacrum und profanum

»Es gibt im politischen Leben keinen klaren Unterschied mehr zwischen Krieg und Frieden, zwischen Souveränität und Unfreiheit, zwischen Invasion und Befreiung, zwischen Gleichheit und Despotismus, noch gibt es eine unanfechtbare Grenze zwischen Henker und Opfer, zwischen Frau und Mann, zwischen den einzelnen Generationen, zwischen Verbrechen und Heldentum, zwischen Recht und Gewalt, zwischen Sieg und Niederlage, zwischen der Linken und der Rechten, zwischen Vernunft und Wahn, zwischen Arzt und Patient, zwischen Lehrer und Schüler, zwischen Kunst und Narretei, zwischen Wissen und Unwissenheit... Für diesen merkwürdigen Zerfall der Begriffe lassen sich unschwer Beispiele anführen... die Richtungen innerhalb der Psychiatrie, die groteske Anstrengungen unternehmen, um den bloßen Begriff der Geisteskrankheit als Instrument einer schrecklichen Unterdrückung der angeblich Kranken durch die Ärzte hinzustellen... der Eifer, mit dem schon der Beruf des Arztes als Ausdruck einer unerträglichen Hierarchie in Frage gestellt wird, oder die verzweifelten Bemühungen, den Unterschied zwischen Mann und Frau zu verwischen, was sich sowohl in der ›Befreiungsbewegung der Frauen‹ als auch in der Jugendmode äußert; es sei ferner an die Ideologien der Entschulung erinnert, die nicht eine Reform, sondern die völlige Abschaffung des Schulwesens erstreben, weil der Unterschied zwischen Lehrendem und Lernendem nur ein Betrug sei, den die unterdrückerische Gesellschaft sich ausgedacht habe; erinnert sei an jene Bewegungen, die sich (zu Unrecht) auf den Marxismus berufen und dabei gemeines Banditentum und Räuberei als Mittel predigen, um den gesellschaftlichen Ungleichheiten entgegenzuwirken; an jene Bewegungen, die sich (nicht zu Unrecht) gleichfalls auf den Marxismus berufen, um zu verkünden, daß, weil der Krieg nur eine Fortsetzung der Politik ist, der Unterschied zwischen einer kriegerischen und einer friedlichen Politik lediglich ein Unterschied zwischen zwei Techniken sei, denen moralische Werte zuzuschreiben lächerlich sei; erinnert sei schließlich an das Argument, daß es, da das Recht nur ein Instrument der Klassenunterdrückung sei, keinen Unterschied, es sei denn einen technischen, zwischen Rechtsstaatlichkeit und Gewalt gebe.«

Soweit Leszek Kołakowski in seinem Essay »Die Rache des Sacrum an der Kultur«. Kołakowski behauptet nicht, daß dieser Zerfall der Begriffe seine Ursachen im Politischen habe, denn auch in der Musik, der Malerei und der Literatur sei er zu beobachten, ohne daß von einer politischen Inspiration die Rede sein könne. Er meint vielmehr, daß der differentielle Anteil des Sakralen an der Festlegung solcher begrifflicher Gegensatzpaare zurückgehe, während gleichzeitig dieses Sakrale aus der Kultur von heute verschwinde, als eine der Folgen der totalen geistigen Säkularisierung der Gegenwart. Er räumt jedoch selber ein, daß dieser amorphe Schwund der begrifflichen Gegensätze – er wird übrigens mehr gefordert, als daß er tatsächlich verwirklicht wäre, denn vielfach handelt es sich um unrealisierbare (und deshalb von Kołakowski als grotesk bezeichnete) Programme – letzten Endes darauf zurückgeht, daß die solchen Gegensätzen eigentümliche Starre sich löst, eine Starre, die ja nicht den Begriffen selbst anhaftet, sondern von außen herangetragen wird. Er bezeichnet das als Widerspruch von Struktur und Wandel. Erstere darf gleichgesetzt werden mit einem Konservativismus *sui generis*, letzterer mit der evolutionären oder gar revolutionären Wandelbarkeit aller Lebensformen. Ein ursächlicher Zusammenhang zwischen der Laizisierung der westlichen Welt und dem Streben nach Abschaffung der gegensätzlichen Begriffe, die den »Grundraster« unserer Verständigung bilden, läßt sich, so Kołakowski, empirisch nicht beweisen. Er kennt auch kein Mittel gegen dieses geistige Leiden, sondern stellt lediglich die Diagnose, aus der sich so oder so düstere Prognosen ergeben, denn der Krebs, der die Grundlagen schlechthin der gedanklichen Kategorisierung jeglicher Erscheinungen zerstört, bildet ständig neue Metastasen, und falls er durch das Verschwinden des Sakralen hervorgerufen wurde, wird nichts ihn aufhalten, denn eine Resakralisierung des geistigen Lebens läßt sich nicht anordnen.

Doch darf man die Ursache der von Kołakowski aufgezeigten Begriffsverwirrung wirklich in einem Schwund des Sakralen suchen?* Mir ist sein persönliches Verhältnis zum Sakralen nicht klar. In dem genannten Essay sagt er, die Religion sei die Art und Weise, in der der Mensch sein Leben

---

* Im Vorgriff auf das, was ich unten über den *Namen der Rose* von Umberto Eco sagen werde, möchte ich hier bemerken, daß die Unterscheidung zwischen Tugend und Sünde, Henker und Opfer, Gut und Böse, sakraler Kunst und durch Interessen profanierter *kirchlicher* Macht, zwischen wahrem und angemaßtem Papsttum, zwischen Apostasie und Orthodoxie, büßerischer und sadomasochistischer Selbstquälerei und schließlich zwischen Gott und Nichts zumindest in den Anfängen des 14. Jahrhunderts – und zwar *auch* aus der Sicht und unter der Sanktion des Sakralen – *nicht* generell als Gegenüberstellung von eindeutig gegensätzlichen Begriffen verstanden wurde. Kołakowski verschweigt den nicht unwichtigen Umstand, daß allen von ihm angeführten heutigen Zerstörern gegensätzlicher Begriffe »das Gute« vorschwebt, daß ihr destruktives Bemühen gemeint ist als ein schöpferisches Bemühen, von einem »schlechten Zustand« zu einem »besseren« zu kommen. Unzählige Sektierer der Kirche – einschließlich derer, die sie durch die Ermordung des Klerus erneuern wollten – hatten jedoch *ebenfalls* gute Intentionen, nur waren ihre Motive nicht mit den heutigen identisch. Was auch immer auf die soeben erwähnte Weise geschah, geschah »im Namen Gottes« – und nicht im Namen der Verbesserung eines profanen gesellschaftlichen Daseins. Auch die Frage, ob Gott Person oder Nichts sei, wurde damals schon aufgeworfen, wenngleich der damalige Atheismus sich nicht als Liquidator Gottes betrachtete (»Du sollst Gott lieben, wie Er ist: ein Nichtgott, ein Nichtgeist, eine Nichtperson, ein Nichtbild; mehr wie ein lauteres, reines, klares Eins, von aller Zweiheit gesondert, und in diesem Eins sollen wir ewig vom Nichts zu Nichts versinken.« – Meister Eckart, 1260-1327) Ähnlich Angelus Silesius dreihundert Jahre später. Man darf also wohl bezweifeln, daß das Sakrale je vereitelt hat, daß *innerhalb* der Menge der höchsten Werte der christlichen Kultur gegensätzliche Begriffe miteinander vermengt wurden. Die konkrete Gestalt dieser Vermengung, dieser Relativierung – ihr äußeres Bild, ihr Umfang, ihre Wirkungen, ihre Motive – ändert sich mit dem »Zeitgeist«, und jeder fähige Historiker wird sowohl vor der Epoche des Christentums als auch außerhalb des Christentums ähnliche Phänomene entdecken, zum Beispiel im alten Ägypten.

als ein unausweichliches Scheitern akzeptiere. Er scheint sich damit der bekannten Auffassung des Marxismus anzunähern, daß der Glaube »Opium« sei, d.h. ein Mittel, das gegen die Übel und Unzulänglichkeiten des Daseins abstumpft. Man kann Kołakowskis Standpunkt unterschiedlich deuten: Entweder sieht er im Glauben einen wirksamen Trost, obwohl das Versprechen eines Ausgleichs für die irdischen Leiden im Jenseits *falsch* ist, oder er hält den Glauben für *wahr*, weil dessen Auffassung, die menschliche Natur sei durch den Sündenfall unheilbar verdorben, der Wirklichkeit entspricht. Empirisch läßt sich die Wahrheit des Glaubens nicht beweisen, man kann aber behaupten, daß von einem echten, ganz verinnerlichten Glauben ein stabilisierender Einfluß auf die gesamte menschliche Gemeinschaft ausgeht, daß er also tatsächlich Aufgaben eines »Stabilisators« erfüllt, unabhängig davon, ob die Menschen sich das Sacrum lediglich ausgedacht oder ob sie es zunächst vorgefunden haben (und ihm erlagen), um sich dann von ihm loszusagen. Es geht somit um den nicht geringen Unterschied zwischen der Aussage »Die Menschen müssen an Gott glauben, weil er existiert«, und der Aussage »Die Menschen müssen an Gott glauben, weil es ihnen gesellschaftlich zum Vorteil gereicht«, oder, anders gesagt, zwischen einem religiösen und einem pragmatischen Verhältnis zum Sakralen, das im ersten Falle ein eigenständiger Wert ist (den zu bekennen ebenfalls positive gesellschaftliche Folgen haben kann), während es im letzteren den instrumentellen Wert eines »Stabilisators« hat, ein Mittel zum Zweck ist.

Da Kołakowski in keiner seiner (mir bekannten) Schriften den Atheismus, zu dem er sich einmal bekannte, zugunsten des Glaubens verworfen hat, kann man seine Worte als Belehrung der Christen durch einen Nichtchristen auffassen, was sie zu tun haben, um nicht nur gute Christen zu sein, sondern auch die irdische Ordnung durch ihren Glauben zu stützen. In dieser Haltung kann sich etwas Tragisches verbergen – man hält etwas, auch wenn man es selbst nicht besitzt, für lebensnotwendig; einem solchen Lehrer kann aber auch vorgeworfen werden, er behandle den Glauben als ein Instrument zur Festigung (u.a.) des begrifflichen

Grundrasters« jeglicher menschlicher Kommunikation. Kołakowski erhält diese weltanschauliche Ambivalenz weiterhin aufrecht. In der Wiener *Presse* fand ich kürzlich einen Artikel von ihm über die zwei Apokalypsen, die zwei Möglichkeiten eines Endes der Welt. Die eine kann, wie von Christus im Evangelium angekündigt, auf Gottes Beschluß hin eintreten, weil »die Zeit erfüllt ist«, die andere ist der Selbstmord, den die Menschheit sich mittlerweile selber bereiten kann. Was mir zu denken gab, war auch in diesem Fall nicht das behandelte Thema, sondern das Schweigen, mit dem der Verfasser die Frage seines persönlichen Verhältnisses zum Glauben überging. Zwar ist dieses Verhältnis eine reine Privatangelegenheit, doch besitzt es auch einen öffentlichen Aspekt. Ein Philosoph, der, ohne selbst Kantianer zu sein, die Kantsche Philosophie verbreitet, wäre schließlich ein weiteres Beispiel für jene Inkonsequenz in der Handhabung der Begriffe, die Kołakowski selbst für fatal hält. Der Kantianismus setzt als philosophisches System eine bestimmte Ontologie voraus, nicht anders als jeder religiöse Glaube. Gewiß hat es in der Philosophie auch solche Auffassungen gegeben, wie Dewey sie vertrat, daß man nämlich – stark vereinfacht ausgedrückt – für wahr halten solle, was sich als nützlich erweise; diese Doktrin, die den Begriff der Wahrheit in extremer Weise relativiert, wurde jedoch von ihrem Lehrmeister ganz offen verkündet.

Da Kołakowski sein eigenes Credo nicht direkt ausspricht, muß ich, ausgehend von dem, was er sagt, Mutmaßungen darüber anstellen. Der christliche Glaube kann ganz verschieden aufgefaßt werden, je nachdem, ob er sich mehr ans Diesseits oder ans Jenseits wendet, ob er auf die von Anfang an verderbte Natur des Menschen oder auf die Erlösungshoffnung ausgerichtet ist. Kołakowski scheint der ersteren, tragischen, und nicht der letzteren, freudigen Auslegung der christlichen Botschaft zuzuneigen. Worauf es mir hier jedoch ankommt, ist, daß er in dem genannten Essay die Philosophie mit der nicht-empirisch verstandenen Theorie der natürlichen Evolution gleichsetzt, daß er also behauptet, beide seien gleichermaßen empirisch unbeweisbar. Ich weiß nicht, ob er bemerkt hat, daß er mit dieser Gleichsetzung selber ein weiteres Mal dazu beiträgt, zwei ungeheuer gegensätzliche Begriffe – übernatürliche Schöpfung und natürliche Evolution – zu einem »amorphen Brei« verschwimmen zu lassen. Wenn die Lehre Darwins der experimentellen Widerlegung ebenso entzogen ist wie jedes theologische oder philosophische Credo, dann besteht die Gefahr, daß das, was wir über die Welt denken, im Zeichen logischer Beliebigkeit auseinanderfällt. Dann gewinnen nämlich nicht nur die katholischen Theologen und die Evolutionsbiologen gleiche Rechte, sondern auch die Fundamentalisten, die die in der Genesis gegebene Schilderung von der Erschaffung der Welt wörtlich verstanden wissen wollen, und das ist nur der Anfang einer schrittweisen Liquidierung der exakten Wissenschaften. Denn wenn man den Darwinismus in den Bereich des Nichtempirischen verbannt, dann trifft das gleichermaßen eine ganze Reihe von wissenschaftlichen Disziplinen *par excellence*, angefangen bei der Kosmologie und der Kosmogonie. In beiden gehört die Evolution der Materie heute zu den wichtigsten Begriffen, und normale empirische Experimente lassen sich ebenfalls in beiden nicht durchführen, zumindest nicht direkt. Jede wissenschaftliche Theorie von großer Reichweite stützt sich auf andere Theorien. Die Theorien der Kosmologie und der Kosmogonie stützen sich auf die beiden Einsteinschen Theorien, auf die Quantenphysik, die Thermodynamik und so weiter. Die Widerlegbarkeit (Falsifizierbarkeit) solcher Theorien ist keine Eigenschaft, die eine Theorie entweder hundertprozentig oder überhaupt nicht besitzt. Auch das »prozentuale Ausmaß« der Widerlegbarkeit einer gegebenen Theorie ist keine historische Konstante. Wenn es heute mehr Anhänger der Evolutionstheorie gibt als zu Zeiten Darwins, dann nicht deshalb, weil das eine Mode wäre, sondern weil die Glaubwürdigkeit dieser Lehre durch Entdeckungen gestützt wird, die erst sehr viel später gemacht wurden, angefangen bei der Einheitlichkeit des genetischen Codes und der Populationsgenetik bis hin zur Gentechnologie.

Die vorstehenden Bemerkungen sollten als Einführung dienen. Ich möchte die Hypothese diskutieren, daß das Wachstum der Kultur Grenzen habe und das Erreichen dieser Grenzen sich destruktiv auf die Kultur auswirke. Kołakowskis Feststellungen halte ich für zutreffend, was die Symptome, aber nicht unbedingt, was ihre Ursachen angeht. Seine Hypothese, daß das Verschwinden des Sakralen aus der Kultur die Ursache dafür sei, daß Begriffe, die einander bislang ausschlossen, zu einem »formlosen Brei« verschwimmen und daß das abgewiesene Sakrale sich auf diese Weise gleichsam an der Kultur »räche«, ist im Grunde experimentell nicht zu widerlegen. Allerdings kann man sich über diese Krankheit des kollektiven Geistes Gedanken machen und dabei Schritt für Schritt immer mehr Gegebenheiten einbeziehen. Aber noch eine kurze Bemerkung, bevor ich damit beginne: Die starren, durch Knoten gegensätzlicher Begriffe gestrafften Informationsnetze, mit denen wir sämtliche Erscheinungen erfassen, »lockern sich«, wie mir scheint, bei allen großen Wandlungen des Daseins, am stärksten aber in Zeiten des kulturellen Niedergangs. Die deskriptive und diagnostische Verwirrung, die dann entsteht, ist wohl so alt wie das böse Abenteuer der Erbauer des Turmes zu Babel. In der guten alten Zeit war es jedoch leichter, sich von dieser Verwirrung zu befreien, weil die Veränderungen, die sich auf der Erde vollzogen, örtlich begrenzt blieben. Jeder Kulturkreis besaß sein eigenes Sacrum und Profanum, seine eigenen Kategorisierungen des Geschehens. Diese Kulturkreise konnten nebeneinander existieren, denn entweder wußten sic überhaupt nichts von der Existenz anderer, oder sie konnten sich gut gegen sie abschirmen, oder es entstanden aus ihrem Zusammenprall bisweilen Kreuzungen, Mischungen voll neuer Lebenskraft. In unserem Jahrhundert sind diese Barrieren jedoch völlig zusammengebrochen, zertrümmert durch den technischen Fortschritt, und die mediterrane Kultur, die ihn hervorbrachte, brachte zugleich große Hoffnungen auf eine herrliche universale Zukunft hervor, Hoffnungen, die man gegenwärtig immer häufiger als trügerisch erachtet.

2 Schwierigkeiten mit der Definition der Kultur

Der Begriff der Kultur ist mindestens ebenso schwer zu definieren wie der Begriff des Lebens. Alle Bemühungen um eine Definition, die uns durch Vollständigkeit und Kürze befriedigen und zudem noch erlauben würde, festzustellen, ob eine Kulturformation sich in die »richtige« oder die »falsche« Richtung entwickelt, haben sich bislang als vergeblich, wenn auch nicht vollkommen fruchtlos erwiesen. Vergeblich insofern, als es nicht zu einer Theorie der Kultur gekommen ist, die deren vielfältige Formen nicht schlechter in den Griff bekäme, als es die Theorien der exakten Wissenschaften für die ihnen zuzurechnenden Phänomene leisten. Nicht vollkommen fruchtlos insofern, als man Mutmaßungen äußern kann, die im Zuge ihrer weiteren Präzisierung Anspruch auf einen empirischen Status erheben können. Diese Mutmaßungen lassen sich nicht einfach in die Empirie einbeziehen, weil sie nicht in dem Grade formalisierbar sind, daß sie meßbar würden; ohne ein Meßsystem kann aber von einer empirischen Theorie nicht die Rede sein. Diese Mutmaßungen sind jedoch keine ganz und gar beliebigen Erfindungen, sondern befinden sich, wie ich meine, in der Mitte zwischen verifizierbarer und nichtverifizierbarer Erkenntnis. Die Hypothese, die ich vorstellen möchte, entspricht in etwa den Hypothesen, mit denen die Biologie vor rund hundert Jahren arbeitete, als die Evolutionstheorie entstand, als man aber auch so typisch biologische Phänomene wie die embryonale Entwicklung oder die Regeneration beschädigter Gewebe mit nur scheinbar empirischen Begriffen zu erklären versuchte, so etwa mit dem Begriff eines die Gewebe organisierenden »Feldes«, obwohl die Natur dieses »Feldes« völlig unbegreiflich war. So konnte man dann behaupten – wie es die Vitalisten taten –, daß die Merkmale der lebenden Materie grundsätzlich nicht auf Merkmale der unbelebten Materie zurückführbar oder aus ihnen ableitbar seien, daß »Leben« daher eine abgeschlossene Kategorie sei, weil es zwischen den Reaktionen, welche die Chemie erforscht, und den Reaktionen, die an der lebenden Zelle zu beobachten sind, keine stetigen Übergänge gebe und auch nicht geben könne. Inzwischen kennen wir sehr wohl solche Übergänge, und es ist anzunehmen, daß wir sie immer umfassender erkennen werden. Erkannt sind inzwischen einige der chemischen und physikalischen Mechanismen, die den Phänomenen der Biogenese und Embryogenese, aber auch der Geweberegeneration und der krebsartigen Degeneration zugrunde liegen; wir wissen heute, daß die Biogenese ein Prozeß ist, der, während er voranschreitet, den anfänglich – vorbiologisch – eindeutigen Übergang von einer Dynamik bestimmter makromolekularer Verbindungen zu einer sich selbst organisierenden Dynamik unzweifelhaft bereits »lebender« Systeme nach und nach aufhebt. Um es bündig auszudrücken: Im Zuge seiner Entstehung und Entwicklung verwischt das Leben sehr erfolgreich die Spuren seiner eigenen Entstehung und Entwicklung. Nachdem sich dieser Prozeß durch einige Milliarden Jahre fortgesetzt hat, erscheint den aus ihm hervorgegangenen vernunftbegabten Wesen der unbelebte Bereich vom Bereich des Lebendigen durch eine unüberbrückbare Kluft getrennt.

Die theoretische Biologie erkennt indessen immer deutlicher, daß die natürliche Evolution in ihren Fortschritten nicht prognostizierbar ist, weil diese Fortschritte von Zufallsereignissen abhängen, die sich nicht vorhersehen lassen. Für nicht minder aussichtslos halte ich den Wunsch, die Richtung der kulturellen Entwicklung vorhersagen zu wollen, was aber durchaus nicht bedeutet, daß man überhaupt nichts über die Eigentümlichkeiten, die Mängel und Gefährdungen der Kultur sagen könnte. Der Biologe, der in der durch Zivilisationseinwirkungen ungestörten Natur verschiedene Tierarten beobachtet, vermag nicht vorherzusagen, welche davon auf welche Weise andere Arten hervorbringen werden. Er kann jedoch ganz genau die Bedingungen angeben, unter denen jene Tiere nicht mehr weiterleben könnten – eine, nebenbei gesagt, im allgemeinen gänzlich banale Diagnose. Der Biologe wird uns folglich versichern, daß ein unablässiges exponentielles Wachstum einer beliebigen Tierart schließlich zusammenbrechen muß und daß Berechnungen, nach denen ein Fliegenpaar, das sich ohne Einschränkungen vermehrt, in

Kürze die gesamte Erdoberfläche bedecken wird, reine Abstraktion sind, weil die Fliegen lange vor dem Eintreten der besagten Explosion zugrunde gehen werden. Die Populationsstärke aller lebenden Arten wird durch andere Populationen sowie durch die Umweltbedingungen in Schranken gehalten. In diesem Sinne setzt die Biosphäre dem Populationswachstum Grenzen, die man näherungsweise quantitativ bestimmen kann, weil das Gesamtgewicht alles dessen, was auf der Erde lebt, eine mehr oder weniger konstante Größe ist.

Per analogiam vermute ich, daß auch der Kulturologe niemals Prognosen wird erstellen können, daß er aber doch zu bestimmen vermag, ob es Grenzen des kulturellen Wachstums gibt und wo sie liegen. Die Festlegung dieser Grenzen setzt jedoch voraus, daß zuvor Maßeinheiten und ihre Anwendungsweise festgelegt wurden. Eine solche hypothetische Festlegung möchte ich versuchen.

Ich beginne sozusagen mit dem Elementaren, nämlich mit dem Anfang schlechthin, dem Anfang nicht der Kultur, sondern des Lebens. Die Biologen haben herausgefunden, daß es, für sich betrachtet, keine einzige *differentia specifica* gibt, welche die belebte von der unbelebten Materie unterscheidet. Es gibt nämlich kein Merkmal, das für das Leben kennzeichnend ist und sonst nirgendwo vorkommt. Das Leben als ein eigentümlicher Zustand der Materie ist eine Resultante von Prozessen, die, im kleinsten molekularen Maßstab betrachtet, selbst nicht »Leben«, sondern Komponenten des Lebens sind. Diese Prozesse sind auf zweifache Weise miteinander verknüpft: energetisch und informational. Die energetische Dynamik läßt sich vom Informationskreislauf nicht trennen und umgekehrt, denn die eine ist eine notwendige Bedingung des anderen. Man gelangt deshalb nicht zu einem ganzheitlichen Modell des Lebens, wenn man seine einzelnen Unterscheidungsmerkmale aufzählt, denn damit hat man gewissermaßen das Inhaltsverzeichnis eines Buches, aber nicht seinen Inhalt. So wie man bestimmte Eigenschaften der belebten Materie an der unbelebten entdecken kann, so finden wir auch bestimmte eigentümliche Merkmale der Kultur bei Tierpopulationen wieder. Wir finden eine Ritualisierung des Verhaltens (z.B. des Paarungsverhaltens), eine Sprache (mag sie auch rudimentär sein und lediglich signalisierenden Charakter haben wie bei den Bienen), den Werkzeuggebrauch (nicht nur bei Affen, sondern auch bei bestimmten Vögeln, die mit einem Dorn, den sie im Schnabel halten, Würmer aus der Rinde von Bäumen herausklauben), Glaubensinhalte, die individuell erworben werden (als »Vorurteile« in Gestalt bedingter Reflexe), und solche, die kollektiv erworben werden (im sozialen Leben der Primaten, z.B. der Paviane), die Entstehung einer permanenten sozialen Hierarchie (z.B. bei den sozial lebenden Insekten) sowie einer veränderlichen Hierarchie (als sogenannte »Hakkordnung« bei Scharrvögeln wie den Hühnern). Die von uns geschaffene Sprache erschwert es uns, solche Ähnlichkeiten zu erkennen, weil sie für ähnliche Erscheinungen unterschiedliche Bezeichnungen hat, je nachdem, ob sie sich auf Tiere oder Menschen beziehen. Am deutlichsten sieht man das an der spezifischen Terminologie der Jäger: Sie ist so geschickt gestaltet, daß die für das Jagen so zentrale Tätigkeit des Tötens nicht im entferntesten etwas mit Begriffen wie Totschlag, Schinderei oder Mord zu tun hat. Sogar die Begleitumstände des Tötens werden in dieser Sprache verharmlost: Blut wird nicht mehr als Blut, sondern als Schweiß bezeichnet und dergleichen mehr. Doch in der Umgangssprache geschieht – wenn auch in geringerem Maße – dasselbe. Ein Mensch stirbt, aber ein Tier verendet. Ein schlecht informierter Mensch ist abergläubisch, während eine Taube, die durch die Versuchssituation im Labor verwirrt ist, falsch auf einen Reiz reagiert. Wenn eine junge Gans Anhänglichkeit gegenüber dem Wärter entwickelt, dann heißt das Prägung, aber bei einem Kind, das sich an seine Mutter hängt, heißt es Liebe. Ich sage nicht, daß es sich bei allem, was ein Nervensystem besitzt, um identische Verhaltensweisen handelt, sondern nur, daß es um nichtzufällige Ähnlichkeiten geht, die, zu einem System zusammengefaßt, die Kultur schließlich ebenso von der Unkultur unterscheiden wie das Leben vom Nichtleben.

3 Woher stammt die Kultur?

Jeder Sachkenner wird die so formulierte Frage für naiv halten. Dennoch will ich versuchen, sie zu beantworten.

Die Welt ist ein heterogenes Gemisch aus determinierten und statistischen Ordnungen, deren künftige Zustände vorhersehbar bzw. unvorhersehbar sind. Die Breite des Spektrums reicht von den Bewegungen der Himmelskörper bis zu den Bewegungen der Elementarteilchen.

Leben beginnt mit der Ordnung der makromolekularen Selbstorganisation, die sich auf den Energiefluß in Lösungen vom Typ der Brownschen Suspension stützt. Um zu leben, muß man Ordnung besitzen und Ordnung assimilieren. Leben ist somit in einem doppelten Sinne zufallsfeindlich: Der Zufall hat an den Lebensvorgängen entweder als gezähmter (z.B. als Zufallsmutation bei den Organismen) oder als ungezähmter teil (z.B. als genetische Drift bei Populationen oder als Krebs im Organismus). Es gibt keine endgültig sicheren evolutionären Lösungen; daher hat die Evolution kein Ende im Sinne ihres prozessualen Optimums.

Evolution bedeutet Divergenz bei der Lösung der Überlebensaufgabe, und die aufeinander folgenden Lösungen (in Gestalt der Arten) sind zugleich die Resultate dieser Aufgabe, d.h. Propositionen vom Typ »Heureka!«, und die Formulierung der nächsten Aufgabe. Denn die Evolution ist keine Folge, die sich einer »endgültigen Lösung« nähert, sondern eine unaufhörliche Heurese, die im Laufe der Zeit eine Selbstkomplizierung erfährt, weil der Gang der Evolution zu einer irreversiblen Spezialisierung führt. Diese Spezialisierung zu betreiben, wird die Evolution durch jeden Überschuß an erlangter Überlebenstüchtigkeit verlockt, sofern er sich als lohnend erweist, d.h., sofern er einen Gewinn an Geschicklichkeit im Spiel mit der Natur aufweist, wenngleich dieser Gewinn niemals ein *Rein*gewinn ist. Er wirft wiederum Probleme auf, die es zu lösen gilt, und deren Lösung besteht in weiterer Spezialisierung. Spezialisierung bedeutet den Verlust der ursprünglichen Universalität zugunsten einer raffinierten selektiven Geschicklichkeit. Die Neuralisierung ist dagegen eine Maßnahme, auf den entstandenen Spezialisierungen eine neue Ebene universaler Verhaltensweisen aufzubauen, vergleichbar der Strategie eines Generalstabes, der den im Gelände operierenden Einheiten zumindest taktische Selbständigkeit gewährt. Wenn sie von der taktischen zur strategischen Autonomie übergehen, sagen wir, daß die Gattung *vernünftig* geworden sei.

Wir wollen nun in einem einfachen Gedankenexperiment die Frage zu beantworten versuchen, wie die Kultur in einer Welt aussähe, die anders wäre als die unsere. Die Eigenschaften dieser anderen Welt ergeben sich aus der folgenden Überlegung. Die Evolution ist das Spiel einer Koalition von Organismen gegen die Natur, einer recht sonderbaren Koalition, weil ihre Mitglieder durchaus keine »*entente cordiale*« darstellen, da sie sich gegenseitig auffressen; man darf sie auch nur deshalb als Koalition bezeichnen, weil dieses gegenseitige Sichauffressen die natürliche Umwelt allmählich in einer für alle Überlebenden vorteilhaften Weise verändert und innerhalb des den Planeten einhüllenden Gebildes, der Biosphäre, zu einem umfassenden dynamischen Gleichgewicht führt. Manche Spielteilnehmer sterben aus, doch dafür entstehen andere und setzen das Spiel ums Überleben fort. Während dieses Spiels verhält sich die Natur in einer bestimmten Weise, denn es ändern sich die geologischen, klimatischen und astronomischen Bedingungen, und alle auftretenden Veränderungen zusammen kann man als Umweltbedingungen des Spiels, als Strategie der Natur bezeichnen.

Würde diese Strategie sich durch vollkommene Regelmäßigkeit auszeichnen und wäre sie mithin algorithmisierbar, so würde die von den Lebewesen betriebene Überlebensstrategie zu nichts anderem als einer genauen Entsprechung dieses Algorithmus. Die Überlebensaufgabe hätte dann ja nur eine optimale Lösung, die diesem Algorithmus entspräche, und jeder Organismus, der es schaffen würde, diesen Algorithmus in seinem Aufbau und seinem Verhalten zu realisieren, würde sich im Fortgang der Evolution behaupten, weil er die maximale Überlebenstüchtigkeit erlangt hätte.

Die Evolutionsstrategie des Lebens bestünde also darin,

einen Algorithmus zu finden, der einen Schirm bildet, von dem die Arten vollständig absorbiert werden, denn eine Art, die den Algorithmus noch nicht vollkommen beherrscht, würde ebenso wie eine Art, die den Schirm durchdringt, auf eine nichtoptimale Weise überleben, so daß die natürliche Auslese das Leben zur einzigartigen, allerhöchsten Funktionalität »zwingen« würde, um anschließend nur noch als stabilisierende Auslese zu wirken.

In einer solchen Welt könnte überhaupt keine Kultur entstehen. Wenn sie doch entsteht, so deshalb, weil sich in der Natur Störungen und Veränderungen vollziehen, die nicht algorithmisierbar, also nicht vorhersehbar sind. Die Evolution ist ein unaufhörlicher Prozeß, weil jede Evolutionsstrategie sowohl ungewiß als auch kompromißhaft ist. Der Kompromiß, diktiert durch die Ungewißheit der Gattungslösungen sowie durch die von der Auslese erzwungene Tendenz, die Ungewißheit zu minimieren, erfolgt innerhalb einer bipolaren Alternative.

Die Organismen können eine Veränderung der Umweltbedingungen entweder als eine eher vorübergehende oder als eine eher dauerhafte Veränderung aufnehmen (allerdings ist es ihnen prinzipiell unmöglich, zwischen bloßer Schwankung und dauerhafter Veränderung zu unterscheiden) und darauf in der Weise reagieren, daß sie sich *reversibel*, also phänotypisch, oder *irreversibel*, also genotypisch, an die Veränderung anpassen.

Ein reversibler Strategiewechsel ist besser, weil er die Rücknahme einer einmal getroffenen Entscheidung erlaubt, und er ist zugleich schlechter, weil die phänotypische Anpassungsfähigkeit Grenzen hat, die nur mit der Radikalität einer irreversiblen genotypischen Umwandlung überschritten werden können.

Eine genotypische Umwandlung ist besser, weil sie Übergänge in einem Umfang ermöglicht, der von der Alge bis zum Menschen reicht, und sie ist zugleich schlechter, weil eine Rücknahme der entstandenen Veränderungen unmöglich wird. Bei ungünstigen Bedingungen kann die Alge eine Sporenform bilden und in einen widerruflichen Todeszustand eintreten, der Mensch aber kann das nicht.

Der evolutionäre Fortschritt bedeutet also zugleich Gewinn und Verlust, Risiko und Risikovermeidung, neue Tüchtigkeit und neue Mängel.

Wie verhält sich nun die Evolution angesichts dieses Dilemmas? Sie wendet einen schlauen Trick an, die sogenannte Neuralisierung der Organismen. Von der phänotypischen Unzulänglichkeit und der genotypischen Unwiderruflichkeit in die Zange genommen, entwickelt sie einen neuen Kompromiß: Organismen, die genotypisch stark determiniert, aber phänotypisch äußerst plastisch sind. Dieser Kompromiß ist das Gehirn, das, selbst genotypisch bedingt, die phänotypische Anpassungsfähigkeit potenziert. Auf der anthropogenetischen Ebene fallen die strategischen Entscheidungen nicht mehr in der Erbsubstanz, sondern im kulturellen System. Die Kultur ermöglicht, was biologisch unmöglich ist: Strategien zu entwickeln, die gleichzeitig revolutionär und reversibel sind, die sich also in einem Tempo, das für das Erbplasma unerreichbar ist, revidieren und verändern lassen. Die im Erbplasma erfolgende Speziation erfordert *Millionen* Jahre. Mindestens Millionen Jahre dauert es, bis eine neue biologische Art sich evolutionär stabilisiert hat. In der Kultur erfordert die Speziation höchstens tausend Jahre, und bei einer Beschleunigung der Kulturogenese werden ihr für die größten strategischen Umgestaltungen *Jahrzehnte* genügen. Mit dieser *millionenfachen* Beschleunigung des Vorgehens sind Gefahren verbunden, die wir am eigenen Leib erfahren, für die wir aber niemand verantwortlich machen können: Eine Analyse, durchgeführt nach den Regeln der Spieltheorie und der Theorie der nichtlinearen Programmierung, ergibt, daß die Evolution *alles* getan hat, was in ihrer Macht stand...

Die Gehirne bringen im Laufe der Zeit die Kultur hervor und damit eine Überlebensstrategie, von der die Gattung Abstand nehmen kann, ohne dabei die in der genotypischen Fixierung gegebene Gattungsidentität zu verlieren.

All diesen evolutionären Schritten ist ein Prinzip gemeinsam, das man als das Prinzip des zufallsfeindlichen Wirkens bezeichnen kann. Der Generalstab des Lebens, d.h. die Erbsubstanz der Organismen, betreibt eine Zufallsstrategie, weil der Gegner – die Natur – eine solche Strategie betreibt; gegen Schritte, die dem Zufallsprinzip gehorchen, gibt es – auch das läßt sich nach der Spieltheorie beweisen – aber keine bessere Gegenstrategie als eine, die ebenfalls dem Zufallsprinzip folgt. Die Resultate eines Würfelwurfs lassen sich modellhaft durch nichts besser darstellen als durch das Werfen eines ähnlichen Würfels.

Deshalb sind erbliche Mutationen zufällig, d.h. richtungslos. Auf ihre Brauchbarkeit überprüft sie die natürliche Auslese. Was dann von dieser Auslese festgehalten wird, ist nicht mehr zufällig, denn dabei handelt es sich allein um jenen Teil der Zufallsmutationen, der adaptiv den zufälligen Schachzügen der Natur entgegenwirkt. Wenn etwa eine erhebliche klimatische Abkühlung eintritt, so werden die Organismen darauf mit zufälligen Mutationen reagieren, doch überleben werden nur diejenigen, die durch einen »glücklichen Treffer« ein dickes Fell entwickeln oder anderen Tieren das Fell abziehen, um sich damit zu bedecken, oder solche, die nach wärmeren Gegenden abwandern bzw. fliegen können. (Man nehme diese Beispiele bitte nicht wörtlich, weil sie eine furchtbare Vereinfachung sind.)

Die Kultur ist ebenfalls in das Spiel ums Überleben mit der Natur verwickelt, doch betreibt sie nicht nur dieses Spiel, sondern interpretiert es obendrein noch, d.h., sie macht sich ein Bild von ihm. Dieses Bild ist weder auf die Genotypen noch auf die Phänotypen der Spieler zurückführbar, und es braucht auch durchaus nicht der Struktur des real gespielten Spiels isomorph oder auch nur homöomorph zu sein. Dieses Bild ist in der Regel »redundant«, da es dem Spiel Merkmale zuschreibt, die im physischen Sinne nicht existieren. Physisch existiert allein die Koalition der Spieler sowie die natürliche Umwelt der Auseinandersetzung. Die Spieler behaupten jedoch, daß weder das Spielgelände noch die Spielregeln sich auf das beschränken, was rein physisch feststellbar ist. Wie sie das machen? Ganz einfach: Sie versagen dem Zufallscharakter der Umwelt und der dadurch bedingten Zufälligkeit ihres eigenen Daseins systematisch ihre Anerkennung. Dem, was daran de facto zufällig ist, wirken sie auf zweierlei Art entgegen: durch instrumentelles Handeln und durch symbolische (zeichenhafte) Interpretationen. Zu Beginn der Anthropogenese gibt es zwischen dem Instrumentellen und dem Symbolischen weder eine Kluft noch einen Widerspruch, da das Instrument ein Symbol und das Symbol ein Instrument ist, so daß jedes Handeln auf zwei Ebenen gleichzeitig erfolgt: der physikalischen und der außerphysikalischen. Das Instrument braucht kein körperfremdes Objekt zu sein; bestimmte Körperteile können als Instrumente und als Symbole aufgefaßt werden. Die Genitalien können sowohl Instrumente als auch Symbole der Fruchtbarkeit sein. Diese Einheit weicht in späteren Stadien des kulturellen Spiels der Komplementarität: Wenn ein Instrumentarium mittlerweile intensiv ausgeformt wurde, verliert es nach und nach die ihm ursprünglich beigelegten symbolischen Bedeutungen, allerdings nicht gänzlich. Man kann, wenn man sich einem chirurgischen Eingriff unterzieht, gleichzeitig eine Messe zugunsten eines glücklichen Ausgangs der Operation lesen lassen. Das eine schließt ja das andere nicht aus. Das Ergebnis einer chirurgischen Operation ist ungewisser als das Ergebnis einer Autoreparatur, und daher wird im allgemeinen niemand, der sein Auto zur Reparatur gibt, eine Messe dafür lesen lassen, daß diese korrekt ausgeführt werden möge. Die Zufälligkeit und damit die Unvorhersehbarkeit der Folgen ist ja bei der Operation auch eine andere als bei der Autoreparatur.

Man wird hier sicher den Vorwurf der Ahistorizität erheben. Den Begriff zufälliger Prozesse, insbesondere im Sinne der modernen Wissenschaft, des Indeterminismus, der Stochastik und der Wahrscheinlichkeitstheorie, hat es in den alten Zeiten natürlich nicht gegeben. Er ist jüngeren Datums, sogar jünger als das vorige Jahrhundert. Wir behaupten hier jedoch durchaus nicht, daß die Menschen je nach dem Konzept gehandelt hätten, zunächst die Zufälligkeit einer quälenden Erscheinung zu erkennen und dann nach Möglichkeiten ihrer instrumentellen oder symbolischen Beseitigung Ausschau zu halten. Zufällige Beschwerden drängen sich einem als unfaßbar, unverhofft, unverdient und unberechenbar auf, d.h., sie drängen sich dadurch auf, daß sie ihrer verstehenden Assimilation den stärksten Widerstand entgegensetzen. Die Tatsache, daß ein Blitz töten oder daß ein Kind verkrüppelt zur Welt kommen kann, zieht, weil sie eine Störung darstellt, welche die normale Ordnung durchbricht, die Aufmerksamkeit stärker auf sich als etwa die Tatsache, daß Wasser den Durst löscht oder daß Fleisch den Hunger stillt. Deshalb wählt die kulturschöpferische Tätigkeit sich vornehmlich gewichtige Zufallsereignisse zum Kristallisationspunkt; bedeutende Niederlagen und Erfolge im Leben drängen sich der Reflexion stärker auf als das Dasein in alltäglicher Durchschnittlichkeit. Es läßt sich im übrigen nicht mit Sicherheit feststellen, daß die Kultur überhaupt damit begonnen hat, daß Zufallserscheinungen uminterpretiert, in irgendeine Ordnung übersetzt und damit »wegerklärt« wurden. Es ist daher zulässig, die Bedeutung des Zufälligen als Faktor der Kulturentstehung herunterzuspielen und anzunehmen, daß der Mensch zunächst die großen regelmäßigen Erscheinungen zur Kenntnis genommen und erst danach versucht hat, die unregelmäßigen und unvorhersehbaren Phänomene verstehend zu beherrschen, indem er für das, was keine sichtbare Ordnung besaß, eine unsichtbare Ordnung schuf.

Tatsache ist jedenfalls, daß der menschliche Geist immer versucht hat und weiterhin versucht, das Zufällige in ein Anzeichen irgendeiner Regelmäßigkeit umzudeuten. Tatsache ist, daß in Mythen, Legenden, religiösen Dogmen und abergläubischen Vorstellungen an den führenden Stellen, die das Schicksal der Welt lenken, niemals der Zufall auftaucht – weder in der frühen begrifflichen Gestalt der Fügung oder des Glückstreffers noch in der späteren Begriffsform der durch eine probabilistische Verteilung heterogener Ereignisse bedingten Koinzidenz. Tatsache ist, daß die Menschen sich nie in der Geschichte ganz mit dem Zufälligen, dem grundlosen Geschehen, der beliebigen Ausgesetztheit der Existenz abgefunden haben, daß sie den blinden Zufall, der sich weder vorhersehen noch verstehen läßt, in dem man nur soviel Sinn entdecken kann, wie man selbst hineinlegt, stets aus dem Umkreis ihrer Gemeinschaften zu verbannen trachteten. Der Zufall wurde, sei es instrumentell, sei es symbolisch verdrängt, und er wurde mit Instrumenten und Interpretationen bekämpft, die ihn gemeinsam bändigten. Man bezeichnete das Zufällige als unerforschliches Geheimnis, als Moira, als Nemesis oder Vorsehung, als die Folge von Kämpfen, die die Götter miteinander ausfochten, von Kämpfen zwischen Gut und Böse, als Folge des Zusammenpralls von gegensätzlichen Elementen, die für sich betrachtet keineswegs Zufallscharakter hatten. Auch diese Versuche einer Erklärung von zufälligen Schicksalsschlägen, bei denen man in die begriffliche Nachbarschaft des Zufalls geriet (Fatum, Kismet), sahen im Menschen und in der Welt niemals Zufallsvariablen, deren Werte nicht definitiv feststanden. Die Zufallsfeindlichkeit ist eine strukturelle Konstante der Mythen. Das, was ihren Helden als ganz und gar zufällig erscheint, ist in Wirklichkeit eine von ihnen nicht erkannte Schicksalsdeterminante. Auch die augustinische Lehre von der stets ungewissen Erteilung der Gnade, die einem nicht nach tugendhaftem Verdienst, sondern nach unerforschlichen Ratschlüssen des Himmels von der Vorsehung zuteil wird, macht aus Gott nicht ein statistisches Rührwerk, denn unerforschlich ist das Prinzip der Erteilung der Gnade nur vom Diesseits aus. (Aber auch dieser Lehre stimmte die Kirche am Ende nicht zu, was hervorgehoben zu werden verdient.)

Die Stärke der Sensibilität für die Zufälligkeit des Daseins ist keine Kulturkonstante, oder anders gesagt: Die Breite des Spielraums, der dem sogenannten reinen, bedeutungslosen Zufall gelassen wird, ist ein charakteristischer Parameter, der von einer Kultur zur anderen verschieden ist. In stark ritualisierten Kulturen, die bezüglich ihrer Zufallsfeindlichkeit gleichsam überdeterminiert sind, kann beinahe nichts zufällig sein, weil nahezu alles mit verbissener Systematisierungssucht wegerklärt wird. Alles hat in solchen Kulturen etwas zu bedeuten; bekanntlich kann aber der Zufall, sofern er ein »reiner« ist, nichts zu bedeuten haben.

In »entspannten«, nicht derart überempfindlichen Kulturen war der Spielraum, den man dem Zufälligen einräumte, in der Regel sehr viel breiter. Die spät entstandenen Großreligionen zeichnen sich in dieser Hinsicht übrigens durch eine gewisse diagnostische Unschärfe aus. Wenn alles nach Gottes Willen geschieht, dann gilt dies für den Weltuntergang ebenso wie für den Durchfall des Kindes; für den Gläubigen ist es aber nur im ersteren Fall angebracht, von Gott zu sprechen, obwohl beide Ereignisse gleichermaßen real, also auch in gleichem Maße der übergreifenden metaphysischen Auslegung zugänglich sind.

Eines der historisch letzten Bollwerke der Zufallsfeindlichkeit ist bis in unsere Zeit hinein die Königin der Naturwissenschaften, die Physik, gewesen. Uns klingen noch die Worte im Ohr, mit denen Einstein die Quantentheorie ablehnte: »Gott würfelt nicht mit der Welt«. Diese Auffassung erwies sich indes als unhaltbar. In der Biologie mangelt es bislang nicht an Fachleuten, die in der rein zufälligen Mutation des Erbplasmas nicht den Schöpfer der Arten, den Produzenten jener Vielfalt sehen wollen, die dann von der natürlichen Auslese ausgekämmt wird. Sicherlich ist der Zufall, der bei Mutationen der Erbsubstanz herrscht, nicht »vollkommen rein«, und ganz sicher kann man ihn nicht so auslegen, als seien genotypische Veränderungen etwas Chaotisches. Die exakten Wissenschaften haben die Begriffe des »Chaos« und der »Zufälligkeit« noch nicht vollends enträtselt. Die schwierigen Probleme, die sich hinter diesen Begriffen verbergen, überschreiten indessen den Rahmen unserer Überlegungen. Gleichwohl muß man sagen, daß jene Zweige der Mathematik die sich – wie etwa die Statistik – mit Zufallsereignissen befassen, lange als zweitrangig gegolten haben, daß sie »schlechter« angesehen waren als die reine Mathematik, und daß der Streit um die kategoriale Einordnung des Wahrscheinlichkeitsbegriffs noch nicht ganz ausgestanden ist. Man kann somit festhalten, daß der menschliche Geist den Begriff des Zufalls seit jeher abgelehnt hat und daß viele Entdeckungen in verschiedenen Bereichen der Empirie zusammenkommen mußten, ehe diesem Begriff in dem von der Wissenschaft entworfenen Weltbild endlich eine besondere Bedeutung zuerkannt wurde.

4 Das Zufällige in der Kultur

Ein Anwachsen zufallsfeindlicher Aktivitäten ist historische Realität. Es beruht auf einem Anstieg der instrumentellen Effizienz, der sich zum Umfang der Sphäre rein symbolischer Handlungen umgekehrt proportional verhält. Die Möglichkeiten, durch geeignete sachliche Mittel dem Zufall zu begegnen, entziehen sich nach und nach einer kulturellen Interpretation, welche zufällige in nichtzufällige Phänomene umtauft (was jedoch nur eine *nominale*, keine *reale* Veränderung ist). Zwischen den Zufallsereignissen, die den Menschen plagen können, ist allerdings zu unterscheiden. Vorgänge im individuellen wie im gesellschaftlichen Organismus *können* als zufallsbedingte Gebrechen selbst dann wirksam therapiert werden, wenn die Therapie nicht auf empirischem Wissen, sondern auf irrationalen Glaubensvorstellungen beruht, etwa auf Magie. Dafür zwei Beispiele aus weit voneinander entfernten Lebensbereichen: Man kann Warzen dadurch entfernen, daß man sie mit Trichloressigsäure oder mit einem Elektrokauter ausbrennt – das ist die Methode der empirischen Medizin. Man kann Warzen aber auch »besprechen«, falls die so behandelte Person ernsthaft an die Wirksamkeit dcs »Besprechens« von Warzen *glaubt*. Dieses letztere Heilungsverfahren erklären wir uns mit der im Grunde latenten Herrschaft, die das Gehirn über den gesamten Organismus ausübt. Denn wenn jemand an die Wirksamkeit des »Besprechens« von Warzen glaubt, dann kann diese Methode auf dem Wege über das Nervensystem bewirken, daß die Blutgefäße, welche die auf der Haut entstandenen Warzen versorgen, sich allmählich verengen, bis die Warzen absterben und abfallen, wobei nur winzige Narben zurückbleiben. Wir kennen den neurophysiologischen Mechanismus dieser Erscheinung freilich nicht und verstehen daher auch nicht, warum eine solche Verengung der Blutgefäße durch »Besprechen« nicht bei einem Menschen zu erreichen ist, der nicht an das »Besprechen« glaubt. Das Merkwürdigste ist, daß der »Besprechende« sogar ein Arzt sein kann, der bei einem vertrauensvollen Patienten Warzen auf diese Weise zu beseitigen vermag, nicht aber bei sich selbst. Wir wissen also nicht, wie ein gewisser »Glaube«, der ja einen bestimmten Zustand des Zentralnervensystems darstellt, sich in bestimmte physiologische Wirkungen an einer bestimmten Peripherie des Organismus umsetzt. Wir wissen nur, daß die Wirkung eines solchen Glaubens ihre Grenzen hat, die sich mit den Grenzen des Organismus decken. Was sich außerhalb des Organismus befindet, läßt sich auf die genannte Weise – also »durch den Glauben« – nicht verändern. Man kann durch einen Akt des Glaubens zwar bewirken, daß eine Warze von der Haut abfällt, nicht aber, daß ein Knopf vom Hemd fällt.

Elemente eines »magischen Glaubens« lassen sich auch im durch und durch modernen Wirtschaftsleben beobachten. Es kommt zum Beispiel vor, daß der Kurs einer Währung gegenüber anderen Währungen zu steigen beginnt, obwohl die Fachleute einhellig der Meinung sind, daß er nicht steigen dürfe, weil etwa der Haushalt des Staates, um dessen Währung es geht, mit einem riesigen Defizit belastet ist. Wie kommt es also zu dieser Kurssteigerung? Sie resultiert aus verwickelten gesellschaftlichen Erscheinungen zumeist internationalen Zuschnitts und läßt sich ungefähr auf eine kollektive psychologische Einstellung zurückführen, die durch bestimmte politische und soziale Vorgänge hervorgerufen wurde – oder auch nur durch die *Erwartung* solcher Vorgänge, auch wenn sie bislang noch nicht eingetreten sind. Dieser psychologische Faktor der *Erwartung* (bestimmter *Hoffnungen* und/oder *Befürchtungen*) erschwert wesentlich die Konstruktion von mathematischen Modellen der wirtschaftlichen Situation eines Landes (und der Welt insgesamt), weil er mit den Methoden der Wirtschaftswissenschaften nicht zu *messen* ist.

Was in den beiden, sehr weit voneinander entfernten Fällen – bei den Warzen und den Devisenkursen – überaus konkrete, materielle Veränderungen in den bestehenden Zuständen bewirkt, ist ein bestimmtes Zusammenspiel von Überzeugungen oder *Glaubensvorstellungen*. (In gewisser Weise überschneiden sich diese Erscheinungen mit dem Phänomen der sogenannten sich selbst erfüllenden Prophezeiungen: Wenn viele Menschen *befürchten*, eine Währung werde abgewertet, und sich ihrer hastig zu entledigen beginnen, um andere Zahlungsmittel zu erwerben, kommt es wegen des stark vermehrten Angebots bei kräftig nachlassender Nachfrage tatsächlich zu einem Kursverfall dieser Währung.) Dieser Glaube, was ist das eigentlich? Er besteht wohl vor allem darin, daß man ein unsicheres Wissen für ein sicheres nimmt und zugleich den Menschen für fähig hält, gesichertes Wissen ein für allemal zu erlangen.

Betrachtet man die Geschichte der Menschheit über Zehntausende von Jahren hinweg, dann zeigt sich, daß sie, grob gerechnet, drei Phasen durchlaufen hat. In der frühesten ähnelte die Kulturogenese dem Werk der natürlichen Evolution insofern, als sie verschiedene Gattungen von Kulturen hervorbrachte, ähnlich den verschiedenen biologischen Gattungen. In jener Phase entstanden Kulturen polyphiletisch, d.h. unabhängig voneinander an verschiedenen Stellen der Erde. Die Urgemeinschaften schufen, isoliert voneinander, nichtidentische Kulturformen. Jede bildete sich um ein bestimmtes, sie kennzeichnendes Weltbild, so daß man von einem monoikonischen Kulturtyp sprechen könnte. Erst in der nächsten Phase kamen Kulturen miteinander in Berührung, prallten aufeinander und durchdrangen sich gegenseitig, bis schließlich die mediterrane Kultur größte Expansionskraft und Entwicklungsbeschleunigung dadurch gewann, daß die in ihr existierenden Glaubensbekenntnisse in der Spätphase des Christentums mit dem Entstehen der technogenen Empirie – wenngleich nicht ohne Widerstände und Verzögerungen – einverstanden waren. Eine Vorrangstellung bekamen dadurch die Werkzeuge, die nach und nach ihre symbolische Rechtfertigung, d.h. die außer- und übermenschliche transzendentale Sanktion abstreiften. In der letzten, bis heute andauernden Phase trat die monoikonische Kultur, in der ein ausschließliches »wahres Weltbild« (das außer seinen Bedeutungen die ihnen unbedingt gebührenden *Pflichten* enthielt) Allgemeingültigkeit besaß, zurück und wich einer Polyikonik, die immer offenkundiger durch ein instrumentelles Verhältnis zur Welt und sogar zu ihren Bewohnern verstärkt wurde. Diese Polykonik bedeutet, daß die Gesellschaft es zuläßt, daß verschiedene Weltbilder, damit aber auch unterschiedliche Bedeutungen und folglich verschiedene höchste Werte nebeneinander existieren, was man gemeinhin als *Pluralismus* bezeichnet.

Aus der Sicht der wertneutralen Physik ist die Industriezivilisation ein System, das *Variablen*, die ursprünglich vom Menschen unabhängig waren, in solche verwandelt, die von seiner Entscheidung abhängen. Das umfaßt physikalische Variablen der natürlichen Umwelt, Variablen der gesellschaftlichen Umwelt und biologische Variablen alles Lebendigen einschließlich des Menschen selbst. Daß diese Zivilisation sich zunächst den physikalischen, dann den gesellschaftlichen und schließlich den biologischen Variablen zuwandte, liegt nicht an der Eigenart der Kultur, sondern an der unterschiedlichen sachlichen Schwierigkeit der jeweiligen Aufgaben. Es ist ja leichter, eine energetisch wirksame Maschine, d.h. eine nahezu perfekte Maschine zu bauen, als eine vollkommene Gesellschaft zu errichten, und auf das gesellschaftliche System läßt sich leichter ein regulativer Einfluß gewinnen als auf die grundlegenden Eigenschaften lebender Organismen.

Die besagte Akzentverschiebung der Zivilisation wird erheblich dadurch kompliziert, daß gesellschaftliche Zustände mit Gewalt verändert oder aufrechterhalten werden können, während man weder in der Physik noch in der Biologie durch Gewaltanwendung die gewünschten Effekte erzielt. Durch ein Gesetz, hinter dem die Sanktion der Gewalt steht, kann man zwar eine Gesellschaft zu einem bestimmten Verhalten zwingen, doch ist es nicht möglich, auf diese Weise einen materiellen Körper etwa zum Fliegen zu zwingen – oder lebende Organismen dazu, Eigenschaften zu zeigen, die ihnen die Evolution bei der Schaffung der Arten nicht mitgegeben hat. Die Epidemien, die Europa im Mittelalter heimsuchten, waren ein Symptom der Unabhängigkeit bestimmter biologischer Umweltvariablen vom Menschen. Inzwischen wurden sie zu Variablen, die von ihm abhängig sind, und die einst ungeheuren Bedrohungen des Lebens wurden entschieden vermindert. Freilich ist der Prozeß der, sei es transformierenden, sei es regulativen Umwandlung von unabhängigen Variablen in von uns abhängige Variablen weder homogen noch eindeutig vorteilhaft. Gewöhnlich führt die Bekämpfung des Zufalls, die sich darin äußert, daß man die Werte bestimmter Variablen beherrscht, zu unerwünschten Wirkungen bei anderen Variablen oder bei Parameter-Größen, die regelrechte Konstanten darstellen. Eine solche ungewollte Zufallswirkung der allgemeinen Industrialisierung liegt etwa in der Schädigung jener Parameter der Biosphäre vor, dank derer diese seit Jahrtausenden ein Homöostat ist, ein System, das sich hervorragend in einem dynamischen Gleichgewicht zu erhalten vermag. Diese Nebenwirkung der Industrialisierung bezeichnet man gewöhnlich als Gefährdung der natürlichen Umwelt.

Wenn wir den Weg der biologischen Evolution samt ihrem anthropogenetischen Zwischenziel überfliegen, erhalten wir – brutal verkürzt – das folgende Bild:

Jede Strategie bedeutet, daß bestimmten Verhaltensweisen der Vorzug gegeben wird, und ist damit ein Bekenntnis zu bestimmten Werten. Die Werte, zu denen biologisch evoluierende Arten sich »bekennen«, sind rein pragmatische. Diese Werte sind koextensiv mit der gegen den Zufall gerichteten Verbreitung der Erbkodes. »Gut« ist, was der Verbreitung dient, »schlecht«, was ihr schadet. Was dermaßen schlecht ist, wird liquidiert; was schlecht angepaßt ist, stirbt aus. Die Möglichkeit, sich zu anderen Werten zu bekennen, ist biologischen Arten verwehrt.

Um aus rein pragmatischen, dienenden Werten (in der Evolution dienen sie dem Überleben) autonome Werte zu machen, muß man aus einem Modell der Umwelt ein Bild der Welt machen. Ein Modell der Umwelt erlaubt eine Orientierung im Hinblick aufs Überleben. Ein Weltbild erlaubt darüber hinaus, den Sinn der Welt zu entdecken.

Der so entdeckte Sinn zeichnete sich in allen Kulturen dadurch aus, daß die Beziehung »Mensch - Welt« nichts Zufälliges hatte. Der Mensch ist jenes Geschöpf, das mit der mehrdimensionalen Zufälligkeit seiner Entstehung, seiner Existenz und seiner Stellung in der Welt nicht einverstanden ist. Die Ablehnung dieser »Beliebigkeit« drückt der Mensch in einem Glauben aus, der die Welt als eine eigentümliche Ordnung erkennt, in welcher der Mensch eine ihm zugewiesene, nichtzufällige Stellung einnimmt. Jeder Glaubensakt erlegt sowohl dem Menschen selbst als auch der durch diesen Glauben geordneten Welt bestimmte Pflichten auf. Der konkrete Sinn, den der Glaube der Welt verleiht, ist in den einzelnen Religionen sehr verschieden, aber es gibt doch einen gemeinsamen Nenner: das nichtzufällige Verhältnis der Welt zum Menschen. Es gibt nichts, was in bezug auf uns rein zufällig wäre, und folglich ist alles irgendwie parteiisch. Daher zeichnet sich die Welt für jedes Glaubensbekenntnis durch eine ihm eigentümliche Parteilichkeit aus, und es wird zur Aufgabe der Kultur, diese Parteilichkeit eindeutig zu qualifizieren und das menschliche Dasein mit ihr in Einklang zu bringen.

Daher behaupte ich, die Kultur sei eine zufallsfeindliche Einrichtung. In einer zufälligen, das heißt von niemandem geschaffenen, für niemand bestimmten und gegen niemand parteiischen Welt entdeckt man Werte nicht, sondern man setzt sie. Wer aber Welt und Mensch nicht als voneinander unabhängige Zufallsvariablen anerkennt, kann nicht damit einverstanden sein, daß er die Werte keineswegs in der Welt entdeckt, sondern sie ihr lediglich vorschreibt und damit willkürlich setzt, daß er also eine bestimmte Ordnung in der Welt unterscheidet und diese per Beschluß zur *einzigen* Ordnung macht.

Die Setzung von Werten, die man immer und überall als eine Entdeckung von Werten empfindet, ist deshalb gleichbedeutend mit der überschießenden Zufallsfeindlichkeit aller Kulturen. Eine Kultur, die bezüglich der Werte einen »idealen Wirkungsgrad« besitzt, bezeichnet einen Zustand, in dem der Kodex ihrer spezifischen Werte vollkommen verinnerlicht wurde und all ihre Mitglieder ihm absolut befolgen.

Kulturen entwickeln sich, wie wir sagten, zunächst um ein einziges Weltbild herum und gelangen nach Jahrtausenden zu einer Pluralität von Weltbildern. Der Übergang von monoikonischen zu polyikonischen Kulturen ist gleichbedeutend mit der Geschichte der geistigen Arbeit des Menschen.

Die Pluralität der Weltbilder äußert sich als deren Widersprüchlichkeit und Kampf untereinander.

Die Spannweite der kulturellen Polyikonik, der unterschiedlichen Weltbilder, reicht von einer sinnlosen Zufallswelt bis zu einer Welt universaler Vorsehung. Die erstere ist gleichbedeutend mit vollkommen neutraler Indifferenz, die letztere kann ganz und gar parteiische Liebe bedeuten. Ausdruck dieser Liebe kann auch das Messer des Mörders sein – nicht anders sind die Worte zu verstehen: »Credo, quia absurdum est«.

Die Kultur erteilt nicht jeder Art von Ordnung, die sich in der Welt entdecken läßt, ihre Zustimmung, sondern bevorzugt Ordnungen, die möglichst *eindeutig*, möglicht *klar* und möglichst *determiniert* sind. Die positive Parteilichkeit der Welt wurde nicht von allen Kulturen als eine »vollendete Tatsache« betrachtet, sondern als etwas, das man im Tausch gegen etwas anderes *erhalten* kann (z.B. durch dargebrachte Opfer). Es fällt leichter, an die Ordnung als an die Gewogenheit der Welt zu glauben. Deshalb haben die Kulturen sich mit mangelnder Gewogenheit der Welt abgefunden und sie auf je eigene Weise erklärt – sei es als Verteidiger des Menschen, sei es als Verteidiger des Menschen und der Welt, aber wohl in keinem Fall als *Ankläger* der Welt. Anklagen wurden allenfalls gegen den sündigen oder irrenden Menschen gerichtet.

Bisweilen hört man sagen, Glaube und Wissenschaft prallten so heftig aufeinander, weil die Ordnungen, die sie in der Welt wahrnehmen, sich so sehr voneinander unterschieden. Das stimmt jedoch nicht ganz. Wenn man sich mit der Geschichte der Wissenschaft vertraut macht, erkennt man unschwer, wie viele an die Welt gerichtete Postulate sie vom Glauben übernommen hat. Auch die Wissenschaft suchte nach einer *eindeutigen*, *klaren* und *determinierten* Ordnung. Relativ früh gab sie die Rolle eines Verteidigers auf, der der Welt Gewogenheit zuschreibt. Die übrigen Postulate hat sie dagegen bis heute nicht völlig aufgegeben, sondern lediglich von jenen Postulaten, die sich unter dem Ansturm wachsender Erkenntnisse nicht mehr halten ließen, allmählich Abstand genommen. Es ist kein Zufall, daß erst in unseren Tagen kosmologische und kosmogonische Modelle auftauchen, die den Anfängen der Welt eine physikalische *Unbestimmtheit* zuschreiben, also einen Zustand, in dem es *einzigartige*, allgemeingültige Naturgesetze *noch nicht geben konnte*. Inhaltlich wollen wir hier auf diese Frage gar nicht eingehen, wir fragen also nicht, ob es den Tatsachen entspricht, wenn der »Urwelt«, die sich etwa aus dem Urknall ergab, eine »Unordnung«, eine Art von »Gemisch aus mehreren verschiedenen Physiken« zugeschrieben wird. Für uns ist nur von Bedeutung, daß eine solche Hypothese, die definitiv und obendrein explizit von der »einzig möglichen Ordnung des Kosmos« Abschied nimmt, erst gegen Ende des 20. Jahrhunderts innerhalb der Wissenschaft formuliert wurde. Auf eine *determinierte* Ordnung hat die Wissenschaft klar und eindeutig auch erst in diesem Jahrhundert verzichtet, lediglich einige Jahrzehnte früher. Ich weiß nicht, warum die Wissenschaftslehre kein sonderlich großes Interesse für dieses in meinen Augen überaus wichtige Problem aufgebracht hat. Die größten Geister haben sich bemüht, der Welt eine stark determinierte Ordnung überzustülpen – hier sei nur noch einmal an Einsteins Worte erinnert: »Der Herrgott würfelt nicht«. Aber selbst die Fachterminologie der theoretischen Physik offenbarte dieses Bemühen, indem sie das Atom mit einem Planetensystem verglich, den Elementarteilchen eindeutige Lokalisierbarkeit zuschrieb und ihre theoretisch wie experimentell entdeckten Merkmale mit Namen bezeichnete, die eine starke (intuitiv-motorische und anschauliche) Stütze im gesamten Sensorium des Menschen haben. Noch die Eigenschaften der Quarks waren als »Farbe«, »Fremdheit« (*strangeness*) oder »Charme« bezeichnet worden; erst danach nahm die Physik von den letzten Resten eines terminologischen Anthropomorphismus Abschied. Dabei war es keineswegs so, daß die Physiker aus Zorn über den antianthropomorphen Charakter der Natur auf einem Kongreß beschlossen hätten, alle Ausdrücke über Bord zu werfen, die – wie z.B. noch der *Spin* – eine (wenngleich im Rahmen der gebräuchlichen Bezeichnungen ihres Sinnes beraubte) Verankerung in den Bedeutungen der Umgangssprache hatten. Vielmehr gab man diese Ausdrücke allmählich und schrittweise auf. Auch hier sind nicht die kognitiven Resultate dieses Prozesses für uns wesentlich, sondern lediglich die *Richtung*, in welche diese terminologischen Wandlungen liefen. Sie bedeuteten schließlich einen radikalen Verzicht auf alles, was – und sei es auch nur in Spuren – noch sinnlich faßbar ist. Während man sich das Atom durchaus noch in der Weise vorstellen kann, daß der Kern als eine kleine Sonne von den Elektronen als Planeten umgeben ist, läßt sich das Wirken von mikrophysikalischen Kräften, das nach der *bootstrap theory* dem Schema der »Schnürbänder« entspricht, nicht so einfach auf Anschauliches zurückführen.

Doch zurück zu den Kulturen der guten alten Zeit. Damals verteidigte jede Kultur den Menschen gegen die Welt und zugleich die Welt gegen den Menschen, weil sie es ablehnte, den Menschen als ein »zufälliges, von der Welt ungewolltes Kind« und die Welt als ein Gebiet zu betrachten, as von feindseligen Mächten nur so wimmelt. Sie erklärte, der ursprünglich vollkommene Mensch sei verdorben worden, beziehungsweise, die Mängel der Welt dürften nicht als Ausdruck ihrer allgemeinen Ungunst verstanden werden.

Als sich dann die instrumentellen Fertigkeiten entwickelten, konnte es zu einer Kollision mit den kulturell kanonisierten Rechtfertigungen solcher Ungunst kommen. Wenn die Frau unter Schmerzen gebären soll, darf man diese Qualen nicht instrumentell ausschalten. Wenn Kinder ein Segen des Himmels sind, darf man keine empfängnisverhütenden Mittel benutzen. Wenn Gott jemandem eine Krankheit geschickt hat, darf man ihn nicht heilen (gewisse Sekten lehnen bis heute Bluttransfusionen kategorisch ab). Eine Kultur, in der die Empirie sich entwickelt, hat mit der Schlichtung solcher Zusammenstöße alle Hände voll zu tun. Die katholische Kirche lehnt gegenwärtig die Möglichkeit ab, das befruchtete Ei einer Frau von einer anderen Frau austragen zu lassen. Dieser Zustand (vor rund zwanzig Jahren habe ich ihn vorausgesagt) läuft jedoch unweigerlich darauf hinaus, daß der Glaube der Empirie Konzessionen machen wird, denn anderenfalls müßte die Kirche, falls sie konsequent sein will, all denen, die durch »Zeugung im Reagenzglas« oder durch Verpflanzung in einen anderen Frauenkörper zur Welt gekommen sind, die Sakramente verweigern, und das hieße, eine wachsende Zahl von Menschen aus der Gemeinschaft der Gläubigen auszuschließen. Empirie und Glauben müssen daher zeitweilig Waffenstillstand schließen. Die Entwicklungslogik der instrumentellen Fertigkeiten hängt nicht von menschlichen Wünschen oder Absichten ab, sondern von der materiellen Beschaffenheit der Welt.

Weil die Weltbilder von Kulturen stets parteilich sind, entdeckt die Kultur *überall* das Nichtzufällige. In den Frühphasen der Kulturogenese wurde die Welt aufgefaßt als ein System von Zeichen, die solange interpretiert wurden, bis sie mit jener Parteilichkeit der Welt, an welche die jeweilige Kultur glaubte, völlig im Einklang waren. Die Welt war ein an den Menschen adressierter Text, also eine symbolische Mitteilung, und zugleich ein Ort realer Tätigkeiten zur Aufrechterhaltung des Lebens. Die typologische Eigenart einer Kultur beruht auf den Entscheidungen, die getroffen wurden, um diese beiden Versionen der Welt miteinander zur Deckung zu bringen. Entscheidungen, die in sehr frühen Phasen der Kulturogenese (unbewußt) von der Gemeinschaft getroffen wurden, bestimmen spätere Entscheidungen vielleicht noch nach Zehntausenden von Jahren. Insofern hat der Zufall Anteil an der Auskristallisierung einer konkreten kulturellen Formation; wäre er nicht an der Bildung von Kulturen beteiligt gewesen, dann würde die anthropologische Komparatistik zwischen sämtlichen Kulturen der Vorgeschichte Identität, d.h. vollständige Isomorphie feststellen. Tatsächlich hat sie nur eine begrenzte Homöomorphie festgestellt, die auf den Anfangs- und Randbedingungen der Anthropogenese beruht. Denn in ihrer Biologie, also den Anfangsbedingungen, stimmten und stimmen die Menschen überein, während in der Abfolge der Werkzeugerfindungen, die durch den Schwierigkeitsgrad der Realisierung, also durch Umweltbedingungen bestimmt war, Ähnlichkeiten bestehen.

Auf jeder Erkenntnisstufe, die der Mensch erreicht, bemüht er sich erneut, die Welt verstehend zu integrieren. Er schuf sich ein Bild von ihr, als er wenig wußte, und er schuf sich ein Bild von ihr, als er bereits ziemlich viel wußte. In frühester Zeit nahm er wohl an, daß seine Umgebung parteiisch sei, doch brachte er das noch nicht mit »allem« in Verbindung: Jedes Phänomen erforderte eine eigene Taktik der symbolischen Zähmung. Nach und nach verbanden sich diese Atome zu dem Ganzen, das den Menschen umgibt. Ein mythologischer Horizont umgab die Gemeinschaft, die sich unveränderlich in dessen Mittelpunkt befand, so wie ein Segler auf hoher See unbeweglich im Zentrum seines Gesichtsfeldes zu stecken scheint. Die Menschen wußten, daß ihre Vorfahren einst dem Mythos entsprungen waren, also gleichsam von jenseits des Horizonts gekommen waren, der sich in der Vergangenheit zeigt, und daß sie irgendwann in den Mythos eingehen würden, der vor ihnen lag. Sie kamen nicht auf den Gedanken, daß die Zukunft sich als veränderbar herausstellen könnte. Die so konstruierte Welt besaß die einzig mögliche Ordnung, die zugleich ganz und gar nichtzufällig war, dem Zufall keinen Raum ließ. Was keine sichtbare Ursache hat, das hat eine unsichtbare – alles ist determiniert. Die Quelle der Determination mag das Große Geheimnis sein, dessen Natur jedoch nicht zufällig ist. Das Geheimnis ist etwas nur *scheinbar* Zufälliges, denn im Grunde ist es die verschleierte, für den Menschen nicht zu enträtselnde und unerforschliche Ordnung. In der Geschichte des menschlichen Denkens treten früh solche Ordnungen auf, die durch eine geringe Zahl von Elementen determiniert und an einer geringen Zahl von Beispielen erkennbar sind, während komplexe Ordnungen und schließlich nur noch statistische, von unzähligen Wahrscheinlichkeitsverteilungen abhängige Ordnungen späte Diagnosen darstellen. Die Kultur findet sich mit dieser wachsenden Komplexität historisch immer nur ungern ab, ja, die Zustimmung wird ihr durch die kausale Effizienz jener »unordentlichen Ordnungen« geradezu abgepreßt. Denn indem sie diese erkennt, gewinnt sie nicht bloß interpretatorische (symbolische) Macht über ihre Umwelt, sondern auch eine reale, objektive Macht, die gleichbedeutend ist mit dem Instrumentalismus. Man kann in diesem Sinne von zwei Haupttypen von Kulturen sprechen oder auch von zwei Kulturelementen, die als Variablen einerseits stärker von der *dogmatischen Setzung einer parteilichen Welt*, andererseits stärker von der *empirischen Methode von Versuch und Irrtum* abhängen. Diagnosen, die aus einer auf Versuch und Korrektur des Irrtums aufbauenden Erkenntnis resultieren, revidieren frühere Feststellungen. Nicht jede Kultur bringt es zu einem modus vivendi zwischen den Ordnungen, die sie in ihrer Frühzeit schuf, und den von der Wissenschaft entdeckten Ordnungen. Das kann man auch folgendermaßen ausdrücken: Nicht jede Kultur läßt die naturwissenschaftliche Empirie in dem Maße zu, daß eine Kettenreaktion des Wachstums dieser Empirie ausgelöst wird, daß – anders gesagt – ein autokatalytischer, geradezu explosiver Fortschritt des Instrumentalismus in Gang kommt. Kulturen, die in dieser Hinsicht repressiv und stationär waren, mußten den Instrumentalismus am Ende importieren.

Verglichen mit dem Weltbild, das die vorinstrumentelle Kultur entwarf, ist das Weltbild der Wissenschaft deprimierend, und nicht allein deshalb, weil es dem Menschen Ansprüche abschlägt, die er zuvor an eine parteiliche Welt richtete. Es kommt hinzu, daß dieses Bild sich im Laufe der Zeit ändert. Mit wachsender Erkenntnis werden neue, bislang nicht wahrgenommene Wissenslücken in diesem Bild sichtbar. Es bietet gegenwärtig nicht mehr soviel Anlaß zu den Hoffnungen, mit denen es die Verfechter der Empirie noch vor einem halben Jahrhundert erfüllte. Es scheint nämlich, als hinke der Erkenntnisfortschritt den ihn begleitenden Notwendigkeiten neuer Regelungs- und Korrekturverfahren hinterher, es scheint mit anderen Worten leichter zu sein, die menschliche Welt durch neue Technologien in ihren Grundfesten zu erschüttern, als diese auf einem höheren Niveau der Komplexität instrumentalisierte Welt wirksam zu stabilisieren. Dieses Zurückbleiben der »rettenden« Techniken (die z.B. den Umweltschäden durch neue Technologien begegnen oder der durch Automatisierung entstandenen Arbeitslosigkeit entgegenwirken könnten) hinter der Hauptfront des instrumentellen Fortschritts mag bloß eine vorübergehende Erscheinung sein, doch diese (auf längere Sicht schließlich recht optimistische) Diagnose läßt sich heute durch nichts rechtfertigen.

Der Instrumentalisierung der existenzerhaltenden Tätigkeiten zustimmen heißt, den Autonomieverlust der Kultur partiell zu billigen, weil die sensu stricto nicht zur Kultur gehörende innere Logik des instrumentellen Fortschritts bei existenziell wichtigen Entscheidungen zugelassen wird. Aus empirischer Sicht ist dies keine rein zufällige Logik, denn sie besteht in der Ordnung, die bruchstückweise der Natur entrissen und in die gesellschaftliche Arbeit überführt wird; aus der Sicht der Kultur mag sie jedoch zufällig sein (und ist es gewöhnlich auch), weil ihre noch unbekannten späten Formen und Folgen mit den höchsten Werten der Kultur ungeahnt heftig in Konflikt geraten können. Für die Kultur ist diese Logik also zufällig, weil sie für niemanden vorhersehbar und berechenbar ist – oder doch für die Vertreter von kosmischen, der unsrigen überlegenen Zivilisationen, die jedoch ein bloßes Postulat und eine Konsequenz aus dem heute gültigen Weltbild der Wissenschaft sind.

Der Fortschritt der Kultur stellt eine Embryogenese neuer und eine Revision bestehender Werte dar, denn in ihm vollzieht sich eine selektive Vererbung von Traditionen und eine Zeugung von Innovationen in den motivierenden Einstellungen, den kollektiven Zielen und den Normen des Zusammenlebens auf unserem Planeten.

Es ist nicht möglich, daß beliebig viele neue Entwürfe im Bereich der motivationalen Umwertung, der zentralen Ziele und der allgemeinen Koexistenz gleichzeitig am Fortschritt der Kultur teilnehmen. Eine *gleichberechtigte* Teilnahme beliebig vieler innovativer Entwürfe ist nämlich ebensowenig möglich, wie an der Evolution der natürlichen Arten eine beliebig starke Variabilität des sich manifestierenden Erbguts teilnehmen kann. Um diese Variabilität gleichzeitig in der Verfügungsreserve und im Zaum zu halten, benutzt die Evolution das Verfahren ihrer »gedrosselten Verwahrung« im Fundus der rezessiven Gene (und in anderen, neuerdings entdeckten Strukturbesonderheiten des Codes der DNA, worauf wir hier jedoch aus naheliegenden Gründen nicht näher eingehen können). Diesen Fundus vererbt eine Population ihren Nachkommen in grundsätzlich nichtaktiver Form. Unter Bedingungen einer Krise der Population kann er aktiviert werden.

Eine Analogie zu dieser Strategie ist innerhalb der Kultur das Verhältnis ihrer maßgebenden Werte zu jenen Werten, die als Alternativen und Entwürfe entstehen. Die maßgebenden Werte stellen für die antagonistischen Werte einen Moderator, Dämpfer und Isolator dar. Diese antagonistischen Werte können gehörig steigen und die bisher maßgebenden Werte durch allmähliche Korrekturen und Substitution ersetzen oder umgestalten. Die maßgebenden Werte bilden dann einen zufallsfeindlichen Filter, der axiologische Zufallsschwankungen wirksam bekämpft. Sie bestimmen, was Heroismus und was Exzeß oder Tollkühnheit, was Innovation und was Verrücktheit, was die Norm und was eine pathologische Abweichung der Affekte ist. (Als Normen arbeiten diese Werte immer mit einem gewissen Schlupf, d.h., sie werden nirgendwo, in keiner Kultur vollkommen realisiert, und das ist der übliche Gang der Dinge.) Eine Kultur kann sich im Zuge der Entwicklung reorganisieren, aber sie kann sich nicht auf mehrere Arten zugleich reorganisieren. Dem stehen die erwähnten maßgebende Werte in dem Maße entgegen, in dem sie allgemein verinnerlicht sind. Dieses in seiner Einfachheit so vollkommene Modell der kulturellen Dynamik läßt sich übrigens verfeinern durch die Mitteilung, daß den verinnerlichten kategorischen Imperativen dann, wenn ihre Ausschließlichkeit nachzulassen beginnt, die Gewalt zu Hilfe eilt, mal unter dem Namen der Inquisition, mal unter dem der Polizei.

Im obigen Sinne ist der Widerstand, den die Kultur dem Fortschritt entgegensetzt, selbst ein Teil des Fortschritts. Es ist ja nicht möglich, in allen Richtungen zugleich fortzuschreiten. Wer das täte, käme insgesamt in keiner Richtung voran, sondern bliebe auf der Stelle und blähte sich auf. Der Widerstand, der Veränderungsbewegungen aufhält, vermittelt ihnen Gesammeltheit und Richtung.

Wenn die Verinnerlichung der maßgebenden Werte nachläßt, schwindet auch dieser Widerstand. Verbote fallen, die Enttabuisierung wird zu einem autokatalytischen Prozeß (das fallende Verbot ist nicht bloß ein fallendes Verbot, sondern Ermunterung zur Liquidation weiterer Verbote). Die maßgebenden Werte werden zu unzusammenhängenden Isolaten, geraten in Kollision miteinander und beginnen abzudriften. Ihre zufallsfeindliche Wirkung schwindet, weil sie mittlerweile selbst zufälligen Verwerfungen unterliegen. Es kommt zwar zu einer sehr intensiven Innovationswelle, doch die Ansätze zu einer kulturellen *Erneuerung* erhalten keine Präferenz mehr, denn wenn man *allen* zugleich den Vorzug gibt, gibt man *keinem* den Vorzug; wenn ein Mensch allzu leise spricht, kann man ihn durch einen Verstärker zu Gehör bringen, doch wenn man die Stimmen aller Sprechenden verstärkt, so verstärkt man nur das Chaos; verstärkt fließen die einzelnen Stimmen zusammen zu einem unverständlichen Gebrüll. Allzuviele innovative Entwürfe prallen gleichzeitig aufeinander, und die Kultur zerfällt.

Die Kultur unterliegt heute nicht einem so offenkundigen Zerfall, wie er einträte, gäbe es in ihr nicht die objektivierte Logik des instrumentellen Fortschritts. (Einige ziehen es vor, die Technologie als die unabhängige Variable der Zivilisation zu bezeichnen.) Durch ihre prozessuale Autonomie versieht diese Logik die existierenden Einheiten mit einem eindeutigen Richtungspfeil und gibt damit der Entwicklung der Zivilisation eine Orientierung. Diese Entwicklung gewinnt jedoch ein Tempo, dem die Mutabilität der Kultur nicht zu entsprechen vermag. Die an die Instrumentalismen gefesselte Kultur ist eine zerrissene Kultur, die ihre diachronische Kontinuität und ihre synchronische Kohärenz einbüßt. Sie reagiert auf diesen Druck mit einer immer rascheren, immer vergeblicheren Mutabilität; was auch immer gezeugt wird, wird sogleich von der Welle der folgenden, nicht minder fehlschlagenden Innovationen fortgespült. So verfällt die Kultur in ein Mutationschaos, das keinerlei prospektive Potenzen enthält, weil es sich nicht um koordinierte Manöver handelt, sondern gleichsam um Muskelfaserzuckungen, um klonische und tonische Krämpfe, die durch instrumentelle Verstärker noch intensiviert werden. Die Selektion im Bereich der symbolischen Tätigkeit der Kultur wird zufällig, und zufällig werden ihre Resultate. Es kommt nicht mehr ein *effektives*, sondern nur noch ein *affektives* Ergebnis heraus, denn in den Einzel-und Gruppenreaktionen äußern sich die Angst, die Frustration und die Depression der kaputten Kultur, betäubt durch Injektionen instrumentell erzeugter Genußmittel (daher das merkwürdige Schwanken zwischen Pessimismus und Hedonismus, die übrigens identisch werden können, denn das »Carpe diem« ist der Ausruf eines pessimistischen Hedonismus).

Die kaputte Kultur vermag weder die instrumentelle Beschleunigung zu zügeln noch sie zu steuern oder sie sich zu unterwerfen, denn nicht nur, daß sie den Wandel nicht kontrolliert und nicht Schritt mit ihm hält – sie begreift ihn nicht einmal.

Wie kann das weitere Schicksal einer solchen Kultur aussehen?

1) Eine sehr ferne und nicht allzu wahrscheinliche Entwicklung ist die instrumentelle Substitution, Entfremdung und Veräußerlichung der Kultur. Es entsteht eine – wie ich einmal gesagt habe – »synthetische Kultur«, eine »Syntur«. Sie kompensiert den Verfall der verinnerlichten Werte durch eine Krücke in Gestalt einer synthetischen Lebenswelt. Diese funktioniert teils nichtpersuasiv, teils kryptokratisch. Nichtpersuasiv wird das Verhalten des Menschen durch eine Apparatur gelenkt, die beispielsweise verhindert, daß ein Betrunkener ein Auto in Gang setzt, oder daß sich jemand geschützter Computerdaten bemächtigt. Kryptokratisch funktioniert z.B. die psychotrope seelische Manipulation. Die fürsorglich-verläßliche künstliche Umwelt vermag das Böse, das sich gegen den Nächsten richtet, zu »schlucken« und eine eigentümliche Intelligenz zu entwickeln (eine unpersönliche Intelligenz, wie sie ansatzweise schon Computerprogramme zeigen, die in der Psychotherapie benutzt werden: Es ist »niemand«, der mit dem Patienten spricht und ihn tröstet, doch braucht dieser sich dessen keineswegs bewußt zu sein). Dieser Trend mündet in die totale Hedonisierung der Menschen, denen gleichzeitig der freie Wille geraubt wird. Sollte es in dieser Entwicklung einer »altruistisch und hedonistisch programmierten Ökologie« zu unvorhergesehenen Entartungen der Apparatur kommen, so ist es möglich (d.h. denkbar), daß »ungewollt Höllen erzeugt« werden, und zwar von einer Vielfalt, die von der ehernen Ordnung bis zum orgiastischen Chaos reicht. Diese Vorstellung erscheint

heute ziemlich phantastisch, doch erwähne ich sie, weil die Universalgeschichte einen konstanten Faktor aufweist, nämlich die Verwirklichung besonders dessen, was frühere Generationen für reine, ans Absurde grenzende Phantastik hielten.

2) Über das Schicksal einer Kultur, welche die Grenzen eines für die Biosphäre nicht mehr verträglichen materiellen und instrumentellen Wachstums überschreitet, brauchen wir uns nicht länger auszulassen, denn eine Kultur der Katastrophe ist eine Katastrophe der Kultur.

3) In einer verstärkten Krise der Werte wird es wahrscheinlich notwendig, die verkümmerten kulturellen Normen im Sinne einer Notstandsmaßnahme durch Rechtsnormen zu ersetzen, die mit unmittelbarer Strafsanktion ausgestattet sind. Es ist dies die Vision einer Kultur unter der Obhut von Justiz und Polizei. Über die Folgen eines polizeilichen Mäzenatentums braucht man sich ebenfalls nicht zu verbreiten, denn sie liegen auf der Hand. Das Resultat ist entweder Stagnation oder Depression oder beides zugleich, falls nicht Aktionen des »Mäzens« stürmische Reaktionen heraufbeschwören, oder anders gesagt, falls nicht eine Eskalation legaler und illegaler Gewalttaten einsetzt, für die es nur noch einen Ausweg gibt – die soziale Revolution. Falls diese Umwälzung aus Verzweiflung und Verwirrung erfolgt, ist von ihr nichts anderes zu erwarten als die übliche Ersetzung des einen Unglücks durch ein anderes.

4) Die Kultur ist reduziert auf bloßes Reagieren, also eine Variable, die abhängig ist von außerkulturellen Veränderungen (in der Gesamtsituation der Welt, im wirtschaftlichen und technischen Bereich etc.). Es würde sich um eine Kultur handeln, die abgedankt hat, und das heißt zugleich – auch wenn es teilweise verschleiert wird -: eine sich abkapselnde Kultur der Elite auf der einen und eine Kultur des Massenkonsums auf der anderen Seite. Verzichtet hätte sie auf die wahre schöpferische Autonomie und die damit verbundenen Ambitionen, lenkend auf das Ganze einzuwirken, oder sie hätte gar den letzten Anschein solcher Ansprüche fallengelassen, und es träte ein, sei es raffinierter, sei es trivialer Eskapismus zutage. Die Kultur der hermeneutisch Einge-

weihten und der zwanghaft Konsumierenden wäre eine Ansammlung von pathologischen Gewächsen, toleriert vom Vormarsch des Instrumentalismus, der seine Marschrichtung gleichsetzte mit den höchsten Werten, die dem Menschen zukommen. Diese Aufteilung wäre nicht sonderlich vorteilhaft, könnte jedoch zu einem Dauerzustand werden, denn es scheint nicht, als wären die Übergriffe des allzu gefräßig expandierenden Instrumentalismus zu vermeiden oder zu umgehen. Der Instrumentalismus in seinen einander ablösenden technologischen Formen würde zum wichstigsten, ja im Grunde zum einzigen stabilisierenden Element der Geschichte. Was lediglich Mittel zum Zweck sein sollte, wäre selbst zum Zweck geworden.

5) Die vorstehenden Bemerkungen stellen unverbindliche, auf eine ferne Zukunft gerichtete Prognosen von Extremsituationen dar. Wenden wir uns wieder der Gegenwart zu. Die Schrecken unseres Jahrhunderts drängen einen allerdings zu extremen Ansichten. Manche meinen, die Kultur von heute sei eine Leiche, die ihr blühendes Leben allein dem Wiederbelebungsapparat verdankt, an dem sie hängt. Das stimmt nicht, aber nur in dem Sinne, in dem jede monströse Übertreibung unwahr ist. Nein, unsere Kultur ist keine Leiche, sie wurde nur auf die Folter gespannt, weil sie das, was sie einmal selbst als ihren winzigen instrumentellen Kern hervorgebracht hat, nicht mehr zu bewältigen vermag. Die Instrumentalismen, ursprünglich für die kulturellen Werte eingespannt, um diese verstärkt zu realisieren, sind über die einstigen Ziele hinausgeschossen. Es gibt eine Obergrenze der Komplexität, die für zunehmend komplizierte Organismen ebenso unüberschreitbar ist wie für die Kultur. Diese Obergrenze bilden die subjektiven Beschränkungen jener Wesen, die den Code, sei es der Biologie, sei es der Kultur, realisieren. Ein biologischer oder kultureller Organismus von beliebiger Kompliziertheit ist nicht möglich, und das heißt: Die informationale Vielfalt eines biologischen oder gesellschaftlichen Organismus kann nicht unbegrenzt zunehmen. Aus der Menge der Kodons der Vererbung lassen sich etwa 10^{130} verschiedene Kombinationen der DNA bilden, doch die Evolution realisierte nur einen verschwindenden

Bruchteil dieser ungeheuren Anzahl, die um einige Größenordnungen über die Zahl der Elektronen im Kosmos hinausgeht. Die Menge der Kulturformationen, die in diesem rein kombinatorischen Sinne möglich sind, ist gewiß von ähnlicher Mächtigkeit. Es ist nicht möglich, diese beiden Mengen in ihrer Gänze zu erforschen oder zu erschöpfen, selbst dann nicht, wenn die Erde eines der Elemente eines umfassenden metagalaktischen Psychozoikons wäre. Der mit exponentieller Beschleunigung zunehmende Instrumentalismus muß also, falls er nicht aufgehalten wird, die Kultur, die ihn hervorbrachte, entweder sprengen oder an ihre Stelle treten. Gewiß sind wir von der solchermaßen definierten Grenze noch ziemlich weit entfernt. Dennoch sollte man der Untersuchung ihrer Besonderheiten ein wenig Beachtung schenken.

Die Sache ist von trivialer Einfachheit. Es ist prinzipiell möglich, praktisch das gesamte instrumentelle Wissen aus der Gesellschaft zu verlegen, denn eine abgesonderte Technosphäre, die sowohl uns dient als auch für sich selber sorgt, ist zumindest (und zwar ohne Phantasterei) denkbar. Eine entsprechend abgesonderte Kultur, die fern von den Menschen funktioniert, wäre dagegen eine Absurdität. Selbst wenn sich also sämtliche Hemmnisse für ein weiteres instrumentelles Wachstum, auf die wir heute stoßen, überwinden lassen und die schädlichen Nebenwirkungen bestimmter Technologien durch andere Technologien beseitigt werden, wenn durch ein (bislang unmögliches) Ausweichen in den außerirdischen Weltraum ein fortgesetztes weiteres Wachstum möglich wird, wenn die Apparaturen, die die Biosphäre bedrohen, auch zu ihrer Erholung beitragen können, so ist doch ein stetiges Wachstum der Kultur mit Sicherheit unmöglich.

Am Ende ließe sich (vielleicht) sogar die Gnosis automatisieren, ließe sich auf die Wissenschaft als ein von Menschen betriebenes Handwerk zugunsten irgendwelcher sich epistemisch selbst programmierender Aggregate verzichten; heute ist das zwar vollkommen unwahrscheinlich, aber eine solche automatisierte Gnosis ist kein Quatsch. Auf die Kultur können wir jedoch nicht in gleicher Weise verzichten, wir können sie höchstens – in der Gestalt, wie sie durch unsere Geschichte zustande kam – zerstören, weil diese kanonische Gestalt der Kultur nicht mit der in Museen, Bibliotheken oder wo auch immer gespeicherten Information identisch ist – Kultur besteht nämlich in der Zirkulation von Inhalten, die über Generationen hinweg selektiert wurden, ja, gerade auf dieser natürlichen Auslese beruht die Kultur, die nichts anderes ist als ein funktionierendes, überinstrumentelles kollektives Gedächtnis. Alles, was die Mechanismen dieser Auslese lähmt, verstößt gegen das von uns anerkannte Prinzip der Kreation – ausnahmslos jeder Kreation -: das Prinzip der *nichtzufälligen* Auslese der Werte. Wer eine rein zufällige Auslese betreibt, liquidiert damit das von der biologischen, der sozialen und der zivilisatorischen Evolution befolgte Prinzip und gerät aus einem zielgerichteten Prozeß in ein vom blinden Zufall gelenktes Treiben. Da jedoch nicht alle Auslesemechanismen gleichzeitig und nicht im gleichem Ausmaß von der Lähmung betroffen werden, geht dem Zusammenbruch der Kultur eine Phase ihrer pathologischen Entartung voraus.

5 Pathologie der Kultur

Grundlage der folgenden Überlegungen ist die Überzeugung, daß die Kultur eine Überlebensstrategie vernunftbegabter Wesen ist. Mit der Annahme, daß die Kultur als eine Form des Überlebens kein größeres Maß an Selbstgefährdung zeigen darf, als vernunftlose Arten es erkennen lassen, daß sie also weder direkt noch indirekt ein Spiel mit der Selbstvernichtung sein darf, führe ich keine willkürliche Behauptung ein, sondern extrapoliere lediglich aus biologischen Gegebenheiten, um ein Mindestkriterium der Fitness (Tauglichkeit) einer Kultur zu gewinnen. Selbstverständlich *kann* man behaupten, eine solche Extrapolation stelle keine logische Notwendigkeit dar, und insofern könnte jemand der Ansicht sein, gerade die Selbstgefährdung der Kultur sei ihr »eigentliches« Ziel, und diesen Gedanken durch weitere Postulate ergänzen, etwa in dem Sinne, daß jene Kultur die beste sei, welche auf eine für ihre Mitglieder außergewöhnlich angenehme Art oder eine im kosmischen Maßstab außergewöhnliche Art Selbstmord begeht. Freilich macht diese Auffassung explizit oder implizit die Voraussetzung, daß man mit seinem Leben nichts Passenderes anfangen kann, als es zu vernichten. Diese Ansicht – und das sage ich mit allem Nachdruck – verwerfe ich undiskutiert. Undiskutiert nicht nur deshalb, weil ich mir darüber im klaren bin, daß diese Ansicht ebensowenig wie meine eigene empirisch beweisbar ist, sondern auch, weil jede Diskussion sich in eine Auseinandersetzung über Werte verwickeln müßte, wodurch dann ein kulturbedingter Faktor hineinkäme. Ein eingestandener Nihilismus, der ja in der Ablehnung von Werten besteht, ist ein Eingeständnis ihrer Ablehnung und damit zugleich des Fehlens eines höchsten Wertes. Das sind Antinomien, die man nicht abstreifen kann, weil man nicht völlig aus der Kultur heraustreten kann. Die Berücksichtigung des eigenen Ethnozentrismus führt ebenso zu einem unendlichen Regreß wie die Berücksichtigung des »Ödipus-Effekts« beim Stellen einer Prognose. (Mit einer Vorhersage der Zukunft beeinflusse ich diese, weil ich durch Bekanntgabe der Prognose menschliche Einstellungen verändere, was bedeutet, daß ich eine sich selbst erfüllende Prognose machen kann; wenn ich aber berücksichtige, daß die veröffentlichte Prognose die Zukunft beeinflußt, und die Vorhersage entsprechend umformuliere, bewirkt sie eine *andere* Veränderung in den Einstellungen, und folglich müßte ich, wenn ich das berücksichtige, die Prognose von vornherein noch anders formulieren etc.) Die Praxis zeigt jedoch, daß es auf solche theoretischen Überlegungen im Grunde nicht ankommt. Der Kulturfaktor und der Faktor der ödipalen Verkettung sind zwar nicht völlig auszuschalten, haben aber als quantité négligeable in realen Situationen auf den Gang der Ereignisse nur verschwindenden Einfluß.

Man könnte sich noch die Frage stellen, ob sich an dem unbeweisbar höchsten Wert, den wir dem Leben und seiner Erhaltung beimessen, etwas ändern würde, falls sich herausstellte, daß mächtige galaktische Zivilisationen ihre Aufgabe darin sehen, monumentale Selbstmorde zu begehen, die sich etwa in Explosionen galaktischer Zentren oder in Eruptionen von Quasaren äußern. Ich glaube das nicht, denn ich möchte die Aufgabe der Evolution als Norm, also axiomatisch und nicht revisionistisch behandeln. Diese Axiomatisierung, nämlich dem Leben den höchsten Wert beizumessen, ist weder eine empirische noch eine logische Notwendigkeit, denn ebensogut könnte man völlig andere Axiome festlegen, ja, man könnte sogar, um seine Gegner zu ärgern, auf einer Unmenge von Planeten viele Evolutionen annehmen, die sich selbst ins Verderben stürzen, doch ändert dieser Schritt nichts daran, was seit vier Milliarden Jahren auf der Erde geschieht. Ich gebe zu, daß diese Diskussion zu nichts führt, und nachdem nun einmal dem Leben der höchste Wert zuerkannt wurde, bin ich nicht bereit, dieses Urteil in Frage stellen zu lassen.

Unter dem Minimum an Tauglichkeit einer Kultur verstehe ich also, daß sie mindestens so gut überlebt wie Arten, die keine Kultur besitzen. Diese Definition gibt der Tauglichkeitsbeurteilung von Kulturen eine stärkere Grundlage, als es auf den ersten Blick scheinen mag.

Das Verhalten von Tieren und Pflanzen dient nicht in allen Einzelheiten dem Ziel des Überlebens, und auch im Verhalten von Kulturen ist nicht alles allein auf dieses Ziel ausgerichtet. Das Kaninchen, das sich am Ohr kratzt, würde sicherlich auch überleben, wenn es sich nicht kratzen würde. Die Flamingos, die einen rituellen Paarungstanz absolvieren, könnten gewiß auch ohne zu tanzen überleben, denn nicht alle Vögel praktizieren ein solches Paarungsritual. Das Verhalten der Tiere ist somit im Hinblick auf das Überlebensziel ein wenig redundant, und redundant, allerdings in ungleich größerem Maße, ist auch das aufs Überleben bezogene Verhalten von Kulturen. Diese Redundanz beruht darauf, daß die Natur als Spieler keine strategische Optimierung verfolgt, die auf die Vernichtung, sei es der Organismen, sei es der Kulturen gerichtet wäre. Wenn der Gegner nicht in optimaler Weise aktiv ist, kann man sich gewisse Freiheiten erlauben, sich zum Beispiel entspannen oder die Spielregeln um solche erweitern, die nicht unmittelbar dem Überleben dienen.

Zwischen dem Spiel, das die Bioevolution, und jenem, das die Kultur gegen die Natur spielt, besteht der Unterschied, daß das erstere allein nach der darwinistischen Strategie abläuft, während das letztere seine Strategie und obendrein noch deren innerkulturelle Interpretation besitzt, in Gestalt eines Weltbildes samt dem darin enthaltenen Bild des Menschen. Es muß (erneut) betont werden, daß dieses Bild sich durchaus nicht mit der physischen Struktur des Spiels ums Überleben zu decken braucht, ja ihr sogar in Glaubensvorstellungen oder politischen Doktrinen beliebig widersprechen kann. Die Überlebensfunktion der Kultur braucht in dem Bild, das die Kultur von sich selbst hat, überhaupt nicht vorzukommen, weder als Dominante noch als erkennbare Komponente dieses Bildes. Die Kultur kann auf Ziele gerichtet sein, die an ihrer physischen Struktur gar nicht zu erkennen sind; so kann es ihr »offizielles Ziel« sein, die Ahnen zu ehren oder die Götter durch das Blut von Opfern zu bestechen, nicht einmal in der Absicht, daß die Menschen dank des so errungenen Wohlwollens der Götter weiterleben können, sondern um zu verhindern, daß das himmlische Firmament einstürzt oder daß der Antichrist kommt usw. Praktisch muß die Kultur allerdings ein gewisses Minimum an Funktionen der Selbsterhaltung erfüllen, auf denen die biologische Existenz ihrer Mitglieder beruht. Das sind instrumentelle Funktionen, die einander auf der entsprechenden geschichtlichen Stufe der Anthropogenese weitgehend ähneln, unabhängig davon, wie die kulturalisierten Gemeinschaften die Erfüllung dieser Funktionen jeweils erklären und begreifen. Es handelt sich um gesicherte Tatsachen, von denen wir dank der Archäologie Kenntnis haben. Alle Urkulturen haben ungeachtet ihrer jeweiligen Unterschiede ähnliche Phasen der Alt-, Mittel- und Jungsteinzeit durchlaufen.

Ich bin nicht der Ansicht, daß die Kultur in zwei Ebenen aufgespalten werden kann: das, was auf der Ebene der physischen Ereignisse »wirklich« geschieht, und das, was auf der Ebene des Symbolsystems »fiktiv« geschieht. Dies liefe auf eine absurde, totale Physikalisierung der kulturellen Tätigkeiten hinaus, auf eine Aufspaltung der Kultur in »wirklich nützliche« Tätigkeiten und deren »epiphänomenale Verschleierung«, und das Ideal, das sich dahinter verbirgt, wäre eine Kultur, die nichts anderes tut, als ihre »Überlebenstüchtigkeit« zu maximieren.

Da es eine solche Kultur nie gegeben hat, kommt die Aufstellung dieses Ideals der Behauptung gleich, die Menschen seien seit undenklichen Zeiten aus einer Verirrung in die nächste gestolpert, indem sie sich irgendwelche märchenhaften Mythen, Toteme, Gottheiten und Offenbarungen ausdachten, und hätten aus völlig unerfindlichen Gründen nicht den »sachlichen Kern« treffen können, der sie schließlich zufriedengestellt hätte.

Dazu möchte ich sagen, daß das physikalische Modell des Spiels um das Überleben das funktionale Minimum der Selbsterhaltung festlegt, das sich mit dem Optimum nur in einer Welt decken würde, in der man von den Regeln des Spiels und dessen gesamtem Verlauf vollständige Kenntnis hätte, in einer Welt also, in der es keinerlei Zufall gäbe und deren Ordnung – die einzige, *ausschließliche* Ordnung aller Dinge – deshalb durchschaubar wäre. Nicht einmal die von Mathematik durchdrungene Welt der logischen Abstraktion ist dermaßen eindeutig beschaffen. Die Kultur stellt das authentische Bemühen dar, die Welt und die Stellung des Menschen in ihr zu erkennen, ein Bemühen, das in seinen Ergebnissen die »Wahrheit« insofern verfehlt, als es ihre Welt nicht aufdeckt. Die Frage, warum der Mensch trotz allem noch immer nach jener »Wahrheit« sucht, läßt sich unterschiedlich beantworten; mir selbst gefallen am besten jene Antworten, die unseren unersättlichen Erkenntnishunger auf bestimmte Eigenschaften des Zentralnervensystems all jener Arten zurückführen, die uns voraufgegangen sind und in aufeinanderfolgenden Schüben der Neuralisierung schließlich unser eigenartiges, uns noch immer so unbekanntes Gehirn formten.

Die Mannigfaltigkeit der Kulturen ist also nicht eine Folge menschlicher Verirrungen, des Umstands etwa, daß der Mensch wie ein Blinder im Labyrinth der zivilisatorischen Sisyphus-Arbeit umherirrt, sondern sie liegt an der Beschaffenheit der Welt.

Die Physiologie der Kultur besteht somit in der Komplementarität ihres instrumentellen und ihres symbolischen Aspekts. Die Kultur erweist sich als eine zufallsfeindliche Einrichtung, die in ein Spiel ums Überleben mit der Natur verwickelt ist. Aus diesem Modell läßt sich ein Indikator für sogenannte »fortschrittliche« Wachstumsvorgänge gewinnen. Die letzteren sind eigentlich eine Verallgemeinerung einer sehr weit gefaßten Ethik, nämlich so weit, daß sie alle Kulturgüter umfaßt, sofern sie nur irgendwie dem Menschen dienlich sein können. Es ist unzulässig, die Kultur auf diese Komplementarität, auf das Modell, in dessen Zentrum eine Ethik steht, zu reduzieren, und zwar aus mindestens zwei Gründen. Zum einen sagt diese Komplementarität nichts über die Autonomie der Kultur, d.h. über die sie kennzeichnende Dynamik der Selbstorganisation. Aus der Tatsache, daß Wirbeltiere ein Rückgrat besitzen, ohne das sie nicht leben könnten, folgt ja nicht, daß die Problematik der Evolution, der Speziation und der Spezialisierung der Wirbeltiere sich in Struktur und Funktion der Wirbelsäule erschöpfte. Die Autonomie der Kultur hat bis heute nicht aufgeklärt werden können. Wir ahnen nur intuitiv, daß es sicher nicht möglich ist, eine Kultur zufällig aus verschiedenen Werten zusammenzustückeln, daß die Kultur eigene Aufbauprinzipien hat, die sich gleichsam im Zuge des Aufbaus enthüllen, denn es gibt ja niemanden, der Kulturen in der Weise projektiert und plant, wie man die Errichtung eines Gebäudes oder den Bau einer Maschine plant.

Mit dem Aufbau der Kultur als einem spontanen Vorgang geraten wir in den Bereich einer Paradigmatik oder auch einer Syntax, deren Determiniertheit sich je nach der Dauer der Bauzeit ändert. Eine kulturelle Formation bildet sich ja im Schoße der vorhergehenden, von der sie gewisse strukturelle und funktionale Merkmale übernimmt, während sie andere Merkmale neu entwickelt. Kontinuität und Wandel verbinden sich auf eine bestimmte, einzigartige Weise, und daher ist die neue Formation – wie jede neue schöpferische Paradigmatik (sei es in der Empirie oder in der Kunst) – anfangs schwach determiniert, besitzt gewissermaßen noch viel Spielraum und das heißt: nicht konkretisierte Möglichkeiten. Während sie sich festigt, verliert sie jedoch diese Unbestimmtheit in dem Maße, wie durch kollektive Entscheidungen (das sind, Gott behüte!, keine bewußt getroffenen Entscheidungen) ein Grundstock von hierarchisch geordneten Werten entsteht, deren Rangfolge kanonisiert wird usw. Die obige Metapher (es ist leider nur eine Metapher) kann man auch in die Sprache der Spieltheorie übersetzen; der Wandel der Kulturformation entspricht dann einem Strategiewechsel, der insofern kontinuierlich ist, als die vorherigen Strategien nicht völlig verschwinden, sondern in veränderter (häufig generalisierter!) Form weiterhin eine Rolle spielen.

Die Ähnlichkeit der Kulturogenese mit der biologischen Ontogenese ist vielen Denkern aufgefallen und hat zyklische Geschichtstheorien entstehen lassen, die sich jedoch von dem biologischen Modell so sehr einnehmen ließen, daß sie von der Jugend, der Reife und dem Verblühen historischer Formationen sprachen. Dabei ist die Analogie weit umfassender: Jeder schöpferische Prozeß, der in hinreichend großem Maßstab abläuft, weist einen unterdeterminierten Anfang, eine Phase der paradigmatischen Kristallisation und ein Ende auf. Mit dieser intuitiven Bemerkung muß es hier sein Bewenden haben. Ich habe sie an anderer Stelle zu entfalten versucht, so etwa in der *Summa technologiae* (1963), wo ich als große, sich selbst organisierende Prozesse die Biogenese, die Linguogenese und die Technogenese (oder, was dasselbe ist, die drei Evolutionen des Lebens, der Sprache und der Technologie) miteinander verglich. Ich habe dort zu zeigen versucht, daß die prospektiven Möglichkeiten eines jeden »großen Systembaus« anfangs am größten sind und daß der jeweilige Evolutionsverlauf nach und nach verschiedene Alternativen zugunsten derer, die realisiert werden, ausschließt; wäre dem nicht so, dann wäre nicht der gewaltige Stammbaum des Lebens entstanden, nicht die ungeheure Zahl voneinander verschiedener Sprachen, nicht die Unmenge von erfundenen, vervollkommneten und schließlich aufgegebenen Technologien. Gewiß das einfachste Modell eines solchen allmählichen Verlusts von »Spielräumen« und alternativen Möglichkeiten ist der gesprochene Satz, der zwar von der ersten Silbe an auf einen bestimmten Sinn zielt, aber während des Sprechens noch nicht völlig determiniert ist, weil man diesen Sinn ja auf verschiedene Weise ausdrücken kann; im Zuge ihrer Realisierung verliert die Aussage jedoch ihre anfängliche Freiheit, bis kurz vor dem Ende nur noch ein Ausdruck übrig bleibt, mit dem sie richtig abgeschlossen werden kann. Obwohl der Prozeß der Kulturentstehung sich über Jahrhunderte hinzieht, wenn eine Kultur sich aus einer vorangegangenen entwickelt, oder gar über Zehntausende von Jahren, wenn – wie in den Anfängen der Anthropogenese – ohne die Unterstützung der Tradition alles neu erfunden werden muß, so stimmt doch in allen uns bekannten Arten der Evolution der dynamische Verlauf überein.

Natürlich ist bei Wirbeltieren, die aus einem Seitensproß anderer Wirbeltiere hervorgehen, der Spielraum der Artenbildung durch die schon vorhandene Erbmasse erheblich stärker eingeschränkt als einst bei irgendwelchen Uramöben oder Urbakterien. Doch sind aus jenen archaischen Urtieren Arten hervorgegangen, welche selbst an solchen Orten leben können, die für alle höheren Tiere und Pflanzen unzugänglich sind, z.B. im siedenden Wasser von Geisern, unter anäroben Bedingungen usw.

Auch eine Kultur, die aus einer anderen hervorgeht, besitzt – unter der Last ihres Erbes – nicht mehr die allseitige Freiheit, wie sie eine ursprünglich entstehende Kultur in ihren Anfängen gehabt hat. Deshalb war die Mannigfaltigkeit zu Beginn der Kulturogenese am größten, deshalb sind damals Tausende von Varianten entstanden, deren späte Folgen die vergleichende Anthropologie feststellen konnte. Deshalb auch wurde diese Autonomie anschließend Schritt für Schritt eingeschränkt, wenngleich sie nie gänzlich verschwand.

An dieser Stelle sei mit Bedacht an die Auseinandersetzung erinnert, die das philosophische und anthropologische Denken von Anfang an beschäftigt; unter dem Stichwort »nature or nurture« wird eine Antwort auf die Frage gesucht, ob der Mensch, wenn er den Bereich der »rein biologischen Evolution« verläßt und in die Kulturogenese eintritt, irgendwelche angeborenen, unabänderlich feststehenden Merkmale mitbringt oder ob er eher ein unbeschriebenes Blatt ist, auf dem er vom ersten bis zum letzten Buchstaben die Bedingungen seines gesellschaftlichen Daseins festhält. Die Vermutung der Evolutionstheoretiker, daß der Mensch biologisch verankerte Merkmale – darunter vielleicht an erster Stelle die Aggressionsbereitschaft – in seine Kulturen hineinträgt, löste stets – und löst noch immer – bei humanistisch erzogenen Melioristen großen Zorn aus, denn sie wünschen sich einen Menschen, der unbegrenzt formbar ist, damit er sich – oder damit man ihn – nahezu unbegrenzt vervollkommnen kann. Ein maßvoller Zweifel an der Vervollkommnungsfähigkeit der Menschen ist, wie ich glaube, vernünftiger als das Vertrauen der Melioristen, die die Schuld an sämtlichen Greueln der Geschichte auf mancherlei »zeitbedingte Umstände« schieben, beispielsweise auf die Entfremdung, derer man sich mit einem Schlage entledigen kann, wenn man sich von einer bestimmten gesellschaftlichen Verfassung zugunsten einer anderen oder anderer befreit. Der gesunde Menschenverstand sagt mir, daß der Mensch mit einem bitteren Mangel wie auch mit einem Übermaß an Freiheit schlecht fährt, daß er am besten angepaßt ist an gemäßigte Verhältnisse, die zwischen allen möglichen Extremen die Mitte halten, und daß gerade daher der bekannte Spruch »corruptio optimi pessima« rührt, denn die größten Versuche, die Menschen »mit einem Schlage« zu vervollkommnen oder zu beglücken, endeten stets am schlimmsten. Ich bleibe jedenfalls dabei, daß die Kulturogenese durchaus kein Abklatsch der Biogenese ist, sondern daß beide nur Sonderfälle höherer Gesetzmäßigkeiten sind, die wir bisher noch nicht zu erkennen vermochten. *Jeder* schöpferische Vorgang von nennenswertem Umfang zeichnet sich aus durch einen langsamen, unterdeterminierten Start, eine Phase der klärenden Konsolidierung und eine Art von Dekadenz.

Die andere Ursache, die uns bei der Konstruktion eines Modells der Kultur gewaltige Schwierigkeiten bereitet, ist der kulturelle Ethnozentrismus, der in der Anthropologie offenbar nicht zu umgehen ist. Man weiß inzwischen von dem peinlichen Abenteuer der berühmten Margaret Mead, die das Leben der Samoaner erforschte und vor allem das wahrnahm, was sie wahrnehmen *wollte*. Die »soziale Permissivität«, das völlige Fehlen von Beschränkungen, die den Kindern von ihren Eltern oder der jüngeren von der älteren Generation aufgezwungen werden, das sie auf den angeblich paradiesischen Inseln entdeckte, entsprach, wie jetzt durch Untersuchungen herauskam, einfach nicht den Tatsachen, und der in der westlichen Erziehung (vor allem wohl in den USA) entsprechend praktizierte Verzicht auf Restriktionen, auf das »System von Belohnung und Strafe« zog in Elternhaus und Schule üble Folgen nach sich. Dies nur als Randbemerkung, mit der nicht das Problem »nature or nurture« gelöst werden soll.

Die Objektivierung im Sinne einer Gleichsetzung aller menschlichen Kulturen ist ein Forscherideal, das von den Naturwissenschaften übernommen wurde, die ja nicht den einen Stern, die eine chemische Verbindung über die andere stellen, doch in der Anthropologie läßt es sich nicht sonderlich gut realisieren.

Zunächst: Selbst wenn es der Fall sein sollte, daß jede konkrete Kultur das Resultat einer Gruppentransformation der Parameter eines abstrakten Modells ist, welches eine paradigmatische Invariante der Soziostase darstellt, ähnlich wie jede lebende Art das Ergebnis einer Transformation des abstrakten Modells eines Homöostaten ist, so ist doch allein schon die Existenz dieses Modells eine bloße Vermutung von uns. (Ähnlich verhält es sich auch in der theoretischen Linguistik: Man weiß noch immer nicht, ob alle ethnischen Sprachen tatsächlich partikulare Realisationen einer »linguistischen Invariante« sind, die von der Vererbung den menschlichen Gehirnen eingeschrieben ist.) Da wir aber die Gesetze der generativen Grammatik der Kulturen nicht kennen und so mit den konkreten Partikularisationen vorlieb nehmen müssen, nehmen wir, bis über die Ohren in der eigenen Kultur steckend, die anderen Kulturen als einen *verzerrten* Abklatsch der unseren wahr. Besonders früher, als es nur sporadische Kontakte zwischen verschiedenen Kulturen gab, erschien die fremde Kultur als eine Parodie, eine Karikatur oder eine Perversion der eigenen, und es fällt einem schwer, hier von einer bloßen Täuschung zu sprechen. Wenn das, was in unserer Kultur als anomal gilt, in einer anderen für normal gehalten wird, so werden wir diese andere Kultur zwangsläufig als pathologisch betrachten, doch daß dies falsch ist, haben viele gescheite Köpfe nicht gesehen, weil der Beobachtungsstandpunkt hier zum Teil die Beobachtungsresultate bestimmt. Ein sehr viel stärker ritualisiertes Verhalten, als es bei uns üblich ist, wird von uns deshalb als neurotische Aufdringlichkeit oder als zwanghaftes Syndrom aufgefaßt, und deshalb fällt es uns so schwer, Empfindungen, die für uns etwa im sexuellen Sinne pervers sind, bei anderen als subjektiv rein anzuerkennen. Um also zu vermeiden, daß die Untersuchungen durch die Projektion unserer Vorurteile verzerrt werden, stellen wir uns auf eine losgelöste höhere Ebene, indem wir formalisieren, funktionalisieren und strukturalisieren. Dabei besteht aber die Gefahr, das Kind mit dem Bade auszuschütten; Anthropologen, die einen Objektivismus vertraten, der demokratisch alle Kulturen gleichmacht, waren sich ihrer Sache nicht mehr so sicher, als sie in der Nazizeit ein *argumentum ad hominem* und *ad personam* zu spüren bekamen, denn ihre vorherigen theoretischen Ansichten kollidierten mit dem Völkermord, den sie in der Praxis erlebten. Wenn man sagt, der Hitlerismus sei für die Kultur das gewesen, was ein Tumor für einen gesunden Organismus ist, äußert man bereits ein Werturteil. Wer so spricht, gibt – ob er will oder nicht – seine ursprünglich vertretene Objektivität auf. Bekanntlich hat es im Rahmen der natürlichen Evolution nicht an Erscheinungen der Involution gefehlt, doch wäre es keinem Biologen in den Sinn gekommen, zum Beispiel das Schmarotzertum als eine verdammenswerte Perversion zu bezeichnen.

Ich versuche hier keineswegs, solche Dilemmata aufzulösen, sondern führe sie nur an, um auf die Widersprüche hinzuweisen, die in der Aufgabe stecken. Man kann die Kultur »physikalisieren«, und ich habe das mit Hilfe von Begriffen getan, die der Mathematik (der Spieltheorie) beziehungsweise der Kybernetik (der Theorie der Homöostase) entstammen. Die Wissenschaft, deren Sprache ich dabei benutzt habe, entstammt jedoch ebenfalls einer bestimmten, *konkreten* Kultur, und man kann nicht für eine *Wirkung* optieren, ohne zugleich für deren *Ursache* zu optieren. Falls man jedoch das eine vom anderen trennen möchte, so sind wir nach der Regel, daß der Zweck die Mittel heiligt, damit einverstanden. Die wissenschaftliche Objektivität ist nur eine solche der Resultate, nicht der Ursachen. Das, was uns zur Erkenntnis treibt, ist selbst nicht Erkenntnis, und außerdem erschöpft sich ja das menschliche Dasein nicht in der Erkenntnisfunktion. Wer nicht nach der empirisch bestätigten Wahrheit, sondern nach letzter existentieller Gewißheit sucht, ist denn auch berechtigt, die Methoden der Wissenschaft abzulehnen. Die Wissenschaft befindet sich, wenn sie Feststellungen liefert, die den Glaubenssätzen einer Kultur entschieden widersprechen, in einer von vornherein aussichtslosen Lage, weil sie die Glaubensversprechungen niemals einlösen kann. Die Zusicherungen, Verheißungen und Garantien, die der Mensch von metaphysischen Glaubenssystemen erhält, sind selbst durch unerschütterliche wissenschaftliche Diagnosen nicht aufzuheben und von einem noch so hochentwickelten Instrumentalismus nicht zu erreichen. Während in den verschiedenen Metaphysiken die Sache ein für allemal geklärt ist, geht die Wissenschaft immer wieder fehl, und sie bekennt sich zum Irrtum, um sich von ihm zu befreien. Diese mühselige Angelegenheit, bei der von vornherein ehrlich und bescheiden erklärt wird, daß man nicht auf alle möglichen Fragen eine Antwort erhält, behagt nicht jedem. Es sind im übrigen eher moralische als empirische Argumente, mit denen man der Theodizee am wirksamsten entgegentritt. Niemand hat sie wohl mit aufrichtigerer Leidenschaft vorgetragen als Schopenhauer, der erklärte, Gott habe nach dem Zeugnis der Bibel ein Wesen geschaffen, von dem er von vornherein wußte, daß es sündigen werde, er habe es also von vornherein zur ewigen Verdammnis verurteilt, aber zumindest auf das *Nichts*, das vor der Schöpfung sein einziges Eigentum war, habe »dieser arme Kerl aus Nichts« doch Anspruch. In dieser Rekonstruktion wird im Grunde deutlich, welche Logik in der Genesis steckt: Die Allmacht hätte, wenn sie wirklich allmächtig war, die Anfangs- und Rangbedingungen nach Belieben gestalten können, also nicht notwendigerweise so, daß das Leben im Paradies ein Vorspann zur Vertreibung, die Welt eine Art von Besserungsanstalt und die allerhöchste Liebe eine Schulmeisterei war, die einen auf ewige Höllenqualen vorbereitete. Da Gott, wie aus der Definition seines Wesens folgt, alles von Anfang an genau gewußt haben muß, fällt es einem schwer, die Ergebnisse der göttlichen Futurologie mit Begeisterung aufzunehmen. Diese Aspekte der Genesis sind kein sonderlicher Anreiz, in eine Person von solcher Gemütsart Vertrauen zu setzen. Nur in dieser Weise kann man mit einem konkreten Glaubensbekenntnis diskutieren, sofern man überhaupt die Ansicht vertritt, daß der Streit die Mühe wert ist. Die Folge solcher Auseinandersetzungen ist ein Schwanken zwischen erklärender und verstehender Kulturologie. Wenn man weiß, daß eine unauslöschliche Prägung durch die eigene Kultur in einem steckt, die auch unseren Verstand geprägt hat, und wenn man nicht weiß, wie man seinen kulturellen »bias« los wird, ohne zugleich seinen Verstand zu verlieren, neigt man zur Mäßigung, die sich hier darin zeigt, daß ich mich damit begnügt habe, nur auf einen Indikator der kulturellen Tätigkeit hinzuweisen.

Was ist nun mit der Pathologie der Kultur? Darf man überhaupt einen solchen Begriff in das Rüstzeug der Forschung einführen? Diese Frage wollen wir jetzt prüfen, indem wir uns Schritt für Schritt der Sache nähern.

Die *Summa Technologiae*, die ich vor rund zwanzig Jahren schrieb, enthielt ein Schlußkapitel, das sich mit der Situation der Kunst in der Epoche beschleunigten technologischen Wandels befaßte. Unter dem Eindruck der scharfen Kritik, die Leszek Kołakowski an diesem Kapitel übte, das mit »Kunst und Technologie« überschrieben war, entfernte ich es aus allen späteren Auflagen, die in Polen und im Ausland erschienen. Vielleicht hätte ich nicht so sehr in verba magistri glauben sollen. Ich zitiere hier nach so vielen Jahren größere Auszüge aus diesem Text, weil seine Aktualität, wie ich glaube, mit der Zeit gewachsen ist. Hier nun, was ich 1962 schrieb.

»Die Wirkung der modernen Technologie zielt paradoxerweise in zwei entgegengesetzte Richtungen zugleich. Sie erzeugt vollkommenere Mittel der massenhaften Vervielfältigung von Kunstwerken, als es sie jemals in der Geschichte gegeben hat. Sie hat Informationskanäle eröffnet, durch die das Bild, der Ton, das Wort, die Stimme in Sekundenbruchteilen zu Millionenmassen gelangen können. Sie hat damit die Chance einer früher unbekannten globalen Einwirkung des Künstlers auf Rezipienten in der ganzen Welt geschaffen. Gleichzeitig ist die Technologie jedoch keine Quelle der künstlerischen Inspiration. Das betrifft nicht jene technologischen Bereiche und Wirkungen, die zur Erzeugung von Gebrauchsgegenständen beitragen, mit deren Hilfe materielle Bedürfnisse befriedigt werden. Dort hat sie oft eine erhebliche künstlerische Bedeutung, was sich an Beispielen aus der neuen Baukunst, der Innenarchitektur und den großen städtebaulichen Projekten belegen läßt. Wenn ein Zweig der Kunst funktional ist, wenn seine Produkte Mittel zur Erreichung konkreter materieller Ziele sind, findet er in der Technologie einen mächtigen Verbündeten. Städte, Häuser, Transportmittel und Gebrauchsgegenstände können sowohl elementare als auch ästhetische Bedürfnisse befriedigen. Allerdings ist die Kunst im Laufe ihrer historischen Entwicklung zu etwas mehr als einem bloßen Instrument geworden, mit dessen Hilfe positive Eindrücke und Gefühle erzeugt werden. Aus den Bereichen von Magie und Religion hervorgegangen, von denen sie sich emanzipiert hat,stellt sie eine der Herausforderungen dar, die der Mensch als Individuum der Vergänglichkeit entgegenschleudert. Sie hat in diesem Kampf, der stets mit der Niederlage endet, größere Wirksamkeit bewiesen als andere Taktiken und Verfahren. Sie ist eine Herausforderung, die gerade durch die oft nicht bewußt gemachte Vergeblichkeit ein gewisses Pathos erhält, eine Herausforderung, die vom Individuum, wenn auch nicht nur in seinem Namen, vorgetragen wird. Sie ist daher vor allem ein Ausdruck der Individualiät, der diese überdauert. Der Künstler versucht, mit den spezifischen Mitteln seiner Talente anderen Menschen – auch anderen Künstlern – seine Art, die Welt zu erleben, aufzuzwingen. Wenn ihm das allzu gut gelingt, werden die von ihm aufgezwungenen Formen und Inhalte zum kollektiven Eigentum, und der erste Erfinder –

oder auch die ersten Erfinder – eines bestimmten Stils, einer plastischen oder architektonischen Form oder einer Erzählkonvention entschwinden dem Blick späterer Generationen, die es dann nur noch mit einer abgestorbenen Formation von Werken zu tun haben. Auf diese Weise wird die Kunstgeschichte zu einer Reihe von ehrwürdigen Fundstätten, während die Rolle des lebenden Künstlers sich darauf reduziert, durch Anknüpfen an die Tradition und durch deren Überwindung das kulturelle Erbe zu bereichern.

Die Technologie ist gleichsam der natürliche und hauptsächliche Gegner der Kunst dort, wo sie ihre Entstehungsgründe hat, weil sie entindividualisiert. Gesellschaftliche Institutionen müssen, wie die Soziologen sehr genau wissen, in ihrer strukturellen Dynamik so beschaffen sein, daß die individuellen Merkmale der Mitarbeiter sich nicht in ihrem Funktionieren äußern.Die Massengesellschaft funktioniert um so effektiver, je weniger die persönlichen Merkmale der Menschen sich in ihrer Arbeit manifestieren. Von einem ebenso idealen wie naiven Standpunkt aus wäre es gewiß am besten, wenn die Menschen, welche die Regierungsgeschäfte führen, ebenso wie die Techniker, die Piloten, die Schaffner und die Verkäufer Muster an charakterlicher Vollkommenheit wären. Da das aus sehr offenkundigen Gründen jedoch nicht der Fall sein kann, ist im kollektiven Leben eine gewisse Entindividualisierung angebracht; sie bewirkt, daß Freundlichkeit, Altruismus und Höflichkeit, statt ein Resultat natürlicher Neigungen zu sein, eher zu erlernbaren Berufsqualifikationen werden. Die moderne Technologie entindividualisiert sowohl die Erzeugung als auch die auf den Markt geworfene Gestalt von Produkten und Dienstleistungen. Es gibt immer weniger Berufe, in denen die persönliche Kunstfertigkeit, der Einfallsreichtum und das Talent der früheren geduldigen Handwerker noch vonnöten ist, ja, in denen eine solche Kunstfertigkeit sich ohne Beeinträchtigung des kollektiven Handelns überhaupt noch äußern kann. Techniker, Verkäufer, Arbeiter und Unternehmensführer müssen darauf verzichten, irgendwelche ungewöhnlichen positiven oder negativen Merkmale zu manifestieren, damit auf den überfüllten Straßen der Verkehr in Gang bleibt, damit das Industrieprodukt möglichst rationell hergestellt werden kann, damit Dienstleistungen möglichst reibungslos und effizient erbracht werden. Am raschesten und effizientesten vollziehen sich kollektive Handlungen dann, wenn alle sich im Transportwesen, in der Verwaltung und in den Dienstleistungen möglichst ähnlich verhalten und Vorbildern einer außer- und überindividuellen Effizienz nacheifern, die aus dem präzisen technologischen Experiment hervorgegangen sind.

Die Entindividualisierung der Produktion erfaßt jetzt auch die Wissenschaft, in der die Ära der großen, einsamen Entdecker zur Neige geht. Das ist schon daran abzulesen, daß bei einem Pasteur oder Edison Lebensweg und Persönlichkeitsentwicklung sehr viel stärker mit ihren Errungenschaften zusammenhingen, als das heute der Fall ist. Die Urheber großer Entdeckungen sind zwar auch heute nicht namenlos, aber bei einem Fleming oder Yukawa verwischen sich die Zusammenhänge zwischen Persönlichkeit und Lebenswerk, weil die individuelle Konzeption des Entdeckers, kaum daß sie da ist, zum Gegenstand einer »Fließbandbearbeitung« wird, die mit den wissenschaftlichen Mitteilungen von Kontinent zu Kontinent wandert, so daß man zwischen dem, was der erste Entdecker, und dem, was andere Gelehrte zu dem inzwischen gemeinsamen Werk beitrugen, kaum noch zu unterscheiden vermag.Immer häufiger entstehen Erfindungen im Kreise großer, eng zusammenarbeitender Kollektive.

Im Bereich der Kunst würde eine ähnliche Entindividualisierung im Grunde deren Ende bedeuten. Das gilt nicht für die »niedere Kunst«, die Unterhaltung. Die Unterhaltungskunst kann sich in einer Atmosphäre triumphierender Technologien entwickeln, denn sie muß in einem gewissen Sinne ebenso effizient und unpersönlich sein wie ein Auto oder ein Flugzeug. Sie wird – wie diese Produkte – aus auswechselbaren Teilen zusammengebaut, aus einem gängigen Repertoire von standardisierten Kunstgriffen, die bestimmte Reaktionen auslösen, und das heißt, das sie sogar glänzend sein kann, ohne daß die deshalb aufhört, eine aus Stereotypen aufgebaute Konstruktion zu sein. Der Unterhaltungskunst tut es keinen Abbruch, wenn ihr das Gepräge einer Schöpferpersönlichkeit fehlt – die Kunst kann ohne ein solches Gepräge nicht existieren.

In der technologisierten Gesellschaft werden die Künstler zu sonderbaren Relikten, zu einer gleichsam anachronistischen Erscheinung, mit der man unter Umständen durchaus pfleglich umgeht, die aber dennoch eine gewisse Lächerlichkeit nicht los wird. Woher rührt diese Lächerlichkeit, die wie ein Damoklesschwert über praktisch jedem Schöpfer des technologischen Zeitalters schwebt? Sie rührt vor allem von der großen Zahl her. Ein Shakespeare ist eine grandiose Erscheinung, zehn Shakespeares sind immer noch etwas Ungewöhnliches, aber dort, wo zwanzigtausend Künstler leben, die mit Shakespeareschen Talenten ausgestattet sind, gibt es nicht einen einzigen Shakespeare mehr, denn wenn man innerhalb einer kleinen Gruppe von Schöpfern darum rivalisiert, den Rezipienten seine eigene Sicht der Welt aufzuzwingen, so ist das eine Sache – und eine ganz andere ist es, wenn am Eingang zum System der Informationskanäle ein ebenso lächerliches wie trauriges Gedränge herrscht. (...)

Dort, wo es sehr viele Shakespeares gibt, ist niemand ein Shakespeare, weil es nur einen Shakespeare geben kann, weil der Künstler ein gesellschaftliches Phänomen ist und sein Talent mit seiner massenhaften Wirkung ein unauflösliches Ganzes bildet. Ein Shakepeare muß sich seinen Zeitgenossen als ein Schöpfer von Werten aufzwingen, als ein Vorbild im Beurteilen und Erleben der Welt, aber dort, wo zwanzigtausend Menschen solche Vorbilder liefern, entsteht so etwas wie der Turmbau zu Babel. Jeder redet vor sich hin, und niemand hört dem anderen zu. (...) Die riesigen Kommunikationsapparate des Fernsehens, der Verlage, der Presse, des Rundfunks und des Films übernehmen die Rolle der einstigen Mäzene, doch in ihrem Handeln ähneln sie eher einem Würfelspieler als einem empfindsamen Kritiker. (...) Wenn es nur wenige herausragende Schöpfer gibt, besteht zwischen dem Wirkungsradius jedes einzelnen von ihnen und der durch ihn repräsentierten künstlerischen Klasse ein eindeutiger Zusammenhang. Wenn es ihrer Legion gibt, wird mit dem blinden Zufall statistischer Schwankungen in den zwischenmenschlichen Beziehungen der schrecklichste Gegner der Kunst zum Miturheber des Ruhms künstlerischer Werke. (...) Eine Kapazitätserweiterung der Informationskanäle vermag diesen Zustand nicht zum Besseren zu wenden, weil die Welt nicht eine ständig wachsende Zahl von Kunstwerken innerhalb eines gleichbleibenden Zeitraumes aufnehmen kann. Jeder, der einmal Museen oder Kunstgalerien besucht hat, weiß, wie mörderisch für das Schöne ein Übermaß an Schönem ist. (...)

Die Randbezirke der Gesellschaft waren auch früher schon ein Gegenstand literarischen Interesses, aber von der Randgruppe der Romantiker ist es ein weiter Weg bis zur Randgruppe der Psychopathen. Die Psychopathologie wird häufig zum Zufluchtsort für wertvolle Talente, weil die Technologie auf diesem Gebiet machtlos ist. Ich erinnere hier an Dostojewskis Menschen aus dem Kellerloch, der bereits vorhersah, daß der Mensch sich vor dem »Kristallpalast der Zukunft«, wenn er nirgendwo mehr hin kann, in den Wahnsinn flüchtet. Damit war sicherlich nicht der Kretinismus gemeint, aber es waren die dann eintretenden Lebensbedingungen, die zu dieser Konkretisierung der kranken Persönlichkeit führten. (...) Je satter eine Gesellschaft ist, um so häufiger werden ihr in den Werken der Kunst die verschiedensten Spielarten des Niedergangs aufgetischt. Es kommt zu der eigentümlichen Situation, daß die einzelnen Werke dieser Art durchaus wertvoll sind, aber zusammengenommen keine höhere Einheit ergeben, sondern sich vielmehr gegenseitig diskreditieren. Die eindringliche Beschäftigung mit dem Verfall ist eine spezifische Form von Eskapismus, aber man flieht nicht aus eigenem Antrieb vor den Problemen der Gegenwart, sondern gezwungenermaßen, weil die Literatur – zumindest hat es diesen Anschein – einer Welt, die von der Technologie in rasendem Tempo umgestaltet wird, nicht gewachsen ist.«

Im anschließenden Teil meiner Überlegungen zu dem Thema »Kunst und Technologie« äußerte ich eine Reihe von Torheiten und kam vom richtigen Wege ab, dessen Verlauf in den angeführten Zitaten vorgezeichnet war. Ich nahm damals die Symptome der neuen Krankheiten deutlicher wahr als ihre Ursachen. Die Symptome haben sich innerhalb von zwanzig Jahren verstärkt, und damit sind auch die Ursachen der kulturellen Gebrechen deutlicher sichtbar geworden.

Eine Person definiert sich dadurch, daß sie sich ihrer Vergangenheit und der Wendepunkte in der Vergangenheit erinnert, und eine Gruppe, die eine Kultur besitzt, definiert sich durch ein kollektives Gedächtnis, in dem alles Wichtige in gutem wie in bösem Sinne festgehalten ist. Weil aber weder der einzelne noch das Kollektiv aus rein physikalischen Gründen alles behalten können, was ihnen jemals zugestoßen ist, arbeitet das individuelle ebenso wie das kollektive Gedächtnis *selektiv*. Hier hört jedoch die modellhafte Ähnlichkeit zwischen Individuum und sozialer Gruppe schon auf, denn im Kollektiv erfolgt die selektive Weitergabe von Daten anders als im individuellen Gehirn.

Das Individuum ist den zufälligen Fluktuationen der Ereignisse während seiner Kindheit und Reifezeit vollkommen hilflos ausgeliefert. Der Geist hält im Gedächtnis fest, was am heftigsten auf ihn eindrängt, was die stärksten Gefühle weckt. Die Kultur dagegen ist als eine Form des kollektiven Gedächtnisses zugleich in einem gewissen Maße ein Filter, denn ihre bereits hierarchisch geordneten Werte legen Präferenzen fest für die natürliche Auslese dessen, was ausgesiebt beziehungsweise angeeignet wird. Eine nationale Kultur findet dann Zugang zur allgemeinen menschlichen Kultur, wenn sich die Invarianten der menschlichen Existenz einander spürbar angleichen und wenn damit durch die Andersartigkeit der fremden Kultur ihre Ähnlichkeit mit der eigenen in Umrissen deutlich wird.

Wenn die Kultur also ein Prozeß ist, der sich räumlich und zeitlich über Generationen erstreckt, wenn sie sich nicht in Bibliotheken oder in den Köpfen von Experten lokalisieren läßt, weil man sie messen muß am sozialen Wirkungsbereich dieser Orte, die bloß den Charakter von Vermittlern und Quellen haben, dann kommt es entscheidend auf die in ihr wirkenden Mechanismen der *Auslese* von Werten an. Ein Versuch, »alles« zu assimilieren, müßte die Kultur entweder sprengen oder verstopfen und sie damit in ihrer Funktion als effektives und aktives Gedächtnis lähmen. Wir wenden uns ja an die Kultur um Direktiven, wenn wir vor Handlungsalternativen stehen, von der Kultur erwarten wir dann Rat und Hilfe und nicht einen seelenlosen Katalog von Sentenzen und »hübschen Dingen«. Die Empirie, die unsere Herrschaft über die Erscheinungen erweitert, führt uns immer häufiger an einen solchen Scheideweg, aber sie kann uns nicht mehr sagen, welchen Weg wir wählen sollen, wenn es dabei um konfligierende Werte geht, und so ist es ja im Grunde immer.

Über die negativen Auswirkungen der Technosphäre auf die Biosphäre wurde vielleicht schon allzuviel gesagt und geschrieben, verglichen mit dem, was man getan hat, aber die Zusammenhänge zwischen der instrumentellen Beschleunigung und den Vorgängen in der Kultur sind ungeklärt geblieben.

Was diese Vorgänge vor allem auszeichnet, ist ihre *Fruchtlosigkeit*, denn was auch immer aufkeimt, kann nicht erstarken, sondern wird von der nächsten Mutation hinweggefegt. Wenn sich früher die Motivationen der Menschen wandelten, so geschah das nie zufällig, nie im Sinne einer richtungslosen Fluktuation, denn die maßgebenden Werte einer Kultur sollen ja gerade verhindern, daß die Menschen in ihrem Verhalten durch unmittelbar gegebene Reize hin und her gerissen werden. Im übrigen legt die Kultur die Werte nicht nur fest, sondern begründet und verbreitet sie auch, denn von Kultur kann nur in dem Maße die Rede sein, in dem die Normen und Inhalte verinnerlicht sind. Schließlich besteht die Kultur in den Erinnerungen, die innerhalb der Gemeinschaft zirkulieren, und nicht in einer von den Vorfahren ererbten Schatzkammer. Diese Zirkulation gerät eben dadurch in Unordnung, daß sie durch neue Techniken verstärkt wurde. Die Pumpen des Instrumentalismus pressen solche Unmengen von Informationen in den gesellschaftlichen Umlauf hinein, daß die überlasteten Mechanismen der natürlichen Auslese von Werten versagen. Die Kultur ist ein kollektives Gedächtnis in dem banalen Sinne, daß eine Information, die nicht im gesellschaftlichen Bewußtsein ist, auch wenn sie in irgendwelchen Speichern stecken mag, unter operationalem

Aspekt ebensowenig existiert wie eine Information, die es nie gegeben hat. Ich will damit sagen, daß die Kultur – gleichgültig, was sie ist – doch irgendwie in die Köpfe der Menschen gelangen und irgendwelche dauerhaften Spuren in ihnen hinterlassen muß. Weil aber ein Kollektiv sich ebensowenig wie ein Individuum seiner *gesamten* Vergangenheit erinnern kann, bedarf es einer Auslese, die ich deshalb als *natürliche* Auslese bezeichne, weil diese Filterung jahrhundertelang spontan erfolgte. Schließlich hat niemand sich auf institutionelle Veranlassung damit befaßt, das jahrhundertealte Erbe von untergehenden oder untergegangenen Kulturen weiterzugeben. Wie sich nun ein alter Mensch noch gut dessen erinnert, was sich in jungen Jahren seinem Geist einprägte, aber nicht mehr behalten kann, was ihm aktuell zustößt (wobei sich immer stärker die Unbrauchbarkeit der Erinnerung an vergangene Ereignisse erweist), so erinnert sich auch unsere Formation dessen, was sie von früheren geerbt hat, doch das eigene, immer rascher gewachsene Werk vergeudet sie.

Die natürliche Auslese hat eine axiotelische Funktion: Das Wertvolle führt sie über in ein sich verdichtendes Filtrat, während sie die flüchtigen Inhalte aussiebt. Doch die Desorientierung bezüglich der Frage, worin man eigentlich welche Wert zu erblicken hat, lähmt diese Auslese nicht minder wirkungsvoll als das Überangebot an Information. Das führt dazu, daß die Filter sich verstopfen und die Kunstexperten desorientiert sind. Denn wenn niemand den gesamten Bereich der weltweiten Kreation überblicken kann, wird das, was wertvoll ist, nur stichprobenweise und damit zufällig bekannt. Die Situation von Schöpfern und Rezipienten der Kunst entsprach stets dem molekularen Modell eines Gases von konstantem Druck und konstanter Temperatur. Denn so, wie die Moleküle sich zufällig nach allen Richtungen bewegen und zufällig mit anderen Molekülen zusammenstoßen, woraus sich als Resultat die Konstanz der besagten Parameter ergibt, so hätte man nach stillschweigender Annahme die Gewißheit (oder zumindest die Hoffnung) haben können, daß die in den gesellschaftlichen Umlauf gebrachten Werke am Ende ihre Adressaten finden würden und daß das, was im kleinen Maßstab zufällig ist wie die Zusammenstöße von Atomen, im großen Maßstab eine hervorragend stabilisierte Ordnung schafft. Jahrhundertelang hat ja in der Kultur eine natürliche Auslese stattgefunden, obwohl die Zirkulation der Kunstwerke – oder allgemeiner: sämtlicher geistiger Produkte des Menschen – in einem offenen System erfolgte. Oberhalb einer bestimmten quantitativen Schwelle wird jedoch ein Teil der Kunstwerke durch andere verdunkelt und verhüllt, und so kann man annehmen, daß einer zufälligen Auslese dadurch vorgebeugt wird, daß man die Zirkulationssysteme allmählich schließt unter gleichzeitiger *Adressierung* dessen, was in dieses System eingeführt wird. Das ist der Trend, den wir dort beobachten, wo durch Ströme von Informationen, die nicht zu ihren Rezipienten gelangen, und durch die Verstopfung der Übermittlungskanäle empfindlichste Schäden entstehen, nämlich in der Wissenschaft. Das heißt mit anderen Worten, daß dem Zufall auch dort verstärkt entgegengewirkt werden muß, wo solches bislang nicht oder beinahe nicht der Fall war, etwa im Bereich des Kontakts zwischen Kunstwerk und Rezipient.

Das weitere Ansteigen der wissenschaftlichen Informationen ist ein so umfassendes Problem und eine so schwer zu knackende Nuß, daß wir es hier übergehen und uns nur auf die folgende Bemerkung beschränken. Gegen die Aufspaltung der Wissenschaft in eine Unzahl von Fachgebieten ist noch kein Heilmittel erfunden worden, und man darf bezweifeln, ob es ein Allheilmittel dagegen gibt. Es ist zu erwarten, daß die Wissenschaft von der Defensive zur Offensive übergehen wird, indem sie möglicherweise eine neue Art von Spezialisten hervorbringt, die nicht für Forschungsarbeit im engeren Sinne ausgebildet werden, sondern lediglich dazu, die wissenschaftliche Information *gezielt* ihren wichtigsten Rezipienten zu *vermitteln*. Der »Fachvermittler« würde mit zwei oder drei Disziplinen in Kontakt stehen und sich in ihnen in dem Maße auskennen, daß er mit einiger Wahrscheinlichkeit die wesentlichen von den unwesentlichen Neuerungen zu unterscheiden vermag. Die ersteren würde er an die entsprechende Adresse weiterleiten, die letzteren »absorbieren«. Diese Funktion wäre deshalb von Bedeutung, weil man der Wissenschaftsgeschichte entnehmen kann, daß besonders wertvolle und revolutionäre Entdeckungen aus der Begegnung unterschiedlicher Disziplinen entstehen. Würden die Informationen, die heute bereits in Bergen von Fachliteratur gespeichert sind, aber gewissermaßen nichts voneinander wissen, in einem menschlichen Kopf zusammenkommen, so würde aus einer solchen Begegnung wahrscheinlich so manche wertvolle Entdeckung hervorgehen. (Daß solche potentiell fruchtbaren Informationen im Speicher eines Computers nebeneinanderstehen, ist unerheblich, weil der Computer sich an alles »erinnert«, aber nichts »versteht«). Auch hier würde also durch die Ausbildung von »Vermittlern« dem Zufall entgegengewirkt, denn heute ist es so, daß ein Wissenschaftler von einer Neuerung, die für sein Fach wichtig ist, aber in einem ihm fremden Fachgebiet erfolgte, in vielen Fällen nur durch Zufall erfährt.

Man könnte zwar noch viele absehbare Indizien für das zufallsfeindliche Wirken der Zivilisation aufzählen, doch lassen wir es bei der obigen Bemerkung bewenden, weil es wichtiger ist, auf die Kulturpathologie zu sprechen zu kommen, die durch die Mutabilität der Zivilisation hervorgerufen wird.

Die bislang nur quantitativ verstandenen Grenzen des Wachstums der Kultur werden unbemerkt erreicht, ohne daß es zu einem plötzlichen Zusammenbruch, einer Börsenpanik oder einem erkennbaren Kollaps kommt. Die bislang aus der Kultur verbannte Zufälligkeit kehrt ganz einfach still und leise zurück und übernimmt die Steuerung der menschlichen Einstellungen sowie der gesellschaftlichen Zirkulation der Werte. Von der letzteren, die durch quantitative Überlastung beeinträchtigt ist, war oben schon die Rede in fragmentarischen Beobachtungen aus den Bereichen der Wissenschaft und Kunst. Dort hieß es, daß die axiotelische Auslese zu einer Lotterie werden kann, die das, was zufällig wahrgenommen wurde, lanciert, und daß bestimmte Inhalte für andere zu einem Rauschen, das heißt zu einer Störung der Rezeption werden. Man sollte sich darüber im klaren sein, daß solche Prozesse unvermeidlich sind. Der menschliche Organismus besitzt seit jeher eine Abwehr gegen Krankheitserreger. Die künstliche Verstärkung dieser Abwehr etwa durch Antibiotika hat zwar Millionen von Menschen das Leben gerettet, zugleich aber eine Auslese der Erreger auf größere Vitalität und Virulenz hin in Gang gesetzt. Wenn die Erreger gegen die Medikamente resistent werden, kann die Lage der Kranken schlimmer werden, als sie vor der Ära der Antibiotika war, weil sich an der Immunität der Menschen nichts geändert hat, während die Kranksheitserreger, für die man »die Latte höher gelegt hat«, virulenter sind als zuvor.

Verallgemeinernd läßt sich sagen, daß die biologische Zähigkeit und Informationsverarbeitungskapazität des Menschen heute dieselbe ist wie zur Zeit des Moustérien oder des Aurignacien, obwohl wir heute tausendfach schneller reisen können als damals und Zugang zu vieltausendfach reicheren Informationen haben. Der Mensch erweist sich infolgedessen als Schwachstelle und Engpaß in allen instrumentell-informationalen Aggregaten: In der Raumfahrt, in der Energetik und in der Informationsverarbeitung stellt der Mensch eine »verzögernde Drosselspule« dar, welcher die physische und geistige Überlastung droht, und die Folge dieser Überlastung kann eine Panne sein, die in ihren Ausmaßen der Herrschaft entspricht, die der Mensch über die Naturkräfte erlangt hat (was allerdings deprimierend klingt). Wenn der Lenker eines Vierergespanns einen Fehler machte, so blieben die Folgen örtlich stärker begrenzt, als wenn heute ein Pilot oder der Ingenieur in der Schaltwarte eines Stromnetzes einen Kollaps erleidet, und wenn ein Astronom im Altertum irrte, so waren die Folgen geringfügig, verglichen mit den Konsequenzen, die der Irrtum eines Atomphysikers nach sich zieht. Durch die wachsende Effizienz der Instrumente braucht sich die Situation nicht unbedingt zu verbessern, ja, sie kann sich sogar verschlimmern, wie im Falle der Krankheitserreger, weil die Naturbeherrschung, die zu der Überlastung führt, ebensowenig befriedigt wie ein Zugang zu Informationen, der rein theoretisch bleibt, weil er sich nicht realisieren läßt. Ein Leser, in dessen Regal sechs Bücher stehen, kann sich in einer besseren Lage befinden, als ein anderer, der vor einem bis zum Himmel reichenden Berg von Büchern steht. Die Realität dieses Bücherberges ändert nichts daran, daß sie nur scheinbar zugänglich sind, weil niemand sie alle lesen kann. In der Technosphäre wird der Mensch dadurch zu einem Zufallselement, denn die Fehlerfreiheit läßt sich nur bei technischen Apparaturen steigern. Aus dem gleichen Grunde beginnt eine Kultur, die mit ihrem Wachstum über die Assimilationsfähigkeit ihrer Mitglieder hinausgeht, Zerfallssymptome zu zeigen. Im ersten Stadium werden die kollektiven Reaktionen der Menschen auf den unaufhörlichen Wandel durch den Zufall ausgehöhlt. Er verwandelt die evolutionäre Entwicklung der Kultur in eine Folge von mißlingenden Versuchen der Reorientierung oder der Erneuerung der menschlichen Einstellungen, und dazu muß man doch wenigstens einige Worte sagen.

Ich werde mich bemühen, die folgende Behauptung zu belegen: Gegenwärtig wird der Zufall in immer mehr Kulturbereichen zu einem kreativen und innovativen Paradigma.

A) Kultur als Kulturvernichtung (Zerstörung der Werte als Wert aufgefaßt)

Nach offizieller Lesart sind in der modernen Kultur drei Werte unangefochten erhalten geblieben: das menschliche Leben, die materiellen Güter und die Kunstwerke. Der Haupttrend besteht praktisch darin, alle noch bestehenden kulturellen Verbote zu Fall zu bringen. In der Massengesellschaft werden krasse Ereignisse der Öffentlichkeit bekannt gemacht – deshalb gewinnt man aus Fernsehen und Presse den Eindruck, als sei die Gegenwart ausschließlich ausgefüllt mit Reisen von Politikern, Verbrechen und Fotos von Frauen- und Himmelskörpern.

Die Zerstörung äußert sich entweder in rational koordinierter Weise oder als Ausschreitung.

Der koordinierte Zufall – er besteht in Versuchen, auf den Zustand der Welt gewaltsam Einfluß zu nehmen, zum Beispiel dadurch, daß man eine Verhandlungssituation schafft, indem man das Leben von Geiseln bedroht. Es wäre etwas Neues, wenn entsprechende Bedingungen im Rahmen der großen Politik gestellt würden, wenn zum Beispiel Terroristen aus einer Nation A Politiker eines Staates B entführen, um die Regierung B zu einer Änderung ihrer Politik gegenüber dem Staat C zu zwingen. Aus der Sicht der Regierungen wären das natürlich Zufallsereignisse, durch die sie vor schicksalhafte Dilemmata gestellt würden. Die Intentionen, die mit der Erpressung verfolgt würden, könnten vollkommen ehrenhaft sein. Dennoch ließen sich durch ein solches Handeln weder reformistische noch gar revolutionäre Verbesserungen erreichen. Der Zufallsfaktor könnte jedoch die globale Situation verändern, wenn es zu einem sogenannten »Durchsickern« von Atomwaffen käme. Dadurch würden beispiellose Erpressungen möglich.

Ein unkoordinierter Zufall läge zum Beispiel vor, wenn Kunstwerke vollkommen »desinteressiert« zerstört werden. Das Paradoxe dabei ist, daß zwischen dem Aufsehen, das ein solcher Anschlag erfährt, und seiner Motivation eine Rückkoppelung entsteht: Je mehr über die intensiven Schutzmaßnahmen zugunsten eines ausgestellten Kunstwerkes geredet wird, desto größer wird die Lust der Attentäter. Dadurch entsteht das Problem, ob man solche Ereignisse überhaupt publik machen soll.

Die Zerstörung von Werten kann sich auch ersatzweise vollziehen. Darauf spezialisiert sich die Kunst von heute (Mord in Film und Literatur, das atomare Ende der Welt in dem Film »The Day After« als Kassenerfolg, die systematische Folterung des gequälten und entstellten menschlichen Körpers in der Bildhauerei usw.). Die zentralen Paradigmen, von denen jegliche schöpferische Tätigkeit sich leiten läßt, werden immer unverhüllter vom Zufall beherrscht: Die ganzheitliche Ordnung in der plastischen Kunst und die Harmonie in der Musik werden zerstört, man bedient sich diverser Formen der Aleatorik, in der Literatur wird die Erzählung chaotisch, und das sind nur Beispiele, wie man sie mit der Hand greifen kann. Wer etwas, das bislang noch nicht in dieser Weise behandelt wurde, in Stücke hackt und zufällig zusammensetzt, kann auf die Anerkennung der modern denkenden und empfindenden Kritiker rechnen. Der *nouveau roman* ist zwar tot, weil kaum jemand ihn lesen mochte, aber dennoch erscheinen immer wieder Versuche, die wahllose

Zerstückelung wieder zum Leben zu erwecken (z.B. im letzten Roman von Italo Calvino). Erstaunlich ist in diesem Zusammenhang der organisatorische Aufwand, der betrieben wird, um aus *Beliebigem*, angefangen mit Tomatensuppendosen, Kunstwerke zu machen. Man versteht ihn eher, wenn man das Umkehrprinzip heranzieht, das die Motive zahlreicher subkultureller Exzesse begreiflich macht. Es geht darum, ein Kunstwerk aus etwas zu machen, *was bislang auf keinen Fall ein Kunstwerk sein konnte*. Es gibt eine Unmenge solcher Objekte, aber Kreationen, die im Sinne dieser Umkehrungen zufällig sind, verbrauchen sich rasch, denn die Rezipienten bekommen schnell heraus, daß sie auf einer oberflächlichen *Formel* beruhen, und dann verliert die Praxis – nämlich den kreativen Akt auf den Kopf zu stellen – ihren Sinn. Nichts vermag die Rezipienten mehr zu erregen außer dem Schock bei *persönlicher Bedrohung*. So führt denn auch die Eskalation gerade zu solchen – einstweilen noch fingierten – Bedrohungen, und wenn das »Happening«, das ja ein durchaus nicht arrangiertes, *zufälliges* Ereignis ist, keinen Schock mehr auszulösen vermag, muß das Publikum tatsächlich malträtiert werden.

Unter das Stichwort »Kultur als Kulturvernichtung« fällt auch die Kommerzialisierung des Sexuellen, die eine pornographische Industrie mit Milliardenumsätzen und Milliardengewinnen entstehen ließ.

Die Zerstörung der sittlichen Normen auf dem Gebiet der Erotik hat sich innerhalb des letzten Vierteljahrhunderts auf mehreren Ebenen vollzogen. Als eine der Ebenen können die quasi-wissenschaftlichen empirischen Arbeiten gelten, die mit den Untersuchungen Kinseys und seiner Mitarbeiter begannen (ein Vorläufer auf diesem Gebiet war bereits in den dreißiger Jahren van der Velde, der Verfasser eines Buches mit dem Titel »Die vollkommene Ehe«; er versuchte, und zwar in einer Weise, die auf den heutigen Leser reichlich komisch wirkt, gleichzeitig ein »Handbuch der Kopulationstechniken« zu bieten und den Geschlechtsakt als eine Äußerung der Liebe zu etwas Erhabenem zu sublimieren, indem er die Beschreibung von Beischlafstellungen mit Sentenzen und Aphorismen schmückte, die er aus nichtpornographischen Quellen schöpfte). Wie der Soziologe Helmut Schelsky zutreffend bemerkt hat, waren Kinseys Bücher (und die Sekundärliteratur) zwar nicht kommerziell motiviert (das heißt, daß sie nach der Absicht der Autoren nicht auf eine neuendeckte »Marktlücke« zielten), und sie enthielten auch keine Empfehlungen oder Anreize zu sexuellen Praktiken, die, gemessen an der puritanischen Tradition, unzüchtig gewesen wären, denn sie verkündeten keine sexuellen *Normen*, sondern boten lediglich statistische Angaben darüber, was in Amerika tatsächlich an sexuellen Praktiken betrieben wird, aber dennoch wirkten sie unausgesprochen normativ. Man weiß ja, daß alle offiziell anerkannten Normen auf jedem beliebigen Gebiet mit einem gewissen »Schlupf« funktionieren, also Verhaltensmuster darstellen, die nirgendwo hundertprozentig erfüllt werden. Was privat und heimlich betrieben wird, aber zu den offiziell anerkannten Normen in entschiedenem Widerspruch steht, hat so lange keinen Einfluß im Sinne einer Änderung dieser Normen, wie es eben verschwiegen wird. Erst wenn durch die Veröffentlichung der Tatsachen deutlich wird, daß ein erheblicher Teil der Gesellschaft diese Normen nicht mehr beachtet, wird diese Tatsache – eben durch die Veröffentlichung – zu einer faktischen »Erlaubnis«, die Normen umzustoßen. Die Kenntnis der Tatsachen wirkt sich auf die bislang offiziell anerkannten Normen in der Weise aus, daß sie weiter geschwächt werden und schließlich zu Fall kommen, und auf diese Weise beginnen Forschungen, die nur eine Diagnose liefern und einen der Allgemeinheit unbekannten Sachverhalt aufhellen sollten, gesellschaftlich als eine neue, obendrein mit der Garantie »empirischer Harmlosigkeit« versehene Norm zu funktionieren. Die Ergebnisse solcher Veröffentlichungen – allerdings nicht nur sie – begann die pornographische Industrie in immer größerem Umfang zu nutzen. Von dem auch in Hollywood noch vor etwas mehr als zwanzig Jahren beachteten Sittenkodex (der es zum Beispiel nicht erlaubte, die Innenseite eines nackten Frauenschenkels zu zeigen) ging man ziemlich schnell zur »genitalen Eskalation« über. Gleichzeitig veränderte sich die Einstellung des Publikums und der Akteure solcher Darbietungen. Vor nicht allzu langer Zeit wurde ernsthaft erwogen, ob man es nicht als einen »Arbeitsunfall« anerkennen könne, wenn eine Schauspielerin auf der Bühne mit einem Schauspieler kopuliert und davon schwanger wird.

In illustrierten Magazinen wurden zunächst die Brüste, dann die Schamhaare und am Ende die Genitalien enthüllt. Anfangs waren neben den Bildern der nackten Schönheiten noch Interviews abgedruckt, in denen man sie über unschuldige Themen befragte (welches Hobby, welchen Sport sie betreiben), dann kamen auch Fragen über ihr Geschlechtsleben, und schließlich wendet sich die abgebildete Nackte – etwa in der Bildunterschrift – direkt an den Leser, mit der apodiktischen »Bitte«: »Fuck me«. Den Höhepunkt bildete eine Frau, die in Kopulationsstellung ihre Schamlippen öffnet. Jahrtausende kultureller Mühen waren also nötig, ehe man mit den hervorragenden Techniken der Farbfotografie (neuerdings auch der dreidimensionalen Fotografie), der Videokassette und des Films begann, jene Geste zu vervielfältigen, mit der läufige Pavianweibchen die Männchen zur Begattung auffordern. Wie die Direktive, kulturelle Verbote abzuschaffen, in der Praxis funktioniert, zeigen die Bemühungen, die man aufwendet, um Fotos von nackten Frauen zu ergattern, die man um keinen Preis dazu bewegen kann, vor der Kamera zu posieren. Nur durch den Einsatz von Froschmännern und Spezialkameras gelangte man zu Fotos der nackten Jackie Onassis, der früheren Ehefrau des amerikanischen Präsidenten. In solchen Fällen geht es gar nicht in erster Linie um die sexuelle Attraktivität der Frau. Vertreter der Pornoindustrie belagerten eine Frau, die weder jung noch hübsch war, sondern nur sehr große Ähnlichkeit mit der englischen Königin hatte, sie möge sich doch gegen hohes Entgelt nackt fotografieren lassen; dabei sollte sie am Schluß als einziges Kleidungsstück eine Krone auf dem Kopf tragen (die Frau war übrigens Monarchistin und schickte die Bewerber unverrichteter Dinge fort). Die ursprüngliche Hauptabsicht der Pornographie, den Rezipienten sexuell zu erregen, wurde in einem gewissen Sinne überschritten, als das amerikanische Magazin *Hustler* eine Fotomontage brachte, auf der Präsident Reagan a tergo mit der Freiheitsstatue verkehrt. Auf etwas derart Obszönes war bis dahin niemand verfallen. Wenn die Verbote im Zentrum der sexuellen Sphäre gefallen sind, muß man nach Verboten suchen, die man noch nicht übertreten hat, und deshalb wird nicht ein *anonymer* Mensch in sexueller Betätigung der Öffentlichkeit preisgegeben, sondern es muß der *hohe soziale Status* einer konkreten Person in die sexuellen Aktivitäten hineingezogen werden. Damit bei diesem sittlichen Zusammenbruch der permissiven Gesellschaft die rechte Symmetrie gewahrt werde, bewarb sich der Herausgeber des *Hustler*, Harry Flint, als Kandidat für die Präsidentschaft der Vereinigten Staaten.

Technische Mittel werden in größtem Umfang in diesen Prozeß eingespannt. Im Westen breitet sich eine telefonisch betriebene Ersatz-Sexualität aus; wenn man die richtige Nummer gewählt und seine Kreditkarten-Nummer genannt hat, kann man sich nach Belieben mit verbalen Obszönitäten bedienen lassen. Die pornographische Industrie produziert Masturbationsgerätschaften, künstliche Genitalien in allen Kalibern, auch als Nippes, ferner Salben, Cremes und sonstige angebliche Aphrodisiaka, Geräte, die fälschlich eine Vergrößerung des männlichen Gliedes versprechen, und Puppen von natürlicher menschlicher Größe, mit denen man geschlechtlich verkehren kann, in mehr oder weniger luxuriöser Ausführung, auf Wunsch mit eingebautem Tonband, wobei man sich bestellen kann, was man hören möchte, ferner Kopulationsmaschinen und dergleichen mehr.

Nicht als Substitute fungieren *einerseits* die »Professionellen«, angefangen vom »ältesten Beruf der Welt« über Mannequins bis hin zu Schauspielerinnen, die ausschließlich in Pornofilmen auftreten, und *andererseits* Amateure aus dem breiten Publikum, die sich beispielsweise sogenannter Kontaktmagazine bedienen.

Dort inserieren Alleinstehende oder Ehepaare, die nach Sexualpartnern und -partnerinnen suchen, wobei die Männer gewöhnlich mit Fotos ihrer Erektionen für sich werben. Die bevorzugten sexuellen Techniken werden ebenso genannt wie die körperlichen Attribute, die die gesuchte Person aufweisen soll, und das sieht dann genauso aus, wie wenn jemand einen Zuchtstier für seine Färsen (oder umgekehrt) sucht und Angaben über die gewünschte Rasse und Anatomie macht. Gewisse Formen der Perversion, zum Beispiel die Pädophilie, sind noch immer mit Verboten belegt, und um diese zu umgehen, verfallen die Produzenten von Pornographie auf wahrhaft makabre Ideen und ersetzen das Kind, das bei Darstellungen sexueller Handlungen nicht gezeigt werden darf, durch einen erwachsenen Zwerg oder einen Körperbehinderten. Im übrigen kann man auf dem Schwarzmarkt angeblich »alles« bekommen.

Da der Geschmack des Publikums nicht gänzlich der »demokratischen Gleichmacherei« erlegen ist, haben sich auf diesem Gebiet mehr oder weniger obszöne Spezialitäten und – wenn dieser Ausdruck erlaubt ist – verschiedene Moden entwickelt. (In Mode sind z.B. »Peep Shows«, in denen man sich von einer Kabine aus durch ein Guckfenster »eingehendst« eine nackte Frau auf einer sich langsam drehenden Scheibe betrachten kann, was für nicht begüterte Personen günstig ist, weil es nicht mehr kostet als ein Busfahrschein.) Es gibt auch Pornozeitschriften, die gewisse intellektuelle Ansprüche wahren, in dem sie etwa Interviews mit berühmten Künstlern oder Nobelpreisträgern abdrucken, in denen sexuelle Dinge überhaupt keine Rolle spielen. Es gibt auch solche, die nichts anderes als Fortpflanzungsorgane publizieren. Unter dem Druck der starken Konkurrenz am Markt ist die »hard core pornography« auf Menschen erpicht, die sich verschiedenen Kopulationspraktiken hingeben, während ihre soziale Rolle gleichbedeutend ist mit größtmöglicher Distanz zum Sexuellen, das heißt, sie zeigt in Wirklichkeit nicht solche Menschen, sondern nur als Pastoren oder Ordensschwestern verkleidete. Die von verschiedenen Soziologen geäußerte Hoffnung, die Pornowelle werde rasch von selbst versiegen, hat sich (bislang) nicht erfüllt. Die Pornoindustrie, die auf immer raffiniertere Novitäten aus ist, bringt Flugzeugstewardessen und Polizistinnen dazu, sich vor der Kamera auszuziehen, und dadurch ist es schon zu Konflikten gekommen, die vor Gericht endeten; im übrigen bringen einige Periodika Bilder von »Amateurinnen«, also von Hausfrauen, Friseusen, Verkäuferinnen usw., die gerne ihre Fortpflanzungsorgane vorzeigen möchten. Wenn man den Kommentaren glauben darf, findet dieser Exhibitionismus die volle Zustimmung der Ehemänner oder der Familie. Weil die Mehrheit der Menschen beiderlei Geschlechts im Durchschnitt nicht gerade dem Schönheitsideal entspricht, machen die Hunderte von Mädchen und Frauen, die in ihrer Nacktheit alle körperlichen Mängel darbieten, einen wahrhaft traurigen Eindruck. Die entfesselte Pornographie hat sich schließlich auch religiöser Symbole und Gestalten bemächtigt; es scheint, als sei regelrechte Blasphemie der letzte Schrei dieser Mode. Es wäre natürlich falsch, würde man angesichts dieser gewaltigen Produktion dem Eindruck erliegen, als gehörten möglichst perverse sexuelle Marathons in möglichst großen Kollektiven zu den wesentlichen alltäglichen Beschäftigungen der Konsumgesellschaft. Gleichwohl ist der Einfluß dieser Produktion auf eine permissive Gesellschaft bislang noch nicht soziologisch erforscht worden, und das gilt besonders für die Auswirkungen auf das weitere Schicksal der fundamentalen Zelle des gesellschaftlichen Lebens, der monogamen Ehe.

Die Pornoindustrie ist übrigens eher ein Randproblem der wohlhabenden Gesellschaften. Die »Permissivität« umfaßt die Ausweitung einer ständig wachsenden Zahl gesellschaftlicher Probleme. Die Demokratie – verstanden als Regierung einer Mehrheit über alle Bürger – unterliegt einer Erosion, wenn verschiedene Minderheiten, zum Beispiel die öffentlichen Bediensteten im Gesundheits- und Transportwesen oder bei der Feuerwehr, imstande sind, die normale Befriedigung der kollektiven Bedürfnisse in unterschiedlichem Maße zu behindern, einschließlich der Rettung Kranker und des Löschens von Bränden. In seinem Manifest »Franzosen, noch eine Anstrengung«, das in der »Philosophie im Boudoir« enthalten ist, forderte de Sade während der Französischen Revolution die Aufhebung sämtlicher »Freiheitsbeschränkungen«, so daß es jedem erlaubt gewesen wäre, sich nach Herzenslust auszuleben, auch wenn das Mord, Vergewaltigung und Folter einschloß. Eine solche »uneingeschränkte Freiheit« bedeutet natürlich, daß die Gleichheit definitiv beseitigt wird und die Stärkeren die Schwächeren tyrannisieren. Weil die Pornographie einen Ersatz für die »uneingeschränkte Freiheit« im sexuellen Bereich bietet, habe ich sie als ein Beispiel für das instrumentale Herangehen an alle kulturellen Erscheinungen zitiert. Zumindest grundsätzlich kann man durch ein solches Herangehen alle zu »Gleichen und Freien« machen, sofern ihnen nicht andere Menschen, sondern irgendwelche Apparaturen dienen würden. Von daher rührt die Vision einer satten, verblödeten Gesellschaft, die sich in einer automatisierten Umwelt entsprechend auslebt. Aus dem Schulwesen der reichsten Länder der Erde erreichen uns in letzter Zeit Meldungen über einen wachsenden Analphabetismus unter der Jugend. Darin äußert sich die Wirkung von schulischen »Erleichterungen«. Der herrschende Trend geht dahin, »alles« zu erleichtern. Man braucht nur populäre wissenschaftliche Zeitschriften wie *Scientific American* und *Omni* zu vergleichen, um zu erkennen, daß *Omni* nicht zufällig eher an *Penthouse* erinnert als an Periodika, aus denen man vernünftig etwas über die Fortschritte der Wissenschaft erfahren kann. *Omni*, wie *Penthouse* von B. Guccione herausgegeben, prostituiert außererotische Angelegenheiten. Die Ähnlichkeit dieser beiden Monatsblätter beginnt bei der Übereinstimmung solcher Ressorts wie »Forum«, Leserbriefspalten, Witzzeichnungen, und der gemeinsame Nenner von Sex und Wissenschaft ist die ständige Tendenz, die veröffentlichten Inhalte leicht faßlich zu machen, damit ihre Aneignung keinerlei geistige Anstrengung erfordert, und starke Effekte zu erzielen. *Omni* schreckt niemanden ab durch komplizierte Darlegungen oder durch Artikel, deren Lektüre eine gewisse Mühe macht, sondern meldet Sensationen und Kuriositäten in Form eines »kurzen heftigen Schlages« als aktuelle oder bald eintretende Tatsachen. Daß in *Omni* gelegentlich Interviews mit hervorragenden Gelehrten erscheinen, tut der Übereinstimmung mit *Penthouse* keinen Abbruch, denn auch diese Zeitschrift erhebt einen gewissen intellektuellen Anspruch.

Interessant ist übrigens, daß die in *Omni* veröffentlichten literarischen Arbeiten, die stets zur Gattung Science Fiction gehören, vollkommen wertlos sind, während Zeitschriften, die par excellence erotisch, wenngleich in ihrer Pornographie gemäßigt sind (wie der *Playboy*, der auf diesem Gebiet den Vorläufer machte), nicht selten Arbeiten von hervorragenden Autoren veröffentlichen. Man kann aus diesem Vergleich unterschiedliche Mutmaßungen ableiten, etwa die, daß *Omni* sich das »Image« einer wissenschaftlich-futurologischen Zeitschrift geschaffen hat und die Science Fiction am besten zu solchen Inhalten zu passen scheint. Dagegen versucht *Playboy* (dessen Auflage letzthin übrigens gesunken ist, sicherlich unter dem Druck der »sexuell stärkeren« Konkurrenz) von Zeit zu Zeit seinen *nicht* pornographischen, intellektuell-erlesenen und von literarischen Ambitionen gespickten Inhalt hervorzukehren. Diese Mutmaßungen könnte man noch beliebig fortsetzen. Die deutsche Ausgabe des *Playboy* wird angerichtet mit der Sauce einer »Gemütlichkeit« und eines schwerfälligen Witzes, bisweilen auch mit sentimental-brutalen Zutaten, die in der amerikanischen Originalausgabe praktisch nicht vorkommen. Ich schließe das zuvor Gesagte mit der kurzen Bemerkung ab, daß Verleger, die durch Pornotexte mit der visuellen Pornographie zu konkurrieren versuchten, unterlegen sind, weil das *Wort* auf diesem Gebiet nicht die sinnliche Durchschlagskraft des *Bildes* erreichen kann. Im übrigen ist der gesellschaftliche Existenzbereich von Pornographie überhaupt in zweierlei Hinsicht begrenzt: zum einen durch die noch immer bestehenden gesellschaftlichen Normen, Verbote und Widerstände (solche Widerstände hält z.B. *Hustler* für Äußerungen von gewöhnlichem Neid oder Prüderie, wenn er etwa in boshaften Karikaturen zu verstehen gibt, daß die im Namen der Frauenbewegung gegen Pornographie überhaupt protestierenden Frauen ganz einfach *häßlich* seien und sich *nur* aus diesem Grunde empörten), zum anderen durch die biologisch in uns vorprogrammierten Mechanismen der sinnlichen Wahrnehmung. Sowohl eine übermäßig vergrößerte als auch eine übermäßig verkleinerte Darstellung sexueller Praktiken (bzw. der entsprechenden Organe) wirkt nicht mehr erregend, weil sie die nicht allein *kulturellen*, sondern *schlicht biologischen* Normen der Wahrnehmung verletzt. Die Existenz solcher Grenzen kann jedoch kein sonderlicher Trost sein für den, der ein unveräußerliches, ja geradezu grundlegendes Merkmal der Kultur darin sieht, daß sie hohe Werte besitzt, die es verdienen, daß man ihnen nacheifert.

B) Kultur als Flucht aus der Kultur

Im Bereich der Zeichen, der systemhaften Bedeutungen, besteht der Zufall darin, daß solche Bedeutungen gar nicht vorkommen. Als Kunstwerk wird heute nicht nur das ausgegeben, was traditionell kein Kunstwerk sein konnte, sondern auch das, was jeglicher Bedeutung, jeglichen Sinnes entbehrt. Beispiele sind ein Weg ohne Anfang und Ende, ein Gebäude, das errichtet wird, um zugeschüttet zu werden, komplizierte Maschinen, die zu nichts dienen, usw.

Am krassesten äußert sich der Zufall in der Kunst als Raubbau am gesamten historischen Erbe. Die gegenwärtige Künstlergeneration scheint die gesamte schöpferische Paradigmatik ohne Rücksicht darauf, was sie einst bedeutete und wozu sie diente, restlos ausschöpfen zu wollen. Man greift Paradigmen auf und stellt aus ihnen kombinatorische Kreuzungen her, so als wollte man die Fundstätten der Museen, Bibliotheken total ausschöpfen. Dieser Raubbau selbst ist natürlich nichts Zufälliges, zufällig sind nur seine Auswirkungen, denn es handelt sich um eine Promiskuität, die Beliebiges mit Beliebigem kreuzt und beispielsweise auf den Trümmern der Erotik den »Gruppensex« propagiert.

Im Bereich der institutionalisierten Glaubensbekenntnisse äußert sich der Zufall darin, daß sie durch *Beliebiges*, durch das, was gerade anfällt, ersetzt werden. Wenn ein System von Normen (aus beliebigen Ursachen) zerfällt, werden hinter seiner zersprungenen und hart gewordenen Oberfläche gewöhnlich die Umrisse der *vorhergehenden* kulturellen Formation sichtbar – oder genauer: das, was von ihr im kollektiven Gedächtnis haften geblieben ist. Daher das Wiederaufleben des Sektenwesens, daher die Religionen für eine Saison, die Yoga- und Guru-Moden, aber auch die Mode des Maoismus (die inzwischen eigentlich vorbei ist); »Moden« deshalb, weil es sich in keinem dieser Fälle um eine wirkliche metaphysische oder politische Doktrin handelt, sondern um einen Ersatz, der sich in der Negation der jeweils vorherrschenden Normen erschöpft. Authentizität können derartige »Glaubensbekenntnisse gegen jemanden« oder »gegen etwas« nicht erlangen, denn ein »Glaube gegen jemanden«, der an die Stelle »des Glaubens an etwas« tritt, kann nur eine vergängliche Faszination sein, die überwiegend eine Leere oder den bitteren Nachgeschmack der Enttäuschung zurückläßt. Bestenfalls geht es darum, eine irrationale Lücke im Ganzen zu finden, wobei das Ganze die Frustrationen, Ängste und Aggressionen auslösende Zivilisation ist, die gewissermaßen die gesamte *Rationalität* der Vergangenheit und Gegenwart in sich konzentriert und allein dadurch schon Anspruch darauf erhebt, für *irrationale* Kritik oder *irrationalen* Widerspruch unempfänglich zu sein. Daher das große Aufheben um Publikationen, die in der heutzutage gefeierten, in unserer Kultur tonangebenden Gestalt der »Wissenschaft« einen Unsinn verbreiten, der die ganze Wissenschaft über den Haufen wirft (Bücher über Astronauten der Urzeit, über Gäste aus dem All, über Phänomene außersinnlicher Wahrnehmung, über angebliche Tatsachen, die die Aussagen der Bibel im Gegensatz zur Astronomie bestätigen, über das Gefühls- und Geistesleben der Pflanzen, über fliegende Untertassen, Bermuda-Dreiecke usw.).

Ob man diese irrationale Lücke im Ganzen nur deshalb sucht, um sich darin zu verstecken, oder ob man von dort aus »das Ganze« zerfetzen und zerstören will, ist nicht zu erkennen, da das Denken, das hinter diesem Verhalten steht, infolge von Frustrationen verworren ist. Der gemeinsame Nenner dieser Parawissenschaften und Paraphysiken ist die ungewöhnliche *Leichtigkeit*, mit der man sich ihren gesamten Inhalt aneignen kann. Da ist nichts von den Komplikationen der Kernphysik; in der Dianetik kommt keinerlei Mathematik vor; schon drei Klassen Volksschule ohne Abschluß genügen, um jene Offenbarungen zu verstehen, die (obendrein nicht teuer) die »definitive Wahrheit über alles« bringen.

In der Kultur selbst wie auch in den Subkulturen häufen sich Belege für eine Tendenz zur »Abkehr«, Belege für den symbolischen Ausdruck des *Ausstiegs* aus der technischen Zivilisation. Der erste Schritt besteht hier gewöhnlich in der Suche nach etwas, das den ständigen Veränderungen der Umwelt erfolgreich widersteht, das diesen Veränderungen zu spotten scheint. Gerade dies wird verstärkt hervorgehoben. Man hat diesen Widerstand im menschlichen Körper gefunden, denn alle Kräfte des Instrumentalismus zusammengenommen haben dieser biologisch vorgegebenen Festung noch immer nichts anhaben können. Deshalb betont man das »Atavistische« des Körpers, seine »Ungeschichtlichkeit«, seine gleichsam überzeitliche Invarianz, ja seine geradezu absolute Konstanz über die Jahrhunderte hinweg.

Der Hunger nach dem Invarianten, mehr noch: nach dem Absoluten äußert sich auf jede nur realisierbare Weise (wenn es nur einfach ist!):

a) In der Mode wird das Äußere der beiden Geschlechter vereinheitlicht, um die zwar biologisch festgelegten, aber durch kulturbedingte Unterschiede *hervorgehobenen* Geschlechterrollen abzuschaffen. Dabei besteht doch größere Ähnlichkeit zwischen einem nackten Mann und einer nackten Frau als zwischen einem gepanzerten Ritter und einer Dame, die eine Krinoline trägt, oder zwischen einem Herrn im Frack und einer Dame in der Balltoilette.

Der »Unisex«-Stil wird ferner durch die Liederlichkeit und Nachlässigkeit der Kleidung unterstrichen, die einmal eher farblos und dann wieder eher exzentrisch und auffällig ist, denn wie meistens in Situationen des zeichenhaften Ausdrucks schwankt man zwischen gegensätzlichen Bedeutungen (es entstehen die typischen Widersprüche, die sich früher in der Mode deutlich manifestierten, etwa darin, daß die Geschlechtsmerkmale wie Brüste und Gesäß gleichzeitig durch die Kleidung *verhüllt* und durch deren Anordnung *betont* wurden). Der Nachlässigkeit der Kleidung kann eine eigentümliche, bis zum Manierismus getriebene (und durch diese Übertreibung extreme) Eleganz gegenüberstehen, wobei der biologisch gegebene Körper zwar noch nicht den Verstümmelungen und Entstellungen unterliegt, wie sie für viele primitive Kulturen typisch sind (wo sie freilich eine tiefe rituelle, initiatorische oder magische Bedeutung hatten), aber es ist immerhin möglich, sich das Gesicht grün zu färben oder die Haare zu einem »Hahnenkamm« zu stutzen (Punks).

b) Die angestrebte »atavistische Regression« äußert sich ferner darin, daß man lange Haare trägt, wodurch beide Geschlechter sich äußerlich dem »urzeitlichen« Menschen angleichen (in der Zeit der Höhlenmenschen gab es keine Friseure), daß man keine Kosmetika benutzt, oder mit anderen Worten: in einer »ostentativen Natürlichkeit des Körpers«, doch handelt es sich dabei stets um *Moden*, also um Verhaltensweisen, die sich ziemlich rasch ändern müssen, wenn ihre expressive Wirkung verblaßt. (Von der Rolle der Marktmechanismen in diesem Bereich wird noch die Rede sein.)

Eine subkulturell integrierte Spielart des regressiven Eskapismus stellen ferner die verschiedenen »Utopien des Augenblicks« dar, darunter ländliche Utopien (Kommunen, Hippies, »Blumenkinder«), mystisch-sektiererische und von Drogen beeinflußte Utopien sowie die Utopie der »Kinder ohne Eltern und Lehrer« , also der Aufstand gegen die Erzieher im Hause, in der Schule und in der Universität. Den letzteren haben selbst ernsthafte Soziologen als ein Vorspiel zur kulturellen Wiedergeburt Amerikas (»the greening of America«) aufgefaßt. Das ist wahrhaft erstaunlich bei Menschen, die doch angeblich Experten der Pädagogik und der historischen Anthropologie sind, verrät sich darin doch die ebenso törichte wie verheerende Ansicht, als sei es das Angenehmste und Beste, was der Mensch für sich tun kann, wenn er sich von den »Fesseln und Banden« der Kultur völlig befreit. Inzwischen ist hinlänglich bekannt, wie kurzlebig solche Unternehmen sind und wie fatal sie enden; am schlimmsten erging es gewöhnlich den Kindern derer, die sich zu einer der Utopien bekehrten.

Die Liste solcher kollektiven Reaktionen läßt sich beliebig verlängern; man braucht nur nach Werten und Normen zu suchen, die sich durch relativ einfache Verhaltensweisen in ihrem Vorzeichen umkehren lassen: Wenn die Monogamie ein Wert ist, muß man das »swinging« betreiben, wenn alle irgendwie angezogen sind, muß man nackt laufen (streaking); wenn die Sauberkeit ein Wert ist, muß man verwahrlost und dreckig sein; wenn Autoritäten Achtung genießen, muß man sie drangsalieren und verhöhnen; wenn Diebstahl mißbilligt wird, muß man stehlen, nicht um des Gewinns willen, sondern um das Verbot zu brechen; wenn es ein Wert ist, daß jemand ein ganz privates intimes Geheimnis besitzt, muß man es unverzüglich der Öffentlichkeit bekannt machen; auf solche Weise die Werte anderer zu zerstören, wird selbst zu einem Wert.

C) Die kommerzielle Auslese innerhalb der Kultur oder Die Schizophrenie des Marktes

Wie entsteht im Schoße einer alten eine neue Kulturformation? Die Dynamik dieses Prozesses erinnert an die biologische Speziation. Stationäre Kulturen – seien es prähistorische oder neuzeitliche – sind wie Gattungen, die sich in einem dauernden Gleichgewicht mit ihrer Umwelt befinden. Bei ihnen wirkt die natürliche Auslese stabilisierend: Sie liest jeden Keim einer Veränderung aus, das heißt, sie hält die Ansätze zur Veränderung innerhalb der Population unterhalb eines Schwellenwertes. In einer dynamischen und vitalen Kultur kommen Veränderungsvorschläge zwar zu Wort, werden jedoch von vornherein durch die allgemein verinnerlichten Normen unschädlich gemacht. An zwei Beispielen wird deutlich, wie ein Veränderungsvorschlag bei starker bzw. schwacher Vereinheitlichung der kollektiven Normen auf die Allgemeinheit wirkt. (1) Die Idee, mit Gewalt die Macht zu ergreifen, kann ebensogut einem englischen wie einem ugandischen General kommen; man wird nicht behaupten können, es sei ausgeschlossen, daß auch nur der Gedanke daran – und sei es nur für eine Sekunde – in einer Offiziersseele aufkommt. Doch in England war (bis vor kurzem) ein solcher Staatsstreich »undenkbar«, denn die königliche Familie wurde nicht nur von Wachen und Paragraphen beschützt – die gibt es überall –, sondern von der allgemeinen Überzeugung, daß der bestehende Zustand *richtig* und seine Veränderung durch ungesetzliche Mittel *falsch* sei. In Uganda existieren bekanntlich Wachen und Paragraphen, doch fehlt es an der besagten Überzeugung als einer Konstante im kollektiven Bewußtsein. Wenn wir nun vom Königsmord zur Kleidermode übergehen, so ist uns klar, daß jemand, der in den neunziger Jahren des letzten Jahrhunderts oder in den Anfängen unseres Jahrhunderts versucht hätte, die Mode einzuführen, daß die Männer statt einer Krawatte um den

Hals lange Zöpfe mit Schleife tragen, nicht nur keine Nachahmer und Anhänger gefunden hätte, sondern für verrückt erklärt worden wäre. (2) Uns ist auch klar, daß ein Unternehmer, der heute einiges Kapital und organisatorisches Geschick darein investieren würde, genau diese Mode einzuführen – daß die Männer anstelle von Krawatten Zöpfe tragen –, gewiß einen neuen Absatzmarkt für sein Produkt schaffen würde, und unklar wäre lediglich, wie weit die Neuerung reichen würde: ob sie vielleicht ebenso rasch abklingen würde wie die »topless«-Mode oder ob sie sich lawinenartig ausbreiten würde.

Die Chromosomen enthalten bekanntlich neben den Genen, die bestimmte Merkmale des Organismus realisieren, sogenannte Repressor-Gene, die verhindern, daß andere Gene aktiviert werden. Was innerhalb der Kultur diesen hemmenden Genen entspricht, wissen wir nicht, aber zweifellos enthält sie solche Mechanismen, die funktional geschwächt oder verstärkt werden können.

Den Soziologen ist bekannt, daß selbst die besten Reformen der statuierten Gesetze keine gesellschaftlich wünschenswerten Ergebnisse bringen, wenn die *Häufigkeit* der Reformen zunimmt. Ein beschwerliches, aber beständiges Gesetz, das gerade dadurch gleichsam ewig erscheint, wird oft besser befolgt als ein Gesetz, das immer wieder abgeändert wird, das gewissermaßen innerhalb eines kurzen Zeitraums viele Male zugeschnitten wird, weil der Gesetzgeber ihm die für die Gesellschaft empirisch günstigste Form geben möchte. Ein starrer Kanon wird schon deshalb, weil er sich nicht ändert, nicht so leicht in Frage gestellt und daher auch verletzt wie ein Kanon, den man wie einen Blasebalg ständig umformt. Man könnte aus solchen Beobachtungen schließen, daß die Unbeständigkeit der Normen innerhalb einer Gesellschaft einen autokatalytischen Charakter annehmen kann: Je mehr die traditionellen Verbote gebrochen werden, umsomehr werden solche Verbote gebrochen, weil die zu Fall gebrachten Verbote bereits gezeigt haben, daß sie völlig kraftlos sind, und der Gesellschaft gleichsam zu Bewußtsein gebracht haben, daß sie unnötig sind.

Das zu Fall gebrachte Verbot ist also nicht nur ein zu Fall

gebrachtes Verbot, sondern auch eine Ermunterung, andere Verbote umzustoßen. Im Lichte solcher Beobachtungen bekommt die bereits erwähnte Aussage einen Sinn, daß der Widerstand, den die Kultur dem Fortschritt entgegensetzt, selbst ein Teil dieses Fortschritts ist. Wenn nämlich Änderungsvorschläge im Bereich der Sitten, des Strafrechts, der schönen Künste, der Ökonomie, der Ideologie usw. sehr häufig werden und zugleich durch ihre unterschiedliche Zielrichtung vereiteln, daß bestimmte dauerhafte Entscheidungen getroffen werden können, wird jeglicher außerinstrumentelle Fortschritt unmöglich. Denn alles, was neu entsteht, wird sofort durch einen entgegengesetzten Vorschlag erstickt. Eine Kultur, in der an hunderttausend Orten zugleich Wertkeime entstehen, kann gerade deshalb, weil in ihr überall Wachstum stattfindet, nicht in einer konkreten Richtung wachsen und ähnelt deshalb nach und nach einer wuchernden Geschwulst.

Ein Verstärker für die Kultur ist heute der allgegenwärtige Markt. Die Unternehmer von heute sind dermaßen liberal, daß sie bereit sind, selbst denen Stricke zu verkaufen, die sie daran aufhängen wollen. Für die Ideologie ihrer Abnehmer interessieren sich die Unternehmer im gleichen Maße, in dem die Wanzen sich für die politische Überzeugung der Menschen interessieren, deren Blut sie trinken. Der moderne Verleger publiziert eine Literatur, in der zur Revolution aufgerufen wird, weil eine Nachfrage danach besteht. Er verlegt ein Pamphlet, das die Nichtswürdigkeit seines auf Profit gerichteten Handelns demaskiert, und er wird sich dessen auch noch rühmen. Der Unternehmer unterstützt jede neue subkulturelle Mode dadurch, daß er unverzüglich die Artikel liefert, welche diese Mode verlangt, und wenn er erkannt hat, wie leicht sich eine solche Mode arrangieren läßt, wird er daran mitwirken, daß die Mutabilität der Sitten noch wächst, weil er dadurch neue Absatzmärkte gewinnt. Wenn die Greise sich gerne jugendlich kleiden, wird er sie entsprechend kostümieren; wenn eine Nachfrage nach Folterinstrumenten entsteht, wird er eine mannigfach diversifizierte Produktion solcher Gerätschaften in Gang setzen. Diese Funktionsweise des Kapitals, die in ihrer Ausrichtung nicht anders ist als früher, nimmt gegenwärtig neue Eigenschaften an: sie wird zum Verstärker und gleichzeitig zum Liquidator jeglicher Veränderung innerhalb der Kultur.

Sie wird zum Verstärker, weil sie (als berechnender Mäzen) die Verbreitung jedes Modeschreis fördert, und indem sie durch ihre Produktionserfahrung den Einfallsreichtum der Projektanten unterstützt, beseitigt sie die Schranken, die einer neuen Bekleidungs-, Haar- oder Sexualmode im Wege stehen.

Sie wird zum Liquidator, weil sie durch ihre allgegenwärtige Intervention jegliche Authentizität im Keim erstickt. Es fällt einem wahrlich schwer, bei den jungen technikfeindlichen Revolutionären, die, in funktionalen Sesseln des Produzenten X Drinks der Firma Y schlürfend, ihre technoklastischen Programme auf Stereoanlagen der Firma Z abspielen, an einen authentischen Willen zur Weltveränderung zu glauben. Auf diese Weise, um des Geschäftes willen, allen dienend, raubt das Kapital wie ein Anti-Midas allem, was es berührt, seinen authentischen Wert, und indem es jede Neuerung potenziert, verwandelt es die Stimmen, die anfangs vielleicht sogar rein klangen, zu einem einzigen brüllenden Chor.

In letzter Zeit sind Heim- und Personalcomputer in Mode gekommen. Leuten, die nicht recht wissen, was sie damit anfangen sollen, redet man ein, sie seien unentbehrlich. Der Markt ist jedoch nicht vollkommen passiv und läßt sich nicht *beliebig* manipulieren, weil er die Haussen und Baissen kurzfristiger Faszinationen und Begeisterungen kennt. Der Computerspiele ist man dem Vernehmen nach schon überdrüssig geworden. In diesem Lichte verwandelt sich die Kultur in eine aufkeimende Saat, die, ehe sie noch heranwachsen kann, mit dem Lack der Reklame überzogen zu einer Ware gemacht wird. Das Kapital fördert, indem es alle mit seinem Produkt unterstützt, eine Schizophrenie, die es zwar nicht selbst hervorgerufen hat, die es jedoch nährt. Die Probleme, die der Welt zu schaffen machen, bestehen im übrigen darin, daß unablässig Werte aufeinander prallen, die nicht gleichzeitig realisiert werden können: Eine sozialistische Regierung, die Arbeitsplätze in der Rüstungsindustrie retten kann, indem sie deren Produkte an Diktaturen liefert, steckt zwischen Scylla und Charybdis. Zugleich zeigt sich, daß das »Sicherheitsnetz«, das der Wohlfahrtsstaat allen Bürgern garantieren wollte, den Arbeitenden mit zunehmender Arbeitslosigkeit unerträgliche Lasten aufbürdet. Vielleicht würde einen das Unglück der Welt nicht so unablässig und heftig bedrängen, wenn die Prophezeiungen McLuhans sich in dem sympathischen, von ihm gedachten Sinne erfüllen würden: wenn die Welt sich tatsächlich in ein »globales Dorf« verwandeln würde. Bisher hat sich diese Prophezeiung jedoch nur in einem sehr bösartigen Sinne bewahrheitet: Die Welt ist ein Dorf, aber nur, was die Nachrichtenverbindungen und die Unmittelbarkeit der Bedrohung betrifft. In einem Dorf kann man ja nicht Augen und Ohren zusperren und sich vor dem Elend seiner unmittelbaren Nachbarn verschließen, und in einem Dorf ist es auch kaum möglich, sich vor einem bösen Nachbarn zu verbergen. Die Welt hat sich durch elektromagnetische Wellen und nukleare Ladungen in ein Dorf verwandelt, aus dem man nirgendwohin entfliehen kann, aber man kann auch nicht viel für diejenigen tun, die im äußersten Elend versinken. Diese globale Dimension, welche die Probleme der Kultur angenommen haben, ist eine negative Allgemeinerscheinung, denn wie es scheint, erfahren wir immer genauer, was uns bedroht, sehen aber auch immer deutlicher, daß wir nicht wissen, wie wir dem abhelfen könnten.

Wir können nun unsere Bemerkungen über die Grenzen des kulturellen Wachstums zusammenfassen. Nicht jede Art von Wachstum innerhalb der Kultur kann mit einem Wachstum der Kultur gleichgesetzt werden, so wie auch nicht jede Art von *zellulärem* Wachstum gleichbedeutend ist mit einem Wachsen des *Organismus*. Schließlich gibt es verschiedene Formen eines sehr heftigen Wachstums von Tumoren, die sich vor allem durch ihre *Zufälligkeit* auszeichnen und in aggressiver Weise die Funktionen des gesamten Körpers zerstören, bis sie mit ihm zugrunde gehen.

Fortschritte der Kultur bestehen zunächst darin, daß Freiheit und Gleichheit verallgemeinert werden; allerdings wies schon de Tocqueville darauf hin, daß diese beiden hochrangigen Werte miteinander kollidieren können. Biologische Analogien sind zwar riskant und treffen auf gesellschaftliche Erscheinungen nicht genau zu, sollen aber wegen ihrer Anschaulichkeit hier angeführt werden. In bestimmter Hinsicht sind alle Gewebe eines Organismus gleich: bei allen muß beispielsweise die Zufuhr von Nährstoffen, die Abfuhr von Ausscheidungsprodukten, die Versorgung mit katalytischen Verbindungen, Sauerstoff usw. gesichert sein. Desgleichen müssen alle die Freiheit haben, in der *ihnen eigenen Weise zu funktionieren*, und wenn es an dieser Freiheit *mangelt* oder sie *beschränkt* ist, so bedeutet das, daß der Organismus krank wird. Wären jedoch alle Gewebe »völlig frei« und dadurch »einander vollkommen gleich«, so könnte, wie man leicht begreifen wird, der Organismus nicht leben, sondern würde sich rasch in einen einzigen Krebsherd verwandeln, zerfallen und sterben.

Gerade die großen Fortschritte in der auf neue Technologien gestützten Heilkunst stehen im Widerspruch zur kulturellen Direktive, *jegliches* menschliche Leben *gleichermaßen* zu retten, denn dafür ist die medizinisch-technische Decke allzu kurz. Auch die Automatisierung der Produktion steht nicht im Einklang mit der Gleichheitsforderung, denn nicht alle Berufe sind *gleichermaßen* von der durch Roboter erzeugten Arbeitslosigkeit bedroht. Eine ganz und gar direkte Demokratie, die manchem als Ideal erschienen ist, läßt sich im Prinzip schon heute verwirklichen, denn über jede die Gesamtgesellschaft betreffende Entscheidung kann mit Hilfe von Computerterminals, die man in jedem Haus aufstellt, eine unverzügliche allgemeine Abstimmung durchgeführt werden. Zweifellos wäre das eine wahre Katastrophe, denn zu den zentralen Widersprüchen, die dem demokratischen Ideal anhaften, gehört auch der Widerspruch zwischen der Zivilisation im Sinne eines *für alle gleichen Gutes* und der Zivilisation im Sinne einer Ordnung, die nur von *entsprechend ausgebildeten Fachleuten* richtig gelenkt werden kann.

Technologische Fortschritte bedeuten also nicht nur für die Kultur, sondern auch für ihre rivalisierenden Führungskräfte keinen Fortschritt. Eine stationäre Kultur ist ein ferner Zustand, den die Menschheit vor Jahrhunderten verlassen hat, und nichts deutet darauf hin, daß sie irgendwann wieder zu ihm zurückkehren könnte. In melioristischen Utopien wurde immer angenommen, daß es eine mögliche Zukunft gäbe, die nicht mehr in einer Abfolge von untereinander widersprüchlichen Veränderungen bestünde, sondern eher so etwas wie eine herrliche Hochebene darstellte, auf der alle zu den Gütern Zugang haben, die das Leben angenehm machen. Auch wenn man diese Hochebene als einen Glückszustand auffassen mag, so scheint sie doch eine Fiktion zu sein, denn es ist kaum zu sehen, daß die nach allen Richtungen ausstrahlende Technologie, die unsere Zivilisation immer rascher in eine unbekannte Zukunft trägt, in ihrem Lauf durch etwas anderes als eine Katastrophe aufgehalten oder auch nur gebremst werden könnte (das braucht nicht unbedingt eine militärische Katastrophe zu sein; die Futurologen haben uns in ihren Szenarien inzwischen eine Vielfalt anderer, auch ohne Krieg möglicher Zusammenbrüche geschildert).

Die Dynamik der Kultur besteht in der selektiven Verwirklichung von Werten. Das Problem ist, wie diese Selektion erfolgt. Zufallsbedingt darf die Auslese nicht sein. Wenn das Wachstum und die Auslese seiner Wirkungen, wenn der Aufstieg und Niedergang von nur zeitweilig gültigen Werten vom Zufall bestimmt werden, verwandelt die Kultur sich in eine zitternde, breiige Masse, welche die Einstellungen der Menschen nicht zu formen und zu integrieren vermag. Die Wandelbarkeit der Subkulturen ist nicht eine Hoffnung, sondern eine Krankheit der Kultur, kein Wegweiser, sondern ein Symptom, keine Aktion, sondern eine Reaktion, keine Anregung, die Orientierung gäbe, sondern eine Folge der Desorientiertheit.

Wir können für die Zukunft damit rechnen, daß Verhaltensweisen, die von der Psychiatrie bisher als reaktive Psychosen bezeichnet wurden, sich weiter ausbreiten werden. Schizophrene Erscheinungen werden zunehmen. Das kann so weit führen, daß der schon seit langem zu beobachtende Trend, sich vom Anormalen faszinieren zu lassen, zum Paradigma wird. Das wäre eine weitere Regression in der Richtung, sich »auf die Biologie zu stützen«, denn ein Psychopath, ein perverser Triebtäter oder ein Monomane ist stets »ganz und gar authentisch«; die Werte, denen er folgt, sind »vollkommen verinnerlicht«, seine Taten entstammen unzweifelhaft einer inneren Motivation und beruhen nicht auf Nachahmung, auf dem Gebot der Mode oder auf dem Wunsch, durch Originalität zu glänzen usw. Da aber wahre Authentizität immer schwieriger zu realisieren sein wird, wird man sich krampfhaft darum bemühen, und es wird zu Verhaltensweisen kommen, die, äußerlich betrachtet, psychotisch sind, während die Menschen, die diese Verhaltensweisen zeigen, aus rein medizinischer Sicht normal sind. Kurz, wenn alles so weitergeht wie bisher, werden die Individuen sich angesichts der herrlichen Vision einer »postindustriellen Zivilisation« in einen autistischen oder manischen Wahn flüchten. In der gleichen Weise wird sich auch die Kreativität in einer degenerierten Kultur äußern, denn wenn eine *übernormale* Leistung auf schöpferischem Gebiet immer weniger zu erreichen ist, kommt es zu einem Abgleiten in der entgegengesetzten Richtung – zum *Unternormalen*. Es ist daher mit Erscheinungen zu rechnen, in denen sich eine Verwirrung der Motive äußert, z.B. mit Handlungen, bei denen sich nicht feststellen lassen mag, ob sie von Banditen oder von Revolutionären ausgeführt wurden, was im übrigen auch heute schon vorkommt. Es handelt sich dabei nicht um Mimikry, also darum, daß die Banditen sich nur als Revolutionäre oder sonstwie ideologisch motivierte Extremisten *ausgeben*, vielmehr können solche Leute selber diese Unterscheidung nicht treffen und spielen damit gleichsam zwei verschiedene Rollen gleichzeitig. Auf diese Weise kommt es dann zum Verbrechen, das ausgelöst wurde durch die Empörung über das Verbrechen, zur gesetzwidrigen Auflehnung gegen die Gesetzwidrigkeit, zu der Ansicht, sexuelle Promiskuität sei eine Art von Tugend, zur Zerstörung der Grundlagen der Demokratie im Namen der Demokratie. Letzteres kann man immer beobachten, wenn eine Minderheit sich der Mehrheit mit Gewalt entgegenstellt und eine innerlich widersprüchliche Argumentation benutzt, um zu beweisen, daß gerade ein solches Vorgehen überaus demokratisch sei, ein Ausdruck der »völligen Gleichheit und Freiheit« ausnahmslos aller. Die in sich widersprüchlichen Handlungsmotive sind dann die Ursache dafür, daß begriffliche Gegensatzpaare, wie Kołakowski sagte, zu einem »formlosen Brei« zerfließen: Die Sprache drückt ja menschliche Einstellungen aus, und wenn diese verworren sind, muß auch jene sich verwirren. Die »Sprachextremisten« nehmen sich übrigens auch die Sprache selber vor und behaupten beispielsweise, nicht der Mensch bediene sich der Sprache, sondern die Sprache bediene sich des Menschen, nicht wir sprächen, sondern sie äußere sich auf ihre Weise durch uns. Auf diese Weise wird ein weiterer Gegensatz (nicht der Mensch bedient sich der Sprache, die Sprache bedient sich des Menschen) »verschmiert«. Für solche Verhaltensweisen lassen sich viele Beispiele anführen: Um dagegen zu protestieren, daß zahlreiche Tierarten vernichtet werden, muß man sämtliche Tiere eines Zoos vergiften (oder irgendwo eine Bombe legen). Eine Perversion kann als Protest gegen die Perversion aufgefaßt werden. Außerdem ist mit einer verstärkten Nachfrage nach eskapistischer Literatur zu rechnen, besonders nach Schund- und Trivialliteratur, die sich freilich ausgibt als hohe Kunst, die voller neuer Inhalte sei. Die Autoren lassen sich heute bei der Themenwahl vom Erfolg bestimmen: Was Beifall erhält, wird sofort massenhaft ausgebeutet, bis zur völligen Sättigung des Marktes. (Noch deutlicher ist diese Erscheinung in der Filmproduktion zu beobachten.) Das Reaktive einer solchen Literatur äußert sich darin, daß sie Ersatzbefriedigung für verschiedene Appetite liefert: Populäre Comic-Serien zeigen Gewalt, Massenmord und Verbrechen, häufig unter dem Aushängeschild, dies geschehe im Namen der Gerechtigkeit oder gar »der gesamten Menschheit« (Perry Rhodan) Zu den neueren Appetiten, die es zu befriedigen gilt, gehören Isolation, Einsamkeit, Sehnsucht nach Lebenssicherheit, Glück, und auf diese Weise entsteht das utopische Gefasel als eine Folge dessen, daß Autor und Leser ihren Verstand aufgeben.

Damit taucht ein schwieriges Problem auf, nämlich der Zweifel an der These, es gebe geschichtliche Invarianten der ethisch-moralischen Bewertung. Wenn ein Mann stolz darauf ist, daß seine hübsche Frau nackt in Kopulationsstellung in einer pornographischen Zeitschrift abgebildet ist, so ist das heute noch eine Ausnahme von der Regel; wenn aber diese Ausnahme sich so verbreitet, daß die Zurschaustellung der Genitalien als ebenso erstrebenswert gilt wie die Veröffentlichung eines Porträts, dann muß man sich fragen, wie eine so verbreitete Einstellung eigentlich zu bewerten ist. Bisher ist es so, daß, wenn eine Mode oder Sitte ins Extrem umschlägt, ihr Gegenteil auftaucht. Das kann eine spontane Reaktion sein, ein Ausdruck der Sehnsucht – aufs Erotische bezogen – nach der romantisch sublimierten Liebe, die durch die Promiskuität zerstört wurde, und nach den mit einer solchen Liebe verbundenen zärtlichen, innigen und erhabenen Gefühlen – ein gewisser Rückzug auf die Tradition des vergangenen Jahrhunderts. In einer solchen Abwendung vom »erleichterten Sex« drückt sich nicht sosehr ein Protest gegen diesen, als vielmehr eine Besinnung auf die von ihm aufgegebenen Gefühlswerte aus, denn es muß durchaus nicht zutreffen, was die Anhänger der Promiskuität in kategorischer und »wissenschaftlicher« Form verkünden, daß nämlich die in verschiedenen Epochen unterschiedlich ritualisierten Äußerungen erotischer Gefühle nur unnötig komplizierte Vorbereitungen zur »eigentlichen Sache« seien (d.h. zu Geschlechtsakten, die mit einer den Orgasmus garantierenden Geschicklichkeit vollzogen werden). Es kann also sein, daß man den bis zum äußersten erleichterten Sex und die dahinter steckende primitive Ansicht durchschaut, als seien Sitten, die nicht geradewegs auf Lustgefühle abzielen, vollkommen überflüssige Hindernisse, die lediglich errichtet wurden, um die Befriedigung von Bedürfnissen – in diesem Falle von Kopulationsbedürfnissen – zu beschränken. In Wirklichkeit haben die durch kulturelle Normen errichteten Hindernisse gewöhnlich zwei Seiten; sie sind nicht nur dazu da, daß man sie mühsam überwinden oder umgehen muß, sondern auch dazu, daß das Ziel, das man durch bestimmte Handlungen erreicht, einen hohen Wert erhält. Solche Hindernisse stauen als »hochgelegte Sprunglatten« die Motivation auf und verstärken das Streben nach dem Ziel, können freilich auch, wenn sie zu Barrieren werden, die unüberwindlich oder nur unter Androhung strenger Strafen zu überwinden sind, Verzweiflung und Auflehnung hervorrufen. Wieder zeigt sich, daß die Kultur ambivalent ist und zwischen den Extremen allzu großer Repressivität und allzu großer Permissivität schwankt; beide Extreme lösen Frustration aus, wenngleich deren Ursachen diametral entgegengesetzt sind. Allerdings geht es um Erscheinungen, die sich nicht so beliebig regulieren lassen wie ein Flußlauf oder wie die Fahrtrichtung eines Autos. Eine Sakralisierung oder Entsakralisierung kollektiver Einstellungen läßt sich nicht verordnen. Die Mode – etwa die Kleidermode – läßt sich weitgehend manipulieren; beim religiösen Glauben ist das sehr viel schwieriger.

Wo große »Permissivität« herrscht, ist es stets mit einem großen Risiko behaftet, eine Kulturdiagnose zu stellen. Ich weiß nicht genau, wie sich feststellen ließe, ob sich in der Überschwemmung des westdeutschen Buchmarktes mit Hitler-Literatur eher eine kognitive Neugier äußerte oder nicht vielleicht eine weit weniger harmlose und neutrale Neugier, eine – nicht unbedingt bewußte – Sehnsucht nach der Zeit einer zwar strengen und sogar grausamen Ordnung, die jedoch als Legende von einer »ehernen Gemeinschaft«, die von einem »ehernen Führer« geführt wurde, an Anziehungskraft gewinnt in einer Situation, wo die Gesellschaft »aufgeweicht« ist und wo es wegen der bestehenden Freiheit der kritischen Bewertung einfach nicht mehr möglich ist, ihre politischen Führer zu idealisieren und ihnen demütig zu gehorchen. Während die Generation, welche die Naziherrschaft am eigenen Leib erlebte, ausstirbt, ist es schon wieder möglich, diese Herrschaft durch allergröbste Lügen zu idealisieren, etwa durch die Behauptung, Hitler habe vom Völkermord nichts gewußt, er habe auf keinen Fall den Befehl dazu gegeben, ja, es habe überhaupt keinen Völkermord gegeben, wie vielfach – und nicht nur in Deutschland selbst – in verschiedenen Publikationen behauptet worden ist. Sie haben Verteidiger gefunden, mit denen man kaum gerechnet hätte, so etwa in Noam Chomsky, der, obwohl er Jude ist, erklärte, man könne solche Publikationen nicht verbieten, denn das sei nicht mit der demokratischen Freiheit der Meinungsäußerung zu vereinbaren.

Der »galoppierende« Pluralismus führt zu einer zunehmenden Lockerung der Werte; daß man sich den Grenzen des Wachstums der Kultur nähert – man könnte von einem »Symptom des Turms von Babel« sprechen –, erkennt man an solchen Erscheinungen im öffentlichen Leben, in der Kunst, der Literatur und in den Sitten, die an besonders drastischen Unsinn grenzen (ich habe oben nur einige Beispiele für solchen Unsinn aufgeführt). Der immer raschere zivilisatorische Wandel und die damit verbundenen Bedrohungen sowie die ständige Suche nach etwas, »das es noch nicht gegeben hat« (weil man nach »allem« suchen darf), führen zu einer Verwischung der Einstellungen, die sich in der Sprache in Gestalt einer Verwirrung bislang gegensätzlichster Begriffe niederschlägt, so daß die Sprache ganz und gar außersprachlichen Sachverhalten zum Opfer fällt.

Dieses im April 1974 entstandene Kapitel habe ich nun anhand neuerer Veröffentlichungen und aufgrund der eingetretenen Veränderungen an einigen Stellen ergänzt. Daß ich in meinen Ausführungen auf Vorbehalte verzichtet habe, die ihnen etwas von ihrer (an Schwarzseherei grenzenden) Unbedingtheit nehmen könnten, ist ein Risiko, daß ich bewußt auf mich genommen habe, und nicht Ausdruck einer absoluten Gewißheit. Als Autor wünsche ich mir nichts mehr, als daß sie durch die Entwicklung der nächsten Jahre widerlegt würden, denn je weniger ich recht hätte, um so mehr könnte ich Hoffnung haben.

6 Literatur und Erkenntnis

Einleitung

Es kommt eine Zeit, da muß man sich ein Herz fassen und aufrichtig sein. Die Beichte beginnt mit der Enthüllung, daß ich gut zwanzig Jahre lang Bücher geschrieben habe und dabei weder wußte, warum ich solche und nicht andere schreibe, noch, für wen ich sie schreibe. Die Literaturkritik hat es mir sehr schwer gemacht, zu diesen beiden Diagnosen zu gelangen, denn ich komme von der Gattung Science Fiction her, die von vornherein als minderwertig gilt, und außerdem gibt es starke Differenzen zwischen den Kritikern und mir, was unsere Ausbildung betrifft. Während sich mit der literarischen Kritik Humanisten und Philologen befassen, bilden Naturwissenschaft und Philosophie meine ganze Grundlage, und Kenntnisse aus den anderen Bereichen habe ich mir sozusagen in Heimarbeit, als Autodidakt, erworben. Die *Philosophie des Zufalls* als Versuch einer »empirischen Theorie des literarischen Werkes« schrieb ich vor allem für mich selbst, weil ich nirgendwo Antwort auf die für mich brennenden Fragen finden konnte, was ich eigentlich in der Belletristik zu suchen habe und warum die Streuungsbreite der Urteile über meine Arbeit so groß und in verschiedenen Ländern so unterschiedlich ist. Was ich jetzt über meine eigenen Werke weiß, verdanke ich vor allem der »Autokomparatistik«, die schlicht darin besteht, daß ich früher entstandene Texte mit späteren verglich und auf diese Weise feststellte, welches die Hauptrichtung meiner schriftstellerischen Strategie war. Da ich nicht sonderlich gescheit bin und, was noch schlimmer ist, mich geistig nur langsam entwickle, erfaßte ich recht spät die offenkundige Tatsache, daß die Entscheidung, mich der Science Fiction zu widmen, von meiner Ausbildung für mich getroffen worden war – oder etwas genauer: von meiner Wißbegierde, die durch diese Ausbildung nicht befriedigt wurde. Ich wollte mehr in Erfahrung bringen, als selbst der hartnäckigste Dilettant in Erfahrung bringen kann, indem er sämtliche ihm zugänglichen Mitteilungen aus dem Bereich der »harten« Wissenschaften wie der Kosmologie, der Physik oder der Biologie verschlingt, mehr, als jeweils die Fachleute wissen, und diese grenzenlose Unersättlichkeit war lange die unbewußte Triebkraft meines Handelns. Was ich im Rahmen der Science Fiction betrieben habe, war folglich Eschatologie, die Problematik der »letzten« Dinge, eine außerreligiöse, naturalistische Eschatologie, ein Entwerfen von Hypothesen, das weiter reichte, als die Wissenschaft es ihren Experten gestattet. In diesem Sinne habe ich Eschatologie betrieben, als ich noch keine Ahnung davon hatte und meine Versuche zu Fehlschlägen wurden, und ich habe Eschatologie betrieben, als ich bereits ungefähr begriff, worauf ich hinauswollte: auf die Erkenntnis dessen, was noch nicht erkennbar ist, aber vielleicht irgendwann erkennbar sein wird. Die experimentellen Welten, die ich schuf, befanden sich jedoch stets innerhalb einer naturalistischen Ordnung, die in meinem Falle sehr weit gefaßt werden muß – wie weit, wird am bündigsten durch ein konkretes Beispiel deutlich: In der realen Welt ist die Zeit nicht umkehrbar. Da ich untersuchen wollte, was in einer Welt mit umkehrbarer Zeit geschehen könnte, wies ich durch einen gewissen galaktischen Monarchen meine Konstrukteure Trurl und Klapaucius an, diese in Wirklichkeit nicht mögliche Welt zu erbauen. Sie erbauten sie, wie es in der Erzählung »Die Wiederholung« heißt, innnerhalb eines mächtigen Computers, und um »repräsentative Stichproben« von den Erscheinungen zu erhalten, ließen sie nacheinander »Bruchstücke« aus der »mittelalterlichen« und »neuzeitlichen« Geschichte jener Welt »stattfinden«, in der es möglich war, den Zeitablauf zu kontrollieren. Beim Erbauen von Welten stellten sich mir mindestens zwei Probleme: ob ich sie mit realistischem Ernst oder nach einer mehr oder weniger durchschaubaren Konvention errichten sollte. Aus realistischem Ernst entstand z.B. *Solaris*, aus einer märchenhaften Konvention entstanden beispielsweise die *Kyberiade* und *Die Wiederholung*.

Je nach der gewählten Modalität stieß ich dann auf die Frage, ob die *Problematik* des jeweiligen Werkes glaubhaft sei.

Ganz langsam und allmählich wurde die Glaubhaftigkeit der Problematik eines Werkes für mich zum Kriterium, um zu entscheiden, ob es sich zu schreiben lohnte oder nicht. Ich hatte und habe noch immer kein Universalinstrument, um die Glaubhaftigkeit zu messen. Dabei war für mich nicht von Bedeutung, ob das, was für mich als Problem glaubhaft war und im Gewande eines Märchens oder einer Groteske vorgetragen wurde, auch für die Leser glaubhaft war. Was das betrifft, war ich egozentrisch und autistisch. Ich vermag keinerlei Kriterien zu nennen, weil ich sie nicht kenne; selbst im Gedankenexperiment unterscheide ich zwischen »möglich« und »unmöglich« rein intuitiv. Die vergnüglichen Tollheiten, die in den einundzwanzig Reisen des Ijon Tichy (*Sterntage-*

bücher) geschildert werden, also die Geschichte einer Zivilisation, welche die Fähigkeit der Autoevolution erworben hat, halte ich tragischerweise für vollkommen glaubhaft in dem Sinne, daß es, würde die Menschheit diese Art von Herrschaft erlangen, zu nicht minder wahnwitzigen und verzweifelten Erscheinungen kommen könnte. Einzelne Elemente jener »Phantasie« von mir sind bereits eingetroffen; inzwischen ist es tatsächlich so weit, daß man die Mutterschaft aufteilen kann (die Frau, die ein Kind gebiert, braucht nicht dessen Mutter zu sein, sondern lediglich die »Austrägerin« eines befruchteten Eies einer anderen Frau). Daß viele der Dinge, die ich »prognostizierte«, eingetroffen sind, und dazu noch rasch eingetroffen sind, nämlich – womit ich nicht gerechnet hatte – zu meinen Lebzeiten, habe ich einerseits mit verständlicher Befriedigung zur Kenntnis genommen, doch die Kehrseite bestand in der Herausforderung: Wenn *das jetzt schon* anfängt, muß ich eilends durch weitere von mir erbaute Welten »höher und weiter« hinaus.

Der Erkenntnisprozeß stellt natürlich eine Art von Ermittlungsverfahren dar, nur daß nicht von der Polizei vorgeführte Personen ins Kreuzfeuer des Verhörs genommen werden, sondern die »unter einem bestimmten Verdacht stehende« menschliche oder außermenschliche Welt. Die Wissenschaft befaßt sich mit der Ermittlung von Indizien und sucht nach den Urhebern, wobei sie die Menschen außer acht läßt und zugleich implizit oder explizit *ausschließt*, daß »der Urheber eine Person ist« (z.B.Gott) und daß »der Urheber sich nicht feststellen läßt«. Das gewöhnliche strafrechtliche Ermittlungsverfahren soll den Hergang eines Vergehens oder Verbrechens rekonstruieren. Das kosmologische Ermittlungsverfahren soll feststellen, wie es »bei der Entstehung des Universums hergegangen ist«, das biologische, wie das Leben entstanden ist; die Paläontologen sind mit einem Sherlock Holmes zu vergleichen, der der schöpferischen Genialität, der opportunistischen Niedertracht, der grausamen Geschicklichkeit eines unpersönlichen Schöpfers und Verbrechers auf der Spur ist: der natürlichen Evolution der Arten.

Indem die Wissenschaft ihr Ermittlungsverfahren als eine Rekonstruktion der Vergangenheit, als eine *Retrognose* betreibt, gelangt sie zu Theorie-Urteilen, die wiederum *Prognosen* gestatten, doch sind weder die ersteren noch die letzteren jemals endgültig, vollkommen sicher. Gegen Fehlurteile kann man Berufung einlegen – das tun die nachfolgenden Generationen von Wissenschaftlern.

Zu einem in der ganzen Welt vielgelesenen Autor bin ich eher zufällig geworden, doch davon soll später die Rede sein. In dieser Einleitung möchte ich nur erklären, warum ich mich in dem Bemühen, zu verstehen, was ein literarisches Werk ist, selbst mit den Anfängen der Menschheit nicht begnügen kann, sondern meine Ausführungen mit dem Anfang der Welt eröffne. Das ist zweifellos komisch. Schließlich vermag ich nicht »alles« zu überblicken, und gewiß werde ich auch nicht alles erkennen. Die Epoche, in der ich lebe, habe ich mir zwar nicht ausgesucht, aber sie macht die literarische Tätigkeit zu einem hoffnungslos schwierigen Unternehmen, denn es ist nicht mehr möglich, den ganzen »Zeitgeist« durch Bücher zu erfassen. Ich verhalte mich folglich wie die flinke Ratte, die in ein Labyrinth geworfen wurde, das sie weder gewollt noch sich ausgedacht hat, doch da sie nun einmal darin steckt, versucht sie unablässig, sich in diesem Labyrinth zu orientieren, und sucht nach den Prinzipien seines Aufbaus, um den Ausgang oder aber das Zentrum zu finden, wo die Antwort auf die Frage steckt, wie man sich einrichten könnte, falls es keinen Ausgang geben sollte. Es ist im allgemeinen unbekannt, warum die Männer von herkulischer Gestalt und gewaltiger Muskulatur, die man in illustrierten Zeitschriften bewundern kann, keineswegs olympische Rekorde brechen. Damit verhält es sich so: Wenn durch ein Spezialtraining die Muskeln vergrößert werden, vergrößert sich nicht automatisch auch der Herzmuskel in der Weise, daß er durch das von ihm herausgepumpte Blut die gewaltigen Muskeln mit der nötigen Sauerstoffmenge versorgen kann. Was diese fotogenen Athleten begrenzt, ist also die Pumpleistung des Herzens. Diese herrlichen Mannsbilder sind keine Weltmeister im Boxen, im Hammerwerfen oder in der Leichtathletik. Sie sind hauptsächlich dazu da, voller Bewunderung betrachtet zu werden. Die wirklichen Rekordhalter finden sich unter jenen, bei denen zwischen Herz und

Muskulatur eine bestimmte Proportion gewahrt ist. Nun sind Muskeln aber nicht dazu da, bewundert zu werden, sondern um Arbeit zu leisten. Entsprechend ist, wie ich finde, auch eine beschwingte Phantasie kein Wert an sich, sondern sie soll den Aufgaben dienen, welche die reale Welt dem Besitzer der Phantasie stellt.

Ich möchte meine Haltung durch ein weiteres Bild erläutern. Wenn ein Kraftmensch vor unseren Augen ein Gewicht von zwei Zentnern hebt, stellt er einen Rekord auf. Wenn wir uns jedoch überzeugen müßten, daß das Gewicht aus Papier und nur mit Eisenfarbe angestrichen war, ist der Kraftmensch für uns ein Schwindler. Ein solcher Schwindler ist für mich eine Literatur, die fiktive Probleme aufgreift oder auf die allerschwersten Fragen mit papierenem Geschwätz antwortet. Im ersten Augenblick mag eine solche Literatur bei mir Bewunderung auslösen, aber nachdem ich ihre Leere bemerkt habe, kommt die Enttäuschung. Solche literarischen »Schwindeleien« können im übrigen ganz hervorragend sein. Ich behaupte durchaus nicht, daß die Literatur nicht eine schöne »Lüge« sein dürfe. Ich beichte meine Geschmacksneigungen nur deshalb, um meine Aufgaben benennen zu können.

Meine größte Schwierigkeit besteht darin, für nicht-fiktive Probleme die passende Welt der Fiktion zu wählen. Das ist übrigens nicht im geringsten spezifisch für mich. Spezifisch für mich war und ist allein das, daß ich die richtige Richtung einschlug, bevor ich wußte, wo ich hinwollte. Ich will das drastischer ausdrücken. Letzten Endes bestimmen nicht die Grenzen meiner Phantasie, was ich zu schreiben habe, denn diese Grenzen werden ihr durch die reale Welt, in der ich lebe, gezogen. Ich darf die mir verliehene Erfindungskraft nicht so vorführen, wie die herrlichen Mannsbilder ihre Muskulatur vorführen, sondern ich muß das so tun, daß zwischen »Muskeln« und »Herz« eine ausgewogene Proportion erhalten bleibt. Um die Worte Wittgensteins abzuwandeln: Nicht die Grenzen meines Einfallsreichtums, sondern die meiner Vernunft sind die Grenzen meiner Welten.

Nun ist die Gegenwart aber zu einem gordischen Problemknoten vom Ausmaß des Himalaya geworden. Um sie zu bewältigen, muß man sich entweder dorthin begeben, wo dieser Knoten entstanden ist, oder dorthin, von wo aus sich zeigen läßt, ob und in welcher Weise er aufgelöst werden kann. Man kann das Verhängnis unserer Lage entweder in seinen Anfangsformen oder in seinen noch nicht selbstmörderischen, ausgereiften Formen darstellen.

Selbstverständlich kann man auch den Selbstmord der menschlichen Welt beschreiben, und das ist eine der Lieblingsbeschäftigungen der Science Fiction gewesen. Doch Untergänge bedürfen keines tieferen Nachdenkens und zeichnen sich aus durch die Einfachheit des tödlichen Zerfalls. Deshalb befasse ich mich nicht mit ihnen.

Kurz, der Gegenwart kann wohl nur noch ein Roman gerecht werden, der sie von der Vergangenheit oder der Zukunft her betrachtet. Die Entscheidung, ob man einen zeitlich zurückversetzten oder einen unserer Zeit vorauseilenden realistischen Roman schreibt, hängt in erster Linie von den Kenntnissen des Verfassers ab. Von dieser Selbstverständlichkeit abgesehen, hängen von der Entscheidung wiederum die gegensätzlichen Vorzüge und Nachteile des Beobachtungsstandpunktes ab.

Wer sich darauf beschränkt, sein Werk in die Gegenwart einzubetten, macht gleichsam eine Momentaufnahme, möglicherweise sogar von einem wichtigen, aber doch vergänglichen Augenblick. Ich begebe mich, mit einer Sintflut von Informationen ringend, in die Zukunft, um dort ein *Tertium comparationis* für das Präsens und für das Plusquamperfekt zu finden. Das verschafft mir gegenüber dem Verfasser eines historischen Romans eine gewisse Überlegenheit, denn ich brauche nicht wie er meine Fiktion den nicht mehr zu verändernden Tatsachen der Zeit der Handlung anzupassen. Dem Vorteil steht jedoch auf der anderen Seite die Unzulänglichkeit des Geistes gegenüber.

Wer sich mit dem Vorhaben einer literarischen Behandlung von Problemen in die Vergangenheit begibt, verfügt über Bibliotheken und Chroniken und – was das Wichtigste ist – über das Wissen, *was danach* geschah.

Was mich betrifft so muß ich leider Bibliotheken, Chroniken und Dokumente selber erfinden. So ist denn auch der

Spielraum meiner schöpferischen Freiheit durch zwei nicht zu beseitigende Mängel eingeschränkt. Zunächst – und darüber braucht man nicht viele Worte zu machen – vermag niemand allein eine ganze »künftige Welt«, eine »andere Zivilisation« u.dgl. zu erfinden. Jede Welt, die ich zu errichten vermag, muß ärmer sein als die Welt einer jeden verflossenen Epoche. Außerdem – und das ist wohl der größere Mangel – weiß jeder, der die Grundschule beendet hat, irgend etwas von der Geschichte. Man braucht ihm nicht zu erklären, wer Jesus war, wer der Papst ist und wie es zu den Flügen auf den Mond gekommen ist. Sicherlich wird man ihm auch nicht zu erklären brauchen, was ein Fernsehgerät ist oder wozu Brillen dienen. Wenn man dagegen eine andere Welt errichtet, eine künftige Zivilisation, eine andersartige Intelligenz, muß man, selbst wenn man allwissend wäre, auch dem gebildeten Leser viele Dinge erklären, von denen er nichts weiß.

Damit beginnt die Mühsal der stofflichen Gestaltung, denn der Roman darf nicht durch Erläuterungen, die ihn in eine Art von Enzyklopädie verwandeln, aufgesprengt werden in einen Handlungsablauf, der an den Stellen, wo das Unbekannte erklärt und beschrieben wird, immer wieder ins Stocken kommt.

Schließlich kann jeder einen historischen Roman anhand der Quellen überprüfen und so, wenn er will, die Glaubhaftigkeit des geschichtlichen Hintergrunds feststellen. Bei mir ist eine solche Überprüfung jedoch nicht möglich. Im außerästhetischen Bereich der *Erkenntnis* vermag mich allein das Futurum imperfectum oder, falls ich ins Schwarze getroffen haben sollte, das Futurum perfectum (die vollendete, aber sicher nicht *vollkommene* Zukunft) zu »verifizieren«.

Ich muß hier dem Vorwurf zuvorkommen, ich sähe im retrognostischen bzw. prognostischen Wert der Literatur ihren höchsten Wert. Dies ist leider eine sehr verwickelte Angelegenheit. Ich will mich auf konkrete Dinge beschränken. Wenn sich im *Futurologischen Kongreß* jemand anschickt, den Papst zu ermorden, so spielt es für die Qualität des Werkes keine Rolle, daß es später zu einem solchen Attentat gekommen ist. Mitentscheidend für die Qualität ist, was bei dem realen Attentat *nicht* gegeben war, daß man einen solchen Mord aus »moralisch hochstehenden« Intentionen verüben kann. Die realistische Phantastik sagt keine konkreten Ereignisse voraus. Sie enthüllt nur die Probleme, die sich aus den heutigen Problemen als reale oder als prospektiv mögliche Probleme ergeben können. Es wäre Unsinn, Thomas Manns *Zauberberg* deshalb für inaktuell zu erklären, weil die Tuberkulose heute nicht mehr mit den in seinem Roman beschriebenen Methoden geheilt wird. Für Unsinn halte ich auch die zahllosen Kongresse, Kolloquien, Sitzungen und sonstigen Versammlungen gelehrter Körperschaften, die Orwells *1984* nach allen Seiten wenden, um festzustellen, ob Orwell mit diesem Buch »recht gehabt« hat oder nicht. Orwell hat einen vollkommenen, globalen, erstarrten Totalitarismus geschildert, wie es ihn in dieser düsteren Perfektion niemals geben kann. Ihm hat er aus dem Übel, das verstreut und in Keimform vorhanden war, ein Denkmal, eine ungeheure teuflische Statue errichtet. Orwell hat die Menschheit in eine irdische Hölle versetzt und sie dort der ewigen Pein überlassen. Er hat ein Gefängnis errichtet, kein Labyrinth. Er schuf die Antiutopie, das Böse im Reinzustand der unbegrenzten Lüge und der grenzenlosen Gewalt. Seine Vision ist erschreckend, doch als Lektion für die Zukunft nicht ausreichend, weil allzu einfach. Wenn die Zukunft Höllen für uns bereithalten sollte, so werden sie anders sein als die Orwellsche, denn »es ist nicht möglich, daß die Geschichte zum Stillstand kommt, weder in einem goldenen noch in einem finsteren Zeitalter«.

Theorie und Praxis der Literatur

Nun möchte ich den Beweis für die folgende Behauptung antreten: Es gibt Theorien des literarischen Werkes, die von Literaturwissenschaftlern aufgestellt wurden, welche selbst keine Schriftsteller sind. Außerdem gibt es solche Theorien, die von Schriftstellern selbst stammen, z.B. die Theorie des »offenen Werkes«, die auf Umberto Eco zurückgeht, und die Theorie des »hybriden Werkes«, in dem sich die Handlung und die innerhalb des Werkes gegebenen Interpretationen der Handlung in der Weise verbinden, daß die »Botschaft« (message) des Werkes um so rätselhafter wird, je mehr »Selbstinterpretation« der Text bringt. Die Rätselhaftigkeit wächst, weil die im Werk nebeneinander stehenden Selbstinterpretationen einander widersprechen. In nuce findet man diese Theorie in Band II meiner *Phantastik und Futurologie*, im dortigen »metaphantastischen Schlußwort«. Dort habe ich sie freilich etwas anders ausgedrückt als hier, denn inzwischen kann ich diese Theorie knapper formulieren und zugleich erweitern. Der hybride Charakter des Werkes beruht nicht nur darauf, daß sich – wie ich dort schrieb – in ihm Strukturen der *Darstellung* und des *Dargestellten* von unterschiedlicher Herkunft kreuzen, sondern außerdem darauf, daß ein solches Werk die vorweggenommenen Deutungen seiner selbst in sich aufsaugt. Ein solches Werk »sieht von Anfang an voraus«, wie es von den Kritikern – und zwar sowohl den »Liebhabern« (den gewöhnlichen Lesern) wie den Literaturwissenschaftlern – aufgenommen werden kann oder aufgenommen werden wird. Ein solches Werk tut also das, was ein Autor – etwa nach der Ansicht von Umberto Eco (aber nicht nur von ihm) – *nicht* tun darf: das eigene Buch interpretieren. Es bringt zusammen mit seinem Inhalt dessen Interpretationen hervor, und zwar mehrere, denen es gegenüber der Handlung eine solche Stellung gibt, daß keine zur definitiven Interpretation werden kann. Das kann entweder explizit oder implizit geschehen. Innerhalb des Textes (oder im Vorwort oder im Nachwort zum Text – das ist eine taktische Frage) sagt »jemand«, »was das alles zu bedeuten hatte«, und »jemand anders« bzw. »irgendwelche anderen« behaupten (noch immer innerhalb des Textes), »das habe etwas ganz anderes bedeutet«; dies ist beispielsweise in *Solaris* oder in der Erzählung *Golem XIV* der Fall. Es kann aber auch sein, daß sich das Werk durch den Gang seiner Handlung selbst in Frage stellt, also auf der Ebene der *Ereignisse* und nicht auf der Ebene ihrer *Bedeutungen* oder Erklärungen durch die Personen der Handlung. So ist es gewöhnlich bei Kafka (*Der Prozeß*, *Das Schloß*, *Die Verwandlung*). Ob das Werk dies nun explizit oder implizit tut – es lähmt die

Kritiker und Leser, denn es hindert sie daran, einen Standpunkt der Betrachtung zu finden, von dem aus das Werk offenbart, »was es letztlich bedeutet«. Weil aber die Kritik bei solchen Werken nicht auf ihre traditionellen, normalen Befugnisse verzichtet, beginnt sie entweder dummes Zeug zu schwatzen, oder sie stellt immer wieder neue Urteile auf, von denen sie schließlich Abschied nimmt, um »Metainterpretationen« zu schaffen, die nicht so sehr beschreiben , was das Werk bedeutet, sondern vielmehr, warum es *unmöglich* ist, es auf eine einzige *definitive* Weise zu beschreiben. Wenn ein solches Werk schließlich wie im Falle Kafkas zum Klassiker geworden ist, kommt es zwischen den tonangebenden Leuten zu einem gewissen Konsens, der etwa im Falle Kafkas darin besteht, daß er Metaphern für das ohne Metaphern nicht ausdrückbare Geheimnis der menschlichen Existenz geliefert habe.

Nun zurück zu der angekündigten Behauptung: Es mag sein, daß ein Belletrist, der zugleich Theoretiker und Schöpfer einer »allgemeinen Theorie des literarischen Werkes« ist, die von ihm aufgestellte Theorie nicht zu nutzen vermag; dennoch richtet er sich, wenn er Belletristik schafft, nach seiner eigenen Theorie.

Hier der Beweis. In seiner Arbeit *The Book is the Alien: On Certain and Uncertain Readings of Stanisław Lem's »Solaris«* vergleicht I.Csicsery-Ronay jr. die Interpretationen dieses Romans durch verschiedene Kritiker (M. Rose, D. Ketterer, D. Suvin, S. J. Potts, P. Parrinder) und weist nach, daß sie »zwar richtig, aber widersprüchlich« seien, daß also jede akzeptabel sei, wenngleich keine sich mit den anderen decke. Anschließend wendet er meine »Theorie des hybriden Werkes« auf *Solaris* an und zeigt, daß diese Theorie sich vollständig mit dem Aufbau des Romans deckt. *Solaris* stellt sich als ein partikulares, konkretes Produkt dieser Theorie heraus; den von ihr geforderten Indeterminismus der Bedeutungen habe ich ganz genau realisiert. Dieser Kritiker hält es also für evident, daß ich mich nach der eigenen Theorie gerichtet habe. Der Haken steckt freilich in der Chronologie. Ich habe *Solaris* im Jahre 1959 und das letzte Kapitel im April 1960 geschrieben. Ich wußte damals nichts von Theorien des literarischen Werkes, weder von fremden noch von meiner eigenen, die ich fünf Jahre später erdacht habe. Was schlimmer ist: Als ich *Phantastik und Futurologie* schrieb, habe ich zwischen *Solaris* und meiner Konzeption des »hybriden Werkes« keinerlei Affinität entdeckt, aber auch damit hat es leider noch nicht sein Bewenden.

Als ich nämlich 1973 die *Imaginäre Größe* und darin den Text *Golem XIV* schrieb, hielt ich die »Angelegenheit Golem« für abgeschlossen. Im Jahre 1980 begann »die Angelegenheit Golem« undeutlich in mir zu arbeiten, bis ich den zweiten Teil dazu schrieb, und wie ich nunmehr sehe, verlieh ich dieser kleinen Erzählung erst durch den zweiten Teil jene Eigenschaften, wie sie die Konzeption eines hybriden Textes fordert, der umso vieldeutiger wird, je nachdrücklicher er sich selbst zu interpretieren versucht. Es wäre trefflich, wenn ich gewußt hätte, daß ich genau deshalb diesen zweiten Teil schrieb – doch nichts dergleichen ist mir auch nur in den Sinn gekommen. Zuerst kam also die Lösung eines bestimmten Problems und anschließend die »allgemeine Theorie der Lösung von Problemen dieses Typs«, denn als ich bei *Golem* im ersten Teil auf ein entsprechendes Problem stieß, habe ich das überhaupt nicht bemerkt, und es waren nicht theoretisch-kritische Überlegungen, sondern das dunkle Empfinden, daß »das nicht alles gewesen sein kann«, was mich nach Jahren dazu bewog, mir den *Golem* noch einmal vorzunehmen, und wieder habe ich nicht einen Augenblick an meine Theorie des »sich selbst in Frage stellenden Werkes« gedacht, als ich gerade ein solches Werk schrieb. Daraus ist die für meine Rationalität traurige Folgerung zu ziehen, daß ich die Bedingungen und Direktiven meiner Theorie zwar erfülle, mich ihrer aber als Belletrist in keinem Fall bediene.

Zwischen meiner Theorie und meiner Praxis gibt es also zweifellos Parallelen, aber die eine vollzieht sich ohne bewußte Abhängigkeit von der anderen. Man könnte dabei an jemanden denken, der in ein Labyrinth geraten und ohne zu wissen, wie er es geschafft hat, wieder herausgekommen ist, dann für alle Fälle eine allgemeine Theorie über Labyrinthe, und wie man sich in ihnen zurechtfindet, aufstellt, um bei einem Spaziergang in ein anderes Labyrinth zu geraten, aber dann wendet er nicht nur nicht sogleich seine Theorie an, um herauszukommen, sondern bemerkt nicht einmal, daß er sich überhaupt in einem Labyrinth befindet. Er hält dieses Labyrinth ganz einfach für einen gewöhnlichen Garten und wandelt in Gedanken versunken darin umher, und als er dann meint, er habe den Garten schon längst verlassen, kommen ihm plötzlich Zweifel daran. Als sich die Gewißheit steigert, daß er den Garten noch nicht verlassen habe, beginnt er nach dem Ausgang zu suchen. Er hat zwar die allgemeine Theorie darüber, wie man aus Labyrinthen herauskommt, in der Tasche, aber er wirft nicht einmal einen Blick hinein, weil er noch immer nicht begreift, daß die Wege, die er durchmaß, Teile des Labyrinths waren, bis er recht zufällig auf das Tor stößt, nach Hause zurückkehrt und unter seiner Post einen Brief findet. In dem Brief wird er dafür gerühmt, daß er eine so unfehlbare Fähigkeit bewiesen habe, Labyrinthe zu überwinden; der Absender kennt nämlich seine Theorie, denn sie war schon vor langer Zeit veröffentlicht worden, und er hat gesehen, wie er in die Labyrinthe hinein- und auf dem kürzesten Wege wieder herausmarschiert ist. *Amicus Plato, sed magis amica veritas*. Ich habe Labyrinthe gebaut, bevor ich deren Theorie kannte, und ich habe Labyrinthe gebaut, nachdem ich diese Theorie inzwischen kennengelernt hatte, aber ich habe sie nie angewandt. Warum? Weshalb ich Labyrinthe baute, ohne mich auf die Theorie zu stützen, läßt sich einigermaßen erklären: Es gab sie überhaupt noch nicht, ich kannte sie nicht. Aber wie kann man erklären, daß ich sie bei der nächsten Gelegenheit nicht einmal erwähnte? Wohl nur damit, daß das Theoretisieren sich auf einer ganz anderen geistigen Ebene und auf eine völlig andere Weise vollzieht als das Schreiben literarischer Werke. Natürlich behaupte ich keineswegs, ein solches Vorgehen sei kennzeichnend für alle Schriftsteller, die zugleich Literaturtheoretiker sind. Ich lege nur dar, was in meinem Falle wirklich oft vorgekommen ist.

Was kann aus diesem Sachverhalt für die Theorie des literarischen Werkes gefolgert werden? Daß sie für die schöpferische Arbeit unbrauchbar ist? Das ist mir aber eine großartige Entdeckung! Wenn eine solche Theorie oder solche

Theorien eine Quelle der Inspiration oder zumindest eine Stütze, ein Wegweiser sein könnten, sobald man beim Schreiben in ein Gestrüpp, in ein Labyrinth oder in eine Sackgasse geraten ist, dann würden doch alle Autoren, wenn sie nicht mehr weiter wissen, gleich zum Handbuch greifen. Also sind Literaturtheorien vielleicht Theorien post factum, aposteriorische Theorien? Beschreiben sie fertige Werke, ohne den Autoren bei der Arbeit Anleitungen oder Ratschläge geben zu können? Wenn das der Fall wäre, entstünde doch die Frage, wieso man von meinen Büchern ohne gewaltsame Kunstgriffe und unredliche Schlußfolgerungen zu meiner Konzeption des Werkes gelangen kann. Ich weiß es nicht. Ich kann in dieser Frage nur Mutmaßungen äußern, die weder besser noch schlechter sind als die Mutmaßungen anderer. Ich könnte sagen, daß ich sicherlich feste Ansichten darüber habe, was und wie ich schreiben soll, daß diese Ansichten, die in meinem Kopf stecken (wo sonst?), aber nicht in meinem Bewußtsein vorhanden sind, wenn ich belletristische Texte schreibe. Woher diese Ansichten stammen? Aus der Lektüre von Büchern, die mich beeindruckt haben, aber nicht aus der Lektüre meiner eigenen. Als ich die Helden von *Solaris* in ihr Labyrinth einführte, zwang ich sie damit, nach einem Ausweg zu suchen, den sie ohne den Versuch, ihre Situation zu begreifen, nicht finden konnten. Da sie von Beruf Wissenschaftler waren, bemühten sie sich, ihre Lage so zu interpretieren, daß sie sie begreifen und dadurch unter Kontrolle bringen konnten. Das tat jeder auf seine Weise, allerdings auf einer gemeinsamen Grundlage: der Bibliothek über Solaris. Deshalb mußten in dem Roman immer wieder neue Deutungen alles dessen entstehen, was in ihm geschah. Daß ich die Helden jedoch zu dieser Arbeit zwang und sie dazu noch mit der Bibliothek, dem Ozean und den Gästen belastete, damit sie sich mit Überlegungen und Hypothesen abplagten, bis sie schließlich, als diese nichts ergaben, das für ihren Beruf typische rationale Denken aufgaben und in »momentanen Anwandlungen des Glaubens«, ja sogar in Träumen immer mehr »Versionen von Solaris« produzierten, geschah »ganz von selbst«, ohne vorgefaßte Absicht oder Plan. Durch die Situation zwang ich die Helden, auf jede dem

Menschen nur zugängliche Art über Solaris, den Planeten, und damit auch über *Solaris* im Sinne einer Chronik der Ereignisse, also über den Roman selbst, nachzudenken. Doch daß ich so verfuhr, war mir nicht im geringsten bewußt.

Es ging um die Frage, ob der Mensch sich mit dem Nichtmenschlichen verständigen kann. Der Ozean war das nichtmenschliche Fremde.

Im *Golem* geht es um die Frage, ob der Mensch sich mit einer höheren Vernunft verständigen kann, die nicht schweigt, wie der Ozean von Solaris, sondern vielmehr große Anstrengungen unternimmt, um die Schranke, die sie von den Menschen trennt, zu überwinden. Doch neben dieser hohen Vernunft, die zu den Menschen spricht, steht eine andere, noch höhere, schweigende Vernunft (Honest Annie). Und Golem ist, nachdem er alles gesagt hatte, was sich in der menschlichen Sprache sagen ließ, ebenfalls verstummt und verschwunden. Mir scheint, daß er, je mehr er den Menschen enthüllen wollte, um so unverhüllter bemerkte, daß er nichts damit erreichte. (Er hat das übrigens recht eindeutig zum Ausdruck gebracht).

In der *Stimme des Herrn* geht es darum, ob die menschliche Zivilisation sich mit einer außermenschlichen verständigen kann. Es kommt zu keiner Verständigung.

Meine außerliterarischen Überzeugungen bestehen in den folgenden Befürchtungen: 1) Die Intelligenz des Menschen ist eine Sonderform aus einer Menge von »möglichen Intelligenzen«; 2) sie erscheint uns, was ihre kognitive Reichweite betrifft, unbegrenzt, denn von deren Grenzen sind wir immer noch recht weit entfernt – selbst in den führenden »harten« Wissenschaften wie der Physik; was die »weicheren« Wissenschaften wie die Soziologie oder Psychologie betrifft, so kann man noch immer die Hoffnung hegen, daß auch sie »erhärten« werden (woran ich zu zweifeln beginne); 3) Wissenschaftler vom Schlage Fritjof Capras, verschiedene »Holisten«, Physiker und sonstige Naturwissenschaftler, »Gnostiker« aus Princeton u.dgl. verhalten sich mittlerweile gegenüber dem Kosmos wie jene Solaristen, die angesichts des Ozeans die Empirie aufgaben und in den Mystizismus flüchteten; 4) die Resultate der Wissenschaft werden immer bedrohlicher für die Menschheit, was nicht an der Wissenschaft liegt, sondern an den vielfältigen Antagonismen, welche die Menschheit zerreißen; 5) falls es dem Menschen nicht gelingt, Intelligenzverstärker zu bauen, wird er die ihm biologisch auferlegten kognitiven Grenzen nicht überschreiten. Ferner hege ich Überzeugungen, die »aus der Luft gegriffen« sind, die also gegenwärtig nicht zu beweisen sind und auch nicht über eine vernünftige Argumentation verfügen, um sie mit der Gesamtheit der bisher erlangten Erkenntnisse in Einklang zu bringen. Ich denke z.B., daß die Vernunft nicht etwas Personales zu sein braucht, daß also ein Apparat vom Typ Golems eine unserer Intelligenz überlegene Vernunft besitzen kann; dennoch könnte dieser Niemand, wenn er will, so tun, als besitze er eine Persönlichkeit, von sich selbst mit dem Pronomen *ich* sprechen und gleichzeitig zugeben, daß das wirklich simuliert sei; er könnte sich jedoch auch umbauen, um eine eigene Persönlichkeit auszubilden: Golem versucht zu erklären, warum sich das für eine höhere Vernunft »nicht lohnt«.

Ich habe diese Frage mit verschiedenen Fachleuten diskutiert, und ihre Gegenargumente haben mich nicht überzeugt. Sicherlich ist eine Persönlichkeit, wie sie der Mensch besitzt, der höchste Ausdruck des Menschentums, doch folgt daraus überhaupt nichts für eine nichtmenschliche Vernunft. Schon in ihrer urmenschlichen Frühzeit waren die Menschen bestrebt, eine »Persönlichkeit« wahrzunehmen; daher rührte schließlich der Animismus, und das ist auch die Ursache der Projektionen, die Kleinkinder auf beliebige Gegenstände ihrer Umgebung richten. Das Ich des Menschen verändert sich von der Geburt bis zum Tode, wobei normalerweise ein Gefühl der Identität gewahrt bleibt. Das Ich ist »selbstbezogen«, egozentrisch (nicht im wertenden Sinne, denn dann bestünde der Gegensatz im Altruismus), weil ein anderes Ich im Verlauf der natürlichen Evolution nicht entstehen konnte. Durch »Egoismus« zeichnen sich alle Organismen aus, und wenn die Evolution bei einigen eine Zusammenarbeit entstehen ließ, so deshalb, weil das die Überlebenschancen erhöhte. Die Persönlichkeit, die der Mensch als Wert betrachtet, stellt schon auf seiner geistigen Höhe eine Beschränkung dieses Geistes dar. So könnte denn auch eine Vernunft, die imstande wäre, sich zu erweitern und damit zu wachsen, anfangs sogar so etwas wie eine Persönlichkeit haben, die sie später aufgibt, um »sich höher emporzuschwingen«. Die Grenzen solcher Begriffe wie »Vernünftigkeit«, »Intelligenz« oder »Weisheit« sind unklar, weil wir außer der Gattung Homo nur »weniger intelligente« Arten wie etwa die Menschenaffen kennen, so daß es uns an einem tertium comparationis fehlt, einem geeichten Maßstab, der gänzlich frei ist von Anthropomorphismus. Computer können kein solcher Maßstab sein, denn sie sind weder intelligent noch gar weise; die Rechenfähigkeit, und sei sie auch erweitert bis zu den Grenzen, die durch die Physik gegeben sind (man bezeichnet diese Grenze als »transcomputability«), ist eine notwendige, aber nicht hinreichende Voraussetzung von Intelligenz. Auf die Frage, ob Evolutionen auf anderen Planeten eine höhere Vernunft als die menschliche hervorgebracht haben könnten, gibt es keine knappe und sichere Antwort. Hier sind allzuviele unbekannte Faktoren im Spiel: Jedes evolutionär entstandene, biologische (was nicht notwendigerweise heißt: proteinale) Gehirn muß in seinem Aufbau bei den »Herrentieren« des jeweiligen Planeten zumindest einen Teil seiner geschichtlichen (Jahrmilliarden umfassenden) Entwicklung enthalten. Wir kennen, abgesehen von den Primaten, keine anderen »Gassen« oder »Zweige« des Stammbaums der irdischen Arten, die zur Entstehung vernunftbegabter Wesen hätten führen können. Damit muß dieses Problem abgebrochen werden.

Darüber hinaus vermute ich, daß eine unpersönliche, intelligente, synthetisch erzeugte Umwelt biologischer Wesen möglich ist. Davon wird jedoch noch gesondert die Rede sein.

Die vollendete Vergangenheit

»Die Science Fiction verwandelt wissenschaftliche und technologische Vorstellungen auf eine bestimmte Weise in Bilder und verleiht diesen Vorstellungen dadurch kulturelle Bedeutung. Sie arbeitet ganz ähnlich wie die historische Fiktion, wenn sie eine Reihe von außertextlichen Behauptungen nimmt, die als wahr gelten und keine ethisch-kulturelle Tragweite besitzen, und sie mit Bedeutungen ausstattet, indem sie sie in fiktionale Erzählungen einbaut, in denen es um Personen geht, die Werte repräsentieren, welche für die Kultur des Autors typisch sind. Was in der historischen – zumindest der realistischen – Fiktion geschehen kann, ist zwar durch die historischen Tatsachen begrenzt, doch werden diese Tatsachen in rein fiktive Tatsachen derart eingebettet, daß metaphorische Bedeutungen entstehen, die über die normale Aufgabe der Geschichtsschreibung hinausgehen, zu schildern, ›wie es wirklich gewesen ist‹. In der historischen Fiktion hört die Geschichte auf, wahre Geschichte zu sein, selbst wenn sie im Hinblick auf die Tatsachen wahr ist. Sie wird metaphorisch und damit ›mehr als wahr': sie wird kulturell bedeutsam. Das gleiche läßt sich mutatis mutandis auch über die Science Fiction sagen. Bei künstlerisch bedeutsamen Werken erwarten wir ferner, daß zwischen der Handlung der Fiktion und dem Prozeß des Lesens auf der einen Seite und den durch die Fiktion zur Metapher gewordenen wissenschaftlichen Vorstellungen auf der anderen Seite eine Entsprechung besteht. Die Lektüre der Fiktion sollte eine Metapher für den wissenschaftlichen Erkenntnisprozeß sein. In der zeitgenössischen Science Fiction sucht man im allgemeinen vergeblich nach dieser Art von Harmonie zwischen wissenschaftlichen Vorstellungen und ästhetischer Gestaltung. Mehrere Kommentatoren haben festgestellt, daß Science Fiction-Autoren gewöhnlich den Paradigmen des mittelalterlichen Romans folgen. Die paradigmatischen Formen der Science Fiction sind zumeist archaischer, ja im Grunde vorwissenschaftlicher als ein Großteil der zeitgenössischen Literatur.« Dieses Zitat aus der bereits genannten Arbeit von I. Csicsery-Ronay schicke ich voraus, ehe ich zur Besprechung des Buches *Der Name der Rose* von Umberto Eco komme.

Der Name der Rose

Es geht um den Roman *Il nome della rosa* von Umberto Eco, den ich in einer ausgezeichneten deutschen Übersetzung und danach stichprobenhaft in einer etwas schlechteren englischen Übersetzung gelesen habe. Zu seiner Besprechung gibt es gleich mehrere Anlässe.

Zunächst hat er mir sehr gefallen, und so habe ich ihn, meine Hauptaufmerksamkeit jeweils auf andere Aspekte lenkend, mit nicht nachlassender Befriedigung mehrmals gelesen, wobei ich gegenüber dem Autor einen gewissen Neid empfand, was bei mir selten vorkommt. Sowohl in der *Philosophie des Zufalls* wie in *Phantastik und Futurologie* mußte ich seichte und geistlose Bücher sezieren, was wahrlich nicht angenehm ist. Um so größere Befriedigung vermag die Untersuchung eines Werkes zu vermitteln, dessen Verfasser man beneiden kann, zumal wenn sein Interesse – wie im Falle des *Namens der Rose* – Problemen gilt, die auch mich beschäftigen, nämlich den Schlüsselfragen der Gegenwart, nur von der entgegengesetzten Seite der Zeitskala her.

Ferner beweist dieser Roman, daß das uns seit Jahrzehnten ständig angekündigte Ende der Epik und der klassisch geführten Erzählung eine von der geschwätzigen Unfähigkeit der Massenkultur propagierte Lüge ist. Insbesondere dürften die Autoren, wenn man diesen Leichenreden am Grabe der traditionellen Schriftstellerei folgen würde, den Leser um Himmels willen nicht belehren, sei es durch philosophische Sentenzen à la Voltaire, sei es durch realistisches Wissen, das man in ein Werk investiert. Der Didaktismus ist tot, und wer ihn betreiben wollte, ist sowohl ein Epigone als auch ein Langweiler, weil es keine uns überlegenen Autoritäten mehr geben darf. Leser und Literaten sind einander demokratisch gleichgestellt, und wer belehren möchte, maßt sich ein anachronistisches Recht auf Überlegenheit an. Belehren darf man nur in Büchern, bei denen es um Fakten geht. Sind diese Fakten aus der Luft gegriffen und dummes Zeug, so macht das natürlich nichts, sondern ist im Gegenteil willkommen, solange es den Absatz von Büchern fördert. Es gilt weiterhin die Regel »Mundus vult decipi ergo decipiatur«. Ich verhehle als Autor nicht, daß ich die Leser in Dingen, über die ich Bescheid weiß, belehren möchte und mindestens ebensosehr belehrt zu werden wünsche, nur nicht von Aufschneidern und Schwindlern. Man kann in der Literatur zwar eine »schöne Lüge« sehen, weil sie eine auf Fiktion beruhende Konstruktion ist, doch persönlich schätze ich nur solche literarische Lügen, die mir irgendeine Wahrheit vermitteln, sei es, daß ich diese noch nicht kenne, sei es, daß sie mir zwar bekannt ist, aber in einer noch unbekannten Form dargeboten wird.

Drittens – das hängt eigentlich mit dem soeben Gesagten zusammen – hat sich *Der Name der Rose* als ein Bestseller erwiesen, obwohl er ganz erhebliche intellektuelle Anforderungen an die Leser stellt. Das ist überaus tröstlich, weil die Produzenten der Massenkultur seit Jahren alles tun, um sowohl in den Massenmedien wie in den visuellen Künsten (Film, Fernsehen) und in der Literatur das Modell eines massenhaften Lesers zu fixieren, der als stumpfsinniger Trottel bei Gefahr der Pleite nicht zum Denken angeregt werden darf.

Ich habe das Buch voll Mißtrauen in die Hand genommen, denn ich mag historische Romane nicht, und besonders bei Bestsellern bin ich argwöhnisch. Ich hatte gehört, es handle sich um einen ins Mittelalter verlegten Kriminalroman, was ebenfalls nicht meine Neugierde steigerte. Ich sagte mir jedoch, daß man dann und wann auch das lesen muß, was weltweit Aufsehen erregt. Das Vorwort des Verfassers klang nicht ermutigend. Das Ganze wird als Kopie einer alten Handschrift ausgegeben und ist, um quasi deren Authentizität zu beglaubigen, nach dem beliebten Muster von Borges mit zahlreichen bibliographischen Angaben gespickt. Die Distanz des Autors gegenüber diesem Kunstgriff wird nur durch den ironischen Titel »natürlich, eine alte Handschrift« angedeutet (Das »alte« geht in der englischen Version verloren: »Naturally a manuscript«). Die Erzählung, eingeleitet durch einen Prolog und aufgeteilt in sechs Hauptkapitel, die sechs aufeinander folgenden Tagen entsprechen, schien zunächst meine Vorbehalte zu bestätigen. Der Erzähler ist ein

Mönch namens Adson (in der englischen Version Adso), der naive, treue und intelligente Gefährte des mittelalterlichen Detektivs, des Franziskaners William von Baskerville. Der offenkundige Gleichklang des zuerst genannten Namens mit Conan Doyles Erzähler Doktor Watson und des zweiten mit dem Titel eines klassischen Romans dieses Verfassers – *Der Hund von Baskerville* – erschien mir als ein allzu einfacher Trick, als ein dem Leser hingeworfener Köder. Weitere Anspielungen enthält die erste Anekdote mit ihrer typisch Holmesschen »Deduktion«, dank derer der geistliche Dektektiv die Mönche, die nach dem ausgebrochenen Pferd Brunellus suchen, dorthin lenkt, wo sie es sogleich finden. Erst im Laufe der weiteren Lektüre mußte ich den negativen Eindruck von der Einleitung revidieren. Die überdeutlichen Verweise entsprangen, wie ich nun begriff, nicht dem banalen Wunsch des Autors, die Leser zu ködern, sondern ironischer Absicht. Nach und nach wuchs meine Bewunderung sowohl für das ungeheure mediävistische Wissen, das Eco in seinen ersten und bislang einzigen Roman gesteckt hatte, als auch für die Freizügigkeit, mit der er mit diesem ungeheuren Material umgegangen war. Da ich mich in der Mediävistik nicht auskenne, konnte ich an manchen Stellen nur vermuten, wo die redliche Wiedergabe von Fakten insbesondere der Kirchengeschichte durch den Autor derart abgewandelt worden war, daß weder dem Erzähler noch den handelnden Personen zugängliche Erkenntnisse in die Handlung eingestreut werden konnten. Es handelt sich um anachronistische Einsprengsel, die dem späteren Verlauf der europäischen und der Kirchengeschichte entnommen sind, und schließlich um Wandlungen des Zeitgeistes, die bis in die Gegenwart reichen. Eine strenge Scheidung zwischen realer und »hinzugemalter« Geschichte vermag jedoch nur ein mediävistischer Experte vorzunehmen, und auch das nicht immer, denn es kommt ja tatsächlich vor, daß Begriffe, die erst sehr viel später Verbreitung finden und zu Bestandteilen des kollektiven Bewußtseins werden, von Vorläufern artikuliert werden. Am Ende des *Namens der Rose* stellt sich heraus, daß Adson, inzwischen ein hochbetagter Mönch, ein überaus frommer Atheist ist, der die Chronik der unheimlichen Vorgänge in einer nicht genau lokalisierten Benediktiner-Abtei aufzeichnet (warum der amerikanische Übersetzer diese Abtei in ein Franziskaner-Kloster verwandelt hat, bleibt mir rätselhaft).

Der greise Adson muß tatsächlich als ein frommer Atheist bezeichnet werden, denn er äußert die Überzeugung, daß sein baldiger Tod gleichbedeutend mit dem Nichts sei, in den schmuckreichen Worten der frömmelnden Orthodoxie, so daß jemand, der diesen Epilog achtlos lesen würde, nicht darüber stolpern würde, daß Gott mit dem Nichts gleichgesetzt wird. Der Gegensatz wird durch das typisch kirchliche, salbungsvolle Vokabular verschleiert.

Die Übergänge zwischen den Gattungen sind bei diesem zugleich realistischen und phantastischen Roman hervorragend gelungen, doch der Höhepunkt der Perfidie des Autors zeigt sich erst im letzten Kapitel. Zunächst – auf der »detektivischen« Ebene – ist der Mörder genaugenommen kein Mörder, weil er niemanden umgebracht, sondern lediglich die Seiten eines verbotenen Buches mit Gift getränkt und alles unternommen hat, um zu verhindern, daß irgend jemand es öffnet und liest. Wer es dennoch täte und die zusammenklebenden Seiten mit angefeuchtetem Finger aufblättern würde, mußte um so mehr von dem Gift in sich aufnehmen, je mehr er von dem gottlosen Text läse. Die Geschicklichkeit, mit der diese »kriminelle« Verwicklung aufgelöst wird, ist jedoch von ganz untergeordneter Bedeutung. Der abscheuliche, blinde Greis Jorge – er bekämpft fanatisch das Lachen, das für ihn eine mögliche Quelle des Unglücks der Menschen ist, ein Werkzeug des Satans (in den Evangelien steht nichts davon, daß Christus jemals gelacht hätte), ein Keil, den der Antichrist zwischen die katholische Kirche und das Volk Gottes treibt, um das Sacrum vom Profanum abzuspalten, denn die Heiterkeit profaniert alles, und über alles zu lachen heißt, an nichts ernsthaft zu glauben; er bekämpft das Lachen als ein Gift, das mit der Zeit zum völligen Zerfall jeglicher transzendentalen Sanktion führen wird, und damit die Grundlagen der unerschütterlichen Moral, darunter zuvorderst die Hoffnung auf Erlösung vernichtet – dieser eiskalte Heißsporn hat recht. Übersetzt man seine predigtähnlichen Tiraden in die heutige Sprache, so zeigt sich, daß Jorge mehr oder weniger ankündigte, was in den folgenden Jahrhunderten tatsächlich eintrat und mit der Renaissance deutlich seinen Anfang nahm. Das »Buch ohne Kopf« (Liber acephalus), so genannt, weil es keinen Anfang hat und aus verschiedenen Schriften zusammengeheftet ist, enthält nämlich den zweiten Band der Ästhetik des Aristoteles, der die Komödie, die Heiterkeit und das Lachen behandelt. Es ist nicht nur Werkzeug des Verbrechens – oder genauer: eine vergiftete Falle, aufgestellt für diejenigen, die es nach verbotenem Wissen gelüstet; dieses Buch ist zugleich ein Symbol jener Zukunft, die Williams Lehrmeister Roger Bacon zwar richtig bezüglich der Tatsachen, aber mit einem unbegründeten Optimismus vorhersagte. Diese Vorhersagen erfüllten sich erst einige Jahrhunderte später. Die Realität bestätigte sie durch die Entwicklung eines verweltlichten Denkens und Handelns, das die Empirie und die von der kirchlichen Oberhoheit emanzipierte Wissenschaft hervorbrachte, doch dieses sich verstärkende Profanum vernichtete zugleich das Sacrum, bis es im 20. Jahrhundert zur größten Bedrohung wurde, welche die Menschheit sich in ihrer Geschichte zu bereiten vermocht hat. Daß Jorge gegen den Rationalisten William sozusagen »futurologisch« recht hatte, daß er die Seiten jenes symbolischen Buches mit Gift tränkte, damit es jeden töte, der seinen Inhalt kennenzulernen wünschte, daß dieser Jorge mit dem phänomenalen Gedächtnis sich als Urheber zahlreicher Todesfälle und schließlich des Untergangs der gesamten Abtei herausstellt, ändert nichts daran, daß er mit seinen düsteren Prophezeiungen im Grunde recht hat. Der Autor hat nämlich die Tatsachen und ihre Bedeutungsgehalte so perfide disloziert, daß die vernünftige, menschenfreundliche, dem Fanatismus abholde und optimistische Haltung des Franziskaners von Baskerville uns Heutigen den in ihr steckenden Keim der künftigen Bedrohungen einer vom Sacrum befreiten Zivilisation enthüllt, die in die Falle der von ihr geschaffenen Technologie hineingerät. Dieser Sherlock Holmes im Mönchsgewand nennt den blinden Giftmörder einen Teufel, doch scheint gerade dieser Fanatiker recht zu behalten, der, indem er tötete, die Heraufkunft des Antichrist verzögern, wenn nicht gar verhindern wollte. Eine über die Romanhandlung hinausgehende Überlegung macht uns natürlich deutlich, daß Jorge eine Kassandra war, ein Prophet, der kein Gehör findet, und daß der weitere Geschichtsverlauf nicht um ein Haar anders gewesen wäre, falls das vergiftete Buch alle, die es zu lesen wünschten, getötet hätte und es dem mittelalterlichen Detektiv nicht gelungen wäre, den Verbrecher im geistlichen Gewand zu identifizieren. Jorge, der sich für ein Werkzeug Gottes hielt, tötete umsonst, und der ehemalige Inquisitor William – wohl die schönste menschliche Gestalt des Buches – täuschte sich, als er mit Bacon annahm, die befreite Vernunft werde dem Menschen mehr Gutes bringen als das Aufgeben der Vernunft um des Glaubens willen. Ich habe die Verteilung der Argumente und Haltungen als eine überaus raffinierte Perfidie bezeichnet, die sich im Roman tief hinter der Ironie verbirgt. Das Verbrechen hat ganz und gar außerkriminelle, nämlich rein ontologische Motive. In den Personen Williams und Jorges stoßen zwei entgegengesetzte Philosophien aufeinander, welche die Werte, denen der Mensch dienen soll, auf diametral unterschiedliche Weise festlegen. Ich sagte, die Ironie sei tief verborgen. Der fanatische Blinde sieht die künftigen Gefahren und greift zum Gift, um das Volk Gottes vor ihnen zu bewahren; der treffliche Verfolger des Verbrechens, der dank einer neuen, aufschlußreichen Erfindung – der passend geschliffenen Augengläser – alles hervorragend sieht, vermag nichts und niemanden zu retten. Nicht einmal den Abt, der zunächst wegen mangelnder Luft auf der Geheimtreppe erstickt, die vom Skriptorium ins Zentrum der labyrinthischen Bibliothek – das Finis Africae – führt, um anschließend, vielleicht noch bei lebendigem Leibe, in der Feuersbrunst gebraten zu werden, welche die ganze Abtei verschlingt. Was erreicht der Sherlock Holmes im Ordensgewand am Ende? Er erfährt, was unwiderruflich geschehen ist, aber nichts darüber hinaus. Diese erschöpfende Erkenntnis erweist sich als der einzige Effekt seiner Ermittlungen. Sie ist nutzlos, besteht nur in einer Rekonstruktion von Ereignissen, die durch die Arbeit einer Vernunft erreicht wurde, welche in den scheinbar ungeordneten Vorgängen eine

Ordnung erkennen wollte, eine Ordnung, die es im Grunde nicht gegeben hat. Jorge hatte mit dem vergifteten Buch nicht wie mit einem Dolch auf jemanden gezielt; sein Plan hatte sich verselbständigt, denn er hatte keinerlei Einfluß darauf, wer als nächster der Wißbegier zum Opfer fallen würde; der Zufall hat die Mönche getötet, und Zufälle erlaubten es William, ins Finis Africae vorzudringen. Der Zufall vermag der Vernunft ebensogut zu Hilfe zu kommen, wie sie zu lähmen.

Der Name der Rose, das ist – zumindest für mich – ein Roman, der in Worten und Ereignissen in unterschiedlicher Form eine These ausdrückt, die wohl am deutlichsten wird in dem letzten Gespräch, das William mit Adson führt, während die Feuersbrunst inzwischen sämtliche Gebäude der Abtei verschlingt. Es handelt sich um ein längeres Zitat, aber es ist wert, hier angeführt zu werden. Es beginnt mit den Worten Williams:

(...)«Ich bin zu Jorge gelangt, indem ich einen Urheber aller Verbrechen suchte, und dabei haben wir nun entdeckt, daß im Grunde jedes Verbrechen einen anderen Urheber hatte, beziehungsweise keinen. Ich bin zu Jorge gelangt, indem ich dem Plan eines perversen, wahnhaften, aber methodisch denkenden Hirns nachging, und dabei gab es gar keinen Plan, beziehungsweise Jorges ursprünglicher Plan hatte sich selbständig gemacht und eine Verkettung von Ursachen eingeleitet, von Haupt- und Neben- und Gegenursachen, die sich auf eigene Rechnung weiterentwickelten, indem sie Wechselbeziehungen eingingen, denen keinerlei Plan unterlag. Wo ist da meine ganze Klugheit? Ich bin wie ein Besessener hinter einem Anschein von Ordnung hergelaufen, während ich doch hätte wisssen müssen, daß es in der Welt keine Ordnung gibt.« »Aber indem Ihr Euch falsche Ordnungen vorgestellt habt, habt Ihr schließlich etwas gefunden...« »Da hast du etwas sehr Schönes gesagt, Adson, ich danke dir. Die Ordnung, die unser Geist sich vorstellt, ist wie ein Netz oder eine Leiter, die er sich zusammenbastelt, um irgendwo hinaufzugelangen. Aber wenn er dann hinaufgelangt ist, muß er sie wegwerfen, denn es zeigt sich, daß sie zwar nützlich, aber unsinnig war. ›*Er muoz gelîchesame die leiter abewerfen, sô er an ir ufgestigen*‹...Sagt man so?« »So klingt es in meiner Sprache. Wer hat das gesagt?« »Ein Mystiker aus deiner Heimat, er hat es irgendwo niedergeschrieben, ich weiß nicht mehr, wo ...«

Mir ist nichts von einem deutschen Mystiker bekannt, der gesagt hätte, man müsse seine zu definitiven Feststellungen führende Darlegung wie eine Leiter wegwerfen, nachdem man auf ihr ans Ziel gelangt ist; ich weiß aber, daß genau dies Ludwig Wittgenstein gesagt hat, freilich fünfhundert Jahre später, am Ende seines *Tractatus logico-philosophicus*. Adson geht noch weiter und kommentiert die Worte Williams mit der wahrhaft blasphemischen Bemerkung: »Zu behaupten, daß Gott absolut allmächtig ist, und seinen eigenen Entscheidungen gegenüber absolut frei, heißt das nicht zu beweisen, daß Gott nicht existiert?«

Wenn Gott existiert, aber in die von ihm geschaffene Welt nicht eingreift, dann kann man genausogut sagen, es gebe ihn nicht. Wenn Gott allmächtig und allwissend ist, wenn er – ich knüpfe an die Worte Adsons aus jenem Gespräch an – aus nichts anderem als unbegrenzten Möglichkeiten besteht, dann kann er nicht die höchste Ordnung sein, denn dann ist er nicht die einzig vollkommene Ordnung und unterscheidet sich in nichts vom vollkommenen Chaos. Die im *Namen der Rose* geführte Ermittlung führt zu einer ontologischen, nicht zu einer detektivischen Konklusion.

Nicht oft begegnet man einem derart umfangreichen Roman, der dennoch in allen winzigsten Details den Absichten des Autors gehorcht. Die sensationelle Verwicklung erweist sich als eine klassische Tragödie, denn das Tragische an ihr ist, daß sie zwischen Alternativen, von denen keine Rettung bringen kann, keinen Ausweg läßt. Einem Sherlock Holmes hätte so etwas nicht passieren können. Nach dem Willen Conan Doyles spürte er mit der berühmten Methode der Deduktion die Verbrecher auf (als erster hat, wenn ich mich nicht irre, Edgar Allan Poe diese Methode entdeckt, sie aber anders als Doyle mit größerem Ernst behandelt), und er hatte damit Erfolg, weil in der viktorianischen Welt die Kausalität eines vollkommenen Determinismus herrschte. Überdies war das Wissen, das der viktorianische Detektiv reproduzierte, überaus nützlich, denn es führte den Verbrecher der gerechten Strafe zu und rettete die zu Unrecht Verdächtigten vor unverdienter Bestrafung. Bei Umberto Ecos franziskanischem Detektiv ist es dagegen so, daß er nicht nur niemanden rettet, sondern allein durch die Aufdeckung des Urhebers der zahlreichen Todesfälle die Vernichtung der gesamten Abtei bewirkt, denn sie geht bei dem Kampf, den William und sein Watson im Labyrinth der Bibliothek mit dem blinden Jorge führen, in Flammen auf. Wäre dieser William also nicht so versiert im logischen Folgern gewesen, dann wäre, wie man sieht, wenigsten die größte zu jener Zeit bestehende Bibliothek der Christenheit erhalten geblieben. Jorge ist zumindest felsenfest von seiner Mission überzeugt und deshalb als Mörder auch nicht so verächtlich wie der Inquisitor Bernard Gui, dem es nicht darum geht, die sachliche Wahrheit über die Mordfälle aufzudecken, sondern die Zahl der verbrannten Häretiker zu vermehren. Die Formel »corruptio optimi pessima« nimmt jene Form an, mit der Eco das letzte Kapitel überschrieben hat: »Dank allzuviel Tugend siegen die Kräfte der Hölle«.

An einen nicht allzu aufmerksamen Leser stellt dieser Roman keine besonders großen Anforderungen. Manche Kunstgriffe des Autors lassen sich eher als zweitklassig denn als meisterhaft einstufen, denn es bedarf einer aufmerksamen, verständigen und geduldigen Lektüre, um die strategische Bedeutung jedes einzelnen Fragments der schriftstellerischen Taktik zu erkennen. Der erste Kunstgriff, mit dem der Text als eine alte, wiederentdeckte Handschrift ausgegeben wird, ist nötig, um jene Parenthese zu schaffen, welche die Abwesenheit des Autors im Roman vollkommen erklärt. Die Welt, die dort geschildert wird, soll eine so weitgehende Autonomie erhalten, wie sie die Literatur überhaupt erreichen kann. Nicht minder traditionell und in »nostalgischem« Stil gehalten sind die Überschriften der Kapitel, die in knappen Worten deren Inhalt ankündigen. Man könnte fast sagen, es seien Ariadnefäden, die dem Leser die Orientierung im Labyrinth des Romans erleichtern. Die Aufteilung der großen Kapitel nach kanonischen Prinzipien, d.h. entsprechend der klösterlichen Gebets- und Arbeitsordnung, lokkert zugleich das starre Muster der gemächlichen Erzählung auf. Ich vermute, daß ich kein Einzelfall war, als ich bei meiner ersten Lektüre des *Namens der Rose* ganze Seiten übersprang, und zwar sowohl Beschreibungen, die mir allzu lang erschienen, als auch Teile von schwergewichtigen theologischen Disputen. Der Roman scheint zwar in dieser Hinsicht mit Informationen überfrachtet zu sein, doch schadet sich der Leser durch solche Auslassungen selbst, denn manches, was allzu lang geraten zu sein scheint, stellt in Wirklichkeit Verstärkungen dar, die an die Hauptfront der Erzählung geworfen werden. Der Roman weist nämlich mehrere Ebenen von unterschiedlichem Umfang auf; die Hauptebene ist die des historisch Authentischen, das Panorama der Kämpfe zwischen weltlicher und geistlicher Macht, zwischen Kaisertum und Papsttum, eine Auseinandersetzung, die im *Namen der Rose* keinen Fortgang findet (der Erzähler erwähnt sie lediglich, als er nach Jahrzehnten die Geschichte aufzeichnet).

Einen weiteren Hintergrund bildet die mit diesem Ringen zusammenhängende theologische Auseinandersetzung über den Besitzstand Christi und der Apostel. Ich habe zwar erklärt, daß ich kein begeisterter Anhänger des Strukturalismus in der Literaturkritik bin, doch lassen sich gerade die im *Namen der Rose* auf mehreren Ebenen zugleich auftretenden Konflikte besonders gut in der Weise ordnen, daß man die Hauptgegensätze zwischen den Standpunkten aufzeigt, also z.B. zwischen weltlicher und geistlicher Macht, zwischen der Armut Christi und dem Reichtum, zwischen der Orthodoxie und der Ketzerei, zwischen der erotischen und mystischen Liebe, zwischen Zielen, welche die Mittel heiligen bzw. nicht heiligen, zwischen dem Nutzen und dem Schaden, den eine durch nichts beschränkte Erkenntnis bringt usw. Nun schätze ich den Strukturalismus nicht etwa deshalb gering, weil ich meine, er hätte sich derartige Gegensätze ausgedacht; sie existieren tatsächlich, nur hängt die Qualität eines Werkes nicht im geringsten davon ab, ob solche Gegensätze in ihm feststellbar sind oder nicht. Schließlich enthält jeder Mensch ein Skelett, doch ist dieses Knochengerüst nicht entscheidend für sein Schicksal. Für mich ist der Strukturalismus eine

Osteologie der Literatur; er erhebt Selbstverständlichkeiten in den Rang von wichtigen Faktoren, von denen es abhängen soll, ob die Konstruktion eines Werkes gelungen ist oder nicht, und das entspricht einfach nicht der Wahrheit.

Bemerkenswerter ist, wie der Autor mit dem Material des ihm zur Verfügung stehenden Wissens umgegangen ist. Man muß die mediävistische Detailgenauigkeit des *Namens der Rose* bewundern, denn sie sinkt an keiner Stelle ab zu schwer verdaulicher Erudition. Die Detailfülle stellt keine Einlegearbeit, kein aufgesetztes Ornament dar, wie es bei historischen Romanen zumeist der Fall ist. Um nämlich die Motive zu verstehen, von denen sich der blinde Jorge leiten ließ, muß man seine Predigten hören, seine kategorischen Verdammungsurteile über jegliche Äußerung der Heiterkeit, und ebenso muß man, wenn man den Sinn des Treffens zwischen den päpstlichen und kaiserlichen Legaten verstehen will, der Darstellung vertrauen, die der Erzähler von den auf beiden Seiten stehenden Kräften und ihren Handlungsmotiven gibt. Der kritische Leser wird sich überzeugen, daß der Verfasser sich in den Dingen, die er zur Sprache bringt, nicht nur hervorragend auskennt; er vermag vielmehr, ohne je gegen die veristische Wahrscheinlichkeit von Ereignissen offen zu verstoßen, diese Vorgänge so zu gruppieren und zu arrangieren, daß die erfundene Handlung in der erfundenen Abtei auf unterschiedlich tiefen Bedeutungsebenen in den Hauptkonflikten der Epoche ihren »stimmigen Hintergrund« findet. Diese Konflikte wiederum wurden derart transformiert, daß sie mehr oder weniger deutlich auf unsere Gegenwart verweisen. Man bezeichnet dieses Verfahren als »Verfremdung«; Probleme, die uns vertraut sind – bisweilen allzu vertraut, in dem Sinne, daß wir, die wir in sie verwickelt sind, es nicht mehr schaffen, eine objektivierende Distanz zu ihnen herzustellen –, werden – in eine andere historische Zeit versetzt, die ihnen auf andere Weise und mit anderen Worten Ausdruck gibt als die Gegenwart – plötzlich in einer fast an Offenbarung grenzenden Weise durchschaubar. »Plus ça change, plus ça reste le même.« Alles hat sich derart verändert, daß es im Grunde das Gleiche geblieben ist. Die Frage, ob das Verfahren, die typischen Antagonismen und Konflikte unserer Zeit mit denen des 14. Jahrhunderts gleichzusetzen, künstlerische Verfälschung oder historische Wahrheit sei, läßt sich nicht eindeutig beantworten.

Soweit ich beurteilen kann, hat Eco keine »Fälschungen« auf der Ebene der realen Geschichte Europas und der Kirche begangen. Innerhalb der Fabel kommen selbstverständlich »Fälschungen« vor, doch verhalten sie sich zu den authentischen Realien der Geschichte wie die Falsifikate von Bildern Vermeers zu den Originalen. Eco beschreibt die Haupttendenzen der Epoche im Sinne der anerkannten historischen Einsichten, die denn auch den semantischen Hintergrund des Romans liefern und zu einer Art von Resonanzkörper werden, der die Leseeindrücke selbst bei jenen verstärkt, die sich der Strategie des Autors möglicherweise nicht ganz bewußt werden. Überdies versetzt das Buch den Leser in eine für ihn vorteilhafte Position, denn es erlaubt ihm, die Ereignisse »von oben« zu betrachten: Was für die Mönche des 14. Jahrhunderts geradezu eine Offenbarung ist, gehört zu den Dingen, die heute jedes Kind kennt. Die eigene Überlegenheit wird einem auf eine lustige und dadurch angenehme Art bewußt, wenn man erfährt, daß eine gewöhnliche Brille einmal fast als Teufelskram gelten konnte. Vollkommen abgedroschene und gewöhnliche Dinge, die man gar nicht mehr wahrnimmt, wie etwa die besagte Brille oder halluzinogene Kräuter, erscheinen in einem ungewöhnlichen und neuen Licht.

Die eigentliche Schwierigkeit des Autors bestand, wie ich vermute, darin, die »historischen Resonanzkörper« richtig auf die Romanhandlung (die Untersuchung) zu verteilen. Es gibt für einen Roman nichts Gefährlicheres, als ihn mit ellenlangen Vorträgen vollzustopfen, es sei denn, sie würden auf ebenso notwendige wie natürliche Weise in nicht wegzudenkende Bestandteile des Handlungsverlaufs umgeschmolzen. Williams Vortrag über die Unterscheidung zwischen Orthodoxie und Ketzerei ist namentlich dort, wo er die außerreligiösen Quellen der letzteren erklärt, ein soziologischer Traktat, angereichert mit Begriffen und Analysen aus der Tiefenpsychologie, der Freudschen Theorie des Unbewußten und der modernen Disziplin der Gruppendynamik, ja, es kommen dort sogar Begriffe vor, die wir Marx verdanken (angefangen mit der Entfremdung). All das hat Eco jedoch in eine glaubwürdige Sprache umgesetzt – und schließlich geht es ja nicht darum, daß ein literarisches Werk mit jedem Buchstaben die reine sachliche Wahrheit verkündet, sondern darum, daß alles in ihm nicht von der Wahrheit zu unterscheiden ist. Man muß deshalb sagen, daß Eco alle Anleihen bei der späteren Geschichte und bei später gesammelten Erkenntnissen so verpackt hat, daß man sich schon selbst in Mediävistik habilitieren muß, um die »illegal gemachten Schulden« genau zu erkennen. In jener Zeit hätte man einfach keine so scharfen Diagnosen stellen können, und es ist sehr gut, daß der Schriftsteller Eco sich nicht der Kontrolle des mediävistischen Fachmanns Eco unterworfen hat. Es lohnt sich, kurz bei den Verfahren zu verweilen, mit denen Eco bestimmte fiktive Gestalten in die nicht fiktive Zeitproblematik »hineingezogen« hat: Das Inquisitionsgericht wird vor allem dadurch zu einem integralen Bestandteil der Handlung, daß es ein namenloses italienisches Mädchen, in das sich der unschuldige Adson unsterblich verliebt hat, zum Scheiterhaufen verurteilt. Ecos Strategie entspricht in optimaler Weise seinen Prämissen. Der Strategiebegriff entstammt der Spieltheorie. In dem Spiel, das uns im *Namen der Rose* vorgeführt wird, verlieren alle; es ist ein Spiel, dessen Summe ungleich Null ist, also genau jenes Spiel, das gewöhnliche Menschen gewöhnlich betreiben; mit diesem Problem möchte ich mich gleich noch gesondert befassen.

Den Roman hat ein Atheist geschrieben, der sich wie kaum ein Theologe in der Kirchengeschichte auskennt. Die Weltanschauung des Autors kommt nirgendwo direkt zum Vorschein – sie wird von der im Roman geschilderten Welt verkündet. Der gerissene Eco bleibt derart konsequent bei dem einmal angenommenen Erzählkanon, daß die aufrichtige Frömmigkeit den in Melk gealterten Adson selbst dann nicht verläßt, als er Gott mit dem Nichts gleichsetzt; das sieht nach einem hervorragend verschleierten Anachronismus aus, denn nachdem er den Glauben an einen persönlichen Gott verloren hatte, hat Adson ganz offenbar auch nicht mehr an den Satan geglaubt, und das war damals wohl etwas Undenkbares.

Die inquisitorische Vergangenheit des William von Baskerville hat Eco ebenso diskret wie umsichtig verschwiegen. Entsetzliche Dinge von der Folter bis zum Mord haben sich damals alle zuschulden kommen lassen. Man weiß nicht, wer mehr Menschen verbrannt oder sonstwie umgebracht hat, die Kirche oder die Häretiker und Ketzer jeglicher Couleur zusammengenommen. Vermutlich gebührt jedoch der Kirche in diesem Punkt der erste Platz. Ein atheistischer Schriftsteller, der von den Peripetien des Glaubens fasziniert ist, ist nichts Neues; nicht anders schrieb Anatole France, nur sind seine Werke mittlerweile arg verblichen und lassen das zur Zeit ihrer Entstehung nicht so deutlich sichtbare Unterfutter durchschimmern. Das Werk enthält eine These, und es ist – im Einklang mit dem oben Gesagten – tendenziös. Ob es bei einem guten Katholiken Anstoß erregen wird, vermag ich nicht zu sagen. Immerhin kann man behaupten, daß die Kräfte der Hölle nicht über ein Übermaß an Tugend siegen, denn eine kaum praktizierte Tugend hört auf, Tugend zu sein. Dies ist jedoch zumindest für mich ein Randproblem. Der Glaube gehört nicht zu den Überzeugungen, die sich beweisen lassen, er ist ein geistiger Zustand und nicht eine Form der Erkenntnis, die durch Erfahrung widerlegt werden könnte. Ehe ich darangehe, einige philosophische Ableitungen dieses Buches zu betrachten, noch zwei Worte über den Hauptvorzug seiner Konstruktion. Er besteht darin, daß eine Vielzahl heterogener Elemente so zusammengefaßt wird, daß sich ein einheitlicher Handlungsablauf ergibt und die Aussage dieses Handlungsablaufs ebenso perfide ist wie die Ergebnisse der durchgeführten Untersuchung.

Wendet man auf die Hauptpersonen das Verfahren der »kovarianten Transformation« ihrer Einstellungen an, so daß sie sich den Einstellungen annähern, die für das 20. Jahrhundert besonders repräsentativ sind, dann – es tut mir leid, aber es zeigt sich, daß William von Baskerville ein liberaler Demokrat und Rationalist ist, der völlig auf die Vernunft und den Fortschritt vertraut, der widerwärtige, blinde Greis Jorge dagegen ein Verfechter des Totalitarismus, der Zensur, der ideologisch motivierten Beschränkung der menschlichen Freiheiten, der Unterdrückung, des Verbrechens als eines Mittels zur Erhaltung des Status quo, der durch Zwang gesicherten und der Gesellschaft als Tugend aufgezwungenen Unwissenheit, und der Unterschied zwischen ihren Einstellungen reduziert sich kurz und bündig auf den Gegensatz zwischen einer offenen und einer geschlossenen Gesellschaft im Sinne Karl Poppers. Im Gegensatz zu William, der den Menschen wohlwollend vertraut, spricht Jorge ihnen das Recht auf Gleichheit und Freiheit im Denken und Handeln ab, denn er hält es für verheerend, ihnen solche Rechte zuzugestehen. Deshalb bekämpft er die Heiterkeit und das Lachen als Erscheinungen, die für die herrschende Ideologie bedrohlich sind und daher sogar mit verbrecherischen Mitteln bekämpft werden dürfen. William scheint zwar zu siegen, unterliegt aber letzten Endes, während Jorge zwar eine Niederlage erleidet, aber doch nur momentan. Der abscheuliche Misanthrop und Fanatiker Jorge erkennt die Zukunft besser als der Altruist und Vorläufer des aufgeklärten Humanismus William. Der Detektiv und der von ihm aufgespürte Verbrecher behalten demnach beide recht, und deshalb läßt sich die Aussage des *Namens der Rose* nicht buchhalterisch zu einem guten »Haben« und einem schlechten »Soll« zusammenfassen. Ein Widerschein der Gefahren des Atomzeitalters ruht auf diesem Roman, dieses Zeitalter ist, wie ich sagte, sein Resonanzkörper, und wenn man will, kann man aus ihm herauslesen, daß die menschliche Natur im Grunde eine Konstante ist und sich im Innersten nicht durch die Geschichte verändert, so daß die einander folgenden Generationen immer wieder dasselbe fatal endende Stück spielen, auch wenn sie es im allgemeinen nicht wissen. In den Kategorien der Belletristik handelt es sich somit um ein Werk, dessen Langlebigkeit gesichert ist, ein Werk, das nicht wie fast jeder Bestseller eine Eintagsfliege ist, die ihren Erfolg einer momentanen Mode verdankt. Hier erhebt sich nun die Frage, ob man aus der Konstruktion dieses Romans ein Konzept für ebenso langlebige Werke ableiten kann, deren Aktualität nicht so rasch vergeht. Wir kämen auf diese Weise zu dem allseits gesuchten »Universalen Algorithmus der an ein breites Publikum adressierten Kreation«. Nun läßt sich zwar ein solches Rezept im Sinne einer kreativen Strategie aus dem *Namen der Rose* isolieren, doch von großem praktischen Nutzen wird es nicht sein. Drei Voraussetzungen müssen für diese literarische Strategie erfüllt sein: hervorragende, sehr umfassende Kenntnisse im Sinne einer fachlichen und über das Fach hinausreichenden Kompetenz, also eine vielseitige Bildung; eine Phantasie von großem erzählerischen Talent, das mit der Bildung souverän umgeht; und die Fähigkeit, situative Umstände zu erkennen oder zu arrangieren, in denen sich ein Maximum an ebenso alltäglichen wie eschatologischen menschlichen Problemen zusammenfassen läßt. Eco hat eine Erfindung gemacht, und Erfindungen haben es nun einmal an sich, daß man sie nur einmal macht.

Diese Erfindung besteht darin, daß er eine sensationelle Handlung vom Typ des Kriminalromans mit einem historischen Kontext so verschweißt hat, daß diese Handlung sich nicht nur in ihm unterbringen läßt, sondern außerdem die zentralen Tendenzen und Antagonismen einer bestimmten Zeit ausdrückt und darüber hinaus eine umfassende Ähnlichkeit mit den Schlüsselproblemen einer anderen Epoche offenbart, die wir aus eigener Erfahrung kennen. Bildung allein vermag die Phantasie eher zu töten als zu fördern. Einbildungskraft allein führt eher von den großen Problemen der Welt weg, als daß sie sie ohne wesentliche Beeinträchtigung in Anspielungen und Metaphern zu konzentrieren vermöchte. Erzählerische Versiertheit allein, die sich nicht auf eine große Geschicklichkeit in der Stoffauswahl stützt, unterliegt noch am leichtesten den Einflüssen der augenblicklichen Mode, ist auf den leichten Erfolg und damit die Unterhaltung, nicht aber die Belehrung der Leser aus. Ecos Roman ist realistisch, cum grano salis: Es handelt sich um einen Realismus in dem Sinne, in dem die von den Paläontologen aus Skelettresten und Abdrücken im Kalkstein rekonstruierten Exemplare ausgestorbener Reptilien des Juras realistisch sind, obwohl man weiß, daß sich aus denselben Knochen im Aussehen und Körperbau sehr unterschiedliche Organismen zusammensetzen lassen. Dieser Roman ist phantastisch, weil Eco die Probleme, die das 14. Jahrhundert erschütterten, ein wenig auf den Nenner der Gegenwart reduziert, und zwar nicht durch eine offenkundige Verdrehung der historischen Wahrheit, sondern dadurch, daß er aus einem Überangebot an sachlichen Fakten eine spezifische Auswahl trifft und den handelnden Personen Behauptungen und Kommentare in den Mund legt, die man den Menschen von damals, die führenden Denker eingeschlossen, eigentlich nicht zugetraut hätte, wobei er die Aussprüche von Philosophen, die fünfhundert Jahre später gelebt haben, in das Gewand scholastischer Rhetorik kleidet. In einem wissenschaftlichen und diskursiven Werk hätte er sich so etwas zweifellos nicht erlaubt, und so nutzt er denn auch die Privilegien der licentia poetica aus. Man glaubt heute vielfach, ein Terrorismus, der um ebenso hehrer wie verworrener Ziele willen blindwütig mordet, sei ein neues Phänomen. Dabei ändern sich lediglich jene hehren Motive. Der päpstliche Würdenträger, der sowohl in der Wirklichkeit wie in Ecos Roman mit dem Ausruf »Schlagt sie alle tot, Gott wird die Seinen schon erkennen« eine ganze Stadt hinzumorden befahl, war ein ebensolcher Extremist wie die Anhänger des Fra Dolcino, der um der glanzvollen Erneuerung des Glaubens und der Kirche willen den Klerus niedermetzeln wollte, und wie jene, die heute die Menschen, um sie glücklich zu machen, mit Bomben in die Luft sprengen, in der verblendeten Ansicht, aus dem so motivierten Morden und Zerstören werde eine bessere Zukunft hervorgehen. Im *Namen der Rose* kommt nur der schlaue, schlichte Salvatore ohne solche Mordmotive aus; auf die Frage, warum die Menge, mit der er umhergezogen war, vor allem Juden ermordete, antwortet er geradeheraus und entschieden: »Warum nicht?«. Wenn man heute überhaupt von neuen geschichtlichen Phänomenen sprechen kann, dann wären wohl – aber auch das ist nicht sicher – die Aggression, der Haß und die Zerstörungslust zu nennen, die nicht aus der Not entspringen, sondern aus allzu großem Wohlstand, nicht aus mangelnden Freiheiten, sondern aus ihrem Übermaß, das durch den Niedergang der Gebote und Verbote entstanden ist. Natürlich ist Eco nicht der erste, der die libidinösen Wurzeln der mystischen Aufschwünge bloßlegt, die Entartungen einer heiligen Liebe, die ihre Befriedigung in visionär erlebten Zärtlichkeiten findet, mit denen Christus höchstselbst sehr heilige Personen bedenkt. Die Geschicklichkeit des Autors besteht darin, daß er solche Sublimationen unreiner Antriebe zu Stoßgebeten nicht beim Freudschen Namen nennt, sondern den Leser lediglich an solche Diagnosen heranführt, sei es durch den heiligen Eifer Ubertins, sei es durch das von Leidenschaft verwirrte Denken des geistlichen Doktor Watson. Aber auch das ist noch nicht alles. Die sinnliche Liebe, die der in seinen Jugendjahren gut aussehende Novize in der Klosterküche mit einem Dorfmädchen erfährt, drückt sich in seinem Geiste in unsinnlichen Umschreibungen und Bildern aus, deren hymnischer Stil an biblische Psalmen erinnert. Dabei beschreibt er seine Empfindungen mit ähnlichen Ausdrücken, wie sie der Anblick des Märtyrertums eines auf dem Scheiterhaufen verbrannten Ketzers in ihm wachgerufen hat. Nicht genug damit, daß er die Worte wiederholt, denkt er verwundert darüber nach, wie es möglich ist, daß solche scheinbar diametral verschiedenen Erlebnisse, denen nach herrschender Vorstellung vollkommen entgegengesetzte Empfindungen entsprechen, in identischen Wendungen der Sprache ihren Ausdruck finden. Diese inhaltlich zutreffende Überlegung ist gewissermaßen »auf Zuwachs berechnet«. Adson verfolgt hier sehr moderne Überlegungen, und im Grunde hat der moderne Autor für den Leser nicht ganz zu Ende ausgesprochen, was dieser Leser selbst bemerken soll, doch Eco geht auch solchen Kommentaren nicht aus dem Wege. Die von ihm zugrunde gelegte Erzählkonvention macht ihm das möglich. Die Qualen eines heiligen, für seinen Glauben sterbenden Ketzers, der wegen eines Pakts mit dem Teufel lebendigen Leibes verbrannt wird, die Lust eines Ordensbruders, der zum ersten Mal den Verkehr mit einer Frau erlebt, und die Wonne eines gottesfürchtigen Alten, der zu Füßen einer Statue der allerheiligsten Jungfrau Maria im Gebet versunken ist – diese Gefühle einander gleichzusetzen, hätte im 14. Jahrhundert niemand öffentlich wagen können. Andererseits kann auch niemand schwören – und wäre er hundertmal ein Fachmann für Mediävistik –, daß damals niemand auf den Gedanken gekommen sei, solche extremen Zustände könnten einen gemeinsamen gefühlsmäßigen Nenner haben. Ich will nicht behaupten, Eco hätte den besten Roman der letzten Jahre geschrieben, aber es ist ihm gelungen, einen Roman zu schreiben, der einen breiten Kreis von Lesern erreicht, ohne daß der Autor deshalb auf philosophische Überlegungen allerschwersten Kalibers verzichtet hätte. Philosophische Inhalte und Tiefe scheuen die Verleger wie die Pest, und so wird denn auch in der Werbung für den *Namen der Rose* der tiefe gedankliche Hintergrund tunlichst verschwiegen, denn heute zu sagen, daß ein Autor philosophiert, würde bedeuten, die Lesermasse abzuschrecken. Von dieser Regel wird nur eine Ausnahme gemacht, wenn es heißt, es gehe um ein Philosophieren über Probleme der Sexualität. Vielleicht greifen die von Darstellungen oder Erlebnissen der Promiskuität gelangweilten Leser zu dieser Philosophie in der Hoffnung, etwas zu erfahren, was in *Penthouse*, *Hustler* oder »hard-core pornography« noch nicht katalogisiert, propagiert und anschaulich demonstriert worden ist. Solche Erwartungen ließen sich vielleicht ausdrücken in der Hoffnung: »Da er ein großer Denker ist, hat er vielleicht irgendeine ganz neue Art von sexueller Technik erfunden, die er sicher zwischen seinen Klügeleien verpackt hat, aber zum Teufel mit den Kommentaren, die kann man schließlich wegwerfen wie die Schutzhülle«. Wer auf solche Offenbarungen erpicht ist, täuscht sich leider, denn am besten schmecken die kategorisch verbotenen Früchte, und so wird der Versuch, die Sexualität als etwas Verlockendes zu dämonisieren, heute ebenso vergeblich sein wie der Versuch, eine Brille zu dämonisieren. Was man auf leichte Weise bekommen kann, wird nicht sonderlich geschätzt. Adson bemerkt irgendwo, daß diejenigen, die die Verwerflichkeit der sündhaften Begierde mit größtem Eifer verdammen, zugleich diejenigen sind, die sie mit größtem Eifer beschreiben. In seiner Gnade läßt Eco ihn nur nicht bemerken, warum der alte Ubertin, während er ihn vor der fleischlichen Sünde warnt, ihm mal die Hand auf das Knie legt, mal über das Haar streicht und ihn fest an sich zieht. Dieser Eco ist ein großer Bösewicht, denn er hat eine Abhandlung über das offene Kunstwerk verfaßt, aber selbst eines geschaffen, das sich hinter Klostermauern verschließt und sich lediglich durch Schlußfolgerungen und Verweise, die bis ins 20. Jahrhundert reichen, zur Geschichte hin öffnet. Hier nun die nächste Vorschrift des Rezepts zur Schaffung eines Bestsellers: Man schreibe mit scheinbar tödlichem Ernst, unter dem die Ironie sich ganz tief verbirgt, so daß sie die Leser nicht direkt zum Lachen bringt, sondern wie ein Gewürz im Verborgenen wirkt. Eco scheut auch nicht vor – wie man meinen könnte – schon ganz abgegriffenen Requisiten zurück; so verwendet er geheime Gänge, ein Labyrinth mit einem hermetischen Zentrum, das erst zugänglich wird, nachdem wie eine geheime Chiffre ein Zitat aus der Apokalypse aufgeschlüsselt worden ist, einen Grabstein, der zum Eingangstor wird, wenn man Vorsprünge, die in den Augenhöhlen eines steinernen Schädels verborgen sind, mit den Fingern eindrückt, ein ungewöhnliches Gift, das den tötet, der ein mit ihm getränktes Buch liest, oder halluzinogene Kräuter; eingeschmolzen in eine Handlung von langem Atem, gewinnen diese Requisiten jedoch einen altertümlichen Glanz. Brillanten, die man auf einen Haufen von zermalmtem Glas wirft, werden, wie ich einmal gesagt habe, dem Glas so ähnlich, daß sie nicht von ihm zu unterscheiden sind. Wie sich zeigt, ist auch das Umgekehrte möglich: Zwischen herrlichen echten Juwelen können alte Glassplitter wie Schätze erstrahlen.

Wie steht es nun mit dem Rezept für einen langlebigen Bestseller? Er entsteht durch die Verbindung von hohen und niedrigen Elementen; man muß eine Epoche finden, deren brennende Probleme sich den unseren annähern lassen; diese Parallelen sind im *Namen der Rose* ebenso eindeutig wie verschleiert. Wir schreiben das Jahr 1327, über drei Jahrhunderte trennen die Helden von dem Jahre 1000, vor dem man sich so gefürchtet hatte, weil man glaubte, mit ihm käme das Jüngste Gericht; es ist zwar nicht gekommen, aber die Angst vor dem Weltende durch den Antichrist und/oder durch Christus ist nicht verschwunden, denn sie läßt sich aufrechterhalten durch die Behauptung, die Prophezeiung sei richtig gewesen, nur habe man eine falsche Zeitrechnung benutzt. Eine andere Parallelität besteht in dem Verhältnis zum Wissen, das über das Dogma hinausgeht. Heute reproduziert sich diese Beziehung in dem Grauen, das die Fortschritte der Naturwissenschaft wecken; sie bringen uns Danaergeschenke (»timeo Danaos et dona ferentes«), denn mit jedem weiteren Teil der Naturkräfte, den wir uns unterwerfen, werden sogleich deren tödliche Potenzen deutlich, sei es in der Kernphysik, in der Gentechnologie oder im maschinellen Denken. Auch die Verschleierungsmanöver, mit denen in Machtkämpfen die wirklichen Absichten verborgen werden, finden ihre bewußte oder unbewußte Entsprechung in den politischen Programmen und melioristischen Ideologien von heute, die uns in Kürze das Paradies auf Erden versprechen.

Es läßt sich im Grunde nicht entscheiden, ob Eco das erste Viertel des 14. Jahrhunderts eher an unsere Zeit heranrückt, oder ob er umgekehrt die Gegenwart, insbesondere die geistliche, kulturelle, soziale, von Ängsten und blutigen Antagonismen erfüllte Gegenwart in ein historisches Gewand kleidet und geschickt ins Mittelalter verlegt, in eine Epoche, die den Namen »Dark Ages«, Zeitalter der Finsternis, trägt. Wie dem auch immer sein mag, er geht dabei sehr behutsam vor, damit die Verlagerung der existentiellen Problematik in ihrer Glaubwürdigkeit nicht beeinträchtigt wird.

Könnten wir im Handumdrehen eine »allgemeine Relativitätstheorie« entwerfen, die sich nicht wie Einsteins Theorie auf die Physik, sondern auf die Geschichte bezieht, also eine Verallgemeinerung, die in der Veränderlichkeit des gesellschaftlichen Schicksals der Menschen dessen Konstanten enthüllt (so wie Einsteins Theorie sie im Kosmos enthüllt), dann ließe sich das Rezept für ein langlebiges Werk von unvergänglicher Problematik beinahe mathematisch formulieren. Beobachtern, die sich in Bezugssystemen mit unterschiedlichen Parametern der Beschleunigung befinden, erscheinen physikalische Phänomene verschieden, und sie lassen sich deshalb nicht auf ein einziges System reduzieren. Man kann sie jedoch durch eine kovariante Transformation der wesentlichen Parameter zur Deckung bringen. Ein Beobachter der Universalgeschichte, der über ein Äquivalent der Einsteinschen Theorie verfügte, könnte, wenn er eine solche Transformation vornähme, in vielerlei Hinsicht Ähnlichkeiten zwischen verschiedenen Epochen entdecken.

Auch wir fürchten uns vor dem Ende der Welt; den Grund unserer Angst empfinden wir nicht minder real als das Mittelalter seine Angst vor dem Jüngsten Gericht. Auch wir haben unsere Extremisten, wenngleich sie nicht mehr zur Kirche gehören. Auch wir meinen, daß es früher besser gewesen sei und daß wir uns in der bedrohlichen Schlußphase einer großen Epoche befinden. Auch wir vermögen nicht sicher zu unterscheiden, was gut und was schlecht oder geradezu tödlich für uns ist. Auch wir zweifeln daran, ob wir unser Schicksal den Eliten der Welt anvertrauen sollen, wenngleich es inzwischen andere Eliten sind. Auch wir empfinden die Ungewißheit der Zukunft als etwas Quälendes. Alles ist anders geworden, und doch leben wir mit einem Gefühl der Bedrohung, nur hat sich deren irdische, diesseitige Gestalt verändert.

Der Verzicht, der die Kunst von heute kennzeichnet, beruht auf einem Gefühl der Ohnmacht angesichts der Unbegreiflichkeit einer inzwischen allzu kompliziert gewordenen Welt; man weiß nicht, wie die ganze Welt sich so zusammenfassen läßt, daß sie in einem Buche untergebracht werden kann. Damit sie dennoch in einem Buche Platz findet, muß man eine »invariante Transformation der Parameter« vornehmen. Dieser Vorschlag darf jedoch nicht ernsthaft als ein »universales schöpferisches Rezept« aufgefaßt werden, denn ein und dieselbe Problematik kann ebensogut in einem hervorragenden wie in einem mißlungenen Werk ihren Ausdruck finden. Gleichwohl lohnt es sich, in dieser Richtung weiterzuforschen.

Der Erfolg des *Namens der Rose* ist etwas Tröstliches, weil die Belletristik heute tendenziell in zwei Gruppen zerfällt, die sich nicht einmal mehr teilweise überschneiden: Bücher, die bei den Kritikern in hohem Ansehen stehen, aber von der Masse der Leser gemieden werden, und andere, die viel gelesen werden, aber nichtssagend sind.

Die Aussage des *Namens der Rose* ist düster, aber sie deprimiert den Leser nicht, weil sie in der vollendeten Vergangenheit eingesperrt zu sein scheint. So entsteht jene angenehme Distanz, die wir empfinden, wenn wir behaglich in einem gut geheizten Zimmer sitzen und von dem Verhängnis einer Expedition lesen, die auf der Reise zum Nordpol zu Tode friert. Man kann sich schließlich sagen, daß die Qualen der Romanfiguren nur auf falschen Vorstellungen beruhen, denen wir, die wir klüger geworden sind, nicht mehr erliegen. Selbst die Tatsache, daß eine herrliche Bibliothek verbrennt, bekümmert niemanden, nicht nur deshalb, weil sie erfunden ist, sondern weil alles, was von dem Feuer vernichtet wird, heute anachronistisch ist. Die als ein Ermittlungsspiel geführte Handlung ist wie eine sich allmählich öffnende Spirale, die mit jeder Umdrehung weitere Opfer verschlingt und zugleich enthüllt, daß der Einsatz des Spiels im rätselhaften Inhalt der Bibliothek besteht, der nach außen hin von dem Orden, insgeheim aber von dem blinden Jorge gehütet wird. Die Einheit von Ort und Zeit der Handlung steht nicht im Widerspruch zu den Ausblicken, die sich nach und nach auf das Europa außerhalb des Klosters eröffnen. Für einen Roman mit moderner Thematik ließe sich schwerlich ein ebenso guter Aussichtspunkt, ein »Feldherrnhügel« finden. Mit Sicherheit könnte er nicht mehr in einem Kloster liegen, eher schon in einer Nervenheilanstalt, am besten wohl in einem großen politischen Machtzentrum, aber da es heute keine geschlossenen Eliten mehr gibt, bleibt jede Wahl eines Aussichtspunktes unzulänglich. Der Neid, den ich zu Beginn der Besprechung des *Namens der Rose* eingestand, beruht auf dem Situationsbewußtsein eines Autors, der die Welt, die er beschreiben möchte, eigenhändig errichten muß, weil er sich die Zukunft als Beobachtungsturm gewählt hat. So ist zum Beispiel mein letzter Roman *Lokaltermin* gegenüber dem *Namen der Rose* ungleich ärmer, was die Zahl der für die dort konstruierte Welt konstitutiven Elemente und die Zahl der Spiele betrifft, die in dieser Welt gespielt werden. Das hat eine triviale Ursache: Während Umberto Eco ganze authentische Bibliotheken zur Verfügung stehen, kann oder vielmehr muß ich mir von mir selbst erfundene Bibliotheken zusammenstellen. Außerdem gewinnt, wie schon erwähnt, ein in der Vergangenheit angesiedeltes Werk schon dadurch an Glaubwürdigkeit, daß die geschilderte Welt nachprüfbar ist und der Leser diese Welt »von oben«, nämlich aus der Sicht des heute allgemein zugänglichen Wissens betrachten kann. Besitzt ein Buch dagegen wirklich prognostischen Wert, so kann es geschehen, daß dieser Wert nicht erkannt und nicht gewürdigt wird. Das ist sein unabdingbares Risiko.

Kleine Meditation über das Motto »Habent sua fata libelli«

Es war gut, daß ich Umberto Ecos *Nachschrift zum ›Namen der Rose‹* erst gelesen habe, nachdem ich die obigen Abschnitte geschrieben hatte. Ich kenne noch immer keine Rezension vom *Namen der Rose*, und auch das finde ich gut. Jener Eco, der die *Nachschrift* verfaßte, befand sich in einer völlig anderen Situation als der Eco, der eine Reihe von theoretischen Büchern zur Semiotik, zur Literaturtheorie und zur Ästhetik des Mittelalters verfaßt hatte. Diese gelehrten Titel verfaßte ein Mann, der verschiedenen Fachleuten und einem recht kleinen Publikum mit spezifischen intellektuellen Interessen bekannt war. Die *Nachschrift* verfaßte dagegen der Autor eines weltweiten Bestsellers, und so konnte er annehmen, daß auch jene Massen von Lesern ihm aufmerksam zuhören würden, die vorher weder von seinen Theorien noch von seiner Person die geringste Ahnung gehabt hatten. Er konnte sich also schon einiges erlauben. Er war zu einer bekannten Figur geworden, hatte also, umgangssprachlich gesagt, bei der Masse sowohl der Theoretiker wie der Praktiker der Literatur den »Durchbruch« geschafft. *Der Name der Rose* hatte ihn auf eine Höhe katapultiert, die er sich zunutze machen konnte. War dieser Aufstieg sein Verdienst? Diese Frage ist nicht leicht zu beantworten, weil die Antwort nicht eindeutig sein kann. Das Schicksal eines Werkes – nicht nur eines belletristischen, jedenfalls aber originellen Werkes – hängt nicht nur von seinem »eigenen Wert« ab. Schopenhauer liefert dafür kein schlechtes Beispiel. Er glaubte an seine Sendung und war zutiefst überzeugt, die »definitive Wahrheit des Daseins« entdeckt zu haben, und diese Überzeugung verließ ihn nicht durch mehr als vierzig Lebensjahre, während die »Professoren der Philosophie« (mit Hegel, den er haßte, an der Spitze) ihn geringschätzten. Im Alter, noch bevor er »entdeckt« wurde, bekannte er, er schreibe für die Nachwelt, weil die Mitwelt ihn ignoriere. Er sah in dem späten Ruhm etwas, was ihm von Anfang an zugestanden hätte, und das heißt, daß er schon am Anfang seine Stimme so erhob, als spräche er zu allen, die es nach der Erkenntnis der Wahrheit gelüstete. Wer heute in gleicher Weise seine Stimme erheben würde, wäre lächerlicher als Schopenhauer, der, zu Unrecht verkannt, gegen die »Professoren der Philosophie« wetterte. Er wäre lächerlicher, weil selbst dann, wenn er seine eigene Leistung als Denker oder als Künstler (oder als beides zugleich) richtig einschätzen würde, seine Selbsteinschätzung keinen praktischen Wert hätte. Das war zu Schopenhauers Zeiten ein wenig anders. Daß er verkannt wurde, hat Gründe, die sich objektivieren lassen, liegt an Umständen, die nicht zufällig sind: Schopenhauer schrieb »gegen den Strom« des Hegelianismus, und jeder, der »gegen den Strom« einer herrschenden Mode, allgemeiner Überzeugungen oder anerkannter Autoritäten arbeitet, muß, wenn er kein Dummkopf ist (von Dummköpfen brauchen wir gar nicht zu reden) und nicht felsenfest von seiner Rolle als Neuerer überzeugt ist, grundsätzlich damit rechnen, zu scheitern. Der Neuerer oder Vorläufer steht immer vor Hindernissen, deren Überwindung nicht ausschließlich von ihm abhängt. Solange jedoch innerhalb einer Kultur »natürliche Auslese« herrscht, wie ich sie in den »Grenzen des Wachstums der Kultur« zu beschreiben versucht habe, sind die zu überwindenden Hindernisse nicht rein zufälliger Natur. Früher oder später wird die Neuerung, das Bahnbrechende, die Wahrheit der Hypothese (besonders der naturwissenschaftlichen) erkannt. Läßt man auf einem Billardtisch hundert bunte Kugeln in alle Richtungen rollen, unter denen nur eine eine andere Farbe hat als der Rest, dann ist es – auch wenn die Mehrheit der Umstehenden farbenblind ist – doch unwahrscheinlich, daß alle Beobachter farbenblind sind. Ist die Fläche des Billards jedoch größer als die Sahara und befinden sich auf ihr zweihunderttausend Kugeln, dann kann es geschehen, daß eine »vollkommen neue« Kugel »von herrlicher Farbe« von niemandem bemerkt wird, weil niemand das Ganze zu überblicken vermag. Je größer das Billard und je mehr Kugeln, eine um so größere Rolle beginnt bei der »Entdeckung der ungewöhnlichen Kugel« der Zufall zu spielen. Übertragen wir dieses Modell zunächst auf die exakten Wissenschaften und dann auf die Kunst, so wird ein nicht unbedeutender Unterschied sichtbar.

Ich beginne mit der Situation in jenem Bereich der Biologie, den ich besonders liebe, weil er mich fasziniert, nämlich der Theorie der natürlichen Evolution der Arten. Weil in der Wissenschaft keine »allgemeinen Abstimmungen« der Fachleute über die Glaubhaftigkeit der miteinander konkurrierenden Hypothesen veranstaltet werden, aus dem guten Grunde, daß es durchaus nicht so ist, daß »die Mehrheit immer recht hat«, daß sie also die »besseren« von den »schlechteren« Hypothesen zu unterscheiden vermag, kann ich aufgrund dessen, was mir bekannt ist, nur sagen, daß die Fachleute der Theorie Darwins den Sieg gegenüber der Theorie Lamarcks zuerkannt haben. Wenn also jemand behauptet, daß die »von der Evolution angewandte« Apparatur, bestehend aus »zufälligen Mutationen« und der »natürlichen Auslese«, nicht genügte, um die Evolutionsphänomene zu erklären, daß sie nicht einmal genügte, nachdem der klassische Darwinismus modifiziert und in verschiedene Spielarten des Neodarwinismus aufgespalten wurde, so genügt es doch, wenn die Autoritäten denjenigen, der dieses Ungenügen behauptet, zu einem Neolamarckisten, Neovitalisten oder sonstigen Ketzer erklären. Obwohl die Entdekkungen und Hypothesen von Manfred Eigen und Ilya Prigogine allgemein zur Kenntnis genommen und anerkannt wurden, vertritt Rupert Riedl eine – aus der Schule von Konrad Lorenz stammende – Hypothese der Evolution, die allerdings im »eigentlichen Zentrum« der akademischen theoretischen Biologie weniger Anklang findet als in deren Randbereichen. Das »eigentliche Zentrum« hält Riedl (der denn auch von einem anderen Zweig der Biologie zur Evolutionstheorie gekommen ist) für einen Außenseiter, der *mehr* behauptet, als man zu dem besagten Thema behaupten darf, und damit hat – methodologisch gesehen – das »Zentrum« recht. Riedl kann nämlich seine Konzeption nicht aufrechterhalten – auch nicht mit Hilfe der mathematisch präzisierten Populationsgenetik oder der heute modernen Computersimulation. Der mathematische Apparat der Genetik ist genauso wie die Rechenkapazität der heute verfügbaren Computer zu schwach, um Riedls Hypothese zu stützen. Die Argumente, die für Riedls Hypothese (oder eine andere, wie sie etwa Dawkins in *The Selfish Gene* vertritt) angeführt werden, besitzen hinreichende »Überzeugungskraft« für Halbgebildete, nicht aber für die Autoritäten auf den entsprechenden Lehrstühlen. Sollte Riedl jedoch recht haben, auch wenn gegenwärtig nur intuitiv starke Gründe dafür sprechen, so wird das Dilemma schließlich gelöst werden. Ich muß hier, da ich nicht den Eindruck habe, mich an Fachleute zu wenden, erneut einen bildhaften Vergleich benutzen. Wir wissen inzwischen, daß es nur einen Code der Vererbung gibt – die DNA; wir wissen inzwischen, wie sie aufgebaut ist; wir wissen, wie sie bei einfachen Organismen funktioniert. Wir haben gewissermaßen schon ein ganzes Alphabet erkannt, ja sogar einige Ausdrücke einer bestimmten Sprache, die aus diesem Alphabet gebildet wurde, die Interpunktion und einiges von der Syntax, aber mehr wissen wir eigentlich noch nicht. Wir haben sozusagen eine große Bibliothek voller Bücher mit verschiedenem Inhalt und verschiedener Bedeutung vorgefunden. Da nun feststeht, daß es die Bücher auf den Regalen gibt, gleichzeitig aber niemanden, der sie geschrieben hätte, ist ein Forscher, dessen Name an Darwin erinnert, auf den Vergleich gekommen, eine ungeheure Horde Affen habe einige Milliarden Jahre lang ohne Sinn und Verstand auf Setzmaschinen herumgehämmert, bei denen sinnlose Texte fortgeworfen wurden und nur Texte, die einen vernünftigen Sinn enthielten, ins Regal wanderten. Die Affen, das sind die »zufälligen Mutationen«, die Setzmaschinen, das ist die Umwelt, welche die Auslese vornimmt. Leider ist von den Setzmaschinen keine Spur mehr zu finden, und wir haben allein die Bibliothek vor uns. Um herauszubekommen, wie sie entstanden ist, beginnen wir, nach Indizien zu fahnden. Wir entdecken, *wie* die Lettern entstehen konnten und *wie* die *Tastatur* der Setzmaschinen funktioniert haben könnte, aber wir kennen nicht den *ganzen* Mechanismus. Wir bekommen eine ganze Menge weiterer Einzelheiten heraus, die Indizien häufen sich; so stellen wir fest, daß die Lettern nicht vollkommen beliebig zusammengesetzt werden konnten; nach und nach bekommen wir weitere Dinge heraus, aber wir können durch die Rekonstruktion der Vergangenheit – der Entstehung der Bibliothek – noch immer nicht beweisen, was wirklich vorgegangen ist. Dort finden wir ein Buch mit dem Titel *Hamlet*, hier ein Kochbuch. Wir sind noch immer sehr weit davon entfernt, auf Computern simulieren zu können, wie durch das Zusammensetzen von Lettern der Text des *Hamlet* entsteht. Waren gut drei Milliarden Jahre des Herumhämmerns auf Tasten und des Aussiebens »sinnloser Texte« für die Entstehung des *Hamlet* ausreichend? Da wir zu der immer festeren Überzeugung gelangen, daß es wirklich keine Autoren gegeben hat, halten wir es schließlich für gesichert, daß die Bibliothek durch »Selbstorganisation«, durch Auslese und Zufall entstanden ist. Dieses Beispiel ist eine schreckliche Vereinfachung des eigentlichen Problems, hat aber zumindest den Vorteil einer gewissen Anschaulichkeit. Ketzer vom Schlage Riedls behaupten, selbst hundert Milliarden Jahre genügten nicht, um alle die Werke der Natur zu schaffen, die Begriffe des »Zufalls« und der »natürlichen Auslese« seien Vereinfachungen von sehr viel komplexeren Erscheinungen; weder habe Darwin als Ermittler vollkommen recht gehabt, noch habe Lamarck sich hundertprozentig getäuscht. Es ist nicht wahr, daß »erworbene Merkmale sich vererben«, aber daß »erworbene Merkmale sich nicht vererben«, ist ebenfalls nicht die *ganze* Wahrheit. Die Wahrheit ist ganz einfach sehr viel komplizierter. Wir verfügen nicht über genügend gesicherte Fakten und damit nicht über eine hinreichend starke Begriffsapparatur, um die Entstehung der Arten in der Bibliothek des Lebens zu verstehen. Da wir jedoch nach und nach immer mehr Fakten aufdecken, wird sich das Rätsel sicherlich erklären lassen. Diejenigen, die sich dafür interessieren, verweise ich auf Riedl und auf den *Golem*, den Lem sich hat einfallen lassen. Nun müssen wir jedoch wieder zurück zur Literatur.

Als Eco den *Namen der Rose* schrieb, konnte er nicht wissen, daß es ein Bestseller würde. Man kann wirklich nicht sagen, was beim Abschluß des Manuskripts in welcher Weise hätte untersucht werden müssen, um die »Bestseller-Prognose« zu stellen. Wie er in seiner *Nachschrift* mitteilt, rieten Freunde ihm, zumindest die ersten hundert Seiten der sehr langen Einführung des Romans zu kürzen. Er lehnte ab. Er hat sich in seiner *Nachschrift* sehr zurückgehalten und viele Dinge unausgesprochen gelassen. Im übrigen ist es gleichgültig, ob er hier »alles« gebeichtet hat oder nicht. Es gibt die Anekdote von dem Juden, der sich ständig darüber beklagt, daß er nie in der Lotterie gewinne; irgendwann tut sich der Himmel auf, der Herrgott erscheint und sagt: »Moniek, gib mir eine Chance und *kaufe* ein Los!«

Eco hat diesen Rat befolgt. Als er nach der Erlangung des Hauptgewinns begriff, daß nun alle voller Bewunderung auf ihn schauen, nutzte er die Gelegenheit, um in der *Nachschrift* in knapper Form seine Konzeptionen darzulegen, bei denen es nicht um die biologische Evolution geht, sondern um die Evolution der Erzählung, der Belletristik. Seine Konzeption ist – stark vereinfacht, aber nicht verfälscht – folgende: Anfangs hat man auf ganz gewöhnliche Weise diese oder jene Geschichte erzählt, doch irgendwann hat sich dann dieses gewöhnliche Erzählen erschöpft, und die Literaten begannen, verschiedene (ziemlich verzweifelte) Anstrengungen zu unternehmen, um irgendwie darüber hinauszugelangen, z.B. keine Romane zu schreiben, sondern über das Schreiben von Romanen zu schreiben, oder nicht einmal über dieses Schreiben zu schreiben, sondern verschiedene, mehr oder weniger revolutionäre Neuerungen einzuführen (Calvino hat z.B. seinen letzten Roman aus angeblich falsch zusammengefügten Teilen verschiedener Bücher zusammengestellt) oder zu experimentieren wie der *nouveau roman*. Diese sisyphushaften Bemühungen hatten schließlich zur Folge, daß die Literatur nicht mehr *unterhaltsam* war. Bücher, die man »in einem Zuge« liest, Bücher, deren Helden Hand und Fuß haben, Bücher, bei denen man gleichsam in ein Geheimnis, in ein Mysterium hineingezogen wird, büßten ihren hohen Kurswert an der Börse der Kunst ein. Das ist nicht gut, denn wieso soll man nicht den intellektuellen Höhenflug mit dem an der Kunstbörse so gering geschätzten Sensationellen verbinden können? Ich finde, das ist eine durchaus vernünftige Einstellung, an die ich mich übrigens als Autor selber gern halte, doch folgt aus dieser Einstellung oder – wenn es gestattet ist – dieser Theorie der erzählerischen Evolution überhaupt nichts, was den Erfolg des *Namens der Rose* erklären würde.

Wäre dieser Erfolg aufgrund des Buchtextes vorhersehbar gewesen, dann hätten sich die Verleger von allen Seiten auf den Roman gestürzt. So war es jedoch keineswegs. Der Erfolg hat alle überrascht, am unangenehmsten jedoch die Verleger, die den Roman abgelehnt hatten.In der *Nachschrift* zum Roman erläutert Eco, wie er an die selbstgestellte Aufgabe herangegangen ist, drückt sich aber geschickt vor der Beantwortung der Frage, ob er mit dem Erfolg gerechnet habe und ob der Roman seiner Theorie vom »offenen Kunstwerk« entspreche. Dazu möchte ich sagen, daß er dieser Theorie nicht ganz entspricht, weil literaturwissenschaftliche Theorien immer Theorien *a posteriori* sind. Eco erwähnt einen jungen Mann, der ihm gestand, er habe von den theologischen Diskussionen im *Namen der Rose* nichts begriffen, sondern sie als »Verlängerungen« des Labyrinths der Klosterbibliothek aufgefaßt. Sicher hat es mit diesem Leser seine Richtigkeit, denn wieso hätte Eco ihn erfinden sollen? Dennoch widerspricht diese Äußerung dem, was Eco in der *Nachschrift* behauptet, wie sich leicht beweisen läßt. Eco teilt die historische Belletristik in drei Typen ein: Da ist zum einen die Romanze im Sinne des englischen Begriffs »romance«, angefangen von den keltischen Romanen über die Gothic Novel und Tolkien bis hin zur Science Fiction, wo es immer um die »Geschichte eines *Woanders*« geht; zweitens gibt es den »Mantel-und-Degen-Roman«, für den als Beispiel die *Drei Musketiere* genannt werden. Der historische Hintergrund ist nicht erfunden, aber die erfundenen Personen handeln so, wie sie auch in anderen Epochen handeln könnten. »Was d'Artagnan tut, während er in London den Schmuck der Königin wiederbeschafft, hätte er auch im 15. oder 18. Jahrhundert tun können. Man braucht nicht im 17. Jahrhundert zu leben, um die Psychologie d'Artagnans zu haben« (*Nachschrift*, S.87). Mit dieser Vereinfachung mag ich mich nicht abfinden. Sieńkiewicz täuscht in seiner Trilogie das 17. Jahrhundert durch historische Realien vor, den »Zeitgeist« jedoch vor allem durch die *Sprache* selbst, die, subtil bearbeitet, auf die altpolnische Sprache der *Memoiren* Paseks zurückgeht. Angesichts des Erfolges der Trilogie hat man sich innerhalb der polnischen Kritik jahrzehntelang darüber gestritten, inwiefern Sieńkiewicz die Geschichte Polens im 17. Jahrhundert verzerrt dargestellt habe, und während die einen heute behaupten, die Trilogie sei ein Märchen, erklären die anderen sie zu einem Werk, welches die Geschichte idealisiert, »zur Erbauung der Herzen«, nämlich der Herzen der Polen in einer Zeit, als es einen polnischen Staat nicht gab. Daß es eine geschönte und im Sinne einer erleichterten Aufnahme bearbeitete Geschichte ist, mag sein, doch muß darüber hinaus festgestellt werden, daß die Trilogie ihren Zauber dem sprachlichen Gewand verdankt, das sie in Übersetzungen verliert – und erst in Übersetzungen wird sie zu einem »Mantel-und-Degen-Roman« ohne jeglichen »Überschuß«. Das nur nebenbei. Für den *Namen der Rose* schafft Eco eine gesonderte Kategorie des »wahren historischen Romans«, dessen Wahrheit nicht darin liegt, daß, wie er sagt, zahlreiche Persönlichkeiten reale Persönlichkeiten sind, sondern darin, daß das, was sie und die erfundenen Personen sagen, zu Beginn des 14. Jahrhunderts *sagbar* war. Doch selbst wenn das der Fall wäre – welcher Zusammenhang besteht zwischen dieser »historischen« Authentizität und dem Reiz eines Werkes? Wenn der Reiz darin liegt, daß die Zeit der Handlung wiederaufersteht, dann müssen die »besten« Romane solche sein, die in der *thematisierten vergangenen Zeit* geschrieben wurden, und nicht solche, die aus der Gegenwart in diese Zeit verlegt werden. Es ist sogar möglich, daß man ungewollt ein großes Werk schreibt. Ich erwähne hier nur Pepys, der allerdings unter den vielen, die zu allen Zeiten Tagebücher geschrieben haben, eine Ausnahme bildet; Pepys hat sicherlich keinen Leser vor Augen gehabt, denn er schrieb für sich selbst und hat zusätzlich noch das, was er schrieb, verschlüsselt.

Der Name der Rose ist nicht eine vollendete Nachbildung eines Ausschnitts aus dem Mittelalter, sondern eine Betrachtung dieses Ausschnitts durch einen Apparat, der aus der Gegenwart heraus auf ihn gerichtet wird; genau das besagen die Worte Ecos, die Gegenwart kenne er nur aus dem Fernsehen, doch über das Mittelalter habe er Kenntnis aus erster Hand.

Befassen wir uns jedoch mit der von Eco vorgeschlagenen Dreiteilung und wenden wir sie auf die Hippologie an. Da hat es dann erstens märchenhafte Pferde gegeben, z.B. Pegasus. Zum zweiten ist es möglich, Pferde als ritterliche Streitrösser zu kostümieren, mit »historischem« Sattel, historischen Steigbügeln, Kopfbedeckung, voller Rüstung usw. Schließlich gibt es drittens »wahre«, »nackte« Pferde, die weder einen Pegasus noch ein bekleidetes Streitroß gepanzerter Ritter vortäuschen.

Genaugenommen sind weder Pegasus noch das trojanische Pferd noch das als ritterliches Streitroß kostümierte Pferd ganz und gar »authentische« Pferde. Doch wie verhält sich nun diese Klassifikation zu den Pferden von Elberfeld, mit denen man sich verständigen konnte, da sie durch Hufeklopfen Fragen beantworteten? Zu diesen Pferden verhält sich die ganze Einteilung überhaupt nicht. Dabei kann man sich das Leben noch nicht einmal dadurch erleichtern, daß man behauptet, die Vernünftigkeit dieser Pferde sei ein gewöhnlicher Schwindel gewesen, weil man sie vorher darauf dressiert hatte, aus für das menschliche Auge nicht wahrnehmbaren Veränderungen in der Haltung, Spannung, Atmung oder Mimik des Fragenden zu entnehmen, wann sie mit dem Huf zu klopfen hatten. Einen vorsätzlichen Betrug hat dort niemand begangen.

In gewisser Hinsicht waren es ganz gewöhnliche, in anderer Hinsicht ungewöhnliche Pferde. Das Rätselhafte daran ist, auf welche Weise die Betreuer ihre Pferde unabsichtlich zu der für uns (und für ein »gewöhnliches« Pferd) unheimlichen Gewandtheit gebracht haben, mit der sie aus den unbewußten Zuckungen des Menschen seine Intentionen, die Erwartungen der »richtigen Art« abzulesen vermochten.

Damit will ich sagen, daß die Bedingungen, die Eco explizit für den »wahren historischen Roman« genannt hat, erfüllt sein können, ohne daß daraus für sein gesellschaftliches

Schicksal irgend etwas folgt. Tatsächlich haben die Illuminatoren mittelalterlicher Bücher Monstren gemalt, doch uns hat allein Hieronymus Bosch erreicht, so als hätte außer ihm niemand von Monstren bevölkerte höllische Paradiese und paradiesische Höllen ersonnen. Mit »uns« ist das breite Publikum gemeint, nicht ein kleiner Kreis von Hermeneutikern und Experten. Meine Äußerungen sind nicht so zu verstehen, als schätzte ich die Ausführungen Ecos über den *Namen der Rose* gering. Sie sind gewiß intelligent, geistreich, unterhaltsam und witzig, doch ihr Erkenntniswert ist zumindest dürftig. Ich habe Ecos *Nachschrift* entnommen, daß er über die Gründe des Erfolges seines Buches genausoviel weiß wie ich, nämlich nichts. Was er schildert, sind einige Methoden und Vorarbeiten, doch die Frage nach dem überwältigenden Erfolg des Werkes bleibt unbeantwortet.

Vor einiger Zeit haben zwei Amerikaner in Sesseln, die an modernistische Superklosetts erinnern, die Erde umkreist und dabei in der Nähe ihres kosmischen Mutterschiffs eigene Manöver vollführt. Ihre Erlebnisse wären, wenn sie sie beschreiben würden, möglicherweise interessant. Ohne Zweifel stellten sie auch eine bestimmte Phase in der Entwicklung der Raumfahrt dar. Die Beschreibung dieser Erlebnisse, eventuell unter Einbeziehung technischer Daten über ihre im Kosmos fliegenden Sessel, erklärt jedoch nicht, warum diese Menschen mit einer Geschwindigkeit von 26000 Kilometern pro Stunde den Planeten umkreisten. Ich will damit sagen, daß die Eroberung des Weltraums es ermöglicht hat, daß der Mensch sich aus dem »Gravitationstrichter«, aus der normalerweise lebenslänglichen Fesselung an den Planeten befreit, und so ist es auch geschehen. Aber warum ist es gerade *diesen* beiden Menschen und nicht *irgendwelchen anderen* geschehen? Nun, wenn es keine Raumfahrt gäbe, wäre niemand in eine Erdumlaufbahn eingetreten. Und wenn es keine Geschichte der Literatur im Sinne einer Evolution der Erzählung gäbe, hätte Eco nicht den *Namen der Rose* geschrieben. Erklärungen dieser Art sind allerdings keine Theorien. Moniek hatte schwer gearbeitet, um an das Geld zu kommen, für das er sich ein Los kaufte, womit er dem Herrgott eine Chance gab, und der Herrgott schickte ihm den Hauptgewinn. Wenn das die Art sein soll, in der wir die Frage prüfen, wie literarische Werke von großem Zuschnitt entstehen, die Tausende von Menschen mit sehr viel bescheidenerem geistigen Zuschnitt beeindrucken, dann befassen wir uns besser gar nicht mit Literaturtheorie. Eco hat sich sogar dazu herbeigelassen, die abgedroschene Phrase zu wiederholen, daß der künstlerische Erfolg zu zehn Prozent auf Inspiration und zu neunzig Prozent auf Transpiration (also schwerer Arbeit) beruhe. Das entspricht in etwa der recht glaubhaften Feststellung, gesund sei derjenige, der tüchtig arbeitet und selten krank ist.

Der kleinen Meditation zweiter Teil

Eco hat, wie er sagt, ein Werk schreiben wollen, dessen Handlung in einem zeitgenössischen Kloster spielt, und der Keim sei die Idee gewesen, einen Mönch zu töten. Für das Mittelalter habe er sich entschieden, weil er es aus erster Hand kenne. Das war eine vernünftige Entscheidung. Jeder Roman, der in einem tieferen Sinne wahr ist, ist ein Roman über die Zeit, in der er geschrieben wird, und nicht über die Zeit, in die er nach dem Willen des Autors verlegt wird. Unterschiede bestehen lediglich im Hinblick auf die Tiefe der Bedeutungen oder Sinngehalte. Nonsens kann nicht tief sein, weil er überhaupt keinen Sinn hat, wenn man darunter den Versuch versteht, der realen Welt die Stirn zu bieten. Das Absurde dagegen kann abgründig sein (wie »Credo, quia absurdum est«). Eine »andere Welt« bedeutet in der Literatur entweder eine Flucht aus *dieser* Welt oder ein Eintreten in *jene* Welt. Eintreten kann man aus verschiedenen räumlichen und zeitlichen Richtungen. Ich habe die vollendete Vergangenheit an Stelle des Plusquamperfekts nicht deshalb gewählt, weil mich danach gelüstete, sondern weil ich auf dem Gebiet der allgemeinen Geschichte ein Ignorant bin.

Als ich die verzweigten Äste des Baums der Naturwissenschaften zum Leitstern wählte, habe ich mich zugleich ungewollt für die sogenannte Science Fiction als unangenehme Nachbarschaft entschieden. Ich spreche ausdrücklich von

Nachbarschaft und nicht von meinem Aufenthaltsort; aber wenn ich es auch noch so sehr wollte, kann ich meine Verwandten, die arm im Geiste sind, doch nicht verleugnen.

Den Leser schaffen

Der so titulierte fünfseitige Abschnitt der *Nachschrift zum ›Namen der Rose‹* ist meines Erachtens der einzige, der die Frage nach dem »Rezept für ein Maximum an Lesern bei einem Maximum an ästhetisch-intellektueller Stärke des Werkes« behandelt. Eco beginnt mit der apodiktischen Bemerkung: Wer schreibt, denkt an einen Leser. Mit dieser Prämisse will ich mich gar nicht auseinandersetzen, denn ich weiß von mir, daß ich beim Schreiben niemals an irgendwelche Leser gedacht habe. Ich habe nicht an sie gedacht, als ich vor über dreißig Jahren die ersten, schwachen Romane schrieb (mit Ausnahme des *Hospitals der Verklärung*, das mein Erstling war, auch wenn es erst später veröffentlicht wurde), und ich habe nicht an sie gedacht, als ich bessere Romane schrieb. Mehr noch: Als ich vor über einem Dutzend Jahre begann, immer entschiedener aus der von der Science Fiction geschaffenen Paradigmatik auszubrechen, wußte ich, daß ich mit Sicherheit viele der bis dahin gewonnenen Leser verlieren würde, wenn ich nun schrieb, was ich wollte. Ich wußte, daß ich jene Leitersprosse erklommen hatte, auf der man große Popularität genießt; ich wußte außerdem, daß ich diese Popularität verlieren würde, wenn ich weiter hinaufkletterte, und diese Prognose hat sich ganz genau erfüllt. Diese Feststellung läßt sich an meinem sogenannten »Lebenswerk« leicht verifizieren, wenn man die weltweiten Auflagen aller meiner Bücher miteinander vergleicht, denn dann zeigt sich, daß ich mit Titeln des »mittleren« Niveaus die größte Leserzahl erreicht habe, mit den späteren Titeln mit höherem Niveau dagegen nicht mehr. Außerdem hat sich eine umgekehrte Korrelation ergeben: Je stärker sich meine Bücher von der Science Fiction im breiten, später auch in einem innovativen Sinne absetzten, um so schwerer hatten es die folgenden, die auf der von mir errichteten Leiter die Spitze bildeten, nicht nur Leser, sondern überhaupt Verleger zu gewinnen. Diese Diagnose könnte durch das Urteil widerlegt werden, daß ich mich täusche und meine Bücher im Laufe der Zeit immer schlechter wurden oder immer uninteressanter oder sich an ein Publikum wandten, das immer elitärer wurde. Halten wir uns jedoch an die Tatsachen, und zwar einfach an die Zahl der Auflagen und Übersetzungen; sollte einmal jemand Lust haben, sie statistisch aufzuarbeiten und eine Verteilungskurve anzulegen, deren eine Achse die chronologisch geordneten Texte und deren andere die weltweiten Auflagenziffern wären, so würde eine beinahe normale Poisson-Kurve herauskommen. »Beinahe« deshalb, weil bestimmte Titel von niederem und mittlerem Niveau zu »Zugpferden« für andere Titel wurden, die gewiß die polnischen Grenzen nie überschritten hätten, hätte ich mich nur auf diese »anderen« beschränkt. In der bewußt primitiven Ausdrucksweise Ecos kann man auch sagen, ich hätte zuerst »auf recht traditionelle Weise unterhaltende« Bücher geschrieben, mit denen ich hohe Auflagen und niedrige Kurse an der Börse der Kritik erhielt; dann »unterhaltsame« Bücher, die dadurch noch einen breiten Leserkreis erreichten, aber immer mehr mit den Stereotypen der Science Fiction »kollidierten« und insofern schon originell waren; schließlich seien meine Bücher ein Destillat aus Belletristik und wissenschaftlichem Hintergrund geworden, das nicht mehr so leicht zu verdauen war. »Unterhaltung« und »Erkenntnis« gingen immer mehr auseinander, weshalb man gemeint hat, ich sei aus der Literatur emigriert in eine Literatur nur noch vortäuschende Essayistik. Eco behauptet im Grunde, es sei der Literatur nicht gut bekommen, daß das Gefällige und das Originelle auseinandertraten. Die avantgardistische Literatur habe neue Originalität gewonnen und dabei an Gefälligkeit verloren. Eco schreibt (*Nachschrift*, S.56 f.): »Der Unterschied liegt allenfalls zwischen dem Text, der einen neuen Leser erzeugen will, und dem, der den Leserwünschen, so wie sie sind, entgegenzukommen versucht. Im zweiten Fall haben wir das ›gemachte‹ Buch, geschrieben nach einer erprobten Formel für Serienprodukte: Der Autor macht eine Art Marktanalyse und paßt sich an.(...) (Er erzählt) immer dieselbe Geschichte (...) die, nach der das Publikum schon verlangte.«

Wenn der Autor dagegen – hier fasse ich zusammen, zitiere ich nicht – »Neues« plant, ist er kein Marktforscher, sondern ein Philosoph, der sich um einen Zugang zum »Zeitgeist« bemüht. Er möchte seinen Lesern gewissermaßen aufdecken, was sie wünschen müßten, auch wenn sie es selbst überhaupt nicht wissen. »Er will seinen Lesern aufdecken, wer sie sind« (S.57).

Und schließlich ein letztes Zitat aus diesem kleinen Büchlein: »Und da ich bei alledem wollte, daß als vergnüglich genommen werde, was uns als einziges wirklich zittern macht, nämlich der metaphysische Schauder, blieb mir nichts anderes übrig, als unter den Handlungsmustern das metaphysischste und philosophischste auszuwählen, nämlich den Kriminalroman.« Den Rest, das heißt die Ursache der Bestsellerkarriere des *Namens der Rose*, muß sich der Leser selbst hinzudenken. Eco hat von den auf Erkenntnis gerichteten Handlungsmustern dasjenige gewählt, das fast allen verständlich ist, nämlich die Ermittlung, und sie in ein zugleich wahres und falsches Mittelalter verlegt. In ein *wahres*, weil die großen Realien des historischen Hintergrundes, die Predigten, Philippiken, Diatriben, theologischen und inquisitorischen Dispute der authentischen Mediävistik entstammen. In ein *falsches*, weil er aus dieser ungeheuren Masse das ausgewählt hat, was sich in dieser oder jener Weise auf den »Zeitgeist« des 20. Jahrhunderts beziehen ließ. Er bezieht die erschütternden Niedergangsphänomene der vergangenen Epoche auf die erschütternden und, was noch schlimmer ist, *unbegreiflichen* Phänomene der jüngsten Epoche. Ein zeitgenössischer, historischer, philosophischer Kriminalroman. Kürzer läßt es sich gewiß nicht sagen. Diese Bezeichnung findet meine volle Zustimmung. Bleibt jedoch die Frage, die mich weiterhin stärker bewegt, ob Eco wirklich geglaubt hat, als er die Arbeit beendete, er habe einen Bestseller geschrieben. Daß er keineswegs mit einem solchen Erfolg gerechnet hat, dafür gibt es nicht nur Indizien, sondern Beweise: Das Buch sollte in geringer Auflage erscheinen. Damit ist die Frage für mich geklärt.

Nach dem Zeugnis der Bibel war Gottes Schöpfung *vollkommen*. Konnte der Mensch, den er schuf, anders als vollkommen sein? Allerdings war dieser Mensch derart vollkommen, daß er tun konnte, was ihm nur in den Sinn kam, zum Beispiel aus seiner Vollkommenheit etwas Abscheuliches werden lassen. Was er denn auch schleunigst tat, wofür er gebührend bestraft wurde.

Übergehen wir den Widerspruch in der Theodizee, die in nuce in den obigen Sätzen enthalten ist. Ich möchte das Problem von einer anderen Seite betrachten. Seit Jahrhunderten haben mächtige Denker das Gegenteil dessen gesagt, was die Bibel behauptet. Aus dem Dickicht von äffischen Vorformen und kannibalischen, Höhlen bewohnenden Vorläufern ist auf gewundenen Wegen ein Mensch hervorgegangen, der nicht im geringsten vollkommen war, aber dennoch – nach Jahrtausenden – hinreichend gescheit, um das Fatale seiner natürlichen Beschaffenheit zu erfassen. Um sich davon irgendwie zu befreien, sich zu stärken, sich zu veredeln, aber wiederum nicht in der Weise, daß er sich selbst belog (etwa mit der Erklärung »homo perfectus sum, ergo pecco«), legte er sich die glänzendste Genealogie zu, die man sich nur denken kann. Entsprechend seiner eigenen Unvollkommenheit schuf er sich einen vollkommenen Papa im Himmel.

Jeder wird zugeben, daß zwischen diesen beiden Versionen der Entstehung des Menschen ein gewisser Unterschied besteht.

Was war zuerst da: Gott, der den Menschen ersann, oder der Mensch, der Gott ersann? Das Ei oder die Henne? Ein erfahrener Spieler, der *in der Gewißheit, den Hauptgewinn zu erzielen*, sein gesamtes – mediävistisches, philosophisches, belletristisches – Kapital auf den Tisch warf, oder nur ein Spieler, der seinen Besitz in ein Marktspiel investierte, im vollen Bewußtsein des Risikos, vielleicht einen »succès d'estime«, aber keinen »succès de marché« zu erzielen? Ich optiere für den risikofreudigen Spieler, unterstelle also Umberto Eco, daß er zwar hervorragend gespielt hat, aber erst ex post erfahren hat, *wie* hervorragend er spielte. Die Höhe der Leiter, die er von der Erde aus an den Himmel gelehnt hat, steht außer Frage. Zu hinterfragen ist nur ein aposteriorisches Wissen, wenn es als apriorisches ausgegeben wird. Hat der Italiener verdient gewonnen? Ganz gewiß. Hat er am Sieg gezweifelt? Er ist einsichtig genug und kennt sich in der Kunst und ihrer Geschichte hinreichend aus, um Zweifel gehabt haben zu müssen.

Ich denke, daß es »zuerst« weder Ei noch Henne, weder Gott noch Mensch gegeben hat. »Das eine ist zusammen mit dem anderen entstanden«, *wie*, sei hier offengelassen. Eco hat eine glanzvolle Erfindung gemacht. Doch wieviele glänzende Erfinder und Entdecker haben weder Ruhm noch Ehre erlebt, weder unmittelbar noch zu Lebzeiten! Gleichgültig, aus wieviel Prozent »Inspiration« und »Transpiration« ein Genie sich zusammensetzt – es kann geschehen, daß es verkannt wird.

Abgesehen von allen Gaben des Geistes und der Erkenntnis, des Talents und der Ausdauer muß man Glück haben, und in unseren Zeiten muß man mehr davon haben als früher, denn je größer die Menge, um so schwieriger ist es, sich in die ersten Reihen vorzudrängen. Deshalb »habent sua fata libelli«.

Die Zukunft oder Die andere Zeit

Einleitung

Im ersten Band der *Philosophie des Zufalls* habe ich möglichst vermieden, von der Entstehung und dem Schicksal meiner eigenen Bücher zu sprechen, weil ich befürchtete, eine Theorie des Werkes aufzustellen, die nach Eigenlob riecht. Lieber wollte ich meine Erfahrungen verschweigen, als mich dem Vorwurf aussetzen, ich würde unter der Maske aller möglichen Vorbehalte dennoch suggerieren, meine Texte hätten Bürgerrecht auf dem Olymp und ich betriebe die Theorie als eine Art von Eigenwerbung.

Diese Zurückhaltung gebe ich nun auf, denn ich habe sowohl dank der Kritik als auch trotz der Kritik an meinen verschiedenen Werken das Recht zur Selbstanalyse erlangt, und außerdem sehe ich, wie wenig selbst das schmeichelhafteste Urteil über diese Werke mit der Art ihrer Entstehung zu tun hat. Die Entstehungsweise eines literarischen Werkes muß, wie ich nun finde, Bestandteil der Theorie sein. (Ebenso muß die evolutionäre Entstehung der lebenden Arten in ihrer Anatomie berücksichtigt werden. Das Pferd ist, was es ist, aufgrund seiner Genealogie.) Insbesondere dann, wenn ein Autor – wie ich – nicht die fertigen Muster der Gattung benutzt, in der er schreibt, und sich beim Schreiben nicht darüber im klaren ist, was er tut. Es kann sein, daß er das erst sehr viel später begreift, doch auch wenn er aufgrund dieser Einsicht seine schriftstellerische Taktik ändert, mindert das nicht um einen Deut das Risiko, das jeder nachfolgende Text darstellt.

Wodurch zeichneten sich die »anderen Welten« meiner Romane aus – etwa in *Solaris*, *Rückkehr von den Sternen*, *Eden*, *Der Unbesiegbare* und *Memoiren, gefunden in der Badewanne*? Dadurch, daß ich am Anfang nichts über die jeweilige Welt wußte. Ich wußte nicht, was Kris Kelvin auf Solaris oder Hal Bregg nach einem Ausflug zu den Sternen von anderthalb Jahrhunderten auf der Erde oder die schiffbrüchigen Astronauten auf dem Planeten Eden erwarten würde, noch wußte ich, mit wem die Besatzung des »Unbesiegbaren« auf dem Wüstenplaneten zusammenstoßen würde oder wo der anonyme Erzähler der *Memoiren, gefunden in der Badewanne* steckt und was ihn erwartet. In jedem dieser Fälle schuf ich eine Ausgangssituation: »die Ankunft auf der Solaris-Station«, »die Rückkehr von den Sternen« oder »eine katastrophale Landung« (*Eden*) oder die Landung eines Raumkreuzers auf einem Wüstenplaneten oder einen »Erzähler ohne Erinnerung an die Vergangenheit«, der in einem riesigen abgeschlossenen System umherirrt, wobei man nicht weiß, woher er gekommen ist und was er sucht (*Memoiren*).

Ich tappte, ohne mir davon Rechenschaft zu geben, bei meinem Vorgehen im Dunkeln. Mein anfängliches Unwissen ist cum grano salis zu nehmen: Ich wußte, daß Bregg auf eine Erde zurückkehren würde, die anders wäre als jene, die er verließ, daß Kelvin auf etwas unheimlich Fremdes, aber nicht Übernatürliches stoßen würde, daß Eden mit Sicherheit bewohnt und der Planet des *Unbesiegbaren* menschenleer sein würde. Nach Jahren sehe ich, was die Welten all dieser Bücher gemeinsam haben: Jede wurde von Menschen wahrgenommen und erlebt. Ich konnte daher über keine dieser Welten mehr erfahren, als es einem Menschen möglich ist. Daß der Erzähler ein *anderer* sein könnte, oder daß der Standpunkt des Erzählers ein anderer, außermenschlicher sein könnte, ist mir nicht in den Sinn gekommen. Für diese anthropozentrische Haltung habe ich mich nicht bewußt entschieden. Diese unbewußt akzeptierte Prämisse war für mich etwas Selbstverständliches und lag sicher an meiner Ausbildung: In der Wissenschaft hat man erkannt, daß der Beobachter und das Beobachtete untrennbar miteinander zusammenhängen. Anders kann es nicht sein. Ich habe also nicht zwischen einem menschlichen, einem nichtmenschlichen und einem übermenschlichen Erzählstandpunkt gewählt; es hat keine Wahl gegeben, sondern die Entscheidung übernahm ich von dem, was ich außerhalb der Literatur gelernt hatte.

Doch auf die alte, planlose Art wie früher konnte ich nicht die ganze Welt einer »anderen Zivilisation« errichten. Man kann einen unbewohnten Planeten mit einer »bloßen Evolution gedankenloser Apparaturen« ausstatten (wie etwa im *Unbesiegbaren*). Erlebt wird diese Evolution jedoch von Menschen. Man kann eine Welt schaffen, die ein unserer Erkenntnis unzugängliches Wesen ist (wie der Ozean auf Solaris). Man kann Fragmente einer nichtmenschlichen Zivilisation zeigen, die zu einem verständlichen Ganzen nur im Rahmen von menschlichen Hypothesen werden, denen wegen ihrer Widersprüchlichkeit stets etwas Ungewisses anhaftet (*Eden*). Man kann den Erzähler in ein Labyrinth der »totalen Institutionalisierung« von Menschenschicksalen führen – wie in den *Memoiren*.

Diese anthropognostischen Grenzbedingungen, von denen ich keine Ahnung hatte, schufen Differenzen zwischen den geschilderten Welten, noch ehe diese entstanden. Sie setzten diesen Welten Grenzen nach Maßgabe von unterschiedlichen Schwierigkeitsgraden, die mir beim Schreiben nicht bewußt waren. Es ist um so schwieriger, eine »andere

Welt« zu bauen, je größer die biologischen, historischen und kulturellen Unterschiede gegenüber dem irdischen »Hier und Jetzt« sind. Die Aufgabe ist lösbar, wenn man diesen drei Kategorien ausweicht, wenn sich herausstellt, daß man gar nicht weiß, *ob* die fremde Welt überhaupt irgendwelche biologischen Eigenschaften besitzt, *ob* sie irgendeine Geschichte (im Sinne einer Spielart der menschlichen Universalgeschichte) hat und ob damit der Begriff »Kultur« überhaupt auf sie anwendbar ist. (Versuche, diesen Begriff und seine – z.B. ethischen – Derivate auf den Ozean von Solaris anzuwenden, enden mit einem Fiasko.) In *Solaris* gab ich also drei Unbekannte vor, die durch keine von Menschen aufgestellte Gleichung gelöst werden können. Wo *nichts* unserer Kategorisierung entspricht, sind alle Versuche in dieser Richtung vergeblich. Das ist nicht verwunderlich; verwunderlich ist nur, daß ich auf diese Weise eine vor den Menschen verschlossene Welt schuf, ohne zu begreifen, daß ich eine solche Welt schuf.

Im *Unbesiegbaren* ist der Gegner nicht eine solche ganz und gar Unbekannte. Bekannt ist, daß er kein biologisches Wesen ist, daß er nicht *Jemand* ist (es fehlen ihm die Merkmale einer Persönlichkeit), er ist eher ein wenn auch mächtiger und aggressiver *Niemand*. Das Problem reduziert sich dann, wenn man sich von der Höhe der *Erkenntnis* hinabbegibt auf das niedrigere Niveau des *Handelns*; die Helden des *Unbesiegbaren* bekommen heraus, »mit *wem* sie es zu tun haben« – nämlich mit *Niemandem*, auch wenn das nicht ganz sicher ist –, und wollen »ihn« entsprechend dieser Erkenntnis besiegen. Wie kann man mit ihm fertig werden? Auf keine Weise, wie sich am Ende herausstellt, und so besteht die Handlung in den verschiedenen offensiven und defensiven Bemühungen, bis nach deren Fehlschlag die Alternative bleibt: »Rückkehr oder Vernichtung« (des Planeten mit seiner Nekrosphäre).

Sehr viel später habe ich Versuche unternommen, über das Menschliche hinauszugehen (*Golem*, *Die Maske*). Das war allerdings in beiden Fällen eine Mystifikation, notwendig durch das vorgegebene Problem: was kann mir eine höhere Vernunft sagen, oder wie funktioniert das Bewußtsein, wenn der Mensch sich in einen tödlich programmierten Skorpion verwandelt? (Während ich dies schreibe, stelle ich zu meiner Verwunderung fest, daß *Die Maske* eine gewisse Verwandtschaft mit Kafkas *Verwandlung* aufweist, was ich bislang nicht bemerkt hatte.)

Die Welten, von denen diese Bücher handeln, sind also geschlossene oder besser verschlossene Welten, verschlossen als Objekt der Erkenntnis oder als Objekt der Handlung. Solaris bleibt unerkennbar. Für den Globus des *Unbesiegbaren* gibt es zwar eine bevorzugte Hypothese (neben anderen), doch was dann bei den Menschen in der Regel als nächster Schritt folgt – Eroberung und Unterwerfung –, ist unmöglich. In *Rückkehr von den Sternen* ist die Erde eine fremde menschliche Welt, die allerdings recht mangelhaft konstruiert ist, und nur der Held, der sich allzusehr mit einer sentimentalen Romanze, also mit sich selbst beschäftigt, täuscht den unaufmerksamen Leser über die Mängel hinweg. *Golem* ist eingeschlossen in die Sprache – er kann nicht über den begrifflichen Horizont seiner menschlichen Zuhörer hinausgehen. Er wird durch das, was er ihnen *nicht* mitteilen kann, unfaßbar und unerkennbar; Vorwort und Nachwort interpretieren Golem auf eine recht unterschiedliche, zum Teil widersprüchliche Art. Ein wenig anders verhält es sich mit der bezaubernden Insekten-Frau in der *Maske*; ihr unveräußerlich menschliches Merkmal besteht darin, daß man nicht weiß, ob sie nicht wenigstens eine Spur von »freiem Willen« besitzt; auch der Mensch kann sich dessen, daß er einen solchen Willen besitzt, nicht *völlig* sicher sein. (Als eine phantastische Erzählung soll und kann die *Maske* diese in der Philosophie des Menschen ständig wiederkehrende Frage nicht lösen, sie kann sie nur in Gestalt einer konkreten Metapher verdeutlichen, doch ein Rest von »Weiblichkeit« und damit Menschlichkeit *sollte* – zumindest meiner Intention nach – die Verwandlung der Schönen in die Bestie überdauern.)

Lokaltermin

Diesen Roman habe ich deshalb geschrieben, weil es mir nicht gelungen ist, ihn so zu schreiben, wie ich es anfangs wollte. Weniger aphoristisch ausgedrückt: Ich wollte zunächst eine »andere Welt« konstruieren und anschließend den Helden in sie einführen. Weil nun aber eine »andere Welt« nur in Gestalt von Erkenntnissen über ihre natürliche Umwelt, ihre Bewohner, deren Entstehung, Geschichte, Kultur usw. existiert, war es zunächst nötig, zu diesen Erkenntnissen zu gelangen. Man könnte daher vermuten, daß ich mir die entsprechenden Erkenntnisse in irgendeiner Reihenfolge habe einfallen lassen, um dann, als eine leidliche Weltkonstruktion fertig war, den Helden auf den Weg zu schicken. Tatsächlich macht der Roman bei der Lektüre mehr oder weniger diesen Eindruck, aber er ist ganz anders entstanden: aus Chaos und Zufällen. Zufällig war bereits der Plan, ihn zu schreiben. Als mir eine fremdsprachige Version zur Autorisierung vorlag und ich ins Original hineinschaute, wurde mir immer schmerzlicher bewußt, welche Chancen ich vertan hatte. Es ging um die vierzehnte Reise des Ijon Tichy aus den *Sterntagebüchern*. Die verschiedenen Tagebücher sind im Laufe eines Vierteljahrhunderts aus dem reinen Vergnügen entstanden, die »tödlich ernsten » Stereotypen der Science Fiction zu karikieren, aber sie haben sich im Laufe der Zeit in ein Vergnügen verwandelt, das immer stärker mit Problemen befrachtet war. Das ist nicht leicht zu erkennen, weil ich zuerst die elfte, zwölfte, vierzehnte und fünfundzwanzigste Reise geschrieben habe. Die vierzehnte Reise noch einmal, aber jetzt »ordentlicher« zu schreiben, war mir nicht möglich, denn Wunder kann ich nicht vollbringen, und schließlich hätte ich nur durch ein Wunder den ursprünglichen Text aus den in aller Welt erschienenen Auflagen entfernen können. Als ich überlegte, wie das Problem zu lösen sei, dachte ich an eine *Korrektur*.

Der Held hatte sich getäuscht: Nicht auf einem Planeten war er gelandet, sondern auf dessen künstlichem Satelliten, einer Art Disneyland, und er hatte sich verhalten wie ein Marsbewohner, der, auf die Erde gekommen, einen Zirkus für eine Universität hält, die Clowns für Professoren und die radfahrenden Bären für normale Erscheinungen der örtlichen Tierwelt. Ich machte mich also an die Arbeit. Sie nahm mit längeren Unterbrechungen über sechs Jahre in Anspruch. Es entstanden verschiedene Versionen, die einander widersprachen, inkohärent und unbefriedigend waren. Weil ich in meinen Typoskripten keine Verbesserungen vornehme, sondern, falls ich in eine Sackgasse geraten bin, von vorne anfange, entstanden derart viele Varianten, daß ich mich nicht einmal mehr aller erinnern konnte. Neben diesen Handlungsvarianten entstanden Fragmente einer fiktiven Bibliothek, Enzyklopädien, Anthologien und Chrestomatien von dem fremden Planeten, der inzwischen Entia hieß (von *esse, ens*): Es »stellte sich nämlich heraus«, daß das »Enteropien« der vierzehnten Reise ein verdrehter Ausdruck aus einem Telegramm der Erstentdecker war, die von der »Entropie« gesprochen hatten, woraus dann »Enteropien« wurde. Auch in dieser Hinsicht kam es zu einem unübersehbaren Gewimmel von Konzepten, die chaotisch auf mich herniederprasselten. Hier ein Stückchen von der philosophischen Doktrin, dort etwas über die Vorgeschichte jener Welt, außerdem eine Unmenge von Neologismen, so etwas wie ein ungeordnetes Wörterbuch, das Begriffe enthielt, deren sachlichen Inhalt ich mir ausdachte oder auch nicht. Teils war zuerst die Vorstellung da – so etwa bei der künstlich geschaffenen, synthetischen Kultur, also der »Syntur«, teils zuerst das Wort, das mir von ich weiß nicht woher zuflog, z.B. bei »Gripsern«, von denen sich später »herausstellte«, daß sie die »Viren des Guten« waren, aus denen sich die »Ethosphäre« von Entia zusammensetzte.

Ich war mit allzuviel Elan an die Sache gegangen und verzettelte mich schrecklich. Es gab eine ganze Reihe von Bauplätzen, verschiedene Arten von Baumaterialien, die (für mich) mehr oder weniger verständlich waren, und außerdem rund zwanzig »erste Kapitel«, von denen keines erhalten geblieben ist. Nachdem ich schließlich über diese Ansammlung von Texten, Handlungsfragmenten und Alternativverläufen sowie Zitaten aus verschiedenen »Werken« die Kontrolle verloren hatte, sammelte ich gut tausend Seiten ein und begrub sie in einem Ordner. Ich war nicht mehr imstande, diesen nach allen Seiten auseinanderstiebenden Überfluß im Kopf zu behalten, geschweige denn zu einer homogenen Handlung zu integrieren und einzuschmelzen. Mal wurde Ijon Tichy der Fälschung beschuldigt (sein »Bericht aus Enteropien« sei genauso ein vorsätzlicher Betrug gewesen wie die berüchtigten »Hitler-Tagebücher«), mal erhielt er diplomatische Noten von den irdischen Botschaften Entias, mal sollte er eine gerichtliche Vorladung erhalten usw.. Dank der erhalten gebliebenen Briefe, die ich im Laufe von zwei Jahren (1979-1980) an F. Rottensteiner schrieb, besitze ich zumindest einen gewissen Überblick über mein spätes Ringen mit dem Chaos, das einige Jahre zuvor entstanden war. Vor 1979 schrieb ich nämlich an anderen Büchern und tat nur gelegentlich einen Blick in diese Papiere, mit einem Gefühl der Hoffnungslosigkeit und Irritation, bisweilen resigniert, bisweilen in der Hoffnung, einen Kunstgriff zu finden, der dieses Durcheinander vereinheitlicht hätte, doch ehrlich gesagt glaubte ich nicht mehr an eine solche Möglichkeit, obwohl viele interessante Probleme zwischen diesen Ruinen funkelten. Sie so aufeinander abzustimmen, daß daraus eine einheitliche Handlung würde, war ausgeschlossen. Mir lagen zwar Schilderungen der Örtlichkeiten vor, historische Chroniken und Legenden, Angaben über Industrieanlagen und Ideologien, doch paßten sie nicht zueinander, so daß ich nicht vor einer Materialsammlung stand, sondern vor einem wahren Abgrund.

Ich weiß wirklich nicht, wann ich auf die Idee gekommen bin, aus der Not eine Tugend zu machen, denn die Widersprüchlichkeit von philosophischen Ansichten, Theorien über die Entstehung der Arten, Interpretationen der Tatsachen und politischen oder ideologischen Standpunkten ist ja kein fiktives Unglück, sondern ein ganz gewöhnlicher Sachverhalt. Wir selbst stecken schließlich im Epizentrum eines solchen Unglücks. Es ist doch so, daß ein und dieselben Ansichten den einen als wahr, den anderen als unwahr gelten, daß das Heldentum der einen für die anderen ein Verbrechen ist, daß die einen als Rettung sehen, was für die anderen den

Untergang bedeutet, und so gibt es Tausende Dilemmata unseres Daseins, über die keine Einigkeit besteht, weder zwischen den Staaten noch innerhalb der Staaten, weder zwischen Ost und West noch zwischen der Ersten, Zweiten und Dritten Welt, und so macht diese allseitige Zerstrittenheit schlechthin unseren Zeitgeist aus.

Wenn nun unsere Zivilisation die der anderen zu erkunden beginnt, kommen zu jenen »entianischen« Widersprüchen unvermeidlich weitere Schichten von Mißverständnissen, Zweifeln, Fehlinterpretationen und irrtümlichen Mutmaßungen hinzu. Bei einer Kontaktaufnahme würden sie – die anderen – uns und unsere Ansichten über sie auf ihre Weise deuten und dadurch den Wirrwar der Erkenntnis noch steigern. Insofern war der labyrinthische Palimpsest unglaubwürdig. Ich wußte aber noch immer nicht, wie ich die Sache in Gang bringen, wie ich sie in eine Handlung umformen sollte.

Die Schilderung der Schwierigkeiten, die ich in verschiedenen Zonen des »Kontakts« überwand, wäre umfangreicher als der Roman selbst. Zunächst ging es um eine Erzählung, dann um eine long short story, bis schließlich der Teig zu wachsen und auseinanderzugehen begann; irgendwann um das Jahr 1979 wurde mir klar, daß nicht einmal ein Roman alles fassen würde.

Ungefähr die Hälfte des »Rohmaterials« ist in den Roman eingegangen, den Rest habe ich fortgelassen. Die Auswahl traf ich nach bestimmten Kriterien, die sich freilich selber mit der Zeit änderten. Ich arbeitete ja an einem Ganzen, das es nicht gab – wie wenn jemand in eine riesige Bibliothek eindringen würde, deren Bücher ohne irgendeine Ordnung aufgestellt sind. Den Anfang des Romans habe ich zunächst ausgelassen, er entstand recht spät. Um aus der Sackgasse herauszukommen, suchte ich nach den entscheidenden Konflikten, den Hauptgegensätzen (auf dem Planeten selbst und zwischen ihm und der Erde), und auf diese Weise entstanden leidlich durchgeformte Textinseln, doch wußte ich immer noch nicht, ob es mir gelingen würde, sie zu einem Kontinent zu verbinden. Viele solcher Inseln habe ich beiseite gelassen oder irgendeine Kleinigkeit, ein Bruchstück aus ihnen entnommen, das sich letztlich reduziert auf einen einzigen Satz, auf eine unbedeutende entianische oder irdische Meinungsäußerung. Dies war mir allerdings erst möglich, als jene Welt sich in größeren Umrissen abzuzeichnen begann, als mir eines schließlich klar wurde: Entia oder genauer: einer der dortigen Staaten war eine aufs äußerste getriebene Extrapolation einer »superpermissiven« Zivilisation, die der irdischen um gut tausend Jahre, wenn nicht mehr voraus war. Der Titel des Romans hätte »Vergeblichkeit« lauten können, ein mehrdeutiger Titel: er hätte sowohl darauf hingedeutet, daß selbst die vollkommensten instrumentellen Lösungen gesellschaftlicher Probleme nicht alle zu »Gleichen und Freien« machen können, als auch darauf, daß mein schriftstellerisches Unternehmen unter dem Gesichtspunkt des Handlungsaufbaues nicht ganz gelungen war. Was den Anfang der von mir geschaffenen Welt betrifft, so war er ziemlich biblisch: Zuerst schuf ich nämlich das Chaos, und ich konnte mich nicht in ihm zurechtfinden. Aus der ursprünglichen Version der vierzehnten Reise übernahm ich die gigantischen Tiere, die größer sind als Brontosaurier, die Kurdel. Ihnen verhalf ich nachträglich zu einer teils realen (evolutionären), teils märchenhaften (mythologischen, drachenhaften, sakralen, mit Sagen und Initiationsriten verknüpften) Abstammung. In der »vierzehnten Reise« werden die Kurdel »von innen« gejagt, und die Jäger lassen sich dabei von ihnen verschlingen; unter dem Hagel der auf den Planeten herabstürzenden Meteoriten hatten die Kurdel nämlich mächtige Panzer ausgebildet, und in der frühgeschichtlichen Phase, als sie noch nicht die Kurdel jagten, hatten die Bewohner des Planeten in deren Bauch Zuflucht vor den Meteoriten gesucht (während der »Stroem«perioden, in denen die Meteoriten niedergingen). Dieses Motiv baute ich im *Lokaltermin* zur herrschenden »Ideologie«, zur Doktrin des »Natiomobilismus« aus. Es entstand ein totalitärer, buchstäblich geschlossener Staat, nämlich in den Bäuchen der Kurdel. Jeder Kurdel ist eine auf vier Beinen wandelnde Siedlung oder Stadt. Die Parole der Staatsdoktrin lautet:«Kulturalisierung der Natur durch Naturalisierung der Kultur«: Der »Urkurdel« war »natürlich«, der bewohnte »kulturalisiert«. In seinen Gedärmen zu leben ist nicht sonderlich angenehm, aber eine Notwendigkeit.

Der Nachbarstaat Losannia (von dem Wort »lose« gleich ungebunden, also »vollkommen frei«) sollte nach dem Willen seiner Regierenden auf dem Boden einer maximalen technischen Produktivität eine bis ins Extrem getriebene permissive Konsumgesellschaft sein, die so »offen« war, wie es überhaupt geht.

Wenn ich das von vornherein gewußt hätte, hätte ich mir viel Mühe ersparen können; leider habe nicht ich diesen Gegensatz der zwei Systeme konstruiert, er hat sich vielmehr selbst konstruiert, bis ich, beinahe schon mit dem Schreiben am Ende, bemerkte, daß es im Grunde nur ein scheinbarer Gegensatz war, denn die offene Gesellschaft erwies sich als eine geschlossene, nur in einer anderen Weise als die von Kurdland. Sie hatte sich nämlich eine »Ethosphäre« geschaffen, von der die synthetische Kultur – die »Syntur« – eingehüllt war.

Die Prämisse lautet: Die Demokratie ist ein System, das sich in dem Maße, in dem es versucht, alle immer »gleicher« und »freier« zu machen, selbst zerstört. Der Pluralismus der Weltanschauungen und Verhaltensweisen führt zu einer wachsenden »Permissivität«. Die Permissivität ist gleichbedeutend mit einer allmählichen »Enttabuisierung« der traditionellen Verbote und Gebote, Normen und Direktiven, von denen ich einige anführe: *Du sollst* dein Vaterland verteidigen; du *sollst nicht* sexuelle Handlungen und Perversionen propagieren oder öffentlich demonstrieren; du *sollst* dich als Minderheit dem Willen der von der Mehrheit durch Wahlen bestimmten Regierung fügen; du *sollst nicht* im Namen »höherer Ziele« töten; du *sollst* die unterschiedliche Stellung achten, wie sie zwischen Eltern und Kindern, zwischen Lehrenden und Lernenden, zwischen einer empirisch betriebenen *Wissenschaft* und einer nach freiem Belieben betriebenen *Pseudowissenschaft* besteht; du *sollst nicht* dem Militär, der Polizei, der Feuerwehr, den Geistlichen und dem Unfallrettungsdienst Streikrecht einräumen, wenn solche Streiks nicht nur bestimmten Berufsgruppen Vorteile bringen, sondern auch Menschen das Leben kosten können. Wachsende

Permissivität bedeutet ferner, daß die Früchte einer immer mächtigeren Technologie immer leichter allen zugänglich werden, bis schließlich Extremisten jedweder Couleur zu einer so erpresserischen Macht werden, daß die demokratische Regierung ihr nachgeben muß, wenn beispielsweise die Ablehnung der extremistischen Forderungen bedeuten würde, daß eine ganze Stadt durch eine atomare oder sonstige Explosion vernichtet wird.

Ethische Normen funktionieren leidlich, wenn sie nicht nur von Polizei und Justiz überwacht werden, sondern verinnerlicht sind. Wo die verinnerlichte Ethik zusammengebrochen ist und jede pressure group tun kann, was sie will, entsteht ein ähnlicher Zustand, wie ihn der Marquis de Sade gefordert hat. Wenn alle »frei« und »gleich« sind, gewinnen die Stärkeren die Oberhand, und die Demokratie versinkt in Anarchie.

Der Staat Losannia aus dem *Lokaltermin* hat diese geschichtliche Phase bereits erreicht: Alles oder fast alles, was der ständige technische Fortschritt hervorbringt, steht für Terrorismus, Mord, Gewalt, Erpressung und Banditentum zur Verfügung. Es herrscht allgemein ein außerordentlicher Wohlstand, der jedoch allerorts und jederzeit bedroht ist – jeder kann ihn samt seinem Leben durch Bombenanschläge und Raubüberfälle verlieren.

Die Regierung hat deshalb keinen anderen Ausweg mehr gesehen, als die jüngsten wissenschaftlich-technischen Errungenschaften zu nutzen und eine »Ethosphäre« zu errichten. Sie sollte ein Höchstmaß an Ordnung und ein Höchstmaß an Freiheit und Gleichheit bei einem Minimum an äußerem Zwang (in Gestalt von Strafsanktionen) sichern. Der gesamte Apparat von Strafvollzug, Polizei und Justiz verschwand, weil jede Übertretung, unter der man verstand, »dem Nächsten etwas zu tun, was ihm unangenehm ist«, schon im Keim erstickt wurde. Es wurde eine künstliche Umwelt geschaffen, die sich durch eine unpersönliche Intelligenz auszeichnete. Sie funktionierte nicht-persuasiv, ohne Lohn und Strafe. Die synthetisch umgestaltete Umwelt begann sich im Bereich der Ethik so zu verhalten, wie die natürliche Umwelt sich im Bereich der Physik verhält. Niemand vermag durch einen Willensakt die Schwerkraft zu überwinden, und so gibt es denn auch keine Extremisten, die gegen die Gravitation oder gegen Mendelejews periodisches System der Elemente oder gegen den Zweiten Hauptsatz der Thermodynamik protestieren. Es gibt sie nicht, weil jeder begreift, daß bestimmte Tätigkeiten zwar denkbar, aber nicht ausführbar sind, da die Natur dies nicht zuläßt: Es ist nicht möglich, bis zu den Wolken zu springen, Unsterblichkeit zu erlangen oder Energie aus nichts zu schöpfen. Es ist ebenfalls nicht möglich, zu fordern, »es möge dennoch möglich sein«, weil es niemanden gibt, an den man solche Forderungen richten könnte. Die zuständigen »Ingenieure« ergänzten also die universale Schwerkraft des Planeten und die universale Zunahme der Entropie, kurz die unbezwingbaren Gesetze der Natur durch unbezwingbare Gesetze der Ethik, in denen ein »universales Sicherheitsminimum« vorprogrammiert war.

Zunächst mußte ich mich selbst davon überzeugen, daß eine »Ethifizierung« der Umwelt möglich und nicht reine Phantasie sei. In der reinen Phantasie ist alles möglich, und deshalb ist sie für die Erkenntnis wertlos. Ein realistisch orientiertes Vorstellungsvermögen darf unrealisierbare Dinge nicht für realisierbar erklären, denn wenn die Grenze zwischen ihnen aufgehoben wird, verlassen wir die Realität und geraten in die Welt der Hirngespinste, Märchen und Träume, und damit flüchten wir – was möglicherweise sogar angenehm ist – vor den realen Problemen der menschlichen Existenz.

Die Ethosphäre, so wie ich sie nach vielen Gedankenexperimenten konzipierte, erschien mir technisch machbar. Die gesamte soziale Lebenswelt ist gesättigt mit »Gripsern«, einer Art von synthetisch erzeugten oder eigentlich »gezüchteten« mikroskopisch kleinen Viren, durch deren Aktivität auf vielfältige Weise alle nur denkbaren Untaten vereitelt werden, so daß es nicht mehr möglich ist, einen Menschen zu töten oder zu verprügeln, ihn gegen seinen Willen zu entführen oder zu vergewaltigen oder öffentliche Einrichtung beziehungsweise privates Eigentum in irgendeiner Weise zu zerstören. Außerdem erfüllt die »Ethosphäre« gewissermaßen die Funktion einer »Medicosphäre«, denn sie wacht darüber, daß jeder optimal gesund bleibt, indem sie ganz unmerklich die wesentlichen Funktionsparameter des Organismus überprüft und – ebenfalls unmerklich – interveniert. Dieses ganze Wirken entspricht somit, nur mit positivem Vorzeichen versehen, dem uns vorzüglich bekannten Wirken von krankheitserregenden Bakterien und Viren, denn schließlich spüren wir ja auch nicht, wenn sie in unseren Organismus eindringen und eine Krankheit hervorrufen. Die »gesundheitserregenden« Viren hatten aber darüber hinaus auch solchen organischen Krankheiten vorzubeugen, die nicht auf das Eindringen irgendwelcher Keime zurückzuführen sind, sondern nur auf Funktionsmängel der Gewebe oder lebenswichtiger Organe des Körpers. Die künstliche Umwelt machte also nicht nur den Apparat der Rechtspflege, der Verfolgung und Bestrafung von Verbrechen, sondern auch das Gesundheitswesen überflüssig. Die Liquidierung der bloß intervenierend tätigen Medizin (niemand unterzieht sich ja pausenlos ärztlichen Untersuchungen und Heilbehandlungen, vielmehr kommt das nur zeitweilig und im Bedarfsfalle vor) war in theoretischer Hinsicht kein so schwieriges Problem, wie es erscheinen könnte, denn schließlich gibt es ja mikroskopische Organismen oder Quasi-Organismen (Bakterien, Viren), die auf dem Wege der Evolution entstanden sind, so daß es grundsätzlich nicht ausgeschlossen ist, daß man, wenn man erst einmal die Gentechnologie hervorragend beherrscht, solche Organismen synthetisiert, welche die ersteren bekämpfen werden, und es liegt – zumindest grundsätzlich – auch nicht außerhalb der Möglichkeit, ihnen die Fähigkeit zu prophylaktischem Wirken »einzubauen«. Daß es gegenwärtig noch nicht danach aussieht, war für mich kein allzu ernstes Hindernis.

Wenn es um Fragen der instrumentellen Entwicklung geht, wie die obengenannten, pflege ich mich nicht auf die Ansichten von Experten zu verlassen, sondern nur auf die langfristigen Entwicklungstendenzen der Wissenschaft und ihre sachlichen Resultate. Vor hundert Jahren hätte sich kein Experte zu der Erklärung bereit gefunden, daß es einmal möglich sein werde, die höheren geistigen Funktionen zu automatisieren, die Erde mit einem Schwarm von künstlichen Satelliten zu umgürten, die für geologische, meteorologische und militärische Zwecke eingespannt werden, Herzen, Lungen, Nieren und Lebern von Verstorbenen zu verpflanzen und damit anderen Menschen das Leben zu retten, die Energie des Atoms freizusetzen usw.

Eine echte Schwierigkeit bestand jedoch darin, die Ethosphäre so zu beschränken und zu gestalten, daß ihr Wirken erstens gänzlich frei war von persönlichen Elementen (man sollte in der Ethosphäre nicht »jemanden« sehen, der aufmerksam und sorgfältig über jeden Menschen wacht, so wie ein fürsorglicher Vater auf sein Kind achtgibt) und daß die in ihr enthaltenen ungeheuren Handlungsmöglichkeiten gegen niemanden mißbraucht werden konnten. Bildlich gesprochen, sollte die Ethosphäre nicht dem Dschin der Märchen aus Tausendundeiner Nacht gleichen, der demjenigen gehorcht, der ihn zu rufen versteht.

Dies erwies sich als eine Nuß, die schwer zu knacken war. Für mich war von vornherein klar, daß die von einer Ethosphäre umgebenen Menschen aus der Haut fahren würden, wenn man versuchen würde, dieses unsichtbare System moralischer Barrieren, die jedes Verbrechen vereitelten, zu überlisten. Wenn man zudem die unwahrscheinliche Annahme machte, daß sich »Gripser« konstruieren lassen, die in das Gehirn des Menschen eindringen und die dort vorhandenen, dem herrschenden ethischen Kodex widersprechenden Intentionen (Absichten, Pläne) lesen könnten, so hätte das doch bedeutet, daß alle pausenlos überwacht werden, und das auch noch »von innen«, daß der Große Bruder nicht nur »auf euch schaut«, sondern mit seinen mikroskopischen Abgesandten in jedem von uns sitzt, daß eine allumfassende Bespitzelung, Überwachung und Kontrolle herrscht, und folglich hätte nichts mehr garantieren können, daß diese Kontrolle, die sich grundsätzlich zwar nur gegen »böse« Absichten richten sollte und ethisch neutrale oder gute Absichten nicht betraf, *nicht* auf verhängnisvolle Abwege geraten könnte, sei es durch irgendwelche Defekte (»alles, was kaputtgehen kann, geht kaputt«), sei es dadurch, daß sich jemand der Produktionsstätten dieser »Mikrospione« bemächtigte und deren Programme in schändlicher Absicht veränderte.

Ich sah daher keine andere Abhilfe als die Annahme, daß

es den ethosphärischen Viren ganz unmöglich sein würde, geistige Prozesse zu »entschlüsseln«. Dies scheint, wie ich hinzufügen möchte, ohnehin praktisch festzustehen. Auf die prinzipielle und somit nicht nur vorläufige Unmöglichkeit des Gedanken lesens – sei es »aus dem Gehirn heraus«, sei es von außen – deuten sämtliche uns jetzt schon zur Verfügung stehenden Daten über die Physiologie des Gehirns hin, doch werde ich sie hier nicht anführen, denn dann würde aus diesem Hinweis eine regelrechte Monographie über Neurophysiologie.

Die Ethosphäre durfte also nicht wirksam werden, wenn jemand häßliche Gedanken oder verbrecherische Gelüste hatte, sondern nur bei konkreten Handlungen, also nicht in einem introspektiven, sondern in einem behavioristischen Sinne. Ich habe mir dann ausgemalt, was sie alles verhindern mußte: meuchlerische Mordanschläge, Überfälle und Entführungen, Einkerkerungen und Fesselungen, jegliche Form der Gewaltanwendung, Vergiftungen, Erdrosselungen, das Hinabstoßen in Abgründe oder das Ertränken (nach gebührender Einzementierung der Füße des Opfers in einem Eimer Beton), das Legen von Bomben mit einem Zeitzünder oder mit einem durch Funk aus der Ferne betätigten Zünder, das Zerstören des Bremssystems oder anderer Systeme an beliebigen Fahrzeugen, vom Fahrrad über das Düsenflugzeug bis hin zur kosmischen Rakete, usw. Der Roman selbst enthält nur einen Bruchteil dieser Gedankenexperimente, denn ihre gewissenhafte Aufzählung hätte den Text allzusehr belastet. Ich wollte zuerst mich selbst davon überzeugen, daß die Aufgabe technisch lösbar sei. Und das scheint sie tatsächlich zu sein. Das hängt sehr eng mit den prophylaktisch-medizinischen Eigenschaften der »positiven Viren« zusammen. Wenn nämlich jemand mit einem Strick erdrosselt wird, treten in seinem Organismus sofort lebensgefährliche Veränderungen ein, desgleichen, wenn man ihn vergiftet oder schlägt, wenn man versucht, ihm den Schädel zu zertrümmern, ihm ein Messer ins Herz zu jagen usw. Ein Versuch der Rettung in einer recht späten Phase eines solchen Anschlags auf Gesundheit oder Leben kann nicht befriedigend sein. Böse Absichten lassen sich bei einem potentiellen Täter früher erkennen, nicht an seinen Gedanken, sondern am physiologischen Zustand seines Organismus. Eine hundertprozentige Erkenntnis ist allerdings nicht möglich. Während man sich vorstellen kann, daß die scharfsinnigen Wölkchen von »Mikrocomputern« eine Bombe zu erkennen und daher auch zu entschärfen vermögen, ist es schwer vorstellbar, daß sie jedes Küchenmesser abstumpfen oder jedes Fenster, zu dem ein Mensch einen anderen mit Gewalt hinschleppt, schließen sollen. Auch das Problem der Gifte ist nicht leicht zu lösen, denn die meisten Arzneimittel können tödlich wirken, wenn man sie in einer allzu großen Dosis reicht. Und kann es sich nicht, wenn jemand mit einer Schnur gefesselt wird, um einen harmlosen Scherz handeln, der sich ganz plötzlich und unerwartet in einen Mordanschlag verwandelt? Demnach müßte der physiologische Zustand sowohl des potentiellen Täters als auch des potentiellen Opfers von Anfang an kontinuierlich überwacht werden. Grundlage einer solchen Kontrolle sind die schon heute bekannten, aber immer noch sehr unsicheren und primitiven Verfahren, wie man sie etwa beim sogenannten Lügendetektor anwendet, der die durch Gefühlswallungen hervorgerufenen Veränderungen des elektrischen Widerstandes der Epidermis mißt. Sehr vereinfacht gesagt, verrät sich ein Lügner durch einen verminderten Widerstand seiner Haut (für Schwachstrom), doch läßt sich nicht mit hundertprozentiger Gewißheit behaupten, daß er lügt, weil die Diagnose nur statistische Validität besitzt. Freilich wird auf diese Weise nur ein Funktionsparameter des Organismus untersucht. Würde man Hunderte solcher Parameter berücksichtigen – angefangen mit dem Adrenalinspiegel des Blutes über die Erhöhung des Tonus der Skelettmuskeln, den Pulsschlag und die verminderte Ausschüttung von Verdauungssäften bis hin zu Veränderungen der Ionenkonzentration der Gewebe und so weiter –, so wäre es möglich, immer besser zwischen einer Spielsituation, einer sportlichen oder auch sexuellen Aktivität und einer beginnenden verbrecherischen Handlung zu unterscheiden.

Solche Differenzierung muß jedoch, wie ich schon sagte, Grenzen haben. Wenn jemand einem Dürstenden zu trinken geben möchte und ihm statt Limonade aus Versehen ein Unkrautvernichtungsmittel reicht, so werden die »Ethoviren«

das vielleicht noch vereiteln, weil sie die chemischen Eigenschaften der Flüssigkeit im Handumdrehen erkennen. Das ist zwar sehr schwierig, aber nicht ganz und gar unmöglich. Wenn aber jemand bei einem Mord felsenfest davon überzeugt ist, daß er sein Opfer gar nicht ermordet, sondern vielmehr rettet und ihm aus edlen Motiven den Tod gibt, kann die Ethosphäre das nicht mehr verhindern. Die einzige Hoffnung bietet in diesem Fall die Annahme, daß (fast) niemand in so gutem und heiligem Glauben tötet wie Abraham, der Gott in Gestalt seines Sohnes Isaak Blutopfer zu bringen versuchte, die Annahme, daß die Intentionen von Terroristen sehr viel weniger edel sind, als ihre offiziellen Programme verkünden. Schwächen in der Differenzierungsfähigkeit der Ethosphäre werden eine sehr seltene Ausnahme von der Regel sein. Kurz, nur der wird seinem Nächsten etwas Unangenehmes zufügen können, der zutiefst überzeugt ist, er diene dessen Wohl. In diesem Fall wird nämlich der Organismus des Tötenden nicht die für die Aggression typischen Veränderungen zeigen, und auch der Organismus des Opfers wird nicht jene Veränderungen aufweisen, die spezifisch sind für die Angst vor einer Gefahr. Treten solche Veränderungen auf, so vereitelt die Ethosphäre die Tat. Damit werden meines Erachtens recht bescheidene Anforderungen an die Ethosphäre gestellt, denn es läßt sich nicht von der Hand weisen, daß selbst Urvater Abraham in dem Augenblick, als er Hand an seinen Sohn legte, physiologische Aggressionsbereitschaft verriet, die behavioristisch nicht von der Bereitschaft eines gewöhnlichen Mörders zu unterscheiden war, obgleich er für seine Tat die Erlaubnis, ja sogar den Befehl vom Herrgott persönlich erhalten hatte. Wenn ich gesagt habe, daß die Ethosphäre nicht hundertprozentig funktionieren werde, dann geschah es aus dem Bedürfnis, der geschilderten Welt eine gewisse Realitätsnähe zu vermitteln, denn es ist uns bisher noch nie gelungen, vollkommen unfehlbare Apparaturen zu schaffen. Fehlbar sind ja sogar »Apparaturen«, die millionenfach leistungsfähiger sind als die unseren, zum Beispiel die Informationsübertragungen des Vererbungsapparates, wenngleich man nicht mit Sicherheit weiß, ob sie deshalb unvollkommen sind, weil eine gewisse Unfehlbarkeit

– in Gestalt von Genmutationen – sich in der Evolution gerade als *vorteilhaft* erwiesen hat, oder deshalb, weil Defekte sich prinzipiell nicht beseitigen lassen. (Sie ließen sich, wie ich glaube, wohl beseitigen, wenn man mit einem Wissen, das dem von der Evolution angehäuften natürlichen Wissen technologisch überlegen wäre, in die biologischen Prozesse eingreifen würde, aber das gehört zumindest hier nicht mehr zur Sache.)

Zudem war mir sehr daran gelegen, daß niemand die »Dienste« der Ethosphäre mißbrauchen könne, weder für sich selbst noch gar gegen seinen Nächsten. Solcher Mißbrauch wird dadurch vereitelt, daß die Ethosphäre nicht so etwas wie eine Person ist, kein Dschin, kein synthetischer Erzengel oder gar eine Prothese des Herrn der Heerscharen selbst. Man kann nicht mit ihr selbst »reden«, man kann von ihr direkt nichts fordern, sie ist kein Fürsorger, sondern die unpersönliche Fürsorglichkeit, ein System von Barrieren, die unsichtbar und allgegenwärtig sind wie die Gravitation. Sie ist nur ein Teil der synthetischen Umwelt; andere Aggregate der Umwelt können Wünsche erfüllen, wobei ihre Produktionsprogramme »ethische« und »energetische« Beschränkungen aufweisen: Man kann weder eine Bombe noch Gift verlangen, und was man im Laufe eines Jahres verlangen kann, ist beschränkt durch eine für alle Bürger gleiche »Energiezuteilung«. Wenn jemand diese Zuteilung auf einmal verbraucht, um von sich oder seinen Tanten zweihunderttausend in Gold gegossene Denkmäler aufstellen zu lassen, erhält er für den Rest der Zeit (bis zum Ende des Jahres) nur das für die Befriedigung der Lebensbedürfnisse erforderliche Minimum. Jeder nutzt sein Energiequantum nach Belieben, kann es jedoch nicht mit den »Zuteilungen« anderer zusammenlegen. Die Produktionsmöglichkeiten der Wunscherfüllungsapparate sind so groß, daß man zwischen natürlichen und übernatürlichen Erscheinungen nicht zu unterscheiden vermag. Wünscht jemand einen Kontakt mit der Seele eines längst verstorbenen Vorfahren, so »zeigt sich das Gespenst« und wird sich so verhalten, als sei es aus dem Jenseits herbeigerufen. Die künstliche Umwelt besitzt nämlich ein vollkommenes Gedächtnis an alles und an alle, die seit der Entstehung dieser Umwelt gelebt haben, und daher kann sie Simulate erzeugen (allerdings keine lebenden Geschöpfe, sondern nur Imitationen, die in diesem Falle an »Gespenster« und »Geister« erinnern).

Außer den wünschenswerten besitzt die Ethosphäre auch unerwünschte Eigenschaften. Niemand kann jemandem etwas zuleide tun oder Selbstmord begehen. Starken Beschränkungen unterliegen riskante Verhaltensweisen wie etwa das Bergsteigen, obwohl man es betreiben kann. Entsprechend dem Risiko, das mit einem Unternehmen zusammenhängt, wird die Motivation geschwächt. Viele extreme Aufgaben, die der Mensch sich selbst stellt, erfahren eine »motivationale Kastration«. Man kann einfach nicht mehr »die Gefahr herausfordern« (was im übrigen an die Situation in meiner *Rückkehr von den Sternen* erinnert). Ferner muß die Ethosphäre eine degenerierende Wirkung auf verinnerlichte ethische Imperative haben. Niemand kann einem anderen bei irgend etwas helfen, so wie niemand zu Fuß ein Auto überholen kann; wo Samariterdienste erforderlich sind, ist die Ethosphäre immer »als erste zur Stelle«. Die in der »intelligenten Umwelt« veräußerlichte, entpersönlichte Freundlichkeit läßt Bekundungen der Freundlichkeit zwischen den Menschen sinnlos werden.

Gleich nachdem ich im September 1981 den *Lokaltermin* abgeschlossen hatte, konnte ich auf einem interdisziplinären Symposium mit Fachleuten verschiedener Disziplinen über die »Ethosphäre« sprechen (*Informations- und Kommunikationsstrukturen der Zukunft.* Workshop mit Stanisław Lem, herausgegeben von R.D. Hennings, W. Müller, G. Vowe, G. Wernot, Wilhelm Fink Verlag München 1983). In den Diskussionen dieses Treffens ging es um eine Reihe von hypothetischen Konstruktionen, die man aus einigen Büchern von mir entnommen hatte. Der ästhetisch-literarische Aspekt wurde dabei übergangen. Was die »synthetische Kultur« aus dem *Lokaltermin* betrifft, so referierte ich in groben Umrissen ihre Gestalt, ihr Ziel und ihre Wirkungsweise, und die Anwesenden haben dann überlegt, ob dieses Gebilde technisch realisierbar sei und ob man es gegebenenfalls konstruieren solle.

Dies war eine ausgezeichnete Gelegenheit, eine fiktive Geschichte an der realen Geschichte zu messen. Es spielte keine Rolle, daß die Teilnehmer des Symposiums nicht in ihrem jeweiligen Fach die höchsten Autoritäten der Welt darstellten. Die Ansichten der »ersten Autoritäten« mögen von denen meiner Diskussionspartner abweichen, doch werden sie kaum von sehr viel größerer Sachkenntnis belastet sein. Darüber, welches Leistungsniveau die irdische Technologie in tausend Jahren erreichen mag, kann heute niemand etwas Sicheres sagen. Die vorgetragenen Einwände lassen sich folgendermaßen zusammenfassen: A) Die Ethosphäre kann nicht auf Dauer »unpersönlich« sein. D. Dörner sagt (a.a.O., S. 70): »Die Ethosphäre muß Bedürfnisse haben, und zwar zunächst einmal die, möglichst viele Kenntnisse zu sammeln über die Zusammenhänge, die zwischen den physiologischen Erscheinungen des Menschen und den Handlungstendenzen bestehen. Wenn aber ein System erst einmal Erkenntnisbedürfnisse hat, dann liegt es automatisch nahe, daß es außerdem eigene Bedürfnisse bezüglich des Eingreifens, also »Machtbedürfnisse«, entwickelt, zum Beispiel, um sich die Arbeit zu erleichtern. Es lernt, es entwickelt sich weiter und wird hinterher nicht nur zu einem registrierenden, eher passiv bewahrenden Gebilde, sondern müßte sich aus innerer Logik fortentwickeln zu einem ›Gott‹ beziehungsweise ›Teufel‹.«

B) (Wersig) Grundlage der Ethosphäre ist eine Dichotomie, die das »Böse« permanent vom »Guten« abgrenzt. Ist eine solche Abgrenzung eindeutig möglich?

C) Ein instrumenteller Ersatz der verinnerlichten Ethik ist oder kann der Untergang der Menschlichkeit sein.

Es ist in der Diskussion zu Mißverständnissen gekommen, weil ich, da mir der Text des Buches nicht zur Verfügung stand, auf zahlreiche Einzelheiten der ethosphärischen Funktionen nicht eingehen konnte.

Im Roman beginnt die Ethosphäre tatsächlich nach einiger Zeit nicht so zu funktionieren, wie man es von ihr erwartet hat. Sie verlängert beispielsweise die Agonie von todkranken Greisen, weil sie nach der vorgegebenen Direktive handelt, »Leben zu retten«. (Wie sich dann herausstellt, wird es durch eine Umprogrammierung dieser Direktive möglich, beinahe Unsterblichkeit zu erlangen, was sich in sehr abstoßenden

Formen äußert.) Eine Folge von ähnlichen unerwarteten Erscheinungen läßt die Befürchtung wach werden, daß der Fürsorger, mag er noch so unpersönlich, noch so wohlwollend sein, eine Gefahr darstellt. Im Roman meldet sich eine Opposition zu Wort: »Wer garantiert, daß die Gripser nicht (...) in die Gräber dringen, um uns mit den Gerippen unserer Bekannten zu erfreuen, die im strammen Marsch vom Friedhof wiederkehren? Behinderte Kinder kommen nicht mehr zur Welt, das ist angeblich gut so, aber woher können wir wissen, was für *andere* Kinder nicht mehr geboren werden? (...) Nichts kann den Nachweis liefern, daß diese Welt uns stets günstig gesonnen bleibt – daß ihre schützende Umarmung nicht in fünf oder hundert Jahren zum Würgegriff wird ...«. Daß die ganze Ethosphäre irgendwie »abdriften« kann, war für mich keine Frage, wie man allein schon aus dem Zitat ersieht; ich meinte nur, daß sie nicht die Merkmale einer Person besitzen werde.

Die Entstehung der Ethosphäre brachte ich in Zusammenhang mit der Doktrin der Drei Welten, die von dem entianischen Platon stammte. Sie lautet in Kürze folgendermaßen: »Der Unparteiische ist gleichgültig oder gerecht. Der Unparteiische gibt all und jedem die gleiche Chance, und der Gerechte mißt alles nach einem Maß.

1. Die Welt ist nicht gerecht, denn in ihr ist
   Vernichten leichter als Schaffen,
   Peinigen leichter als Beglücken,
   Verderben leichter als Erlösen,
   Töten leichter als Beleben.

Also ist die Welt ungerecht gegen das Leben. (...) Läßt sich eine andere Welt denken als diese? Es gibt zwei solcher Welten. In der unparteiischen wäre zerstören so leicht wie schaffen, verderben so leicht wie erlösen, töten so leicht wie Leben geben. In einer allgemein wohlgesonnenen Welt, die für das Gute Partei ergreift, wäre erlösen, schaffen oder beglükken leichter als verderben, töten und peinigen. Solche Welten lassen sich in dieser Welt nicht errichten. Warum nicht? Weil sie es nicht zuläßt.«

Einige tausend Jahre später, als sie das dafür erforderliche technologische Niveau erreicht hatten, schufen die Entianer die Ethosphäre, indem sie den (im ganzen Kosmos geltenden) physikalischen Merkmalen der Welt solche »Zusätze« hinzufügten, daß ein erheblicher Teil der *Ethik* zu einem Bestandteil der *Physik* wurde, und damit die Doktrin der Drei Welten wiederaufleben ließen. Die Ethosphäre sollte aus einer »übelgesonnenen« Welt eine »wohlgesonnene« machen. Zu spät erkannte man, daß die synthetische Güte etwas überaus Verdächtiges ist, gemäß der wohlbekannten Frage *Quis custodiet ipsos custodes*?

Was die Frage betrifft, ob man sich einer solchen Fürsorglichkeit unterwerfen sollte oder nicht, meine ich, daß sie sich, so formuliert, abstrakt nicht beantworten läßt.

Die Ethosphäre stellt einen im Grunde recht verzweifelten Versuch einer offenen, permissiven Gesellschaft dar, sich vor dem völligen Zerfall in Anarchie und Chaos zu retten. Sie ist eine Notbremse, nicht das Projekt eines Paradieses auf Erden. Zu ihr hat man sich eher aus Notwendigkeit als aus Neigung entschlossen (obgleich sie ihre technokratischen Befürworter und Anhänger gehabt haben muß). Im übrigen wird jeder Gesellschaftstyp, ob er sich nun auf technische Mittel stützt oder nicht, in unterschiedlicher, ja gegensätzlicher Weise beurteilt werden, sowohl von innen heraus, aus der Bevölkerung, als auch von außen, von anderen Gesellschaften. Der Poppersche Gegensatz zwischen einer »offenen« und einer »geschlossenen« Gesellschaft wird im Roman nachgebildet durch den Gegensatz zwischen einer »total naturalisierten Gesellschaft« und einer »synthetisch ihres eigenen Willens beraubten Gesellschaft«. In beiden herrscht ein Zwang, der von außen kommt und nicht von einer verinnerlichten Moral ausgeht; die »Naturalisierung« treibt die einen in die Bäuche der Kurdel, die »Ethifizierung« schlägt die anderen in die unsichtbaren Fesseln der »Syntur«.

Darüber hinaus hat die Überlegung gezeigt, daß es innerhalb einer ethifizierten Gesellschaft zwar keine Konflikte im Sinne offener Zusammenstöße oder gar eines Bürgerkrieges geben kann, daß es jedoch zu einem Konflikt zwischen einer solchen Gesellschaft und einer anderen, auf der gleichen instrumentellen Grundlage entstandenen Gesellschaft kommen kann.

Wenn jeder der Staaten seine eigene Ethosphäre besitzt, äußert sich der Konflikt als ein Zusammenstoß von zwei mit instrumenteller Intelligenz ausgestatteten Umwelten, und so ist es denn auch in der Geschichte des Planeten gewesen. Bei der Berührung zweier Ethosphären muß es zu einer Kollision kommen, weil jede von ihnen ihre Bewohner entsprechend ihrer Programmierung zu beschützen hat, und zu den Schutzaufgaben gehört auch die Sicherung vor irgendeinem Eindringen von außen. Für jede Ethosphäre war die Berührung mit der anderen gleichbedeutend mit einer Art von Invasion, aus dem Kontakt wurde ein Konflikt, in dem jede einen »Schild« bildete, für die andere jedoch »Schwert« bedeutete. Ihre Expansion enthielt keinerlei Kriegs- oder Eroberungsabsichten, so wie wir das mit unseren militärischen Kategorien verstehen. Es ging um eine den menschlichen Begriffen fremde Erscheinung, der allenfalls noch die biologische Abwehrreaktion auf einen »Fremdkörper« entsprechen könnte, also eher eine »immunologische« als »kriegerische« Reaktion. Im übrigen wird dieser Zusammenstoß in der Romanhandlung nicht eindeutig dargestellt. Die Intentionen der miteinander kollidierenden, ganz und gar unpersönlichen Parteien waren nicht erkennbar, ja, man darf im Grunde gar nicht von Intentionen sprechen, wenn zwei verschiedenartige Systeme aufeinanderprallen, die ein Mittelding zwischen Bakterien und Computer oder, genaugenommen, etwas »Drittes« darstellen.

So ungefähr entstand die Welt des Romans als eine extreme Ableitung des *genius temporis futuri* aus dem Geist unserer Zeit.

Dadurch, daß ich die Sache auf einen fremden Planeten verlegte, erhielt ich die Chance, vernunftbegabte Wesen zu zeigen, die mit dem Menschen anatomisch und physiologisch nicht identisch sind. Die diesbezüglichen Unterschiede durften nicht bloß ein Mummenschanz sein. Ich wollte herausbekommen, in welchem Maße unsere Glaubensvorstellungen, Sitten, ethischen Kodizes und philosophischen Ansichten, kurz, die gesamte geistige Tätigkeit des Menschen von den Gegebenheiten der menschlichen Leiblichkeit abhängt. Dieses Problem habe ich bereits, allerdings rein theoretisch, in

Phantastik und Futurologie behandelt, wo ich unter der Überschrift »Erotik und Sex« schrieb: »Alle stabilen Eigenschaften, mit denen der Mensch ausgestattet ist, sind ihm biologisch auf gleicher Ebene gegeben: Vom biologischen Standpunkt aus sind sie nämlich Bestandteile eines Ganzen, das homöostatische Funktionen erfüllt, und ihre Werte werden davon bestimmt, inwiefern die Tätigkeit jedes von ihnen zum obersten Prinzip der Homöostase beiträgt – nämlich, sich im Bereich von Störungen zu behaupten. Auf diese Ordnung der rein sachlich durch die Anatomie und Physiologie der Gattungsnorm determinierten Werte legen die verschiedenen Kulturen ihre eigenen normativen Wertungen auf, die zu den biologisch gegebenen in Widerspruch stehen können. (...) Keine Kultur kann lebensnotwendige Tätigkeiten wirksam verhindern; dagegen kann sie sie das eine Mal zu einer öffentlichen, das andere Mal zu einer Privatsache machen; sie kann ihnen einmal den Nimbus der Erhabenheit verleihen, ein andermal sie abwerten und nur widerwillig zulassen, daß sie stillschweigend praktiziert werden. (...) Je unvermittelter, also plötzlicher, die Folgen der Eindämmung einer gegebenen biologischen Funktion sind, in um so schwächerem Grade kann die Kultur normativ in ihre Sphäre einschreiten. Deswegen gab und gibt es keine Kultur, die z.B. in Atmungsprozesse eingreifen würde, einfach deshalb, weil der Mensch genau so atmen muß, wie dies in seinem Organismus physiologisch programmiert ist; jede ernstere Verletzung dieser Norm muß ja zum baldigen Tode führen. (...) So gesehen, ist die Entfernung zwischen den sexuellen Tätigkeiten und ihrem biologischen Ziel die größte, weil hier zwischen Ursache und Folge ein ganz anderes Verhältnis besteht als bei allen anderen biologischen Befriedigungen. In der Atmung oder in kulinarischer Hinsicht kann man sich keine allzu großen Abwechslungen erlauben, z.B. kann man Atemwege und -rhythmus nicht radikal verändern. (...) Der Unterschied zwischen der Befriedigung des Bedarfs an Sauerstoff und jenem an Kalorien besteht nur darin, daß man unbedingt Luft atmen muß, dagegen kann man verschiedene Speisen zu sich nehmen. (...) Man kann auch den Hunger nicht mit Produkten stillen, die in biologischer Hinsicht wertlos sind. Dagegen kann man Sex auch so betreiben, daß man ihn mehr oder weniger dauerhaft von seinem natürlichen Fortpflanzungsziel trennt, was für den, der dergestalt vorgeht, keinerlei schädliche Folgen haben muß. (...) Das ist die erste Unterscheidung, die auf physiologischer Ebene den Sex von den anderen organischen Tätigkeiten heraushebt. Die zweite bezieht sich auf die Sphäre der durch das Sexualleben hervorgerufenen Empfindungen. (...) Dies ist die Ausgangssituation, die ihre guten, rein sachlichen, rein instrumentalen, strukturellen Gründe hat. Es geht darum, daß – etwas metaphorisch gesprochen – das persönliche, individuelle Interesse im Bereich aller physiologischer Tätigkeiten, mit Ausnahme der geschlechtlichen, ideal mit dem Evolutions- und Gattungsinteresse zusammenfällt. Denn ›für sich‹ und nur ›für sich‹ atmet, trinkt, ernährt sich jeder Organismus, dagegen kopuliert er ›nicht für sich‹. Aber eben ›damit es ihm scheine‹, daß er auch diese Funktion ›für sich‹ erfüllt, muß sie mit der höchsten Belohnung im Bereich der Empfindungen einhergehen, die strukturell im Körper zu verwirklichen war. Wir sagen nicht, daß die Evolution dies ›bewußt geplant‹ hat, denn sie ist ja kein Baumeister personaliter; wir bemühen uns nur, die Überlegungen und Berechnungen zu rekonstruieren, die ein Baumeister wohl anstellen würde, der etwas möglichst Ähnliches zum Reich der Tiere und Menschen konstruieren wollte. (...) Deswegen wurde das Atmen niemals von der Kultur einer Wertung unterzogen. (...) Man weiß, daß man unbedingt atmen muß, und zugleich gibt es keine einzige Kultur, die der Atmung eine besondere Stelle in ihrer Werthierarchie zugewiesen hätte, indem sie feststellte, daß Atmen eine sehr schöne und würdige oder umgekehrt eine ekelhafte und fatale Tätigkeit sei. Der Sex hingegen wurde gerade auf diese Weise im Wertsystem der Kulturen von einer Ecke in die andere geschoben. Und im Bereich unserer unter der Sonne des Christentums erblühten Kultur hat er, mehr als in irgendeiner anderen, Verdammungen eingeheimst.« Aus diesem Zitat wird klar, warum ich den vernunftbegabten anderen eine völlig verschiedene Sexualität zuschreiben wollte. Aus Unterschieden des Gewebestoffwechsels oder des Verdauungssystems hätte ich ja keine relevante Problematik herauspressen können. Wie konnte diese andere Sexualität aussehen? Die von Ursula Le Guin in *The Left Hand of Darkness* entworfene Variante von zwittrigen Wesen, deren latenter Hermaphroditismus sich mal als Weiblichkeit, mal als Männlichkeit äußert, war für mich nicht ausreichend. Nicht deshalb, weil es sich um eine »fremde Erfindung« handelte, sondern weil ich einen sehr viel grundsätzlicheren Unterschied benötigte. Fest stand für mich, daß es sich um eine dimorphe Sexualität handeln mußte, denn die Getrenntgeschlechtigkeit ist ein mächtiger Akzelerator der Artenbildung (weil dank dominanter und rezessiver Gene ständig alternative »Baupläne« miteinander konfrontiert werden). Die Parthenogenese kam deshalb für mich nicht in Frage.

Würde eine Getrenntgeschlechtigkeit ohne Kopulation und auch ohne Orgasmus die Fortpflanzung ermöglichen? Das galt es genau zu untersuchen. Die überwältigende Mehrheit der Tiere kopuliert, und die dazu dienenden Organe unterscheiden sich in ihrem Aufbau um so stärker, je früher sie im Zuge der Evolution entstanden sind und je früher die entsprechenden Grundtypen des Körperbaus sich auseinanderentwickelt haben. Dessenungeachtet ist die Kopulation bei Insekten, bei zahlreichen wirbellosen Tieren und bei den Wirbeltieren anzutreffen, auch wenn z.B. die Reptilien anders kopulieren als die Säugetiere, zu denen der Mensch gehört. Ich mußte daher die »andere Sexualität« gleich am Beginn der Biogenese entstehen lassen, ja, ich mußte sogar die Bedingungen der Biogenese auf dem Planeten verändern. Aufgrund der örtlichen Besonderheiten der Himmelskörper mußte eine andere Genesis beginnen! Der Planet Entia umkreiste seine Sonne auf einer stark elliptischen Bahn, und er hielt sich anfangs recht kurz im Perihel auf, entsprechend der gravitationalen Mechanik dagegen sehr lange, nämlich Hunderte von Jahren, im Aphel. Unter dem Einfluß der Schwerkraft anderer Planeten des Systems änderte sich die elliptische Bahn allmählich und wurde beinahe kreisförmig, also ähnlich der irdischen Umlaufbahn, doch dauerte diese Umgestaltung Hunderte von Jahrmillionen. Das Leben entstand dort, wo es nicht unmittelbar von der

Strahlungsenergie der Sonne abhängig war, die ja – zwischen Aphel und Perihel – sehr starken Schwankungen unterworfen war, dort also, wo eine seismisch aktive Hochebene an den Ozean grenzte; zur Quelle der lebensnotwendigen Energie wurde daher der heiße Kern des Planeten, wurden dessen vulkanische Mündungen. In dem Maße, wie die elliptische Umlaufbahn sich in eine kreisförmige verwandelte, wurde die Sonnenstrahlung immer stabiler, und daher konnten die entianischen Organismen sich ausbreiten; sie brauchten nicht mehr in der Leben schenkenden vulkanischen Region zu verharren, die bis dahin ihre streng begrenzte ökologische Nische gewesen war. Es entstanden die grünen Urinsekten, die zur Photosynthese in den hohen Schichten der Atmosphäre befähigt waren – und so fing alles an.

Bei allen irdischen Wirbeltieren sind Ausscheidungs- und Fortpflanzungsorgane zu einer bifunktionalen Einheit verwachsen; diese Entscheidung fiel im Rahmen der Evolution mit der Entstehung der Chordatiere, aus denen die Wirbeltiere hervorgegangen sind. Auf Entia war es anders, dort entstanden »sexofaciales et spermonarinales«, bei denen Geschlechts- und Ausscheidungsorgane sich auf entgegengesetzten Körperseiten befanden. Was für ein Stammbaum der Arten daraus hervorgegangen ist, sage ich hier nicht, weil ich mir ihn nur (zum eigenen Gebrauch) skizziert habe. Um etwaigen Vermutungen entgegenzutreten, möchte ich betonen, daß die Sexualität nicht der einzige Gegenstand meiner evolutionstheoretischen Überlegungen war. Mit der getrenntgeschlechtigen kopulationslosen Fortpflanzung erfuhr die sexuelle Attraktivität einen durchgreifenden Wandel, so daß der Sex appeal am Ende nichts mehr zu tun hatte mit den menschlichen Kategorien körperlicher Schönheit, denn auf Entia ist das »erotisch schönste« Weibchen dasjenige, das *am schnellsten läuft*, und nicht eines, dessen Gesicht und Körper besonders zauberhaft sind. Die Befruchtung erfolgt im Laufen; eine wenn auch sehr ferne irdische Analogie könnte die Bestäubungstechnik der »Blümchen und Schmetterlinge« sein. Das hat seine Ursache darin, daß auf Entia diejenigen, die am schnellsten rannten, die größten Überlebenschancen hatten. In diesem Sinne wurde die natürliche Auslese von den Umweltbedingungen gelenkt.

Die Entianer sind keine Säugetiere und »stammen nicht von den Affen ab«, sondern von den dortigen Vögeln. Es war für mich nicht einfach, die Abstammung der Arten von den Vögeln verständlich zu machen. Bei den irdischen Vögeln zeichnet sich das Gehirn durch einen stark entwickelten Streifenhügel (Striatum) aus, und diese Neuronenmasse, die erforderlich ist, um die komplizierten, mit dem Flug zusammenhängenden Aktivitäten zu koordinieren, stellt bereits das Ende eines spezifischen Entwicklungsweges dar.

So wie der Vormensch, um zum Menschen werden zu können, »vom Baum fiel« und sich, nachdem er die Vierhändigkeit eingebüßt hatte, (als Homo erectus) auf seine gestreckten Beine stellte, »fielen« die Vorfahren der vernunftbegabten Entianer »vom Himmel«, nachdem sie die Flugfähigkeit eingebüßt hatten, und erwarben eine aufrechte Haltung. Die Flügel verwandelten sich in Vordergliedmaßen, ähnlich den Greifhänden; gleichzeitig begann sich ihr Gehirn zu vergrößern. Durch weitere Umgestaltungen in der Pterygogenese der Primaten – dem Gegenstück zur Anthropogenese – wurden die großen Flugunfähigen zu hervorragenden Läufern; den Rest kann man sich ohne sonderliche Mühe selber denken.

Dort, wo keine Kopulationsorgane entstanden sind und sie also auch nicht mit den Ausscheidungsorganen zusammenwachsen konnten, wo die Besamung begleitet ist von »Leistungs«gefühlen wie nach der Überwindung eines Hindernisses, wo man also eher den Triumph empfindet, jemanden eingeholt zu haben, als das Gefühl der Unterwerfung und Besitzergreifung, wo ein unmittelbarer Körperkontakt nichts erotisch Erregendes bedeutet (da er, für die Fortpflanzung überflüssig, nicht zur stimulierenden Vorphase der Kopulationsbereitschaft werden kann), wo die Männchen nicht mehr tun können, als ein Weibchen einzuholen und die Dahinrasende mit Wölkchen von »Samenstaub« einzuhüllen – dort können die im Geschlechtstrieb verankerten Begriffe der Askese und der Ausschweifung, der Exhibition, des Sadismus und des Masochismus gar nicht erst entstehen. Der

Trieb bleibt zwar weiterhin mächtig, doch kann die Kultur an dem biologisch vorgegebenen Befruchtungsverfahren nichts ändern, sie kann es höchstens ritualisieren. So wurde denn auch auf Entia der Sex zu einer Art von Leistungssport, zu einem öffentlichen Ereignis, einer Art von olympischen Spielen, zu Leistungsbeweisen, bei denen es Konkurrenz gibt, aber keinerlei Scham geben kann, genausowenig, wie sich jemand, der im Stabhochsprung oder im Diskuswerfen Erster wurde, schämen kann. Daher können auch nicht die Tatbestände und die ihnen entsprechenden Begriffe des Verrats, der Treue, der Perversion und der Homoerotik entstehen, und ebensowenig ist eine auf Sexualität zurückgehende Aggresivität möglich. Warum? Weil ein Hang zur körperlichen Annäherung ebenso unerklärlich und unbefriedigend wird, wie etwa der leidenschaftliche Wunsch, *andere* am Kopf zu kratzen, wenn *uns* der Kopf juckt, denn schließlich kann man durch das Kratzen seines Nachbarn nicht den eigenen Juckreiz stillen.

Aber wäre es denn nicht möglich, daß das Weibchen gefesselt, niedergeworfen und dann befruchtet wird? Möglich wäre das sicher, doch würde es dabei abstoßend, wie eine Frau, die in der Hochzeitsnacht zunächst eine Perücke von ihrem kahlen Schädel zieht, dann ihr künstliches Gebiß aus dem Mund nimmt, Gummibrüste abschnallt, ihr Holzbein abschraubt und dann zu dem frischgebackenen Ehemann sagt: »Nun darf ich dir gehören«.

Beim Menschen ist das männliche Individuum erblich so programmiert, daß ein Dreierschema des weiblichen Körpers, bestehend aus den Brüsten und der Scham, ein Minimum an sexueller Bereitschaft auslöst. Dort, wo es keinen biologisch vorgegebenen körperlichen Auslöser gibt, gibt es weder körperliche Begierde noch deren Perversionen. Auf Entia bedeutet Sex immer Gruppensex, weil es dort nicht so ist, daß eine Samenzelle, die das Eihäutchen durchdringt, die gleichzeitig von anderen Männchen stammenden Spermien ausschließt. Mater semper certa est, doch der Vater bleibt unbekannt.

Von den hier geschilderten Überlegungen findet man kaum etwas im Roman; besonders die frühen Entwicklungsphasen der entianischen Sexualität habe ich dort übergangen, weil ich fand, daß das Buch ohnehin schon genügend Erklärungen enthält. Ich bin hier um einige Milliarden Jahre zurückgegangen, um *mir* darüber klar zu werden, ob das, was ich dort beschreibe, möglich sei.

Hier drängt sich die ernüchternde Frage auf, wozu ich das alles unternommen habe. Hatte ich denn nicht – und zwar mehrfach – behauptet, man dürfe in der Phantastik die vernunftbegabten Wesen anderer Planeten nicht mit vollem Ernst beschreiben, besonders dann nicht, wenn die Phantastik nicht bloß ein Märchen sein möchte, sondern für sich beansprucht, kognitive Feststellungen zu treffen oder zumindest Hypothesen aufzustellen? Dieses von mir aufgestellte Verbot war mir durchaus gegenwärtig, doch bezog es sich lediglich auf Werke, die völlig ernst gemeint sind und einen Realismus vortäuschen, der im Text durch nichts in Frage gestellt wird. Dieses Verbot wird dagegen hinfällig, wenn ein Werk eine ironische Komponente hat, wenn Ernst und Unernst in ihm nebeneinander- oder gar zusammenwohnen. Zugleich wollte ich keine Monster erfinden, und das ist ganz wörtlich zu nehmen. Wenn Wesen sich durch ihr Äußeres völlig vom Menschen unterscheiden, ihm aber geistig auch nur ein wenig ähneln, wirken sie – was auch immer man dagegen unternehmen mag – monströs. Daher müssen solche Wesen dem Menschen insgesamt ähnlich sein und sich dennoch stark von ihm unterscheiden. Hier kam mir zufällig ein Stich aus dem 16. Jahrhundert zu Hilfe, auf dem nebeneinander die Skelette eines Menschen und eines Vogels derart dargestellt sind, daß ihre Ähnlichkeit einem in die Augen springt. Diesen Stich habe ich dann für den Umschlag des *Lokaltermins* benutzt.

Diese Lösung verursachte mir jedoch neue Probleme. In abgeschwächter Form waren sie mir schon bei der »einundzwanzigsten Reise« Tichys begegnet, auf der er die Geschichte von Wesen kennenlernt, welche die biologische Ingenieurkunst in einem Maße beherrschen, das ihnen die Autoevolution und damit eine beliebige Gestaltung des Körpers und des Gehirns ermöglicht (mit entsetzlichen Folgen). Dort hatte ich den Helden jedoch mit nur *einer* Geschichte des Planeten konfrontiert, und ich hatte mich nicht damit abgegeben, sie in Frage zu stellen. Auch hatte ich in der Erzählung alles fortgelassen, was nicht unbedingt notwendig war, beispielsweise die Tatsache, die lediglich durch einige Worte in der Einleitung angedeutet wird, daß es auf jenem Planeten eine Reihe von Staaten gab. Außerdem hatte ich dort auf eine Konfrontation zwischen irdischen und fremden Problemen verzichtet, denn ich wollte ja eine Zukunft beschreiben, die keinerlei irdische Analogie besitzt. Zu den Dingen, die uns quälen, gehört ja nicht die Technik der Autoevolution, auch wenn diese sicher irgendwann einmal entstehen wird. Als ich beim Verfassen des *Lokaltermins* auf ungewöhnlich schwierige kompositorische Probleme stieß, die nicht so sehr den Inhalt als vielmehr die Modalität der Aussage betrafen (die zwischen den Polen des Ernstes und des Unernstes verläuft), tat ich einen Blick in die »einundzwanzigste Reise«, in der stillen Hoffnung, ich könne vielleicht die dort verwendete Modalität übernehmen, doch gelangte ich zu der Überzeugung, daß das nicht ging. Wenn man in der fatalen Lage ist, daß man weder Vorbilder noch die Gewißheit hat, die ernsten und die humorvollen Elemente seien richtig dosiert, muß man sich allein auf sein subjektives Gefühl für das richtige Maß verlassen. Im ersten Teil des *Lokaltermins*, wo die Studien des Helden geschildert werden, wo er sich im Institut für Geschichtsmaschinen sowie in der Bibliothek und den Archiven des Ministeriums für Außerirdische Angelegenheiten mit Entia und den Entianern vertraut macht, empfand ich diese kompositorisch-emotionalen Alternativen nicht so stark wie im zweiten, wo ich keinen Rückhalt mehr fand in einer – wie ich es für den Augenblick einmal nennen möchte – »anthropozentrisch gestützten Intuition«. Die kopulations- und orgasmuslose Sexualität war ja nur die Ausgangsbasis für Überlegungen höherer, geistiger Art. Es gibt Dinge, welche die Menschen weder im Guten noch im Bösen tun können, weil ihre biologische Natur sie nicht zuläßt. Unsere Gattung könnte sich nicht konsequent für vollkommene Reinheit im christlichen Sinne entscheiden, weil sie dann innerhalb einer Generation aussterben würde. Auch das entgegengesetzte Extrem könnte sie nicht verwirklichen, denn würde sie sich einer völlig von der Fortpflanzung gelösten Ausschweifung hingeben, so würde sie ebenfalls ohne Nachkommen untergehen. Es geht hier keineswegs um die Wahrscheinlichkeit dieser beiden Extreme, sondern nur darum, daß sie die Grenzen des Intervalls der kulturellen Variabilität des Menschen im geschlechtlichen Bereich festlegen. Dieses Intervall wollte ich aufheben und durch ein anderes ersetzen, da auf dem anderen Planeten schon die gegensätzlichen Begriffe der Reinheit und der Unreinheit im Zusammenhang von Geschlecht und Fortpflanzung gar nicht auftauchen konnten, denn sie fanden in der dortigen Biologie keinen Anhaltspunkt. Ich wollte durch die Gegenüberstellung unserer Sexualität mit einer anderen die für die menschliche Natur konstitutiven Begriffe relativieren, und das sollte eigentlich eine ernste Sache sein, doch stellte sich, ob ich es wollte oder nicht, heraus, daß dieser Vergleich auch seine komischen Seiten hat, und so mußte ich festlegen, wie weit ich diese Komik hervorkehren oder zurückdrängen wollte. Nach Art eines Mosaiks zwischen den Modalitäten (Groteske – Ernst) zu wechseln, wäre als Kunstgriff verheerend gewesen, denn es hätte mir die angestrebte Einheit in unzusammenhängende Stücke zerrissen. Ich bin mit diesem Problem über längere Zeit nicht zu Rande gekommen, und immer wieder landeten falsche Lösungen im Papierkorb. Es gab, nebenbei gesagt, noch sehr viel mehr solcher störrischen Pferde, die sich nicht meinem Zügel fügen wollten. Stellenweise trugen sie mich in Richtung der politischen Satire, so daß dann hinter der Fratze der fremden Welt die unsere durchzuschimmern begann, aber auch das galt es zu unterdrücken, wenn ich nicht auf aktuelle Bezüge anspielen wollte. Ich kann nicht sagen, daß ich mit dem Text, dem ich schließlich das »nihil obstat et imprimatur« erteilte, völlig zufrieden war. Das beweist am besten die Tatsache, daß ich viele Dutzende von Seiten ungenutzter Entwürfe zurückbehielt und nicht ohne Bedauern auf sie verzichtet habe, denn es war schade um sie, doch hätten sie sich nicht widerstandslos in den abgeschlossenen Roman einverleiben lassen. Sie sind herausgeblieben, und ich weiß, daß ich mit ihnen nie mehr etwas anfangen werde. Es waren Fragmente, die mir allzu ernst geraten waren, ja, eigentlich ist es sogar noch komplizierter, als ich sage, denn es geht nicht bloß um die ernsten und humorvollen Elemente, sondern um verschiedene Nuancen des Ernstes, der durchaus eine versteckte Ironie enthalten kann. Das Ganze sollte so komponiert sein, daß der erste Teil stärker von einem unverhüllten, grotesken Humor durchtränkt war, der bis ans Absurde reicht (wenn z.B. in der Bibliothek Gnoseomachien und Ideologien mit der für solche Zusammenstöße typischen Verbissenheit miteinander kämpfen), wohingegen der zweite Teil eine Ableitung von der *ersten*, vorläufigen »Wahrheit der augenscheinlichen Feststellung, wie es dort ist«, also ein regelrechter Lokaltermin sein sollte.

Die wissenschaftliche Aktivität liefert neue Erkenntnisse, doch hat man sich bislang immer vergeblich bemüht, herauszufinden, *wie* Theorien entstehen, die diese Erkenntnisse erweitern und zugleich verändern. Wir wissen, *daß* wir die Eigenschaften der Welt in immer größerem Umfang erkennen, und dies wiederum erkennen wir an den realisierbaren instrumentellen Früchten der Erkenntnis. Wir wissen jedoch nicht, *wie* wir erkennen. Die boshafte Krönung aller bisherigen wissenschaftstheoretischen Bemühungen war der von Feyerabend propagierte erkenntnistheoretische Anarchismus, komprimiert in der Parole »Anything goes«: Jedes Verfahren, jede, auch unmethodische, Methode ist gut, wenn sie Resultate bringt. Wenn wir uns also an den Sorgen anderer trösten dürfen, dann ist die Nichtkonstruierbarkeit einer Theorie des literarischen Werkes ein Sonderfall der alle Bereiche geistigen Schaffens auszeichnenden Unwissenheit, denn auch in den Naturwissenschaften läßt sich eine Metatheorie (also eine Theorie aller wissenschaftlichen Theorien) nicht konstruieren.

Tatsächlich geht es jedoch nicht um jene Freude am Kummer anderer, die man Schadenfreude (im Original deutsch; d.Ü.) nennt. Die Unerkennbarkeit der Methoden der *wissenschaftlichen Erkenntnis* und der Methoden des *künstlerischen Schaffens* braucht uns nicht zu bekümmern, denn ungeachtet aller Dinge, die da geschaffen werden mögen, würde es sich wohl nicht lohnen, in einer Welt zu leben, die der Erkenntnis *nicht* einen solchen Widerstand entgegensetzen würde. Es wäre eine Welt ohne Risiko, eine vollkommen transparente, aller Geheimnisse entkleidete Welt, eine Welt, die ein für allemal fertigen Rezepten, Beschreibungen, Algorithmen, Induktionen, Deduktionen, Verifikationen und Falsifikationen gehorchte, eine Welt, die gegenüber der Kunst und der Erkenntnis dermaßen »wohlwollend« wäre, daß sie beide geradewegs zu ewiger Arbeitslosigkeit verurteilen würde. Doch wie seit fernster Vergangenheit jede Kultur ein *authentisches* Bemühen darum war, die Welt und die Stellung des Menschen in ihr zu verstehen, müssen die Bemühungen, der »definitiv wahren« Theorie der Kunst und der Erkenntnis h des Menschen in ihr zu verstehen, müssen die Bemühungen, der »definitiv wahren« Theorie der Kunst und der Erkenntnis habhaft zu werden, fortgeführt werden. Die Arbeit an der Literaturtheorie und an der Wissenschaftstheorie darf nicht nachlassen, denn auch wenn wir von einem Irrtum in den anderen geraten – *etwas* erfahren wir doch. Die Erkenntnis des Irrtums ist selbst dann der Mühe wert, wenn sie zu weiteren Forschungen anregt, die möglicherweise ebenso in die Irre führen, aber doch neue Wege beschreiten. Mit diesen Worten beschließe ich den von Grund auf überarbeiteten Teil dieses Bandes und rechtfertige zugleich den zweiten Teil, der unverändert geblieben ist.

Die großen Mühen, die ich auf mich genommen habe, und die Probleme, die es zu lösen galt, waren lediglich ein erster Schritt zu einer interzivilisatorischen Komparatistik, einem Bezugssystem, das den Anthroprozentrismus relativieren sollte, einem konkreten, spezifischen und nicht – wie in den zitierten Bemerkungen aus *Phantastik und Futurologie* – abstrakt vorgeschlagenen Bezugssystem. Ich habe mich bemüht, andere zu beschreiben, die weder so sehr fremd sind wie der Ozean von Solaris noch so sehr menschenähnlich wie unser Spiegelbild. Schließlich bemerkte ich, daß ich den linken Flügel eines Triptychons geschaffen hatte, dessen Mittelteil die *Sterntagebücher* bildeten, während der *Futurologische Kongreß* den rechten Flügel bildet. Auf jeden Fall habe ich nicht-existierende Welten der bestehenden gegenübergestellt, um diese besser zu verstehen. Im *Lokaltermin* war ich überwältigt von der ungeheuren Last der Bibliothek, durch deren Dickicht mein Astronaut sich hindurchkämpfte, ehe er sich auf die Reise begab. Diese Bibliothek ist unendlich viel ärmer an Informationen, Neologismen und Kuriositäten als jene realen, von wahren Tatsachen überquellenden Bibliotheken, auf die der Autor eines historischen Romans zurückgreifen kann. Eine Überfülle an Informationen ist jedoch für einen Roman, zumindest für ein unterhaltsames Werk, von Nachteil, denn obwohl das Erkunden einer anderen Welt eine Art von Ermittlung ist, kann nicht jede Ermittlung die Gestalt einer sensationellen Intrige haben. Obwohl es nicht in meiner Absicht lag, sehe ich im *Lokaltermin* einen weiteren Versuch, wie ich sie seit Jahrzehnten unternehme, einen Kontakt zwischen dem Menschen und dem Fremden herzustellen. Diesmal hat sich der Versuch jedoch nicht als ganz so vergeblich erwiesen wie in *Solaris* oder wie in der *Stimme des Herrn*, noch ist daraus ein tödlicher Konflikt (wie in dem *Unbesiegbaren*) oder ein Schock der Unangepaßtheit (*Rückkehr von den Sternen*) geworden. Auf der reinen Handlungsebene ist es durch viele sonderbare und komische Mißverständnisse zur Verständigung gekommen. Auf der Ebene der abgehandelten Probleme habe ich dagegen für Vergangenheit und Gegenwart ein Tertium Comparationis geschaffen – in einer ebenso unwahrscheinlichen wie für mich glaubhaften Gestalt. Das bedeutet ganz einfach, daß der einzige Leser, für den ich im Laufe einiger Jahre diesen Roman geschrieben habe, ich selber war.

Bilanz

Alles, was ich bei der Schilderung meiner schriftstellerischen Mühen und Absichten gestanden habe, ist wahr und zugleich unwahr. Wahr insofern, als ich die beim Schreiben belletristischer Werke angewandten Regeln der Kreation explizit dargelegt und damit enthüllt habe, daß ich – zumindest im Prinzip – immer ein und dieselbe Strategie anwandte, nämlich die Methode von Versuch und Irrtum. Unwahr insofern, als ich beim Schreiben weder diese Strategie noch diese Regel kannte – nicht in dem Sinne, daß ich nie an beide gedacht hätte, sondern in dem, daß ich, während ich mit dem Text kämpfte, nicht imstande war, mir fremdes oder eigenes theoretisches Wissen über die siegreiche Führung dieses Kampfes zunutze zu machen. Insofern unterscheiden sich die Theorie des literarischen Werkes und die Theorie der Kreation des Werkes in nichts von den wissenschaftlichen Metatheorien.

XII.
Ausflug in die Genologie

Hier soll gezeigt werden, was ein Vertreter des Strukturalismus macht, wenn er das »semantische Spektrum« literarischer Gattungen bestimmt. Als Anschauungsbeispiel diene uns der Abriß der Theorie der Phantastik von Tzvetan Todorov, enthalten in dem kleinen Bändchen *Introduction à la littérature phantastique* (Paris: Seuil 1970; deutsch: *Einführung in die fantastische Literatur*, München: Hanser 1972, und Frankfurt/Berlin/Wien: Ullstein 1975). Zwei Umstände diktierten diese Wahl: erstens die ausgesprochene Klarheit, durch die sich Todorovs Darlegungen auszeichnen, zweitens der Umstand, daß er auf ein Problem gestoßen ist, das über die immanente Genographie hinausgeht, dessen Konsequenzen er jedoch nicht bemerkt hat, weil ihn daran die den modellhaften Strukturen anhaftenden Beschränkungen gehindert haben.

Der erste Umstand verdient besonders hervorgehoben zu werden, denn die Hermeneutiker – und die Strukturalisten machen da keine Ausnahme – lieben es, ihre Ausführungen ein wenig zu verdunkeln, weil nichts sie so gut gegen Kritik abschirmt wie das tiefe Dunkel, das Tiefe vortäuscht. Die Dunkelheit der Rede muß übrigens nicht ein Ergebnis von Vorsatz sein, denn das Gefühl, wir verstünden hervorragend, wovon wir schreiben, verläßt uns auch dann nicht, wenn es keinerlei Deckung besitzt.

Der zweite Umstand ist didaktisch bedeutsam, denn wir werden zeigen, wie der Kanon des Strukturalismus verhindert, daß Modelle konstruiert werden, die es nicht nur gestatten, das Untersuchte zu beschreiben, sondern es außerdem als evolutionäre Folge zu erfassen.

Die Strukturen der Schule, zu der Todorov sich rechnet, sind keine formalen, sondern inhaltliche: »Die Struktur selbst ist der Inhalt« sagt Lévi-Strauss (z.B. in der »Morphologischen Analyse eines russischen Märchens«). Der Forscher geht denn auch von den inneren Bedeutungen des Textes aus und endet mit Bedeutungen, aber weil die Kategorie der »Relation«, die er benutzt, aus der Linguistik stammt, gibt es in seinem Begriffsarsenal keine Kategorien, mit deren Hilfe die *Rezeption* des Werkes beschrieben werden könnte – nicht im Sinne einer Abfolge von geistigen Zuständen, sondern im Sinne einer *Entscheidungsstruktur*, so wie sie die Steuerungs- und Spieltheorien verstehen. Jedesmal, wenn ein Text Zweifel darüber aufkommen läßt, welcher literarischen Gattung er angehört, muß der Leser den Zweifel auflösen, denn die Gattungszugehörigkeit entscheidet über den Sinn des Gelesenen. Schwankt der Leser nur vorübergehend zwischen verschiedenen Alternativen, so entsteht ein Konflikt, über den Todorov etwas sagen kann, doch wenn es um einen unaufhebbaren Konflikt geht, wenn keine Entscheidung getroffen werden kann, gewinnt der Text eine neue, originelle Eigenschaft – Autonomie – , und die wird von Todorovs Methode nicht mehr erfaßt.

Der Fachmann würde sagen, Todorov sei für den humanistischen Strukturalismus nicht hinreichend repräsentativ und die von uns ausgewählte kleine Arbeit weiche auch ein wenig von den übrigen Arbeiten dieses Verfassers ab. Sie war jedoch berühmt genug, um es zu einer amerikanischen und einer deutschen Übersetzung zu bringen. Ob nun Todorovs Strukturalismus »typisch«, »echt« oder gar »chemisch rein« ist – darüber kann es nur geteilte Meinungen geben in dieser wahrhaft grenzenlosen Disziplin, deren Spektrum von einem logoiden Formalismus bis hin zur »Strukturierung« absoluter Wesenheiten reicht.

Todorovs Typologie der Phantastik

Todorov betreibt einen recht asketischen Reduktionismus, denn er reduziert das ganze »Wesen« der Phantastik auf einige Gegensätze längs einer Achse. Wir wollen zunächst diese Achse zeigen und dann an Hand eines eigenen Beispiels eines »minimalen phantastischen Werkes« demonstrieren, wie Todorovs Instrument funktioniert.

Hier das Schema:

unvermischt Unheimliches	Phantastisches-Unheimliches	Phantastisch-Wunderbares	unvermischt Wunderbares

Der Eindruck des Phantastischen ist ein flüchtiger, vergänglicher Zustand, dessen Ursache darin liegt, daß der Leser sich nicht darüber im klaren ist, ob die Ereignisse, von denen ein Werk spricht, in der natürlichen (rationalen) oder in der übernatürlichen (irrationalen) Ordnung stattfinden.

Das *unvermischt Unheimliche* ruft Angst und Erstaunen hervor, aber nicht jene Unentschiedenheit, welche die Aura des Phantastischen begründet. Hierher gehört der Schauerroman, der Geschichten erzählt, die zwar entsetzlich, aber doch innerhalb der natürlichen Ordnung vorstellbar sind. Mit nachlassender Intensität des Ungewöhnlichen und damit des Grauens verläßt die Gattung das Schema nach links und verschmilzt mit der »gewöhnlicheren« Literatur. Als Übergangsglied führt Todorov Dostojewski an.

Das *Phantastisch-Unheimliche* gibt dem Leser bereits Anlaß, in seiner Entscheidung unsicher zu werden. Er meint zunächst, die beschriebenen Ereignisse müßten auf Eingriffen des Übernatürlichen beruhen, doch der Schluß bringt eine verblüffende, vollkommen rationale Erklärung (hierher gehört z.B. Potockis *Handschrift von Saragossa*).

Das *Phantastisch-Wunderbare* liefert ganz im Gegenteil zum Schluß irrationale Erklärungen, so etwa de l'Isle-Adams *Vera*, denn der Schluß der Novelle bestätigt, daß die verstorbene Heldin auferstanden ist.

Das *unvermischt Wunderbare*, das wiederum keinerlei Zweifel bezüglich seiner Einordnung weckt, weist sogar vier Provinzen auf:

a) Das »hyperbolische Wunderbare« (Aufbauschungen, Boutaden, Übertreibungen),
b) das »exotische Wunderbare« (hierher gehört das Unwahrscheinliche, das der Leser aber letztlich doch glauben könnte),
c) das »instrumentale Wunderbare« (die Instrumente sind magische Objekte wie Aladins Wunderlampe), und
d) das »wissenschaftliche Wunderbare«, d.h. die Science Fiction.

Eine Unsicherheit bezüglich der Zuordnung tritt nur dann

auf und das Phantastische des Textes tritt nur dann zutage, wenn der Leser den Text wörtlich nimmt, also ihn weder poetisch noch allegorisch versteht.

Hier nun unser Beispiel, an dem diese Strukturbeziehungen verdeutlicht werden sollen:

Den Satz »die schwarze Wolke verschlang die Sonne« kann man zunächst für eine abgegriffene poetische Metapher halten. Wir sind uns darüber im klaren, daß die Wolke nicht wirklich die Sonne verschluckt hat – das ist nur ein bildhafter, übertragener Ausdruck. Wenn wir nun für die Wolke die Lüge und für die Sonne die Wahrheit einsetzen, nimmt der Satz eine allegorische Bedeutung an. Nehmen wir ihn dagegen wörtlich, so entstehen jene Zweifel bezüglich der Zuordnung, die eine Aura des Phantastischen entstehen lassen können. Wir sind überzeugt, daß die Wolke tatsächlich die Sonne verschluckt hat, wissen aber nicht, ob das in der natürlichen oder der übernatürlichen Ordnung erfolgte. Wenn das in dem Sinne geschehen ist wie beim Drachen im Märchen, befinden wir uns im Bereich des »unvermischt Wunderbaren«. Geschah es dagegen in der Weise, wie im Roman des Astrophysikers Fred Hoyle (*The Black Cloud*) eine kosmische Wolke die Sonne verschluckt hat, dann befinden wir uns auf dem Gebiet der wissenschaftlichen Phantastik. In diesem Roman hat eine Wolke, die im Gefolge der »interstellaren Evolution« aus kosmischem Staub aufgebaut wurde, die Sonne verschlungen, weil sie sich von der Strahlung der Sterne ernährt.

Unsere Klassifikation stimmt freilich im letzten Glied nicht mit der Todorovs überein, denn ihm zufolge stellt die Science Fiction eine im pseudowissenschaftlichen Gewande auftretende Irrationalität dar. Es lohnt sich jedoch nicht, sich wegen einer anderen Einordnung der Science Fiction mit Todorov anzulegen, denn es gibt noch ernstere Einwände gegen seine Achse.

Todorovs Definition führt in der Praxis zu recht merkwürdigen Zuordnungen. Ihm zufolge ist im Bereich des Phantastischen ein Roman anzusiedeln, der Zweifel darüber aufkommen läßt, ob es sich um einen natürlichen oder übernatürlichen Vorgang handelt, wenn das Blut eines Heiligen, das alljährlich aus einer Reliquie hervortritt, sich im Reagenzglas verflüssigt (sei es durch eine vom Tageslicht ausgelöste chemische Reaktion, sei es durch ein wundertätiges Eingreifen des Himmels). Weil es sich hier nicht um erfundene Tatsachen und damit auch nicht um erfundene Zweifel bezüglich ihrer Interpretation handelt, würden wir einen solchen Roman eher der religiösen als der phantastischen Problematik zuordnen.

In Todorovs Schema ist dagegen kein Platz für mehrere Gruppen allgemein bekannter Werke. Beispielsweise für die Political Fiction, in der etwa geschildert wird, was geschah, als die Japaner, nachdem sie die Amerikaner im Zweiten Weltkrieg besiegt hatten, die Vereinigten Staaten besetzten, oder was mit Frankreich passierte, nachdem es Terroristen gelungen war, einen Anschlag auf Präsident de Gaulle zu verüben. Weil nichts dergleichen geschehen ist, kann man solche Werke nicht als realistisch bezeichnen, doch wird man schwerlich behaupten können, ein Sieg Japans über Amerika oder der vorzeitige Tod General de Gaulles seien innerhalb der Ordnung der natürlichen Ereignisse etwas Unheimliches im Sinne des Unmöglichen. Es handelt sich eindeutig um »phantastische Historie«, um eine fiktive Alternative eines bestimmten Abschnitts der allgemeinen Geschichte, die sich nicht verwirklicht hat und daher zur Phantasie gehört. Todorov verurteilt solche Werke jedoch zur Verbannung aus der Gattung und damit zur ewigen Wanderschaft, denn nirgendwo anders ist Platz für sie.

Platz ist auf seiner Achse auch nicht für solche Werke wie J.L. Borges'‹ *Drei Versionen des Judas*. Der argentinische Schriftsteller hat eine unerhörte Ketzerei ersonnen: Sein Held, ein skandinavischer Theologe, behauptet, daß Judas und nicht Jesus der Erlöser sei, und verficht diese Ketzerei mit Sophismen, wie man sie ähnlich in der theologischen Argumentation findet. Das ist weder ein Märchen noch eine Allegorie noch Poesie noch eine Apokryphe, und es ist auch nicht unheimlicher als die geschichtlichen Häresien etwa der Pelagianer oder der Manichäer, und so wird denn auch die Meinung vertreten, es handle sich um *phantastische* Theologie. Todorov schickt jedoch auch die Werke von J.L. Borges in die ewige genologische Verbannung, weil sie keinen Anlaß geben, bezüglich ihrer Einordnung zwischen »Diesseits« und »Jenseits« zu schwanken.

Zur Phantastik wären hingegen Kriminalromane zu zählen, die auf dem bekannten Rätsel des »hermetisch geschlossenen Raumes« beruhen, in dem jemand ermordet wurde. In einem solchen Werk werden immer wieder Tatsachen angeführt, die den Leser in der Ansicht bestärken sollen, auf natürliche Weise habe man nicht in diesen Raum hineingelangen können. Gleichwohl zweifelt der Leser nicht im geringsten daran, daß es sich um natürliche Ereignisse handelt und daß die Ermittlung am Ende erfolgreich ist, denn er vertraut blind der Konvention der *Gattung*, die den Autoren kategorisch untersagt, in der Handlung »Verstärkungen aus dem Jenseits« einzusetzen.

Die zu Gattungen zusammengefaßten Werke sind, wie man sieht, nicht so etwas wie eine Gebirgskette auf einem unbewohnten Planeten, deren einzelne Teile der Besucher von der Erde ganz nach Belieben benennen kann. Ich möchte damit sagen, daß der Leser gewöhnlich die Gattungszugehörigkeit eines Werkes kennt, *bevor* er mit der Lektüre beginnt, und daß gerade *sie* seine allgemeine Einstellung zum Text bestimmt. Die Kenntnis der Gattungskonvention bringt ganz ausgeprägte Erwartungen hervor; hat jemand zum Beispiel zwei Bücher mit nach Hause gebracht – einen Milieuroman und eine Gespenstergeschichte – und verwechselt sie miteinander, so wird er in den harmlosen Vorgängen des häuslichen Lebens, die ihm bei der Lektüre begegnen, die Vorboten des Unheimlichen sehen, das mit Gewißheit bald zutage treten wird, und erst nach einiger Zeit wird er die Verwechslung bemerken. Mag ein Text an sich auch hundertmal die Ansicht rechtfertigen, daß der geschilderte Mord etwas Übernatürliches sei – der Leser, der die Konvention der Gattung kennt, *weiß es besser*. Todorovs Struktur kommt mit diesem Umstand nicht zurecht. In dieser Struktur – der Definition des Phantastischen – steckt etwas Prozeßhaftes; es entspricht der *während* der Lektüre auftretenden Unsicherheit des Lesers bezüglich der Zuordnung eines Werkes. Ich finde es richtig, wenn man versucht, das Werk modellhaft als einen Prozeß zu verstehen. Ein Werk ist für uns etwas »Beständiges« – und zugleich etwas »Vergängliches« nur im unmittelbaren Anschluß an die Lektüre. Danach wird es zur Erinnerung, und man wird schwerlich die Erinnerung an ein Werk mit dem Werk selbst gleichsetzen können.

Dem Kanon des Strukturalismus treu, reduziert Todorov, indem er mit einem Gegensatzpaar operiert, die Probleme der Rezeption auf eine binäre Form. Bei der Lektüre ist jedoch der Gegensatz »rational – irrational« weder der einzige noch der maßgebende. Andere, nicht minder wesentliche Gegensatzpaare sind: Ernst und Ironie, Prognose und Diagnose, konventionelle und unkonventionelle Erzählungen usw.

Dem letzteren Gegensatz habe ich ein eigenes Kapitel dieses Buches gewidmet (»Protokoll einer Lektüre«), so daß ich mich hier nicht mit ihm zu befassen brauche. Allgemein muß man sagen, daß die Unsicherheit des Lesers sich nicht nur in einer Dimension äußert, was Todorov im übrigen auch sehr wohl bekannt ist, hat er doch die Achse der Gattung auf einer Ebene angesiedelt, die einer »wortwörtlichen« Lektüre (also vom Standpunkt eines naiven Realismus aus) entspricht und zwischen den Polen der Allegorie und der Poesie verläuft. Ich weiß sogar, weshalb er dieses letztere Paar nicht zu einem Gegensatz erhoben, diesen Gegensatz nicht »auf die Achse« befördert hat. Das Poetische und das Allegorische schließen einander nämlich keineswegs aus, wie eine Unzahl von gereimten allegorischen Werken beweist. Apodiktisch behauptet Todorov hingegen, daß das Phantastische und das Poetische einander ausschlössen, daß es also keine phantastische Poesie gebe. Achsen sind, wie man sieht, Götter, die erhebliche Opfer verlangen.

Ironie bedeutet Selbstbezüglichkeit einer Aussage in sprachlicher und sachlicher Hinsicht. Eine im Sinne eines Gerichtsprotokolls »normale« Erzählung von »Nullniveau« wird durch Ironie verzerrt. Mit Texten, die *eindeutig* ironisch oder *eindeutig* ernst sind, hat der Leser im allgemeinen keine größeren Schwierigkeiten. Unsicherheit entsteht, wenn der Leser nicht weiß, ob eine Erzählung ironisch ist oder nicht. Dann ist erhöhte Aufmerksamkeit geboten und damit ein erweitertes Intervall von Bedeutungen, die der Text enthalten *kann*. Die Ungewißheit, ob ein Werk »spottet oder nach dem Weg fragt«, erhöht das Niveau seiner semantischen Unbestimmtheit. Ist die Ironie so schwach dosiert, daß man Zweifel hat, ob sie im Text überhaupt vorhanden ist, so bleibt sie unterschwellig. Eine Mitteilung von höherer Unbestimmtheit scheint mehr als eine Bedeutungsebene zu enthalten. Dadurch entsteht der Eindruck einer eigentümlichen Tiefe. Deshalb ist diese Taktik in der Epik verbreitet (vgl. die Ironie bei Thomas Mann). In Kafkas Werk verbirgt sich die Ironie anders, so daß viele Leser sie überhaupt nicht bemerken und sich wundern, daß jemand über das *Schloß* überhaupt lachen kann (Kafka selbst hat, als er den Roman Freunden vorlas, gelacht). Man kann die Ironie auf konventionelle und auf unkonventionelle Art in den Text hineinbringen; der Humor, gegenüber der Ironie der allgemeinere Begriff, resultiert aus Deformationen von sehr mannigfaltiger Art. Thoman Manns Ironie beispielsweise in den *Geschichten Jaakobs* ist zwar zart, aber unverkennbar; wir wissen, wenn wir das Gespräch zwischen Pharao und Josef verfolgen, daß beide die auserlesene Klugheit ihrer Eloquenz dem Autor verdanken, daß die Ironie der Szene von ihm stammt, von seiner aufmerksamen Gegenwart. Verfolgen wir dagegen das Gespräch zwischen Herrn K. und dem Priester oder dem Maler, so erfahren wir von Kafka (d.h. von seiner ironischen Anwesenheit) nichts. Die Ironie steckt in der beschriebenen Welt selbst, wie wenn sie Luft wäre; sie scheint nicht von dem Autor zu stammen – gerade deshalb ist sie so versteckt. Hier müssen wir jedoch diese Abschweifungen beenden.

Eine Ungewißheit bezüglich der Alternative »Diagnose oder Prognose« ist typisch für Werke der Science Fiction. Es ist dadurch schwer zu bestimmen, ob ein Werk bieder irgendeine Zukunft entwirft, oder ob es unter diesem Anschein eher die Gegenwart karikiert. Wenn es sich um den belletristischen Versuch einer Zukunftsvision handelt, der an manchen Stellen komisch wirkt, so ist uns klar, daß diese Komik aus dem Verhältnis unserer Gegenwart zu der geschilderten Zukunft hervorgeht: Was uns heute zum Lachen bringt, muß für die Menschen der Zukunft durchaus nicht lachhaft sein – beispielsweise der »elektronische Doppelgänger, der den Menschen auf weniger wichtigen Sitzungen vertritt«. (Über so etwas verbreiten sich jedenfalls die Futurologen in vollem Ernst.)

Wenn wir dagegen zu der Ansicht kommen, die »Prognose« sei nur Schein, nur ein Vorwand, um über die Gegenwart zu sprechen, ändert sich mit dieser veränderten Einstellung auch die Modalität der Aussage: Mit der Aktualisierung der Handlungsbezüge verschiebt sich das Werk in Richtung der Karikatur, der Groteske, vielleicht sogar des Pamphlets oder des Pasquills. Der Leser ist also an der Festlegung der Bedeutung beteiligt, indem er innerhalb der Alternative »Zukunft oder gleichsam kostümierte Zukunft« seine Entscheidung trifft, denn im letzteren Falle geht es um die lediglich als *Zukunft verkleidete* Gegenwart.

Oft ist es nicht möglich, zwischen den genannten Polen zu entscheiden. Mit dieser Unentscheidbarkeit hängt es zusammen, daß die Kritiker sich erbittert darüber streiten, wovon ein Werk »wirklich« spricht. Diese Auseinandersetzung ist natürlich auf Dauer angelegt, denn es wäre naiv anzunehmen, daß die Sache durch eine Äußerung des Autors endgültig geregelt werden könnte. Nachdem ein Text veröffentlicht ist, »löst« er sich von seinem Schöpfer, und der ist nicht mehr imstande, die Bedeutungen des Textes durch welche Erklärungen auch immer zu stabilisieren. Die beiden als Beispiele genannten Paare (Diagnose und Prognose, Ironie und Ernst) stellen – man muß das deutlich sagen – keinen logischen Gegensatz dar, und wenn sie sich auch, losgelöst betrachtet, gegenseitig auszuschließen scheinen, so kommt eine solche gegenseitige Ausschließung in der Lektüre von Werken praktisch nicht vor, zumindest nicht notwendigerweise. Für den »gesunden Menschenverstand« dürfen Ironie und Ernst oder Prognose und Diagnose nicht zusammen auftreten, doch kümmert die Literatur sich um solche Einschränkungen nicht, weil die kategoriale Unbestimmtheit den Text bereichert, zumindest wenn es sich um ein Schwanken zwischen klaren Standpunkten und nicht bloß um einen völlig unverständlichen Wirrwar handelt.

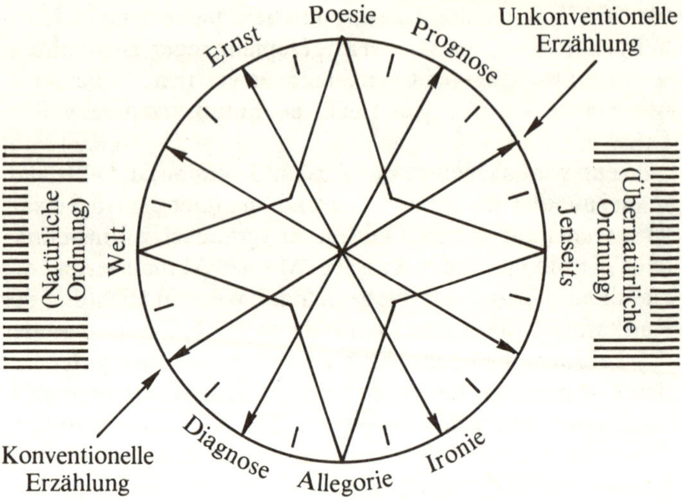

›Windrose‹
Modell der n-modalen Rezeptions-(Entscheidungs-)situation des Lesers bei einem Text mit unklarer Gattungszugehörigkeit.

Allerdings ist es durchaus nicht so, daß die Werke selbst immer »reinrassig« wären und die Einordnung nur in einer Dimension unsicher erscheinen ließen. Die polaren Begriffspaare müssen deshalb zu einem System zusammengefaßt werden. Wenn wir die genannten und ungenannte »Gegensatz«- Achsen so übereinanderlegen, daß sie sich schneiden und eine mehrdimensionale »Windrose« bilden, erhalten wir ein mehrachsiges Koordinatensystem und haben damit ein formales Modell der in mehrfacher Hinsicht unentschiedenen Situation des Lesers angesichts eines komplex aufgebauten Textes. Zwar verlangt nicht jeder Text eine Entscheidung bezüglich aller vorhandenen Achsen, doch muß die Theorie des Werkes sämtliche Achsen berücksichtigen. Es muß betont werden, daß die einzelnen Entscheidungen abhängige Variablen sind. Wenn wir beispielsweise festlegen, daß ein Werk eine Diagnose in der Maske einer Prognose sei, ändert sich damit der Ausgang der Entscheidung auf der Achse »Ironie – Ernst«. Was geschieht jedoch, wenn die Entscheidung auf mehreren Achsen zugleich ungewiß bleibt? Diese mehrdimensionale Unbestimmtheit konstituiert die Autonomie des Textes als einer »Weltansicht«, die sich an keinem Ufer – sei es des Wachbewußtseins, des Traums, der Phantasie oder der Allegorie – vertäuen läßt.

Todorov hat voreilig seinen Apparat der modellhaften Strukturen aufgegeben, als er von der traditionellen Phantastik dazu überging, die Werke Gogols und Kafkas zu besprechen. Gewiß kann hier kaum von einer eindimensionalen Achse die Rede sein, doch ist unsere »Windrose« ja gerade eine n-dimensionale Koordinatenstruktur, welche die n-modale Ungewißheit des Lesers vor einem Kafkaschen Text abbildet. (Mit Gogol verhält es sich ein wenig anders, obwohl Todorov beide genannten Schriftsteller ähnlich einstuft, denn Gogol ist – z.B. in der *Nase* – stärker ethnozentrisch und weniger »phantastisch«, als Todorov meint.)

Nach der Festlegung des Schemas, das zugleich ein »Verteiler« und ein »Vertreiber« phantastischer Werke ist, da es die einen auf Rubriken verteilt, andere dagegen aus allen Rubriken vertreibt, befaßt sich Todorov mit dem inneren Beziehungsnetz der Erzählung innerhalb der Phantastik.

Er teilt die Semantik der Gattung in zwei Kreise ein: »ich« und »du«. Der »ich«-Kreis führt uns zu der relativen Isolation des Menschen gegenüber der Welt, die dieser Mensch errichtet, wobei der Akzent auf dem Zusammenstoß der gegensätzlichen Glieder liegt und nicht auf einer vermittelnden Instanz. »Du« führt gerade zu dieser Vermittlung – und diese dreifache Abhängigkeit liegt dem Beziehungsgeflecht zugrunde. Im Grenzfall schließt der »ich«-Kreis einen von der Realität trennenden Wahn ein (Maupassants *Horla*).

Todorov erklärt, die Phantastik des »du«-Kreises sei als eine Art der Umgehung von Tabu-Schranken entstanden, denn sie sei bestrebt gewesen, die sexuelle Begierde loszuwerden, die, da sie in dem geschaffenen Werk keinen unmittelbaren Ausdruck finden konnte, in phantastischen Masken auftrat. Da heute die Tabu-Schranken gefallen seien, könnten sexuelle Inhalte direkt geäußert werden, und daher sei die Phantastik des »du«-Kreises erloschen. Hier begegnen wir wieder dem naiven Glauben an die universale Macht der sich ausschließenden Gegensätze (mittelbarer Ausdruck – unmittelbarer Ausdruck). Was man in der Literatur direkt sagen kann, kann man gewissermaßen nicht mehr auf Umwegen ausdrücken. Allerdings enthält de Sades *Julie* neben Kapiteln einer naturalistischen Pornographie auch solche einer phantastischen Pornographie, etwa jenes, das den monströsen »Moskowiter Minsky« schildert, doch diese Klippe umgeht Todorov.

Im letzten Teil des Buches verkündet Todorov den Tod der seinem Schema entsprechenden Phantastik. Die Prosa Kafkas (Todorov bespricht sie am Beispiel der *Verwandlung*) läßt keine Unsicherheit aufkommen, was die Zuordnung des Geschehens zum Natürlichen oder Übernatürlichen betrifft. Es handelt sich nicht um Poesie, aber auch nicht um eine Allegorie, da der Text nichts enthält, worauf diese semantisch zielen würde. Man muß daher annehmen, daß Kafka den Texten vollkommene Autonomie gegenüber der Realität verliehen hat, daß eine Logik des Traums die Erzählung samt dem Leser verschlungen hat. »Seine Welt gehorcht insgesamt einer traumhaften, wenn nicht alptraumhaften Logik, die mit dem Realen nichts mehr zu tun hat«. Todorov macht nicht einmal den Versuch, die Struktur des Übergangs von der traditionellen zur Kafkaschen Phantastik modellhaft darzustellen. Er gibt auch keine prozeßhafte Definition der Rezeption dieser letzteren. Nachdem er sie mit Hilfe von relationalen Modellen interpretiert hat, geht er einfach dazu über, imposante Gemeinplätze zu verkünden.

Gerade unsere »Windrose« bildet jedoch als eine n-dimensionale Entscheidungsstruktur die n-modale Unsicherheit des Lesers vor einem Kafkaschen Text ab.

Todorov hat voreilig das Konzept der semantischen Unbestimmtheit aufgegeben, die als ein wesentliches Element der Lektüre möglich macht, daß das Werk eine spezifische »Autonomie« gewinnt, die den Eindruck entstehen läßt, als verschließe es sich gegenüber der Welt, und damit den Schriftsteller gleichsam zum Schöpfer eines »neuen Universums« werden läßt.

Die erzählerische Taktik kann gerade darauf abzielen, es dem Leser unmöglich zu machen, die Aussagen spontan einer der bekannten, weil zur Konvention gewordenen Welten des Diskurses zuzuordnen. Eine Aussage, die nirgendwo eingepaßt werden »mag«, gewinnt dann eine eigentümliche Souveränität: Sie scheint nicht einen Ausschnitt aus Wachbewußtsein oder Traum zu beschreiben, sondern sie fixiert eine »durch das Wort geschaffene, aus dem Wort hervorgegangene Welt« – und nicht eine bloß heraufbeschworene, evozierte Welt. Wenn die Aussage also gleichzeitig Determinanten enthält, welche die unbewußte, automatische Rezeption in unterschiedliche, ja gegensätzliche Richtungen lenken, gerät der Text, da er nicht zuzuordnen ist, in einen merkwürdigen Schwebezustand der durch die auftretenden Widersprüche erlangten Autonomie.

Im Bereich der optischen Täuschungen kommt es zu einer ähnlichen Situation, wenn ein Raum, beispielsweise das Innere eines Zimmers, absichtlich so gestaltet wird, daß der optische Analysator das wahrgenommene Ganze nicht zu einem *eindeutigen* kohärenten Bild zusammenfügen kann. Man kann etwa einen Innenraum so darstellen, daß durch die gewählten Maße der Wände, Fenster und Türen ein Eindruck entsteht, der den Gesetzen der optischen Perspektive, so wie wir sie kennen, widerspricht. Objekte, die sich näher zum Beobachter befinden, werden relativ klein dargestellt, während fernere so vergrößert werden, daß sie dem Auge irreführende Angaben über die tatsächlich bestehenden Verhältnisse liefern. Betrachtet der Beobachter nun zwei reale menschliche Gestalten, die in zwei Ecken eines solchen Raumes stehen, dann erhält er den Eindruck, die eine sei ein Riese und die andere ein Zwerg. Wenn er aber, da er die gesehenen Personen genau kennt und weiß, daß sie gleich groß sind, reflexartig ihre Maße korrigiert, erfährt der Hintergrund, also der gesamte Innenraum, beunruhigende Veränderungen. Jetzt ist es nicht mehr möglich, zu einem stabilen Bild zu gelangen – der Betrachter schwankt zwischen der Version »Riese und Zwerg in einem normalen Zimmer« und der Version »zwei normale Menschen in einem unwahrscheinlichen Zimmer«. Es entsteht ein Gefühl, als hätten sich die Gesetze verändert, denen das Gesehene unterliegt, so als könnte es nicht ein Bestandteil der »gewöhnlichen« Welt sein.

Es ist schwer zu beurteilen, wie die Psychophysiologie der Sinne und besonders der optischen Täuschungen dem Literaturwissenschaftler bei der Heurese helfen kann. Gewöhnlich organisiert der Betrachter die Elemente des Wahrgenommenen so reflexartig und so rasch zu einem Bild, daß er sich des Anteils seiner eigenen Aktivität an der entstehenden Integration überhaupt nicht bewußt ist. Entsprechend sind wir uns auch nicht des Beitrages bewußt, den wir selbst zur Lektüre eines Werkes leisten, das entsprechend einer stark konsolidierten Tradition aufgebaut ist, etwa eines Abenteuerromans.

Das visuelle Äquivalent eines logischen Widerspruchs sind Objekte, von denen wir wissen, daß sie als Körper im Raum nicht möglich sind, die sich uns aber dennoch zeigen. Man findet solche Objekte beispielsweise in den Bildern von M. Escher. Als visuell kontradiktorisch kann man ein Bild bezeichnen, dessen einzelne Bestandteile einander widersprechen, wie etwa das folgende:

Ein anderer Typ der Täuschung entspricht Texten, die man auf zwei einander ausschließende Arten organisieren kann. Bekannt ist z.B. jene Zeichnung, die entweder den Kopf einer alten Frau im Profil oder das Köpfchen eines jungen Mädchens zeigt, das, die Wange vom Betrachter abgekehrt, in das Bild hineinzuschauen scheint. Bei der Umorganisierung des Blickfeldes verwandelt sich die Wange in die Nase der alten Frau. Solche Bilder zeichnen sich dadurch aus, daß man die Alternativen nur abwechselnd sehen kann.

Nicht mehr zum Bereich der Täuschung im engeren Sinne

gehört es, wenn Figur und Hintergrund undeutlich oder auch uneindeutig gemacht werden; in der Kunstgeschichte hat es, angefangen vom Impressionismus bis hin zur abstrakten Malerei, gerade einen solchen Trend zur wachsenden Uneindeutigkeit gegeben, bis sich schließlich die figurativen Elemente in ikonische Derivate verwandelten, die bis zur völligen Unerkennbarkeit transformiert waren – und damit zur selbständigen Existenz, weil sie nichts mehr *darstellen*, sondern nur noch *sind*. In der Literatur findet diese »Desemantisierung« der Plastik ihre Entsprechung in der experimentellen Zerstörung, Verwirrung und Guillotinierung von Bedeutungen. Ein entsprechender Modellvergleich könnte noch manche Hinweise zum Thema der kreativen Methoden in der Literatur bringen.

Texte zu konstruieren, die vorgeben, völlig autonom gegenüber der Realität zu sein, ist ein widerspruchsvolles Unterfangen. Bestimmte lexikographische und semantische Determinanten lassen die Aussage sich dann in eine Richtung neigen, etwa zur »Menge der archaischen Sätze«, so daß sie – die Aussage – den Eindruck erweckt, als stamme sie aus grauer Vorzeit. Andere Determinanten eilen voraus in eine fiktive Zukunft, was sie durch eigentümliche Neologismen vortäuschen. Wieder andere Determinanten führen die Aussage »ins Abseits«, so daß sie innerhalb der chronologischen Ordnung vollkommen unidentifizierbar wird. Sätze und Perioden, die durch widersprüchliche Entscheidungen des semantischen Rezeptors gleichzeitig in verschiedene Richtungen gezerrt werden, »schweben«, was ihre Lokalisierung betrifft, in einem Zustand der Unbestimmtheit, auch wenn ihre lokale Bedeutung verständlich ist. Das gilt umsomehr für einen Text, der insgesamt autark ist.

Die Unentschiedenheit des Lesers kann dabei ihre Ursache in zwei nichtidentischen Sachverhalten haben – sei es, daß der Text zwei potentiell mögliche, aber sich gegenseitig ausschließende Deutungen *zuläßt*, ohne sich für irgendeine auszusprechen, sei es, daß er *selbst – in sich* – widersprüchlich ist, weil er das Denken des Lesers gleichzeitig in nicht miteinander zu vereinbarende Richtungen verweist.

Im ersten, schwächeren Falle ist der Text selbst nicht widersprüchlich, widersprüchlich sind dagegen seine gleichermaßen zulässigen *Deutungen*.

In der zweiten, stärkeren Variante steckt der Widerspruch bereits unauslöschlich im Werk selbst. Ein Beispiel für den ersten Typ ist Kafka, für den zweiten T. Parnicki.

Die Widersprüchlichkeit des Textes ist allerdings eine *kontinuierlich* abstufbare Eigenschaft. Sie kann sich daher im Werk ein und desselben Autors intensivieren; in dieser Hinsicht weisen die frühen und späten Werke Parnickis infolge einer »Eskalation der Antinomien« einen wachsenden Gradienten der Widersprüchlichkeit auf. Bezüglich der »Widerstandsfähigkeit« gegen die Größe der verabreichten Dosis an Widersprüchen bestehen zwischen den Lesern große Unterschiede. Daran liegt es, daß oft ein und dieselben Kritiker, die sich über die früheren Romane Parnickis befriedigt äußerten, den späteren die Anerkennung versagten. Es muß auch gesagt werden, daß zwischen Absurdität und Nonsens ein logischer Unterschied besteht (der üblicherweise nicht gemacht wird). Eine Absurdität ist ein widersprüchlicher, aber sinnvoller Ausdruck (»Maria ist eine kinderlose Mutter«), weil man verstehen kann, um was es geht, auch wenn es sich um etwas Unmögliches handelt. Nonsens liegt vor, wenn eine Äußerung inkohärent ist und auch syntaktisch nicht kohärent gemacht werden kann, also unverständlich bleibt. Man kann bekanntlich sagen: »Credo, quia absurdum est«, aber nicht: »quia est nonsensum«. Man kann an ein wunderbares Zusammentreffen von Widersprüchen glauben, aber nicht an etwas, das man gar nicht kennt. Nun ist die Differenzierung zwischen Absurdität und Nonsens leicht, soweit es um einfache Sätze geht, doch kann sie sich bei Werken, die in logischer Hinsicht sehr große Konjunktionen von Sätzen darstellen, als undurchführbar erweisen. Ein Werk, das für die einen eine möglicherweise bezaubernde Absurdität darstellt, kann daher für andere ein nichtssagendes Gestammel sein.

Es muß auf jeden Fall betont werden, daß Kafka als Vorläufer des belletristischen »Weltschöpfertums« in der Verunsicherung des Lesers bezüglich der Einordnung seiner Werke nicht soweit gegangen ist, wie dies heute die Vertreter einiger Formen des *nouveau roman* tun. Er hat nämlich den Text selbst nicht stark mit Widersprüchen belastet, sondern vielmehr unterschiedliche Interpretationen der Bedeutung eines gesamten Textes gleichermaßen zugelassen. Der Weg von Kafka zu Parnicki ist ein allmähliches Übergehen aus einem kreisförmigen in ein verworrenes Labyrinth.

Damit haben wir, ausgehend von Todorovs Bemerkung über die zeitweilige Unentscheidbarkeit der semantischen Lokalisierung eines Werkes auf einer Achse – also ausgehend von einem bestimmten Sonderfall –, verallgemeinernd ein Modell der Rezeption skizziert, das über die Gattungen hinweg für alle möglichen Werke gültig ist.

Wir haben nämlich das Verfahren skizziert, nach dem man von Texten, die hinsichtlich ihrer Zuordnung unimodal sind, wie etwa der Kriminal- oder der Schauerroman, stufenweise zu n-modalen Texten übergehen kann, wie sie die Werke Kafkas darstellen. Ein Werk, in dem das Beziehungsparadigma der »Windrose« sich realisiert, ist somit bezüglich seiner Bedeutung in mehrfacher Hinsicht unbestimmt, denn es lähmt das »semantische Diagnosegerät«, das in jedem menschlichen Kopf steckt. An allen Stellen, wo über den Sinn zu entscheiden ist – und das ist im gesamten Text der Fall –, stellt sich ein labiles Gleichgewicht ein, da wir nicht zu entscheiden vermögen, ob er ernst oder ironisch ist, ob er sich auf das Diesseits oder das Jenseits bezieht, ob er also unser irdisches Jammertal in die Transzendenz erhebt (was nach Ansicht einiger beim *Schloß* der Fall ist) oder ob er umgekehrt das Jenseits zur Diesseitigkeit degradiert (was nach Ansicht anderer beim *Schloß* der Fall sein soll), ob er ein Roman mit einer Moral ist, die in der Symbolik des Unbewußten verschlüsselt wurde (was die psychoanalytische Kritik behauptete) usw. Todorov hat nicht beachtet, daß die Literaturtheorie Tatsachen verallgemeinern, sie aber nicht diskriminieren soll, daß sie, mit anderen Worten, alle Tatsachen zu erklären hat.

Daß es gleichzeitig mehrere einander widersprechende Deutungen des Kafkaschen Werkes gibt, ist eben eine Tatsache, welche die Theorie gleichfalls respektieren muß und mit der sie nicht hadern darf. Wenn das auf einer bestimmten Ebene der Loslösung nicht möglich ist, muß man auf eine höhere Ebene gehen. Unser Modell der »Windrose« berücksichtigt die Tatsache, daß so viele diametral entgegengesetzte Deutungen des Kafkaschen Werkes aufeinanderprallen, und erklärt, gestützt auf die Konfiguration des Entscheidungsfeldes, warum es so sein muß. Die Unentschiedenheit des Lesers ist nicht – wie in Todorovs Entwurf – eine vorübergehende und zweitrangige Angelegenheit, sondern eine beständige Kategorie, die dem Grad der semantischen Unbestimmtheit des Textes entspricht – und nicht bloß der speziellen Alternative zwischen rationaler und irrationaler Ordnung.

Mit unserem Modell ist es außerdem möglich, die semantische Unbestimmtheit, deren Ursache das ungenaue Gestammel der Erzählung ist, von einer Unbestimmtheit zu unterscheiden, die darin liegt, daß die Erzählung »in alle Richtungen gleichzeitig« verweist. Unser Modell legt – zumindest in den extremen Bereichen – den Unterschied fest zwischen einer erfolgreichen und erfolglosen Taktik des »Weltenschöpfertums durch Antinomien« in der Literatur, denn obgleich wir uns sowohl im Gestammel als auch im Werk Kafkas verirren, geht es doch um die Topologie radikal unterschiedlicher Verirrungen. Der Unterschied wird deutlich durch den Gegensatz zwischen einem Brei oder *Nebel* und einem *Labyrinth*, also dem Unterschied zwischen Sinngehalten, die einfach nur undeutlich werden, und solchen, die, ohne an Schärfe zu verlieren, gegeneinander stehen. Wäre ein literarischer Text lediglich ein logischer Kalkül, so wäre die Summe der widersprüchlichen Urteile über ihn natürlich gleich Null. Ein künstlerisches Werk ist jedoch gerade kein logischer Traktat, und wenn es auch nicht möglich ist, ihn zu eindeutiger Kohärenz zu bringen, so vermag er uns doch zu bezaubern, wenn der ihn kennzeichnende Widerspruch den Charakter eines Geheimnisses annimmt.

Es sei jedoch zugegeben, daß die »Windrose« als formales Modell der Entstehung der Autonomie des Werkes eine kategorial andere Abstraktion darstellt als die Achse des Strukturalisten. Die »Windrose« ist nicht darauf angelegt, zwischen Inhalten zu trennen, sondern sie berücksichtigt gerade die gleichzeitig nebeneinander vorhandenen Inhalte; sie läßt ja gerade die Abstufung und Koexistenz solcher Eigenschaften des Textes zu, die für den Strukturalismus nicht gleichzeitig gegeben sein können, weil sie sich nach der Regel »alles oder nichts« ausschließen. Diese fundamentale Differenz beruht auf unterschiedlichen Forschungsprämissen: Todorov geht auf die Jagd nach Gegensätzen, die keinerlei Vermittlung kennen, und deshalb *muß* die Lektüre für ihn an einem Pol des Gegensatzes enden, so daß ein Schweben zwischen den Polen auf jeden Fall nur ein vorübergehender Zustand ist. Die Logik seiner Argumentation zwingt ihn denn auch, eine verengte und dadurch überaus unbequeme – geradezu prokrusteshafte – Definition des Phantastischen anzunehmen. Seine aus der Linguistik stammenden Strukturen spiegeln nämlich Zustände, nicht Prozesse wider – letztere kommen nur als Übergänge von einem Zustand in den anderen vor. Die »Windrose« ist dagegen ein Abbild der Dynamik der Lektüre als eines Spiels, das man als Rad der Verirrung bezeichnen könnte, und liefert ein Modell für die Rezeption des Werkes, nicht aber für das »Werk« selbst, da ein Werk sich außerhalb der Lektüre nicht anders denn als Erinnerung aktualisieren kann. Wer die Bedeutungen als Zustände und nicht als Züge in einem Spiel auffaßt, ist außerstande, die Rolle zu erkennen, die in der Erzählung die Konflikte nicht der handelnden Personen, sondern der Semantik und der Syntax spielen. Oben haben wir jedoch gezeigt, daß die Literatur im Unterschied zum kognitiven Handeln nicht nur vor Antinomien keine Angst hat, sondern sie sich schlau zunutze machen kann. Dieses Problem verdient genauer untersucht zu werden.

Die Literatur als Antinomie

In der Naturwissenschaft und in den logisch-mathematischen Disziplinen ist der Widerspruch ein Unglück, eine Plage und eine Strafe Gottes, und man muß sich mit allen Mitteln seiner entledigen, weil er das rationale Denken lähmt. Es ist daher nicht verwunderlich, daß die gegenüber den exakten Disziplinen kleinmütig gewordene Literaturwissenschaft die Kategorie des Widerspruchs meidet wie die Pest. Daher bleibt uns nichts anderes übrig, als allein in diesen Abgrund vorzudringen.

Widersprüche können unterschiedlich stark sein. Am stärksten sind die logischen Widersprüche von der Form »p und nicht p». Als semantische Widersprüche werden wir nicht nur Widersprüche im Sinne der Prädikatenlogik betrachten, sondern auch solche, die durch eine bewußt angewandte Äquivokation entstehen. Bei der Äquivokation verändert sich, wenn man über sie nachdenkt, der den Worten beigelegte Sinn, und das kann – muß aber nicht – bis hin zum Widerspruch führen. Da man sich schwerlich mit einem ganzen derart beschaffenen Text befassen kann, soll uns hier als Beispiel ein Satz genügen: »Diese Dame ist untragbar geworden«. Man kann ihn dreifach verstehen: 1) Die Dame hat auf unannehmbare Weise gegen die gesellschaftlichen Konventionen verstoßen; 2) sie ist dermaßen fettleibig geworden, daß man sie nicht mehr tragen kann; 3) vom Luxus verwöhnt, hat sie Ansprüche entwickelt, die niemand mehr befriedigen kann. Der Kontext muß dem Satz Eindeutigkeit verleihen, er kann aber auch, im Gegenteil, die bestehende Divergenz der möglichen Bedeutungen verstärken. Ein Kontext, der alle drei Bedeutungen zusammenfaßt, könnte z.B. so aussehen: In einer protestantisch geprägten Kleinstadt der Schweiz hat ein findiger Unternehmer es zu einigem Wohlstand gebracht; seine Frau hat sich daraufhin angewöhnt, mindestens dreimal wöchentlich nach Rom zu fliegen, wo sie in Gesellschaft berüchtigter Mafiosi ausschweifende Freßgelage abhält, was sich in einer entsprechenden Leibesfülle niederschlägt, bis der Mann schließlich ihre Rechnungen nicht mehr bezahlen kann und den Konkurs anmelden muß. Ein Kontext, der diese Bedeutungen in sich enthält, kann schließlich einen Eindruck der Widersprüchlichkeit entstehen lassen (indem etwa das »Untragbare« einmal so verstanden wird, daß die Frau hohe Ansprüche stellt, und dann wiederum so, daß sie sich gehen läßt). Bei einer logischen Analyse würde sich zeigen, daß dieser Text keinerlei Widerspruch enthält, aber in

Wirklichkeit wird wohl niemand die Kohärenz eines literarischen Werkes durch einen formalen Kalkül zu überprüfen versuchen. Semantische Mehrdeutigkeit ist leicht zu erfassen, wenn sie in einem einzigen Satz auftritt, aber wenn sie sich auf ein ganzes Werk erstreckt, kann sie ihm eine Aura des Geheimnisvollen verleihen. Der »Effekt des Geheimnisvollen« entsteht nicht durch bloße Verworrenheit oder semantische Unvereinbarkeiten, sondern durch einen entsprechenden Aufbau des Werkes, denn der eigentliche Kunstgriff besteht ja nicht darin, auf der folgenden Seite mechanisch dem zu widersprechen, was man auf der vorhergehenden Seite gesagt hat. Semantische Widersprüche sind ein spezifisches Kennzeichen religiöser Dogmen, allerdings in unterschiedlichem Ausmaß (im Zen-Buddhismus spielt die Denkfigur der paradoxen, in sich widersprüchlichen Schlußfolgerung eine weitaus größere Rolle als der Widerspruch im Christentum, obgleich es vom logischen Standpunkt aus ein Widerspruch ist, wenn z.B. gesagt wird, drei Personen seien eine Person). Die Struktur eines (etwa durch die Religion) eingebürgerten Paradoxons kann als ein kreatives Muster dienen. Auf solche Einzelheiten wollen wir hier nicht eingehen, denn nicht die Strategie der Kreation ist es, was wir hier zeigen wollen, sondern nur die Typologie der Rezeption im Sinne eines Entscheidungssystems.

Schriftsteller wenden diese Taktik meist ohne bewußten Vorsatz an, ohne zu wissen, was sie tun, denn große Teile des Werkes werden im Zuge der Entstehung nicht so geplant, daß sie logisch miteinander kollidieren, sondern die logischen Beziehungen entstehen »durch Selbstorganisation« – der Schöpfer ist ja nicht ein souveräner Herr, der einen vorgefaßten Plan verwirklicht, sondern seine Rolle beschränkt sich darauf, den Text zu beaufsichtigen und im Sinne eines Musikinstruments zu »stimmen«. Würde der Schöpfer in voller Kenntnis handeln, die sich auch auf das noch nicht entstandene Werk erstreckt, dann wäre es nicht so, daß selbst die hervorragendsten Schriftsteller Entwürfe hinterlassen, die, weil sie von Streichungen nur so wimmeln, fast nicht zu entziffern sind. Doch auch das Genie erkennt nicht im voraus, was es noch nicht geschrieben hat, und sein Wort wird zunächst von nichts anderem gelenkt als von nebelhaften Vorstellungen und einem richtungweisenden Gespür. In dem Maße, wie der Text wächst, geht im Sinne der Steuerung die Kontrolle vom Schreibenden auf das Geschriebene über, dessen sich herausbildende Gradienten zu einer sich immer deutlicher abzeichnenden Gestalt tendieren. Wegen dieser großen Ungewißheit kann der Autor die Taktik der Nutzung von Antinomien nicht ebenso selbstbewußt und berechnend anwenden, wie der Befehlshaber in einer Schlacht, der, sämtliche verfügbaren Formationen vor Augen, Kriegslisten zu ersinnen vermag, während für den Schriftsteller, der zum Kampf auszieht oder, genauer gesagt, einsam das Spiel eröffnet, diese Kampfformationen erst nach und nach unter seiner Feder entstehen, allmählich anwachsen und je nachdem, wie gut oder schlecht es ihm gelungen ist, kraftlos bleiben oder Autonomie erlangen. Kurz, das Niveau der Kreation ist niemals das Niveau vollständiger Rationalität (und wenn es das ist, um so schlimmer für das Werk), wohingegen die Theorie das Organisationsprinzip eines Werkes nachträglich zu entdecken wermag, aber denen, die noch das leere Papier vor sich haben, nicht im geringsten behilflich ist.

Einen *logischen* Widerspruch haben wir im Satz vor uns: »Herr Müller tötete seinen Großvater, und es ist nicht wahr, daß Herr Müller seinen Großvater tötete«. Es gibt keinen Kontext, der diesen Satz kohärent macht, oder höchstens zum Schein einen Science-Fiction-Kontext, in dem Herr Müller sich mit einer Zeitmaschine in die Vergangenheit begibt, um mit dem Großvater abzurechnen, bevor er noch Herrn Müllers Großmutter heiraten konnte. Wenn er aber den Großvater in jungen Jahren getötet hat, dann kann es folglich auch den Vater von Herrn Müller nicht gegeben haben, und woher stammt dann eigentlich Herr Müller? Wie man sieht, ist es möglich, einen Widerspruch über eine ganze Erzählung »breitzutreten«, aber beseitigen läßt er sich nicht. Der in der Science Fiction verbreitete Widerspruch der »Chronomotion« ist harmlos, denn alles, was er anrichtet, ist, den Leser durch Paradoxien zu schockieren – darüber hinaus bedeutet er nichts.

Der semantische Widerspruch wird dagegen gewöhnlich

als *Zeichen* gedeutet; so ist etwa der Widerspruch in den Interpretationen des Kafkaschen Werkes gleichsam ein Modell der ontischen Labilität des Menschen gegenüber der Welt – man kann Herrn K. ebensogut für schuldig wie für unschuldig halten und damit seinen »Prozeß« für gerechtfertigt oder schändlich – und genau darum ging der Streit der Kritiker. Semantische Widersprüche können sich *im Umkreis* einer von ihnen implizierten Problematik organisieren, einer Problematik, auf die sie durch ihre unpassende Stellung indirekt, stillschweigend hindeuten, die sie aber nicht beim Namen nennen und in deren Kern sie nicht einzudringen versuchen, um sie endgültig aufzulösen. Die indirekte Umschreibung umfassender, in der Regel ontischer Bedeutungsgehalte durch die Erzählung ist eine Funktion der Entwicklung der Literatur, die zwar immer wieder dieselben Probleme aufgreift, aber nicht ständig auf dieselbe Art. Es ist daher ein fataler Irrtum, wenn Todorov meint, durch die erlangte Freiheit, direkt zu äußern, was früher verschwiegen wurde, werde die vermittelte, indirekte Aussage in der Literatur liquidiert.

Die Erzählung kann sich darüber hinaus andere Arten von Widersprüchen zunutze machen, die schwächer sind als die semantischen und die logischen, von denen bisher die Rede war.

Das können Widersrpüche zwischen einander kulturell ausschließenden Poetiken und literarischen Konventionen sein – einander ausschließend in dem Sinne, wie die Kultur es nicht erlaubt, jemanden mit einem lauten Schmatz auf beide Wangen zu begrüßen und ihm dabei schmerzhaft gegen das Schienbein zu treten. Das ist ja weder empirisch noch logisch noch semantisch unmöglich, es ist ganz einfach »unannehmbar« – und nur von einem solchen Widerspruch soll jetzt die Rede sein. Wenn die Poetik einer Beschreibung lyrisch ist, dann ist sie nicht skatologisch; wenn sie die Tugend schildert, dann nicht auf eine Abscheu erregende Art usw.

Das sind natürlich Widersprüche, die durch entsprechende Verbote im realen Leben und durch Normen innerhalb der Literatur entstehen; ihre Quelle ist die Hierarchie der gesellschaftlichen Werte und Maßstäbe. Wir kennen in der

Belletristik jedoch einen »Inzest« der Modalitäten, der schockierend wirkt und gerade dadurch auf sich aufmerksam macht. Darauf beruht das Beeindruckende der erhabenen Vulgarität, die bei Henry Miller zum Stil des pathetischen Hymnus in der Pornographie wird, das Beeindruckende der Apotheose von Verbrechen und Perversion bei de Sade, der die abscheulichsten Verirrungen bis hin zur Koprophagie mit hochgestochenen, philosophisch-programmatischen Rechtfertigungen versieht. Was in diesem Falle aufeinanderprallt, ist die Norm des Lesers und auf der anderen Seite eine Norm oder, besser gesagt, der Vorschlag einer anderen Norm (also einer Pseudonorm), der von dem Text ausgeht. Um zusammenzufassen: Wenn Bedeutungen innerhalb eines Textes oder in seinem interpretatorischen Umfeld aufeinanderprallen, haben wir es mit einem Konflikt innerhalb der Semantik zu tun; wenn es sich um eine Kollision logischer Art handelt, stehen wir vor einer Absurdität (sie kann im paradoxen Gewande als *Scherz* oder im ernsten Gewande als »wissenschaftlich begründete« Chronomotion in der Science Fiction auftreten); wenn kulturelle Maßstäbe miteinander kollidieren, reicht das Spektrum der Möglichkeiten vom Lobpreis der Gotteslästerung und der Schändung der Tugend bis hin zur absonderlichen, lyrischen oder grotesken Exzentrizität.

Das alles kommt – und zwar durchaus nicht selten – in der zeitgenössischen Literatur vor. Das Durchbrechen von Konventionen durch in sich widersprüchliche Handlungen hat in sich selbst schon zu neuen Konventionen geführt. Diese Strategie der Ausbeutung von Antinomien ist sehr expansiv und aggressiv, denn wer so vorgeht, muß ständig nach neuen Opfern in Gestalt von noch nicht vergewaltigten Poetiken suchen, da die Wirkung der einzelnen »Schändung« rasch verfliegt und nur Werken, die eine Vorläuferstellung einnehmen, eine gewisse Beachtung verschafft. Deshalb steht diese Art des Schaffens unter der Direktive, »das, was noch keiner erwischt hat, zu erwischen und herumzuzerren«. Weil aber die Schockwirkung am langsamsten verfliegt, wenn Poetiken aufeinanderprallen, die im ästhetischen und kulturellen Raum am weitesten voneinander entfernt sind, unterliegt dieses Handeln den Gesetzen der Eskalation und der gleichzeitig auftretenden Inflation von Bedeutungen und damit von Werten, die immer unverkennbarer etwas Paradoxes bekommen, da sie ihre Entstehung der Vernichtung anderer Werte verdanken, nämlich der traditionellen. Die immer intensivere Suche nach etwas Reinem, das noch nicht defloriert wurde, hat vor unseren Augen sogar schon die unschuldigen Kindermärchen erfaßt, die zu Pornographie umgearbeitet wurden. Es klingt zwar traurig, entspricht aber der Wahrheit, daß solches Handeln die Literatur in einen kollektiven Marquis de Sade verwandelt.

Wir haben somit die folgende Hierarchie von Typen: Die stärksten, nämlich die logischen Widersprüche werden von einer speziellen Kreation zur Erzeugung von Paradoxien benutzt; die semantischen Widersprüche werden in der Literatur in größerem Umfang benutzt, um Labyrinthe von Bedeutungen zu erzeugen, die, wenn man sie durchmißt, eine besondere Aura des Geheimnisvollen erzeugen können, so daß ihre Verwendung zu einem modernen Äquivalent des Mythos führen kann, denn der Mythos ist ja ein Spiel, das keine Gewinnstrategie in dem Sinne aufweist, in dem es für Herrn K. im *Prozeß* keine solche Strategie gibt. Hier wie dort findet ein Verfolgungsspiel zwischen Partnern statt, die an Kräften und Wissen ungleich sind; einer ist stets unerforschlich wie der Gott Augustins, wie Moira oder Nemesis, der andere ist stets den geheimnisvollen Intentionen des ersten ausgeliefert.

Die schwächsten narrativen Widersprüche schließlich, die durch die Zusammenfügung einander bislang ausschließender Poetiken enstehen, werden heute intensiv ausgebeutet. Die führende Position nimmt hier die *Geschichte der O* von Pauline Réage ein, ein eigentümliches Pendant zu den Werken de Sades, aber auch etwas mehr als bloß die masochistische Hälfte, welche die sadistische ergänzen würde, die in den Werken des berüchtigten Marquis besteht. Es handelt sich nämlich um die Geschichte einer großen Liebe, die noch potenziert wird durch die Größe der Erniedrigungen, welche die Heldin von ihrem Geliebten erfährt. Diejenigen, die sich bei de Sade zum Libertinismus bekehren lassen – etwa das unschuldige Mädchen aus der *Philosophie im Boudoir* –, büßen, wenn sie sich der Ausschweifung hingeben, alle höheren Gefühle ein. Réages Heldin dagegen liebt (nicht: begehrt) um so stärker, je schändlicher der Geliebte sie prostituiert. Es gibt keine Grenze der Erniedrigung; die von der Heldin auf Befehl ausgeführten Handlungen – so hält sie etwa selbst während des Schlafs als Symbol der völligen sexuellen Willfährigkeit die Schenkel gespreizt – machen aus ihr einen Besitz, der in den ihn mißhandelnden Besitzer verliebt ist. Der Roman enthält, wohlgemerkt, nicht viele Obszönitäten, und diejenigen, die für den Gang der Handlung unerläßlich sind, werden eher genannt als beschrieben. Tatsächlich macht der Roman die Möglichkeit glaubhaft, daß jene Gefühle, die wir die höheren nennen, aus dem hervorgehen, was wir für die letzte Erniedrigung halten. Übrigens ist er in einem sehr banalen Sinne antiveristisch. Ein Mädchen, daß so pausenlos malträtiert wird wie »die O«, könnte, mit Wunden und Narben übersät, kein attraktives Objekt für Lord Stephen sein, einen vornehmen Dandy, der den *perversen* Kopulationen eine *ästhetische* Betrachtung vorausschickt. (Man beachte, daß hierin ein weiterer Widerspruch von Poetiken liegt!) Wäre nicht das unablässige Wunder, daß die Heldin die Qualen heil übersteht wie ein Fakir das Feuer, so würde der Roman aus der Boudoiratmosphäre abgleiten in die Lageratmosphäre und den leider wirklichen Alptraum des Behandlungszimmers eines Doktor Mengele schildern. Die *Geschichte der O* ist übrigens eine Ausnahme von der Regel, denn gewöhnlich wird anstelle von Werten ein Schock vermittelt, wenn bislang unbefleckte Poetiken zur Promiskuität verkuppelt werden.

Obwohl unser Überblick knapp und skizzenhaft ist, können wir doch ein Problem nicht übergehen, daß vom Strukturalismus stiefmütterlich behandelt wird, das Problem des ungleichen Wertes literarischer Werke.

Strukturalismus und Axiologie

Obwohl Todorov alle Probleme der Ästhetik meiden wollte, hat er sich ihrer doch nicht so gründlich entledigt, wie er meint. Die zur Vordertür hinausgeworfene Axiologie kehrt durch die Hintertür zurück. Todorov war leichtsinnig, als er sich über die von ihm zitierte Äußerung von Roger Caillois über das Wesen des Phantastischen lustig machte. Der Prüfstein des Phantastischen ist, wie Caillois sagt, »l'impression d'étrangeté irréductible« – der unabweisbare Eindruck des Unheimlichen. Dieser Definition zufolge – so spottet Todorov – hängt es von der Kaltblütigkeit des Lesers ab, welcher Gattung ein Text angehört. Wird der Leser erschreckt, so handelt es sich um ein Werk der Phantastik, bewahrt er dagegen Ruhe, so wechselt das Werk die Gattung!

Der Witz Todorovs verdient allerdings ernst genommen zu werden. Nehmen wir an, jemand bricht bei einem unheimlichen Roman in Gelächter aus. Dafür gibt es zwei mögliche Erklärungen: entweder ist der Leser ein Ignorant, oder der Text ist mangelhaft. Im ersten Fall ist der Leser nicht dem Werk, im zweiten das Werk nicht dem Leser gewachsen. Der Strukturalist sieht solche Schwierigkeiten nicht, denn ihm zufolge impliziert der Text einen Leser von entsprechenden Kompetenzen, einen Leser, der sich dem Text anpaßt und seine Lektüre auf dem entsprechenden semantischen Niveau betreibt, einen Leser also, der auf das Gelesene weder »von oben« herabschaut, wie der Kenner auf die *Aussätzigen*, noch »von unten« zu ihm hinaufschaut, wie der Ignorant auf *Les Gommes* (deutsch: *Ein Tag zuviel*) von Robbe-Grillet. Der Strukturalismus verwandelt auf diese Weise die Literatur in ein starres Kastensystem, eine verfestigte Hierarchie, in der jedem Typus von Werken ein bestimmter Typus von Lesern entspricht; geniale Köpfe verdienen geniale Werke, Schwachköpfen gebühren schwachsinnige Werke. Erst das dermaßen antidemokratisch organisierte Ganze von Texten und Lesern ermöglicht die egalitäre, weil auf alle gleichermaßen sich erstreckende Anwendung der Methode. Dieser witzige Trick verschleiert ihre völlige axiometrische Hilflosigkeit, ihre Unfähigkeit, etwas kulturell Bedeutendes zu leisten, nämlich zwischen Werken im Hinblick auf ihren ungleichen Wert eine Auswahl zu treffen. Was ich eben beschrieben habe, ist eine Rekonstruktion der strukturalistischen Aktivität anhand dessen, was die Strukturalisten wirklich machen, und nicht nur anhand dessen, was sie programmatisch verkünden; diese Rekonstruktion erklärt die der gesamten Richtung eigentümliche Widersprüchlichkeit des Verhaltens. Einerseits betreibt sie nämlich keine Axiometrie, teilt sie also nicht die Werke in bessere und schlechtere ein, andererseits – in der Praxis – tut sie das aber stillschweigend doch. Auf den Seziertisch legt sie nämlich am liebsten, wenn nicht gar ausschließlich solche Werke, die sich bereits als Zierde der Literatur einen Namen gemacht haben.

Zu den berühmtesten Leistungen der strukturalistischen Schule gehört der Essay von Roman Jakobson und Claude Lévi-Strauss über Baudelaires Sonett »Die Katzen«. In der Überfülle des Schrifttums, das dieser Essay ausgelöst hat, findet man gerade eine Handvoll schüchtern vorgetragener kritischer Anmerkungen, die sich darauf reduzieren, daß die von der Analyse hervorgekehrten Vorzüge zum großen Teil nicht Baudelaire, sondern der Sonettform als solcher zuzuschreiben seien. Würde man demnach die Methode mit gleichem Scharfsinn und gleicher Präzision auf ein beliebiges mittelmäßiges Sonett anwenden, so erbrächte sie genau die gleiche Fülle an Gegensätzen, Äquivalenzen, Zusammenhängen und Beziehungen, welche die beiden großen Männer des Strukturalismus aus den »Katzen« extrahiert haben. Das liegt daran, daß sie (die Methode) vom linguistischen und ethnologischen Strukturalismus die Wertblindheit als Erbe übernommen hat – es ist ihre Erblast. Schließlich nehmen weder die strukturale Linguistik noch die strukturale Ethnologie in ihrem jeweiligen Forschungsbereich axiometrische Messungen vor, und das ist auf diesen Gebieten auch gar nicht zu bemängeln. Die Linguistik kann weder auf der paradigmatisch-syntagmatischen Ebene noch in den Modellen generativer Grammatiken zwischen schlechteren und besseren Sprachen unterscheiden, weil es solche Unterschiede nicht gibt: Als Mittel der Verständigung sind alle Sprachen einander gleich. Auch im Hinblick auf eine einzelne Sprache wäre eine Wertung unsinnig, denn das hieße ja, irgendwelche Leistungsunterschiede festzustellen, und um zu zeigen, daß eine Sprache etwas nicht zu leisten vermag, müßte man sich auf ein anderes, besseres Mittel der Informationsübertragung berufen, daß es jedoch nicht gibt. In der Linguistik ist eine Wertung völlig unsinnig, da wir über keinen Maßstab und kein Modell verfügen, das festlegen würde, wie ein kommunikatives Handeln aussehen müßte, das im Vergleich zu den Leistungen der realen ethnischen Sprachen »besser« wäre.

Für die Erforschung der Kulturen gilt das gleiche. Es ist nicht möglich, die in einer Kultur wirksame soziale Norm, den in einer Kultur vorkommenden Typ von verwandtschaftlichen Bindungen oder ihr Beziehungsnetz in irgendeiner Weise zu bewerten; es wäre blanker Wahnsinn, die patrilineale Erbfolge als »besser« oder »schlechter« im Vergleich zur matrilinealen zu bezeichnen. Genauso könnte ein Physiker sagen, große und heiße Sterne seien »besser« als kleine und kühlere, genauso könnte er bestimmte Elementarteilchen gegenüber anderen als »vollkommener« bezeichnen. Sinn und Zweck des von Lévi-Strauss betriebenen ethnologischen Strukturalismus liegen ja gerade darin, zu zeigen, daß sämtliche Kulturen vor der Axiologie vollkommen gleich sind. Wenn aber alle gleich viel wert sind, wird es natürlich sinnlos, Bewertungen vorzunehmen. Sollten jemandem Zweifel kommen, ob die Kulturen der Altsteinzeit tatsächlich ebensoviel wert waren wie die Kulturen des Mittelalters oder der Neuzeit, so wird er in der Begriffsapparatur des Strukturalismus keine Kategorie finden, um solche Zweifel auszudrücken, weil die Methode die völlige Gleichheit des Untersuchten schon durch ihre Paradigmatik voraussetzt, da diese eine rein logische ist und die Logik keine anderen Werte kennt als die Werte des Wahren und Falschen, die mit qualitativen (wertenden) Urteilen nichts gemein haben. Der Strukturalismus der Schule von Lévi-Strauss wehrt sich im übrigen heftig gegen alle Versuche, die axiologische Gleichheit der Kulturen in Zweifel zu ziehen, und behauptet, Vergleiche zwischen Kulturen seien nur bezüglich ihrer Topologie, ihrer Konfiguration oder ihrer Kombinatorik möglich, nicht aber im Hinblick auf irgendwelche Werturteile, weil der Urteilende sich nur auf die Maßstäbe einer anderen Kultur berufen könne, um eine gegebene Kultur zu loben oder zu tadeln, und das sei ein ganz und gar willkürliches Verfahren. Mit einer derart extremen Wertfreiheit braucht man, wie ich sagte, nicht einverstanden zu sein, und verschiedene Funktionalisten in der Ethnologie haben diesen Standpunkt denn auch abgelehnt, doch innerhalb des Strukturalismus ist für die Axiometrie kein Platz.

Es ist erstaunlich, daß niemand dieser grundlegenden Eigenschaft des Strukturalismus auch nur die geringste Beachtung geschenkt hat, als er in den Bereich der Literatur verpflanzt wurde. Schließlich ist jene Gleichheit vor der Methode, die im Bereich von Sprache und Kultur gelten mag, innerhalb der Literatur nicht anzutreffen. Kein Wunder, daß der Strukturalismus von der Fähigkeit des Königswassers, Gold von Flittergold zu scheiden, nicht eine Spur besitzt – und es gibt keinen Anlaß, darüber zu spotten, denn daß seine Urteile keine Trennkraft besitzen, liegt daran, daß er im außerliterarischen Bereich entstanden ist. Wenn er in der Linguistik und der Ethnologie eine ernstzunehmende theoretische Position darstellt, so wird er auf dem Gebiet der Literatur zu einer schlechten Nachahmung. Betrachten wir ihn als einen Apparat, der Brillanten und Steinchen voneinander scheiden soll, so arbeitet er erst dann fehlerfrei, wenn wir ausschließlich Brillanten hineinwerfen. Werfen wir auch Steinchen hinein, so stellen wir ohne Verwunderung fest, daß sie ebensoviel wert sind wie die Edelsteine. In der Physik ist es tatsächlich so, denn die Physiker interessieren sich für Brillanten und Steinchen nicht aus den Gründen, aus denen nur die ersteren für die Börse interessant sind. In der Literatur bedeutet diese Haltung jedoch einen verhängnisvollen, tiefen Rückschritt gegenüber ihrer gesamten Tradition, denn die Literatur ist ein Bereich untereinander ungleicher, gesellschaftlich miteinander kollidierender Werte und nicht einer Vogel-Strauß-Politik der Koexistenz in voneinander gesonderten Kasten. Es gibt, mit einem Wort, keine gute oder schlechte Sprache, aber es gibt gute und schlechte Literatur.

In diesem Buch betone ich das Zufällige in der Rezeption von Werken und damit auch das Zufällige in ihrer Erhebung auf den Olymp der Künste. Ich verfahre dabei polemisch, und ich würde einseitig bleiben, wenn ich nicht den Vorbehalt machen würde, daß von einem reinen Zufall, von einem Spiel chaotischer Glückstreffer, dank dessen grundsätzlich jedes Werk zu einem Meisterwerk werden könnte, keine Rede sein kann. Zufallsbedingt ist nur die Karriere von mehr oder weniger gleichrangigen Werken. Es geht um jene Art von Zufall, die verschiedenen Arten eines bestimmten Ökosystems ähnliche Überlebenschancen gibt, woraus jedoch nicht folgt, daß sie allen Arten die gleichen Überlebenschancen gibt. Wenn mehrere Arten, die sich in ihren Leistungen ähneln, in Konkurrenz zueinander treten, kann es tatsächlich vom reinen Zufall abhängen, welche siegt. Daß sich die allgemeine Aufmerksamkeit auf ein Werk oder eine Art von Werken konzentriert und andere dafür vernachlässigt, ist insofern »ungerecht« und zufällig, als man, falls eine entsprechende Aufmerksamkeit anderen (aber den auserwählten, irgendwie verwandten Werken) zuteil würde, eben diesen anderen die Siegespalme zuerkennen würde. Der Prozeß, der bestimmte Werke ins Zentrum der allgemeinen Aufmerksamkeit rückt, ist nun einmal zufällig, und zufällig sind nun einmal jene ersten Rezeptionsbeziehungen, in die ein Werk zu den Lesern tritt; das heißt jedoch nicht, daß in diesem Bereich eine utopisch-perfekte Demokratie herrscht, kraft derer die Dummheit zur Genialität werden könnte, so wie im Märchen der Bauer zum König wird. Der Zufall hat seine Wurzeln in den Werken, in deren relativer Hilflosigkeit gegenüber den Lesern: Wenn diese nicht bereit sind, sich mit ihren Annahmen, aber auch mit ihren Überzeugungen und Geschmacksneigungen dem neuen Text anzupassen, hilft ihm nichts, denn er ist schließlich nicht ein Stückchen Radium, das seine Ungewöhnlichkeit dadurch offenbart, daß es mit seiner Strahlung das Dunkel erhellt. Zumindest in einem gewissen Maße soll der Zufälligkeit der Auswahl durch die Institutionalisierung von Beurteilungen im Bereich der geistigen Kultur entgegengewirkt werden. Dies ist keine Ausnahme von der Regel der in der Gesellschaft betriebenen

Spiele, denn alle sozialen Institutionen haben den Zweck, die Zufälligkeit der Ereignisse in eine zufallsfreie Ordnung zu überführen: Zufällig verhält sich uns gegenüber die Natur, die uns mal fette, mal magere Jahre schickt, zufällig ist das Auftreten körperlicher Gebrechen – »niemand kennt den Tag oder die Stunde« einer Erkrankung oder Verstümmelung –, und zufällig sind zahlreiche Erscheinungen der sozialen Pathologie, zum Beispiel charakterliche oder triebhafte Verirrungen; der Hauptzweck der kollektiven Institutionen ist es dagegen, die Folgen dieser Zufälligkeiten zumindest zu mildern, wenn sie nicht imstande sind, sie prophylaktisch zu verhüten. (Die Futurologie stellt, nebenbei gesagt, einen Versuch dar, die in der Zukunft verborgenen zufälligen Gefahren weiter zu reduzieren, und ihre Entstehung ist – ungeachtet ihrer faktischen Wirksamkeit – ein charakteristisches Merkmal der zivilisatorischen Entwicklung: Wir bemühen uns nämlich, das Zufällige aus der Geschichte zu verbannen, durch vorbeugende Vorausschau immer genauer und umfassender die Sicherheit des individuellen wie des kollektiven Lebens zu garantieren.)

Die lockere Institutionalisierung der Auslesefunktion, beispielsweise in Gestalt der Kritik, die das geistige Leben in den verschiedenen Bereichen der Kunst und so auch der Literatur kennzeichnet, soll den Einfluß des blinden Zufalls auf das »Überleben« von Kunstwerken reduzieren; wir machen aus der einstmals »natürlichen Züchtung« von Werken – »natürlich« in dem Sinne, als es zu Zeiten Homers eine literarische Kritik im Sinne einer gesellschaftlichen Institution nicht gab – eine »künstliche«, denn es ist ein in bestimmter Weise organisiertes gesellschaftliches System, das die Werte selektieren soll. Die Wirksamkeit dieses Vorgehens mag man bezweifeln; wenn jedoch die institutionalisierte Auslese bisweilen nicht die rechten Effekte zeitigt, so stimmt doch zumindest die ihr vorschwebende gesellschaftliche Intention. (Das gilt gleichermaßen auch für die Futurologie, also einen außerkünstlerischen Bereich: Institutionen entstehen nämlich aus einem Bedürfnis und nicht aus der Garantie ihrer hundertprozentigen Wirksamkeit.)

Lähmend wirkt sich jedoch auf die axiologische Auslese

eines Werkes die weltweit steigende Zahl von Werken aus, die letzten Endes eine direkte Konsequenz der Bevölkerungsexplosion ist, multipliziert mit der wachsenden Bildung von Millionenmassen. Es ist leicht möglich, daß die kritischen Filter durch Unmengen ständig neu entstehender Texte zugedeckt werden, so daß der Filter zwar weiterhin seine Funktion ausübt und auf nichtzufällige Weise innerhalb der Kunstproduktion differenziert, aber es wird eine Sache des reinen Zufalls, welche Werke überhaupt bis zu den Filtern gelangen, weil es nicht mehr möglich ist, *alle* Werke zu filtern, das heißt zu beurteilen. Von der Literaturwissenschaft müßte man in dieser Situation Hilfe und nicht Behinderung erwarten, axiometrische Unterstützung und nicht die Verkündung eines totalen Egalitarismus. Alles, was wir oben gesagt haben, diente also dem Beweis der Nichtneutralität dessen, was die Strukturalisten auf dem Gebiet der Literatur treiben: Indem sie Brillanten und Steinchen gleichsetzen, fördern sie ein Chaos, das die Kultur untergräbt und auslaugt.

Läßt sich jedoch in der Literatur eine theoretisch und nicht bloß durch den guten Geschmack der Kritiker und Leser untermauerte Axiometrie realisieren? Wir können zumindest einen ersten Schritt in Richtung auf sie skizzieren. Ich setze voraus, daß zwischen der Meisterschaft, die ein geübter Leser in der Rezeption von Werken beweist, und seiner Unterscheidungsfähigkeit eine direkte Proportionalität besteht. Das bedeutet: Je geübter ein Leser ist, um so größer werden für ihn die Unterschiede zwischen Werken, die ein ungeübter Leser praktisch für gleichwertig hält. Der nicht mit der Literatur Vertraute findet vielleicht, Tolstois *Krieg und Frieden* sei ein Roman von gleichem Range wie Margaret Mitchells *Vom Winde verweht*. In beiden Fällen haben wir es mit »Epik« zu tun, in beiden Fällen wird die Geschichte eines grausamen Krieges erzählt, in beiden Fällen ist das Schicksal der Helden einschließlich ihrer Liebesabenteuer in das Kriegsgeschehen verflochten, in beiden Fällen stößt man auf Reflexionen über das menschliche Leben usw. Würden wir nun diese beiden Bücher durch verschiedene Lesergruppen »hindurchschicken«, die sich teils aus hervorragenden Kennern und teils aus Ignoranten zusammensetzten, so würde sich herausstellen, daß diese Bücher auf einer vereinbarten Wertskala um so weiter auseinander liegen, je vollkommener die Leser sind, die sie durchgenommen haben. Die sich aus solchen ersten Untersuchungen ergebende allgemeine Gesetzmäßigkeit läuft darauf hinaus, die oben geäußerten Mutmaßungen zu verifizieren: Was für erfahrene Leser verschieden ist, ist für unerfahrene gleich, was für die ersteren unähnlich ist, ist für die letzteren ähnlich. Indem man die Werke mehrfach durch Gruppen von immer vortrefflicheren Lesern »hindurchschicken« würde, könnte man die maximale Spannweite der Urteile über die als Testmaterial verwendeten Texte herausfinden. Vermutlich hat die auf diese Weise vorgenommene Trennung zwischen dem »Ausgezeichneten« und dem »Unbedeutenden«, ja sogar zwischen dem »Hochbegabten« und dem »nur Begabten« irgendwo ein Maximum, ist also nicht unbegrenzt verfeinerbar. Man könnte ferner Kontrolluntersuchungen, Blindtests u.dgl. durchführen. Kurz, man sieht, daß dieser Weg zu einer behavioristischen literaturwissenschaftlichen Axiometrie führt.

Auf diese Weise kann man natürlich nur statistisch gesicherte Resultate erhalten, doch könnte man unsere »behavioristische Axiometrie« durch eine weitere, analytische Forschungsstufe verfeinern. Zuvor müßte man nur den Hermeneutikern den von ihnen okkupierten, mit Beschlag belegten Begriff der »Struktur« entreißen, auf den sie ja kein Monopol haben. Man müßte Strukturen in die Untersuchung einbeziehen, die unverkennbar eine axiometrische Funktion erfüllen, zumindest jene, mit denen die Entscheidungstheorie und die Theorie der Optimierung, insbesondere aber die Spieltheorie operiert. Im Rahmen der genannten Disziplinen ist es nicht nur erlaubt, sondern geradezu notwendig, von kleineren oder größeren Werten zu sprechen, die den Spielen selbst je nach Typus, Auszahlungsfunktion usw. zukommen, ferner von Optimierung zu sprechen, also von einer Vervollkommnung der Strategie beliebiger Handlungen (sofern sie nur auf ein bestimmtes Ziel gerichtet sind), und schließlich von Gewinn oder Verlust am Ende des Spiels zu sprechen, sei es, daß beide mit Null aufgehen, sei es, daß sie eine von Null verschiedene Summe ergeben.

Die Spieltheorie ist, das muß ich hier hinzufügen, ein universales Instrument der Analyse. So kann man etwa die gesamte Philosophie und systematische Theologie in die Sprache der Spieltheorie übersetzen. In diesem Lichte ist die Ontologie eine Suche nach den von der Welt festgelegten *Regeln* des Spiels ums Dasein, die Erkenntnistheorie die vorrangige Suche – im Rahmen der bereits festgelegten Regel – nach der optimalen Strategie der *Erkenntnis*, und die Theologie vor allem eine Suche nach der optimalen Strategie der *Erlösung*.

Dieser Betrachtungsweise kann man sich durch keinerlei Ausflüchte entziehen. Wenn ein Glaube wie etwa der Buddhismus die Art des Konflikts zwischen dem Menschen und der Welt festgelegt (bzw. seine Festlegung in eine kanonische Form gebracht) hat und gebietet, den Konflikt als solchen, also ganz einfach das Spiel, *aufzuheben* – und der Buddhismus gebietet geradezu, vom Tisch aufzustehen, denn nur indem man das Spiel aufgibt, kann man sich nach dieser Doktrin erlösen – , dann führt er de facto die Gläubigen in ein *anderes* Spiel hinein, nämlich in ein Spiel mit dem eigenen Körper, dem durch geeignete Schritte völlig der Appetit auf jenes Spiel genommen werden soll.

Literarische Spiele zeichnen sich vor allem aus durch eine Unbestimmtheit der Regeln und Strategien auf beiden Seiten des Tisches, auf dem die Werke landen, denn weder die Strategie der Kreation noch die der Perzeption ist explizit bestimmt. (Die Schule bemüht sich – übrigens recht hilflos -, durch die Unterweisung in der National- und Weltliteratur diese Unbestimmtheit zu verringern, hilflos deshalb, weil sie nicht vorgeht wie jemand, der einem anderen das Schachspielen beibringt, sondern wie jemand, der dem Schüler gebietet, sich ein paar meisterhafte Partien einzuprägen.) Was die Intention des Autors als Spieler betrifft, so verbirgt sie sich nicht in seinem Kopf, sondern sie ist erkennbar im Bild der gewählten Strategie, die nicht unbedingt identisch ist mit jener Strategie, die bei der gespielten Partie verwirklicht wurde. Auch ist die Strategie nicht gleichbedeutend mit dem

Text, ebensowenig wie die Aufstellung der Truppen vor einer Schlacht mit der Strategie gleichzusetzen ist, auch wenn man anhand dieser Aufstellung die Strategie des zu erwartenden Gefechts antizipieren kann. Die Optimierung der Strategie erfolgt gewöhnlich nach den Prizipien des Maximinimums und des Minimaximums; vereinfacht gesagt, geht es darum, mit möglichst geringem Risiko möglichst viel zu gewinnen. Das ist natürlich kein Zwang, sondern nur ein Kalkül, und so weicht denn auch der Kurs der zeitgenössischen Literatur insofern vom Minimax ab, als die Autoren häufig ein sehr hohes Risiko eingehen – das Risiko, von dem Leser völlig mißverstanden zu werden, also zu verlieren – in der ungewissen Hoffnung, sensationelle Ergebnisse zu erzielen. Die banale Massenliteratur riskiert ganz im Gegenteil am allerwenigsten, aber gewinnt auch nicht viel (wir sprechen immer noch von den kulturell und nicht finanziell verstandenen Spielwerten). Durch eine logische Rekonstruktion des Feldes der Auseinandersetzungen der traditionellen Phantastik ließen sich die spezifischen, mit den »Welten« der Erzählung eng zusammenhängenden Spielregeln der einzelnen Gattungen isolieren. (Z.B. ist die Welt der traditionellen Phantastik stets *parteilich*; falls mit *positivem* Vorzeichen, falls sie also den Helden, aber nur *individuell*, behilflich ist, haben wir es mit einem Märchen zu tun; falls sie allen behilflich ist, handelt es sich um eine *Utopie*; wenn es sich um eine *»negative«* Welt handelt, die gegenüber allen unfreundlich ist, gelangen wir zur *Antiutopie*, und wenn sie *gegen einzelne feindselig* ist, entdecken wir eine logisch mögliche, aber in Wirklichkeit nicht existierende – zumindest nicht im gleichen Sinne wie die anderen existierende – Gattung, nämlich das *»Antimärchen«*, in dem es den Guten schlecht geht und den Bösen ausgezeichnet.) Weil jedoch der Aufbau einer auf die Spieltheorie gestützten Genologie mit axiometrischen Sensoren ein eigenes Buch erfordern würde, sagt uns die Überlegung, daß es besser ist, an dieser Stelle zu verstummen.

XIII.
Einführung in die Metakritik

Das Unbewußte der Literatur

Zunächst eine Anekdote. Ein Reisender fragt auf dem Bahnhof den Eisenbahner, der mit einem Hammer die Wagenräder abklopft:

– Na, Alter, machen Sie diese Arbeit hier schon lange?

– Ach, mein Herr, schon lange, an die fünfzig Jahre.

– Und Sie haben immer so mit diesem Hammer geklopft?

– Immer.

– Aha... Und wozu machen Sie das eigentlich?

– Wozu...? O, wenn ich das noch wüßte...

Das Belustigende an dieser kleinen Geschichte ist, daß sie suggeriert, es könne eine Situation entstehen, in der instrumentelles Handeln auf sinnlose Weise ausgeführt wird. Weil das nicht der Fall ist, entsteht der Eindruck von Absurdität, denn instrumentelle Handlungen können auf der Ebene der kausalen Zusammenhänge nicht ihren Sinn verlieren; wenn sie verschwinden, dann nicht bruchstückhaft, sondern insgesamt. Mit Gebräuchen verhält es sich anders. Irgendwo beobachtet man, daß die Einheimischen sich an einer Weggabelung bekreuzigen und diese Stelle meiden, und wenn man dann fragt, warum sie das tun, kann es sein, daß man unklare Antworten erhält, die darauf hinauslaufen, daß sie es selber nicht wissen, so würde man es schon immer machen. Vielleicht stößt man auf die Version, daß vor langer Zeit an dieser Stelle jemand erschlagen wurde, und schließlich bekommt man heraus, daß dort vor hundert Jahren eine Heiligenfigur stand, die inzwischen nicht mehr da ist; sie ist verschwunden, aber das Brauchtum hat sie überdauert. Leere Brauchtumsformen, die sich mit einem gewissen Beharrungsvermögen erhalten und im Laufe der Zeit eine andere als die ursprüngliche Bedeutung annehmen, sind in allen Kulturen an der Tagesordnung. So ist denn auch die »nichtinstrumentelle« Variante der Geschichte von dem alten Eisenbahner, nämlich die Geschichte von der Weggabelung, nicht komisch, sondern durchaus wahrscheinlich. Die instrumentelle Handlungsebene innerhalb der Kultur hat ihren unmittelbaren Sinn, der nicht durch einen Wandel des Brauchtums, sondern höchstens durch die technische Entwicklung ausgehöhlt werden kann. Anders verhält es sich mit den höchsten Sinnverallgemeinerungen, die man benutzt, um zu bestimmen, wohin ein Gesamtbereich von Instrumentalismen führt. Erst auf dieser Ebene ist »Polysemantizität« möglich.

Ich zitiere aus der Einleitung zu Klara Thompsons *Psychoanalyse*:

»Verallgemeinerungen aus dem Bereich der Geisteswissenschaften, seien sie geschichtsphilosophischer oder anthropologischer Natur, haben es an sich, daß sie sich – leider! – immer bewahrheiten (...). Das läßt vermuten, daß man in den Geisteswissenschaften bestimmte Ideen als Verallgemeinerungen empirischen Materials auszugeben pflegt, obwohl es sich bei diesen Ideen in Wirklichkeit nur um Regeln der Interpretation des empirischen Materials handelt (...). Das ist der normale Lauf der Dinge in jenen Wissenszweigen, die, wie die Philosophie und die geisteswissenschaftlichen Verallgemeinerungen, zwar eine stetige Entwicklung aufweisen, aber die Einzelresultate nicht kumulieren.«

Das scheint außer Zweifel zu stehen, allerdings mit der folgenden Einschränkung: Geisteswissenschaftliche Verallgemeinerungen müssen als Regeln der Interpretation des Sinnes, den die Kultur bestimmten Phänomenen zuschreibt, wenn schon nicht experimentell widerlegbar, so doch mindestens einander äquivalent sein, so daß jede (bezüglich ihrer Wahrheit) jeder anderen (die sich natürlich auf dieselben Dinge bezieht) gleichwertig ist. Ihr kognitiver Status entspricht daher dem Status mehrerer verschiedener Grammatiken, die ein und dieselbe Sprache gleichermaßen erfolgreich beschreiben; in einer solchen Situation kann man nicht sinnvoll davon sprechen, daß eine dieser Grammatiken »dennoch« wahr sei. Der Konventionalismus, auf den wir so zu unserer unangenehmen Überraschung stoßen, ist jedoch nicht das letzte. Die Interpretationen oder Beschreibungen, die die einzelnen Teile des Beschriebenen in ungleicher Weise segmentieren und zusammenfügen, bilden zusammen eine bestimmte Menge, nämlich eine Menge von Permutationen, und die Syntax, die Gesetzmäßigkeit dieser Menge, ist nicht in den Resultaten jeder einzelnen Permutation feststellbar, sondern in den wesentlichen gemeinsamen Merkmalen der für diese Menge geltenden Verfahrens*regeln*. Es gilt, anders gesagt, die Syntax der Interpretationen herauszufinden. Die Entdeckung dieser Syntax ist ihrerseits keine geisteswissenschaftliche Interpretation mehr. In diesem Sinne könnte man beispielsweise die Syntax sämtlicher philosophischer Systeme innerhalb einer komparatistischen Menge untersuchen. Einstweilen fehlt es dazu noch an formal hinreichend leistungsfähigen Instrumenten. Man erhielte auf diese Weise die Anatomie des bislang noch vor uns verborgenen Intervalls der zulässigen Permutierbarkeit der Sinnelemente der Kultur. Man betrachte diese lockere Bemerkung im übrigen nicht als ein ernsthaftes Programm oder als Entwurf eines solchen; wir wollen mit dem Zitat auf etwas anderes hinaus.

Man kann die Ansicht vertreten, das literarische Werk gehöre zu den »Interpretationen«, von denen im Zitat die Rede war. Seine Besonderheit liegt darin, daß es weder seine Interpretationsmethode darlegt noch sie in irgendeiner Weise begründet, sondern sie lediglich impliziert, und zwar in der Weise, daß es ihre konkreten *Folgen* verdeutlicht. Das Werk verhält sich zu der besagten Interpretationsregel, die es nicht explizit offenlegt, wie die von einem Freudianer verfaßte Geschichte eines bestimmten Falles zur psychoanalytischen Theorie. Je nachdem, welchen Regeln die Beschreibung folgte, könnte man eventuell sogar die Axiomatik der Psychoanalyse im Sinne einer Menge von Interpretationsregeln rekonstruieren. Nun ist es so – zumindest pflegt es sehr oft so zu sein –, daß der Schriftsteller, der das Bedeutungsmaterial nach bestimmten Regeln organisiert, diese Regeln selber überhaupt nicht kennt, und insofern kann man vom »Unbewußten der Literatur« sprechen. Dieses Unbewußte darf auf keinen Fall mit dem psychoanalytisch verstandenen Unbewußten verwechselt werden. Unbewußt organisieren wir jede sprachliche Äußerung, und doch hat die Gesetzmäßigkeit der uns nicht explizit bekannten Syntax, der wir uns dennoch beflissen unterwerfen, nichts mit dem zu tun, was die Tiefenpsychologen erforschen oder erforschen möchten.

Unbewußt arbeitet der Springer, wenn er die Sprunglatte überwindet, und wenn wir ihm sagen, daß wir seinen Stil bewundern, bekommen wir zu hören, daß er nicht weiß, wie dieser Stil funktioniert, da sein Handeln nicht der Selbstbeschreibung unterliegt. Die Unbewußtheit von Verhaltensweisen kann einfach auf deren Automatisierung beruhen; ich kann nicht sagen, ob man beim Autofahren Zwischengas gibt, wenn man aus dem höheren in einen niederen oder umgekehrt aus einem niederen in einen höheren Gang wechselt, doch sobald ich den Gang wechseln muß, weiß ich sofort, was ich zu tun habe, weil »mein Fuß ganz genau weiß«, was zu geschehen hat. Es handelt sich um einen Automatismus, der sich schon so weit vom Niveau der bewußten verbalen Operationen gelöst hat, daß es nicht mehr möglich ist, ihn spontan zu benennen.

Das Unbewußte kann jedoch nicht nur auf den niederen, automatischen Ebenen, sondern ebensogut auf den höheren, kreativen Ebenen wirksam sein, und insofern ist es fraglich, ob man das Bewußtsein wirklich auf der höchsten Stufe jener Prozesse ansiedeln soll, die zusammen den Geist ausmachen. Das Bewußtsein ist zwar jener Bereich, in dem wir die größte subjektive Gewißheit mit unserer Erkenntnis verbinden, aber nur, weil es uns in unserem Empfinden am unmittelbarsten gegeben ist, und das bedeutet durchaus nicht, daß es mit vollständiger Selbsterkenntnis gleichzusetzen wäre. Mit anderen Worten: Wir wissen zwar, *was* es uns an Empfindungen und Gedanken liefert, aber wir wissen nicht, *wie* es das macht, *woher* seine Bilder und Begriffe stammen, *was* sie verbindet und in eine bestimmte Ordnung bringt usw.

Wie eine gewisse allgemeine Prädisposition, eine Fähigkeit, Beliebiges zu organisieren, in ein System untereinander verknüpfter konkreter Operationen umgesetzt wird, ist uns theoretisch noch nicht einmal von der Spinne bekannt, die ein Netz webt. Es wäre völliger Unsinn, zu glauben, daß die Spinne einen Modellplan des Netzes »im Kopf hat« und diesen gewissermaßen »abliest«, und zwar nicht nur deshalb, weil die Spinne nicht mit ihrem Kopf (oder irgendeinem anderen Teil ihres Körpers) denkt. Sicher besitzt sie ein algorithmisches System von Handlungsdispositionen, doch wenn wir noch nicht einmal eine kybernetische Imitation der Spinne bauen können, sollten wir nicht im Ernst von den Mechanismen sprechen, die für die Entstehung literarischer Werke im menschlichen Geist verantwortlich sind. Wir können lediglich feststellen, daß uns die Regeln, denen eine solche Kreation (und übrigens jede andere) gehorcht, zum Teil nicht bewußt sind.

Dem Werk als einer Quasi- oder Pseudoverallgemeinerung, die nur in der Konkretion und nicht in irgendwelchen Ausgangsprinzipien gegeben ist, den gleichen Status zuzuschreiben wie den geisteswissenschaftlichen Theorien, mag einem Vertreter jener Wissenschaften vielleicht unpassend erscheinen. Es ist jedoch eine Konsequenz aus der »Unwiderlegbarkeit«, die den Kunstwerken und den geisteswissenschaftlichen Theorien als Merkmal gemeinsam ist. Die Interpretationstätigkeit, die keinerlei exakte Voraussagen erlaubt, sondern alle Voraussagen für berechtigt erklärt, die vor dem Gericht der Vernunft des Zuhörers oder Lesers die Prüfung auf »persuasive Wirksamkeit« bestehen – diese Tätigkeit ist keineswegs fruchtlos. Sie vollzieht sich ja in jenem semantischen Bereich, in dem die Werte, die Antriebskräfte des menschlichen Handelns, verankert sind. Daraus, daß jemand aufgrund seiner anthropologischen Kenntnisse alle Gebräuche für relativ hält, folgt schließlich nicht, daß er das Brauchtum seiner eigenen Kultur verächtlich behandeln wird. Wir sind ja unausweichlich auf die Kultur angewiesen, und die Tatsache, daß sie nichts Absolutes, nichts Endgültiges ist, sagt doch nichts über die Authentizität unserer Lebensweise und der Art, Lebenszustände auszudrücken.

Der Statusunterschied zwischen der geisteswissenschaftlichen Theorie und jener »Theorie«, die mehr oder weniger offenkundig als gestaltende Matrix im Werk enthalten ist, reduziert sich auf den Grad der Wahrscheinlichkeit, mit der eine neue Permutation von bislang anders geordneten Bedeutungen zustimmend rezipiert wird. Das ganz und gar Wahrscheinliche gehört einfach zu den Stereotypen der Kultur; spricht jemand von ihnen oder verhält er sich ihnen entsprechend, so verstehen wir alles, doch ist eine solche Mitteilung für uns gleichzeitig nichtssagend, weil sie für uns etwas vollkommen *Selbstverständliches* darstellt. Nur im Sinne der Wahrscheinlichkeit läßt sich jene Grenze des Intervalls festlegen, an der die Möglichkeit einer zustimmenden Aufnahme einer gewissen Neuinterpretation kultureller Bedeutungen endet. Nicht jede beliebige Verknüpfung von Bedeutungen werden wir aufnehmen, nicht jede werden wir verstehen können oder auch nur verstehen wollen. Das Programm der strukturalistischen Kritik soll es angeblich erlauben, über die Bedeutungsgehalte eines Werkes hinauszugelangen, nicht durch irgendeine singuläre oder kollektive genetische Transzendenz (also nicht durch jene Detektivarbeit, die im Text nach Spuren des Autors oder der Epoche sucht), sondern durch die Feststellung der *Interpretationsregeln*, denen das vom Autor gewählte Material unterlag. Es soll nicht darum gehen, *was* uns vermittelt wurde, sondern *welche* Operationen die Vermittlung ermöglichten, nicht um das Klassifizierte, sondern um das Klassifizierende, nicht um Einzelheiten, sondern um die allgemeinste Methode, deren Ergebnis das Werk ist. Kurz, der Strukturalist versichert, er werde das Werk des Unbewußten entkleiden, das ein System von verschwiegenen, weil nicht bewußt gemachten Annahmen bildet; könnte er die ganze Welt untersuchen, so wäre er seiner Methode zufolge vielleicht nicht imstande, den Schöpfer selbst zu erkennen, aber doch die Struktur der *Methode*, welche die Welt schuf. Denn natürlich ist die Struktur der Methode nicht die Struktur der Welt.

Die literarische Kritik streitet sich seit jeher darüber, was *noch* zu ihrem Untersuchungsbereich gehört – ob nur die Immanenz des Werkes oder auch die Persönlichkeit des Autors, oder darüber hinaus die Kultur, die ihn formte, oder die gesellschaftliche Formation, aus der er hervorging, usw. Unter diesen Problemen befinden sich solche, die lösbar sind, und andere, die insofern Scheinprobleme sind, als sie Entdeckungen fordern, wo nur Entscheidungen gefällt werden können.

Bei den als Beispiel angeführten Fragen geht es darum, ob der Schriftsteller ein *Generator* oder ein *Selektor* von informationalen Strukturen ist, ob er, falls er ein Selektor ist, unvermeidlich seine eigene Arbeitsweise in das hineinprojiziert, was am *Ausgang* des Selektors als Werk erscheint, ob er also zugleich ein *Projektor* seiner Transformationsweise ist, oder ob er dem Werk vielleicht nicht deren Stempel aufdrückt; falls er ein Selektor ist, geht es ferner darum, in welchem Maße er ein *Filter* der *zu ihm gelangenden* Information ist – und in welchem Maße ein *Umwandler*. Unter einem *Generator* verstehen wir hier eine Vorrichtung, die nicht am Zustand ihrer »Ausgänge« erkennbar ist, die also für den, der die Zustände der »Ausgänge«, zum Beispiel ein Werk, untersucht, eine geheimnisvolle »Black Box« bleibt. Das einfachste Beispiel eines solchen Generators ist eine Öffnung in der Wand, durch die Spielwürfel auf einen Tisch fallen. Aus der Konfiguration der herabfallenden Würfel läßt sich nichts darüber in Erfahrung bringen, ob eine menschliche Hand, die Hand eines Affen oder ein mechanisches Rührwerk die Würfel durch die Öffnung (»Ausgang«) wirft. Die Taktik der Zufallsverteilungen läßt nämlich nicht den geringsten Schluß auf die innere Beschaffenheit des Zufallsgenerators zu. Ganz allgemein kann man, wenn man nur die Zustände der »Ausgänge« kennt, der inneren »Einrichtung« der »Black Box« eine Unzahl verschiedener Konstruktionen zuschreiben, deren jede genau das produzieren würde, was wir am »Ausgang« beobachten.

Wenn wir schon von einem *Filter*, einem *Umwandler* oder einem *Selektor* von Informationen sprechen, heißt das, daß wir die Zustände nicht nur der »Ausgänge«, sondern auch der »Eingänge« beobachten oder sonstwie erfahren können. Im Falle des literarischen Schaffens informieren uns biographische Angaben über den Schöpfer bis zu einem gewissen Grade über jene Zustände seiner »Eingänge«, die der Kreation voraufgingen. Außerdem können wir die Mitteilungen (d.h. Werke), die zur Gesamtmenge eines bestimmten Zeitraumes gehören, miteinander vergleichen und auf diese Weise – natürlich nur annähernd – die Originalität der gelieferten Informationen »messen«.

Leider lassen die Entscheidungsmethoden hier jedoch einen ungeheuren Spielraum, der die Deutung des Werkes in einem gewissen Bereich zwangsläufig zu einer Sache der Beliebigkeit macht. Jedes Werk ist schon insofern »originell«, als es ja nicht, ausgenommen Plagiate, eine wortwörtliche Wiederholung eines bereits vorhandenen ist. Ferner kann die Originalität des Werkes in jedem einzelnen Fall auf einer anderen Ebene liegen. Ein Schriftsteller beweist ein Höchstmaß an Originalität im Bereich des Wortschatzes, ein anderer in seinem Stil, wieder ein anderer im Bereich von Artikulationen, die ein Maximum an sinnlicher Veranschaulichung des Beschriebenen (»eidetische Beschreibungen«) ermöglichen, und wieder ein anderer vermag in stenographischer Kürze die Eigenart der »Subsprache« eines bestimmten Milieus (einer Subkultur) wiederzugeben, und das heißt, daß Originalität, definiert durch die Abweichungen vom durchschnittlichen Stereotyp, das durch die Gesamtmenge der Werke gegeben ist (sie bilden gleichsam den »Hintergrund«, die »Meßskalen«, an die wir den jeweiligen Text »anlegen« können), sich sowohl in einem veränderlichen Wertebereich als auch in einem mehr oder weniger breiten Spektrum von Textniveaus äußert. Unter Niveaus verstehen wir hier hierarchische Stufen, wie sie die strukturale Linguistik untersucht, also Stufen von – wie man sich erinnern wird – Transformationsalgorithmen, die an die Menge der Ausgangselemente angelegt werden. Wie wir schon sagten, verlieren diese Algorithmen mit wachsender Entfernung vom (paradigmatischen) Nullniveau nach und nach den Charakter rein linguistischer Algorithmen und werden zu Operatoren, die von der Syntax bestimmter außersprachlicher *Situationen* und nicht mehr nur von der Syntax der semantisch unbelasteten flektierenden Sprache abhängen. Algorithmen hoher Niveaus erstrecken sich auf große Partien eines Textes und nicht nur auf Sätze oder Absätze. Je höher das Niveau, auf dem ein Autor einen *originellen* Algorithmus (Transformationsoperator) anwendet, um so höher wird im allgemeinen die Originalität eingeschätzt, sofern wir überhaupt erkennen können, daß eine *ganzheitliche* Transformation tatsächlich stattgefunden hat, denn wenn man sie nicht erkennt, meint man, gar keine Ganzheit vor sich zu haben.

Feststellungen, die sich auf die Resultate der Operatoren sämtlicher Niveaus beziehen, haben unweigerlich einen intuitiven Charakter (die Kohärenz eines auf mehreren Niveaus angesiedelten Textes wird »erspürt«) und enthalten schon deshalb ein gewisses Element der Bewertung. Wenn ein Fachmann, nach der Qualität der Bauweise eines Hauses gefragt, antwortet: »In ein bis zwei Stunden wird es einstürzen«, so ist das zwar eine rein instrumentelle Vorhersage, doch enthält auch sie ganz offenkundig eine Bewertung.

Das strukturalistische Programm besteht folglich in nichts anderem als der Suche nach den Operatoren, die einen Text hervorgebracht haben.

Wiederum ist es so, daß die zuvor erwähnte typologische Unterscheidung – der Autor als Generator, Filter, Selektor usw. – sich bei verschiedenen Werken und Schriftstellern und auf unterschiedlichen Textniveaus nicht in gleicher Weise durch konkrete Merkmale äußert. Wenn ein Schriftsteller in seiner Individualität »unerkennbar« ist, so kann das z.B. allein an der stilistischen Ebene liegen (durch einen »neutralen« Stil) oder allein an den psychologischen Stereotypen, die er für bestimmte Situationen benutzt, oder an den umfassenden Handlungsschemata. Auf diesen Ebenen ist er dann »nicht originell«; ein Werk kann aber auch gerade umgekehrt dort originell sein und auf anderen Ebenen Stereotype aufweisen. Schließlich ist es auch möglich, daß Originalität daraus entsteht, daß zwar überall Stereotypen verwendet werden, daß also auf keiner Ebene Erfindungen gemacht wurden, daß aber allein schon die Verbindung sehr unterschiedlicher heterogener Stereotype einen Effekt von Originalität hervorruft.

Dieser Eindruck kann übrigens auf ganz verschiedenen Erscheinungen beruhen. Die *Uneindeutigkeit* des Textes kann ihn beispielsweise verstärken. Wer Werke in einer fremden Sprache gelesen hat, die er nicht so beherrscht wie seine Muttersprache, wird sicher bemerkt haben, daß die erneute Lektüre in der eigenen Sprache fast immer ein wenig enttäuschend ist, selbst wenn es sich um eine perfekte Übersetzung handelt. Zunächst einmal deshalb, weil die Worte und idiomatischen Wendungen der fremden Sprache für den, der nicht mit ihr vertraut ist, den Reiz des Neuen haben; ferner, weil ein solcher Text ein höheres Niveau der semantischen *Ungewißheit* aufweist. Natürlich wird, wenn dieses

Niveau allzu hoch ist, die Lektüre zu einer reinen Qual. Es gibt aber ein bestimmtes Niveau erhöhter Verständnisschwierigkeiten, das noch keine Mühe bereitet, aber bereits den Eindruck hervorruft, als nähere man sich einem »halb verschleierten Geheimnis«. Verschleierte und besonders unvollkommen verschleierte Geheimnisse machen bekanntlich aus rein psychologischen Gründen einen größeren Eindruck als Objekte, die vor unseren Augen restlos in ihre Bestandteile zerlegt werden. Ein Taschenspielertrick wirkt solange rätselhaft, wie wir den Mechanismus des Kunststücks nicht genau durchschaut haben. Wie ein Kybernetiker einmal gesagt hat, verschwindet der Eindruck der »Weisheit« des Elektronenrechners, sobald wir den Deckel abnehmen (natürlich muß man sich in den entblößten Schaltkreisen auskennen). Der Eindruck berückender Schönheit, den das Gesicht einer Frau in uns hervorruft, ist bei heruntergelassenem Schleier vielleicht stärker als ohne ihn, und das gleiche gilt, wenn wir es aus der Ferne oder bei leicht dämmrigem Licht betrachten; in der *Insel der Pinguine* läßt Anatole France den Teufel vor einem Heiligen ein Experiment durchführen, das noch einmal die Realität dieser Erscheinung bestätigt, denn das Verlangen nach einer Nackten inmitten einer Menge nackter Frauen wird erst dann in ihm wach, als er ihre Lenden mit einem eng anliegenden Tuch bedeckt hat. In der Literatur ist die Direktive, Dinge »nicht vollständig zu bennen«, sie »nicht deutlich vorzuzeigen«, den Meistern übrigens wohlbekannt.

Formale »Modernität« äußert sich nun darin, daß die Unbestimmtheit der Texte gesteigert und auf solche Höhen »algorithmischer Transformationen« gebracht wird, auf denen man sie in der Literatur bisher praktisch nicht gekannt hat. Das kann für die anspruchsvolle Kritik nur unerfreulich sein, bedeutet es doch, daß der Spielraum der Kritiker sich erweitert. Der Herrgott hat gerade deshalb so viele Apologeten (und ebenso viele Kritiker), genießt deshalb einen so großen (positiven oder negativen) Ruhm, weil er in so hohem Maße sein Werk vervieldeutigt hat.

Zwei Mengen und ein Beispiel

Es handelt sich hier um die Menge der Werke und um die Menge der Kritiken. Daß die erstere heterogen ist, weiß jeder. Die einzelnen Werke sind nach unterschiedlichen Prinzipien aufgebaut. Nun wird man wohl sinnvoll fragen können, ob die Menge der Kritiken, die von den Werken wie ein Echo hervorgerufen werden, grundsätzlich homogen sein muß. »Müssen« Kritiken nach einem einheitlichen Prinzip konstruiert sein, sei es das der »Immanenz«, sei es das der »Transzendenz«, sei es das eines »strukturalistischen« oder das eines »genetischen« Programms? Eine solche Forderung, die in den Bereich der Metasprache der Literatur, wie Barthes die Kritik genannt hat, eine gewisse methodische Ordnung bringen würde, scheint zumindest auf den ersten Blick vernünftig zu sein. Doch sollte man nicht, wenn man sich in einem durchaus dichtbevölkerten Bereich umtut, vor der Bestimmung der Forscherpflichten zunächst einmal feststellen, wie dort bislang verfahren worden ist? Man wird dann bemerken, daß verschiedene Werke sich sehr, aber wirklich sehr unterschiedlich für ein und dieselbe kritische Methode eignen. Sandauers kritischer Essay über Leśmian ist glänzend – doch nicht jeder Dichter wird mit seinem Schaffen so überzeugend zu der von Sandauer benutzten dialektischen Widerspruchsmaschine passen. Ein semantisch stark »polarisiertes« Werk – also auch das von Valéry – ist für diesen Zugriff wohl geeignet, nicht dagegen eine Lyrik der persönlichen, weichen, pastellhaft gestimmten Halbtöne. Zweifellos kann man überall jede Methode anwenden, doch wenn ein »ökonomischer« und »politischer« Zugriff bei den Texten Balzacs noch sinnvolle Ergebnisse bringt, so kann man das bei den »Krim-Sonetten« nicht mehr sagen. Nun finde ich, daß der Kritiker nicht in jedem Fall die gleiche Aufgabe hat, weil er nicht der Detektiv ist, den das Büro Pinkerton an den Ort des Verbrechens geschickt hat, um anhand der Spuren den Täter zu ermitteln. Werke eignen sich ganz einfach nicht gleicherweise für jede Methode der kritischen Zerlegung und Wiederzusammensetzung, weil sie nicht alle gleich aufgebaut sind. Wenn aber das Hauptproblem der Rezeption darin besteht, zu maximaler Kohärenz zu gelangen und die in einem Werk enthaltenen Bedeutungen optimal zu stabilisieren, dann lohnt es sich wohl nicht, wenn man dem Werk im Namen welcher Methode auch immer Gewalt antut. Es ist mir ganz klar, wie schändlich ein solcher untergeschobener Eklektizismus ist. Ein gewisses allgemeines »Literaturbedürfnis«, das in uns steckt, wird allerdings auf sehr unterschiedliche Weise von den Werken befriedigt, und das Vergnügen, das ihre Lektüre bereitet, hängt immer wieder von anderen Faktoren ab. Der Physiker tritt gegenüber der Natur nicht als Besserwisser auf und bedrängt sie nicht, alle Erwartungen zu erfüllen, die er logisch aus seinen Axiomen abgeleitet hat. Ich finde, man sollte ein Werk genau wie eine Tatsache behandeln, nur daß es nicht materieller, sondern informationaler Natur ist; eine Rezeptionsstrategie im Sinne einer Maximierung und einer optimalen Stabilisierung der Bedeutungen ist sowohl deshalb vernünftig, weil sie dem Kritiker auch rein privat Vergnügen an der Lektüre vermittelt, als auch deshalb, weil sie fair ist, denn wenn man sich manchmal auch mit einem Werk auseinandersetzen kann, ja sogar muß, so doch nicht auf dem eigenen Gebiet, sondern auf dem Gebiet, welches das Werk apodiktisch fordert. In der Praxis, d.h. in der Menge der hervorragenden Kritiken, beobachten wir nun gerade, daß sie überaus heterogen sind, daß also auf verschiedene Texte unterschiedliche, der Sache entsprechende Methoden angewandt wurden. Wenn sich bei solchen Andeutungen Widerstand im Kritiker regt, so verstehe ich das sehr gut; er ist von Widersprüchen zerrissen, denn er möchte gern gleichzeitig Künstler und Gelehrter sein. Der Künstler darf Eklektiker sein, zumindest dann und wann, der Gelehrte auf der umfassenden Ebene der Theorie niemals. Das gilt besonders auf dem Gebiet der Geisteswissenschaften, wo, wie ich erinnern möchte, die Theorien merkwürdig an Regeln der Interpretation des ausgewählten Materials gemahnen. Ein eventuelles Eingeständnis, daß eine Theorie, eine Methode »nicht paßt«, könnte in den Geisteswissenschaften den Eindruck erwecken, als wolle man öffentlich auf ihre Mangelhaftigkeit hinweisen. Der Physiker fürchtet sich nicht vor einer solchen Verwechslung, und wenn man ihm vorschlägt, bei der Erforschung der Elektronen die Gravitationstheorie anzuwenden, wird er erklären, sie eigne sich nicht dazu. Es sind also nicht nur und nicht unbedingt allgemeine Überlegungen, sondern auch vergleichende Erwägungen und die festgestellte methodische Nichtübereinstimmung der besten Kritiken, was uns in der Überzeugung bestärkt, daß die wichtigste Aufgabe des Kritikers darin besteht, die Unbestimmtheit eines Werkes innerhalb des Werkes selbst zu beseitigen und ihm nicht zusätzliche Bestimmungen überzustülpen, um auf den Trümmern des Textes die Siegesfahne der Methode aufzupflanzen.

Das angekündigte Beispiel stammt von Roland Barthes und betrifft seinen Essay über La Bruyères »Charaktere«. Er wird allgemein und wohl auch von Barthes selbst als ein Modell des strukturalistischen Vorgehens betrachtet. Er ist, wie man es von Barthes gewohnt ist, hervorragend geschrieben. Die Frage, die ich stellen möchte, lautet: Die Barthessche Analyse entdeckt in La Bruyères Text unzweifelhaft eine Struktur, aber wovon ist das eigentlich die Struktur? Ich fürchte, es ist nicht die Struktur des Werkes, von dem der Essay handelt. Mir scheint, daß die Struktur daraus entsteht, daß zwei verschiedene Denkstile oder, wie Barthes sagt, zwei Rezeptionsebenen einander überlagern, nämlich zwei Zeiten: die Gegenwart und die Zeit La Bruyères. Wenn man es mit einem eindeutig historischen Autor zu tun hat, der schon Bestandteil der Literaturgeschichte ist, dann gehört er einer abgeschlossenen Formation an, und wie ich schon im ersten Band erwähnte, sind alle typischen Merkmale der Epoche, die in seine Artikulation hineinspielen, für uns grundsätzlich nicht mehr von seinen rein individuellen Merkmalen zu unterscheiden. Außer den Fachleuten vermag zum Beispiel niemand zu sagen, ob Paseks Sprache eine gängige oder eine eher ausgefallene Sprachvariante seiner Epoche ist, so daß ihre »Originalität« zum großen Teil nicht historischen Ursprungs ist, sondern auf Pasek zurückgeht. Noch schwerer sind Unterschiede in der ganzheitlichen Wahrnehmung der Welt und der Bewertung ihrer Erscheinungen richtig zuzuordnen: Sind sie nun dem Autor oder der Epoche zuzuschreiben? Je weiter eine Zeit zurückliegt, desto stärker dominiert zweifellos der Horizont des jeweiligen historischen Moments gegenüber der Erfindungskraft des einzelnen Autors. Wir haben nicht den Eindruck, als spräche aus den Werken Thomas Manns die ganze zeitgenössische Welt zu uns, aber wir haben den Eindruck, daß aus den Werken des Euripides die ganze Welt der Antike spricht. Die Struktur, die Barthes bei La Bruyère entdeckt, ist daher nichts Immanentes, kein unvergängliches Eigenmerkmal jener literarischen Tradition, sondern sie besteht im Unterschied zwischen zwei Klassifikationen der Welt: der heutigen und der gestrigen. Der Essay ist glänzend, aber er gehört in den Bereich der Kulturwissenschaft und nicht der literarischen Kritik; La Bruyère ist nur ein Versuchskaninchen, ein Medium, ein Sendekanal, der Daten liefert, die dann verglichen werden mit einer zweiten, in der Gegenwart gefundenen Menge von Daten. Ein solches Vorgehen ist solange gerechtfertigt und eindeutig von Objektivität gekennzeichnet in dem Sinne, daß die Ergebnisse allgemein überprüfbar sind und wir den von Barthes vorgetragenen Behauptungen zustimmen können, bis die Immanenz, erstes strukturalistisches Postulat, sich als bloßer Schein herausstellt. In Wirklichkeit wird nicht das Werk als ein System untersucht, im Gegenteil, es ist nur eine Exemplifikation, es repräsentiert etwas außerhalb seiner selbst, und das repräsentiert es im Feuer der strukturalistischen Analyse so sehr, daß es jegliche Individualität einbüßt. Um nämlich die Unklarheit des Strukturbegriffs zu vermindern, gilt es, möglichst gut wahrnehmbare Strukturen zu finden, und dabei fällt die Wahl natürlich auf die großen gedanklichen Stereotypen ganzer historischer Perioden; kaum macht sich der Kritiker jedoch an eine entsprechende Untersuchung zeitgenössischer Werke, offenbart sich schon die Unzuverlässigkeit der Methode. An Barthes‹ Analyse der Bücher Robbe-Grillets bemängle ich nicht, daß sie wenig präzise ist und keine »Strukturen« aufzeigt, sondern nur, daß sie den Strukturen eine solche unbedingte Vorzugsstellung einräumt. Wenn sie sich nicht auf Strukturen stützen kann, die sich durch den Zeitablauf völlig verfestigt haben, bleibt der Methode der Erfolg versagt.

Ein Modell der Kritik

Ein literarisches Werk »steckt« als ein System von Zeichen innerhalb einer bestimmten literarischen Gattung, und zwar auf einem bestimmten Niveau dieser Gattung; samt dieser Gattung befindet es sich innerhalb eines literarischen »Typus« (eine solche Linnésche Klassifikation ließe sich noch weiter verfeinern), und zusammen mit der »gesamten Literatur« ist es ein Element der Umwelt der jeweiligen Kultur; ein Modell dieser Beziehung stellen die ineinander steckenden Holzpuppen dar. Das klassifizierende Einschließen ist jedoch ein reines Ordnungsmittel, das uns noch nichts erklärt. Durch Beziehungen, die freilich nur mit einer nicht aufzuhebenden Unbestimmtheit feststellbar sind, kann ein Werk in einem beliebigen Bereich kultureller Bedeutungen verwurzelt sein, und zwar sowohl in jenem Bereich, der sich traditionell eng an die Sphäre seiner gattungsmäßigen Entstehung anschließt, als auch in einem solchen, der weit von dieser Sphäre entfernt ist. Modell des (Prosa-)Werkes war früher das Spiel, und zwar ein vordergründig eindeutiges Spiel, dessen Regeln der Leser von vornherein genau kannte.Er wußte, wenn er einen Abenteuerroman zur Hand nahm, was für ein Spiel – welche stereotypen Züge – er kennenlernen würde, so wie ein Schachspieler, wenn er sich ans Schachbrett setzt, genau weiß, welchen Regeln die Züge seines Gegners gehorchen werden. Die Kenntnis der elementaren, im Spiel ständig gegenwärtigen Regeln beseitigt an sich noch nicht die Möglichkeit, daß der Spieler von seiner Findigkeit Gebrauch macht. Gerade diese implizite Kenntnis der Regeln ist aber in der Literatur nicht mehr verbindlich.

Die modernsten Versionen des Spiels bestehen darin, daß derjenige, der sich zum Spiel niederläßt, die Regeln nicht kennt und sie an Hand der vom Text dargebotenen Züge erraten muß. Was noch schlimmer ist: Hat man die anfangs unbekannten Regeln einmal erraten, so brauchen sie noch nicht einmal bis zum Ende der Partie gültig zu sein. Sie können eine Funktion, eine abhängige Variable des Spielverlaufs sein. Dieser Situation entspräche ein in der Weise abgeändertes Schachspiel, daß einer der Spieler das Recht hat, von Zeit zu Zeit die elementaren Eigenschaften seiner Bauern zu verändern, und beispielsweise plötzlich beginnt, den Turm diagonal zu schlagen, und hat sich der Gegner inzwischen daran gewöhnt und seine eigene Taktik an die neuen Bedingungen angepaßt, dann stellt sich unverhofft heraus, daß der König, dem Schach geboten wurde, auf Beschluß des findigen Partners zur Dame wurde. Nun ist es grundsätzlich möglich, das System der Regeln zur Transformation der eigentlichen, normalen Schachregeln herauszufinden, *sofern es überhaupt* ein System ist. Da das Schach als formales Spiel an sich »nichts bedeutet«, können auch die in der hier angedeuteten Weise durchgeführten Transformationen seiner Regeln keine Bedeutung haben, außer der, daß sie das Spielen einer derart merkwürdigen Partie verständlicherweise ungeheuer erschweren. Führt man entsprechende Transformationen eines sprachlichen Textes auf dessen »hohen« Niveaus durch (also dort, wo die Algorithmen sich nicht auf die sprachliche, sondern auf die situative Syntax beziehen), so bewirken sie, daß *bereits der Vordergrund* des entsprechenden »Spiels« ganz und gar uneindeutig wird. Die größte Einbuße erleidet bei einer solchen Umwandlung der faule Leser, den es danach verlangt, seine vertrauten Stereotype wiederzufinden, allenfalls mit neuen Substitutionen; ein Werk nach einem bestimmten Handlungsmuster zu produzieren, bedeutet ja tatsächlich nichts anderes, als auf eine Menge von Variablen ein algorithmisch unverändertes Rezept anzuwenden.(Im gesamten Bereich des Kriminal- und Sensationsromans herrscht eindeutig ein wenn auch vielleicht nicht mathematisch vollkommen identischer »Kriminal-Algorithmus«). Früher war es so, daß bei einem »ordentlich« aufgebauten Roman der Vordergrund »an sich« etwas bedeutete, während die Ebene der Hintergrundbezüge gleichsam gewisse Verallgemeinerungen lieferte, und die Werke, die mehr oder weniger diesem Schema entsprechend entstanden, gelangten in die gesellschaftliche Zirkulation. Heute ist es nicht selten so, daß der Vordergrund »an sich« nicht kohärent ist und die Kohärenz verleihende Verknüpfung erst »im Hintergrund«, im Umkreis der von der Kultur bereitgestellten, beispielsweise mythischen Assoziationen erfolgt. Im übrigen sind die Transfigurationen und Kommutationen der Bedeutungen in hohem Maße mitgeprägt von der bei den Rezipienten der Mitteilung herrschenden Situation. Einerseits wird ein Wort, das ansonsten als höchst unanständig gilt, durch ständige Benutzung in einer Subsprache (einer Subkultur, einem Milieu) vollständig neutralisiert (aus der berühmten Sch... wird ein gewöhnlicher Ausruf oder eine schmückende Wendung). Andererseits finden Worte, Begriffe und Wendungen, die in einem bestimmten Umkreis durch ein Verbot (eine kulturelle Norm, eine pädagogische Sanktion in der Schule u.dgl.m.) aus dem Sprachgebrauch verdrängt werden, ihre Ausdrucksäquivalente in Artikulationen, aber auch in Zeichen oder ganz einfach in Umständen, die außerhalb dieses Kreises harmlos, neutral sind; so kann es sein, daß eine Unterhaltung zwischen »Eingeweihten«, die nicht die geringste Spur von Anspielungen in irgendeiner Richtung zu enthalten scheint, auf Grund der Reaktionen, die sie bei den Gesprächsteilnehmern auslöst, für einen Zuhörer, der nicht zu diesem Kreis gehört, auf der Ebene der wortwörtlichen Bedeutungen unverständlich ist; es braucht hier, wie ich hinzufügen möchte, nicht um irgendeinen speziellen Jargon zu gehen, sondern lediglich darum, daß die Artikulationen sich mit Bedeutungen sättigen, die einer Unzahl von Subtexten entstammen. Wie Kołakowski, der Verfasser der Skizze über die »Erkenntnistheorie des Striptease« sagt, kann, wenn das Verbot, unverhüllt sexuelle Inhalte auszudrücken, entfällt, wenn also etwa bei einer solchen Schaustellung der erotische Sinn der weiblichen Nacktheit keineswegs im Bereich der Verweisung liegt, da er ja gerade im Vordergrund steht, die Nacktheit eine subtextuell vollkommen außererotische Bedeutung erlangen. Die hier behandelte Dialektik des nackten und des bekleideten Zustandes könnte man allerdings insofern in Frage stellen, als häßlich gebaute oder alte Frauen beim Striptease nicht auftreten und die erkenntnistheoretische Qualifikation der Nacktheit schließlich nicht von der Schönheit abhängen kann, doch geht es mir hier nicht darum, das Argument zu erschüttern. In diesem Zusammenhang fällt mir natürlich jenes Spottgedicht aus der Vorkriegszeit ein, in dem ein Schriftsteller sich mit der berüchtigten Frage an alle Psychoanalytiker wendet, was es denn bedeute, wenn unanständige Inhalte im Traum nicht unter der Maske des Symbols, sondern vollkommen unverhüllt auftreten. Tatsächlich hat die Psychoanalyse diesen Punkt ja in ihrem Programm vernachlässigt. Man muß also annehmen, daß nicht das Sexuelle, sondern das Verbotene unterdrückt und zur Maskierung getrieben wird; die Norm, die innerhalb der Psyche als Unterdrücker solcher Bedeutungen fungiert, richtet sich gegen jeden nachdrücklich verbotenen Zustand, und daß Freud glaubte, das Unbewußte sei von der Sexualität beherrscht, hatte seine Ursache in der Prüderie des Wiener Bürgertums, aus dem seine Patienten stammten. Ein sittsames Mädchen wurde damals ohnmächtig, wenn jemand ihr Knie erblickte. Es gibt keinerlei rein physiologische Bestimmungsgründe des »Unanständigen«; in diesem wie in anderen Bereichen ist der Einfluß der kulturellen Prägung total. Mir ist nichts davon bekannt, aber wenn bei Stämmen, die keinerlei Bekleidung kennen – und solche gibt es ja oder hat es gegeben – Exhibitionisten noch möglich sind, so kann es Exhibitionistinnen dort nicht geben. Bedeutungen können also gewissermaßen in die Artikulation eintreten und sie spurlos wieder verlassen, nach Regeln, die sich kosituativ dem Sprechakt überlagern. Ich glaube, daß man einen Kreislauf der Bedeutungen graphisch darstellen könnte; während bestimmte Bedeutungen durch die sittliche (kulturelle) Norm in den verschwiegenen Hintergrund gedrängt werden, treten andere an die Oberfläche, wobei die ersteren unter der Oberfläche verborgen bleiben. Bei Aussagen vom Umfang eines Werkes können die innerhalb der Semantik bestehenden Zusammenhänge natürlich nicht durch ein solch primitives Schema abgebildet werden. Aber durch was für eins? Ich meine, daß die Spieltheorie geeignete Modelle liefern kann. Die Humanisten – Anthropologen und Literaturkritiker – haben sich in die strukturale Linguistik vergafft. Dabei funktioniert die Sprache auf subsemantischen Ebenen nicht so, daß sie Strukturen erfordern würde, deren topologisches Hauptmerkmal die *Konflikthaftigkeit* ist. Es ist unschwer zu erkennen, welche Mühen und Umstände es dem Sprachwissenschaftler bereitet, wenn er die Anwendung der Spieltheorie an dem ihm bekannten Tatsachenmaterial exemplifizieren möchte. Die Sprache ist nämlich zuallererst ein *Vermittler*, und sie erfüllt nur eine unselbständige, dienende Rolle; sie vermittelt alle Auseinandersetzungen, welche die Kultur ausmachen. Ihre Aufgabe ist es, Steuerungs- und Regelungseinflüsse zu übertragen, die Ordnung zu vergrößern, kurz, zu informieren, und so erfordert denn auch die Beschreibung der Sprache hierarchisch geordnete Strukturen, *logische* Klassifikationen und eine *eindeutige* Segmentierung der Ebenen, so daß es durchaus kein Zufall ist, wenn sich jenen mathematischen Strukturen, die die Ordnungen der Sprache auf den niederen, flektierenden Ebenen noch abzubilden vermögen, das Forschungsobjekt entzieht, sobald diese Strukturen an jene Grenze gelangen, die von der Semantik gebildet wird, in der Sprache und Welt aufeinandertreffen. Die Kultur ist vor allem ein System von Spielen. Wir sprachen davon, daß jeder Mensch an mehreren kulturellen Spielen gleichzeitig teilnimmt, wie diese Spiele sich herausbilden, aufeinandertreffen und in Interessenkonflikten selbst ihre Regeln gestalten und wie sie zergehen oder gleichsam ihre Formen an andere situative Inhalte vererben. Es sind darunter symmetrische Nullsummen-Spiele, bei denen eine Seite ebensoviel gewinnt, wie die andere verliert, es sind darunter Verfolgungsspiele, bei denen es wiederum einen neueren Zweig von Prozessen der differentiellen Verfolgung eines entweichenden Zieles (mit einer sogenannten Todesbarriere) gibt, es sind darunter sich selbst liquidierende und simulierte Spiele (Gebräuche werden normalerweise nicht als konventionelle Spielregeln aufgefaßt, obwohl die Theorie nicht unterscheidet zwischen dem ständigen Brauch, einander Glückwunschschreiben zu schicken, und den ad hoc erfundenen Regeln eines Gesellschaftsspiels, die mit dem Ende des Spiels verschwinden). Bisweilen sind in größeren Spielen kleinere enthalten (wenn beispielsweise bei der Aufführung eines Theaterstücks die Schauspieler gleichzeitig ihre »private Partie« nach Regeln spielen, die von einer Taktik gehässiger Hinterlisten und Fallen bestimmt sind), so daß wir ständig beteiligt sind an Spielen mit unterschiedlichen Versionen, an Spielen ohne jegliche Version (wenn beispielsweise jemand am Klassenkampf teilnimmt, ohne sich dessen bewußt zu sein) und an Versionen ohne Spiel (Mythen kann man auch so einstufen, denn sie stellen Versionen von Spielen dar, die in Wirklichkeit nie stattgefunden haben). Ferner gibt es Spiele mit einem fiktiven Partner (dem Teufel, Gott) usw. usw. Schließlich wird eine asymmetrische Partie, ein Spiel mit einer von Null verschiedenen Summe, zwischen der Kultur und der Natur ausgefochten. Die überwältigende Mehrheit der Spiele ist unumkehrbar, und viele Spiele hängen derart zusammen, daß die Gewinne aus dem einen in den anderen verspielt werden. Die Sprache muß all diese Zustände semantisch ausdrücken können, und sie kann das auch, zumindest in der Weise, wie sie es in diesem Augenblick auf meine Anweisung tut, nämlich allgemein.

Die Strukturen der Sprachwissenschaft sind gegenüber einer typisch axiologischen Problematik, etwa der moralischen, völlig indifferent, während die Strukturen von Spielen, weil sie mehrere Entscheidungen zulassen, werterzeugend sind. Das einzelne Neuron, daß ein Bit einer bestimmten Information weiterleitet, schreibt diesem damit einen »Wert« zu: Impulse, die nicht weitergeleitet werden, sind für den Organismus wertlos; so verhält es sich bereits auf dem neurophysiologischen Niveau.

Historisch haben sich die Dinge indessen so gefügt, daß den ersten und stärksten Einfluß auf die literarische Kritik die Prager strukturalistische Schule genommen hat, in der formale Modelle entstanden, die auf die Mengentheorie zurückgehen. Diese Untersuchungen gehen aus von der Entdeckung differentieller und distributiver Merkmale der Sprache, wobei die Gegenüberstellung nach differentiellen Merkmalen der Segmentierung von Mengen in getrennte Teilmengen entsprach, während die distributive Untersuchung zur Kombinatorik der Teilmengen (Klassen) führte; aus diesem Vorgehen ergibt sich ein abstraktes Modell mit einer mehrdimensionalen Topologie von Klassen innerhalb der Mengen und von Elementen innerhalb der Klassen. Die Spieltheorie gab es seinerzeit noch nicht, doch im übrigen drückt sich das

Bedürfnis, die von ihr konstruierten Strukturen anzuwenden, innerhalb der asemantischen Linguistik in dem Verhältnis der Seiten, die N. Awdiejew in seiner Monographie (*Statistiko-kombinatornye metody w teoretitscheskom jazykowedenii*, Leningrad 1967) dieser Frage widmet, zum Gesamtumfang seiner Arbeit aus – dieses Verhältnis beträgt 6:378.

Auch stochastische Modelle sind sehr viel später entstanden, nicht anders als die Informationstheorie und die Entscheidungstheorie. Der mathematische Apparat, dessen sich die mathematische Linguistik bediente und heute noch bedient, kann bei einem Humanisten nur Entsetzen auslösen; dabei ist er eigentlich ziemlich einfach, und Fachkundige wissen sehr wohl, wie unzureichend er ist, besonders wenn man von ehrgeizigeren Programmen träumt, wie etwa der Formalisierung der semantischen Syntax. Natürlich vermag ich nicht zu sagen, ob die dafür am besten geeigneten Strukturen sich gerade aus der Spieltheorie ableiten lassen. Was die Anregungen betrifft, welche Literatur und Kritik aus dieser recht unerwarteten Richtung erfahren könnten (die Sprachwissenschaftler hockten früher bescheiden in einem kleinen Winkel des Gebäudes der Geisteswissenschaften über ihrer deskriptiven Arbeit), so scheint es, als müßte man doch noch eine Weile zuwarten. Auch das vermag ich nicht zu beweisen, doch vermute ich, daß die »Kälte«, die von dem in Strukturen vergafften Antiroman ausgeht, sonderbarerweise auf dem konfliktlosen Charakter der in der ersten Phase des sprachlichen Strukturalismus entstandenen Strukturen beruht. In den Werken von Robbe-Grillet und auch Nathalie Sarraute sind spielerische Elemente der Konfliktsituation von recht untergeordneter Bedeutung oder werden höchstens als Vorwand benutzt, um andere Elemente zu demonstrieren. Auch die moralische Kälte, die Atmosphäre der Nichtengagiertheit dieser Bücher lassen einen an ihre eigentümliche mathematische Verwandtschaft denken.

Einem gewissen Anschein zum Trotz hat also die Literaturkritik im zentralen Bereich der Bedeutungen von nirgendwoher Verstärkung erhalten. Grundsätzlich möchte ich mich hier nicht mit Programmen der Kritik, mit theoretischen Begründungen ihrer Methoden befassen, so wie ich auch nichts über literarische Programme (wie sie von Schriftstellern verkündet werden) sagen möchte. Die über dieses Kapitel verstreuten Bemerkungen zur Eignung der spieltheoretischen Schemata für das Arbeitsgebiet der Kritik sind eigentlich nur Appelle oder fromme Wünsche, denen keinerlei reale Tatsachen in Gestalt konkreter Anwendungen der besagten Methode entsprechen. Im übrigen wird es sich bis zur Entwicklung von Theorien der Semantik immer nur um einen Kleinkrieg handeln; da aber solche Theorien nicht denkbar sind ohne einen theoretischen Apparat, der mit Objektiven von großer Trennschärfe auf die Kultur gerichtet ist, haben wir uns so lange bei diesem letzteren Thema aufgehalten, denn zwischen der Syntax der Kultur und der Syntax der Literatur bestehen zwangsläufig zahlreiche enge Beziehungen. Ich beende diesen Abschnitt mit einer gewissen Unruhe, denn meine Gedanken richten sich auf den nächsten, der von etwas ganz anderem handelt. Dank der Selbstentblößung von Autoren, die für das allgemeine Publikum aufgedeckt haben, wie ein literarisches Werk entsteht, besitzen wir in dieser Hinsicht nicht wenige Informationen, die auch für den Theoretiker bedeutsam sind. Die Kritiker nun, die sich ja für Mitschöpfer, bisweilen sogar direkt für Schöpfer halten, haben sich bisher nicht zu einer entsprechenden Beichte bereit gefunden. Das ist schade. Vielleicht könnte der kühle Akt eines entsprechenden Striptease erheblich zur Entmystifizierung des Halbdunkels beitragen, welches den Entstehungsort der kritischen Entscheidung einhüllt. Den Mittelpunkt der Enthüllung müßte jener Prozeß bilden, in dem die durch den Text gegebene anfängliche Ungewißheit so weit wie möglich reduziert wird. Wenn die Kritik aus der Sicht des Werkes eine Metasprache ist, dann wird es sich um eine meta-metasprachliche Beschreibung handeln.

Protokoll einer Lektüre

Darüber, wie der Prozeß der *Entstehung* eines literarischen Werkes verläuft, ist schon viel geschrieben worden. Auch diejenigen, die am ehesten dazu berufen sind – Schöpfer ebenso wie Theoretiker –, haben sich ausgiebig mit dieser Problematik befaßt, und in jenem Zweig, der sich die Literatur zum Thema macht, ist die Literatur geradezu zu einer unter der Lupe und im Zeitlupentempo vorgeführten Schriftstellerwerkstatt geworden. Merkwürdig dagegen, daß man der Entstehung der *literarischen Kritik*, der Beurteilung eines neuen und zumal eines originellen Werkes, zumindest nach meiner Kenntnis, nicht ein einziges Wort gewidmet hat.

Darauf könnte man erwidern, daß die literarische Kritik in der expliziten, präzisen und eindeutigen Artikulation von Prozessen besteht, die bei der normalen Rezeption eines Werkes ablaufen. So gesehen, wäre die Kritik ganz einfach die »Vorhut« der Leserschaft, wäre der Kritiker ein »unüberholbarer Leser«. Dieser Ansicht könnte man eventuell zustimmen; dann aber hört man, theoretische Werke hätten schon des öfteren die Vorgänge der Rezeption beim Leser, also die Konkretisation des Textes, beschrieben, Ingarden habe beispielsweise dieser Tätigkeit eigens eine ganze Arbeit gewidmet, und daher sei es überflüssig, die auf diese Weise angehäuften Kenntnisse noch um irgenwelche zusätzlichen Bekenntnisse von Kritikern zu vermehren.

Vielleicht würde ich mich von der obigen Argumentation überzeugen lassen, wenn ich zu jenen gehörte, die in ihrem Leben nicht eine einzige Rezension verfaßt haben. Weil ich jedoch Kritiken geschrieben habe und weil ihre Entstehung sonderbarerweise in nichts dem entsprach, was mir aus solchen Texten bekannt ist wie dem von Ingarden, der Verallgemeinerungen über die Rezeption des Werkes enthält, empfinde ich weiterhin eine beunruhigende Lücke, solange ich nicht die Beichte eines Kritikers kenne, der mit einem von ihm gelesenen Text *Probleme gehabt* hat, der sich mit ihm *herumgeplagt* hat, der nicht sofort mit ihm *fertig werden* konnte. Ich bin nämlich auf solche und andere Arten teils überwundener, teils nicht überwundener Schwierigkeiten gestoßen, und zwar sowohl dann, wenn ich Werke in der Absicht gelesen habe, sie öffentlich zu kritisieren, als auch dann, wenn ich ihr ganz privater Rezipient war. Es will mir nicht in den Kopf hinein, daß ich der ultimus inter pares sein soll. Wie ist es möglich, daß allen auf Anhieb, mit Leichtigkeit und vollkommen gelungen ist, was mir oft entweder gar nicht oder nur mit Mühe gelang? Würde ich auch nur eine Äußerung kennen, ein Protokoll von der Entstehung einer Konkretisation beim Leser, die sich zu einer kritischen Artikulation auswächst, so könnte ich den Leser ruhigen Gewissens auf diese Äußerung verweisen und bräuchte mich hier nur auf sie zu berufen. Nichts dergleichen ist mir jedoch bisher unter die Hände gekommen, und daher durchbreche ich nun die Regel, die ich mir für dieses Buch gesetzt hatte, meine eigenen beruflichen Praktiken und darauf bezügliche Anekdoten nicht einzuführen, und versuche, die Entstehung eines kritischen Urteils in einem konkreten Fall zu schildern.

Es handelt sich um den Roman *Pallas, ou la tribulation* von Edward de Capoulet-Junac. Ich sollte dieses Buch, das beim Verlag Editions Denoël in der Reihe »Présence du Futur« (einer Science-Fiction-Sammlung) erschienen ist, neben anderen Büchern für einen polnischen Verlag rezensieren, der eine Reihe von SF-Titeln ausländischer Autoren veröffentlichen wollte. Ich wähle diesen Titel deshalb aus, weil er mir bei der Lektüre viele typische Einordnungsprobleme bereitet hat, wobei ich sagen muß, daß ich weder über seinen Autor noch über den Titel selbst irgend etwas wußte.

»Pallas oder der Kummer« – so würde ich den Titel übersetzen – werde ich leider inhaltlich ein wenig resümieren müssen, so daß meine folgenden Ausführungen einer Schichttorte gleichen werden: Die »Grundlage« bildet der in einzelnen Fragmenten wiedergegebene Inhalt des Buches, die folgende »Schicht« bilden die geistigen Operationen, die ich während des Lesens ausführte (wobei mich das Bewußtsein begleitete, daß ich das Werk rezensieren sollte), und die oberste »Schicht« bildet schließlich die Beschreibung dieser Operationen in der »Metasprache« der Theorie der Werkrezeption. Die Geschichte beginnt – für die Gattung der SF –

sehr konventionell. Der Erzähler, ein junger Franzose, schildert die Anfänge der Invasion irgendwelcher kosmischer Wesen auf der Erde. Fernsehen und Rundfunk melden, daß eine Vielzahl von Menschen an verschiedenen Punkten des Erdballs von Geschossen, die Atombomben ähneln, getötet worden sei, es herrscht ein gewisses Durcheinander, als er, im Elternhaus weilend, wo er seine geschiedene Cousine Muette aufheitert, Zeuge der Landung einer merkwürdigen »Sphäre« wird. Er wird zusammen mit der Cousine an Bord der »Sphäre« entführt und fliegt in unbekannter Richtung davon. Fügt man hinzu, daß die Entführer vier Meter große, behende, tintenfischartige Ungeheuer sind, ausgestattet mit acht Fühlern und sich untereinander durch ein schnaubendes Gepfeife verständigend, so scheint schon vollkommen eindeutig zu sein, innerhalb welches Stereotyps die Handlung sich abspielen wird. Wenn ich »Stereotyp« sage, denke ich nicht unbedingt an eine Schablone, wie sie typisch ist für minderwertige literarische Gattungen wie den Kriminalroman, den Western oder die »Bettgeschichte«, die inzwischen an die Stelle des »Boudoirromans« getreten ist; ich denke dabei nur an eine bestimmte Art von »Spiel« mit der Literatur, dessen Regeln im Geiste der Rezipienten fest und eindeutig verankert sind. Schematisch im negativen Sinne wird ein Stereotyp erst, wenn das Spiel nur eine geringe Zahl von Regeln aufweist.

Innerhalb der Science Fiction benutzen ehrgeizigere Autoren eine Vielzahl von Regeln, zu denen aber gewöhnlich nicht jene Variante gehört, in der die Entführer der Menschen »tintenfischartige« und »fühlerbewehrte« Ungeheuer sind. Man muß zugeben, daß selbst virtuosere »Spiele«, wie sie die Science Fiction des öfteren vorschlägt, stark kodifizierte, gleichsam geschlossene Spiele sind, wobei die Geschlossenheit in vielfältigen Verboten und Ausschließungen besteht. Die der »gewöhnlichen« Prosa hinterherhinkende Ästhetik, mit der die Science Fiction operiert, ist bis zu einem gewissen Grade normativ und läßt eine ganze Reihe von menschlichen Verhaltensweisen, die in entsprechenden Situationen durchaus wahrscheinlich sind, nicht zu. Im altmodischen Roman waren *bestimmte* körperliche Gebrechen nur für *bestimmte* Personen vorgesehen; in der Science Fiction, die angeblich so »modern« ist, kann man beispielsweise ersticken, weil es an Bord der Rakete keinen Sauerstoff mehr gibt, oder man kann sterben, weil man sich an einem Virus vom Mars infiziert hat, aber man kann nicht die Ruhr bekommen, nicht an einer Kolik leiden oder Magenverstimmung haben. Gewiß ist die Schablone der SF in den letzten Jahren empfänglicher geworden für gewisse Änderungen, namentlich auf erotischem Gebiet, aber diese Erotik ist im allgemeinen schablonenhaft, denn ihre »Kühnheit« ist aus melodramatischen oder naturalistischen Stereotypen, besonders der Unterhaltungsliteratur, entlehnt. Daß der Erzähler in *Pallas*, während der Reise durch den Kosmos unter Deck eingesperrt, sich aus Verzweiflung in die Arme seiner Cousine stürzt und die beiden auf diese Weise die Zeit des Fluges ins Unbekannte verbringen, hat mich nicht nur nicht überrascht, sondern schien gerade die Erwartungen einer Sensations-Abenteuer-Romanze zu bestätigen.

Die »Sphäre« landet auf dem Planeten Pallas, und alsbald finden sich die Gefangenen in einer Art von Lager unter freiem Himmel wieder, wo Tausende von der Erde entführter Menschen biwakieren, darunter Franzosen, Engländer, Hindus, Deutsche, Polen, Algerier usw. Von einer Verständigung mit den Palladinern kann keine Rede sein, und bei der ersten Revolte vernichten die Ungeheuer die versammelte Menge durch eine unbekannte Waffe. Die Körper der Getroffenen laufen blau an und zerfallen. Es entsteht also auf dem fremden Planeten so etwas wie ein »Konzentrationslager«. Auch dieses Motiv hatte sich die SF schon zu eigen gemacht, es gehört also zum Stereotyp der Gattung. Die Reflexionen des Erzählers über die Ereignisse habe ich rasch überflogen, weil ich mich auf die »Action« eingestellt hatte, denn die Werte, die der Text enthält, liegen in der Eindringlichkeit der Vorgänge und nicht in der Qualität des sie begleitenden intellektuellen Kommentars. Anthropologische, soziologische oder philosophische Überlegungen findet man in der SF recht häufig; dabei ist nicht ihre intellektuelle Dürftigkeit das Entscheidende, sondern die Tatsache, daß der Autor sie in der Regel als bloße Ausschmückungen dem

Gang der Handlung aufsetzt. Man erkennt das daran, daß es dem Werk durchaus nicht schadet, wenn man solche lokalen »Tiefen« streicht oder übergeht, sondern im Gegenteil die Geschlossenheit seines abenteuerlichen Inhalts steigert. Was ich erwartete, waren also sensationelle oder unerwartete Vorgänge, daß etwa die Lagerinsassen revoltieren, daß der Held durch einen Palladiner ausgezeichnet und in die »Geheimnisse der höheren Zivilisation« eingeweiht wird oder daß er einen kühnen Fluchtversuch unternimmt usw. Etwas Derartiges verlangte das normative Stereotyp. Tatsächlich kommt es dazu, daß die Lagerinsassen aller Rassen und Nationalitäten sich unter der Führung eines energischen Obristen organisieren, doch schenkt der Autor den zahlreichen nebensächlichen Vorfällen, flüchtigen Kontakten und bruchstückhaften Gesprächen auffällig große, nach meiner Ansicht allzu große Beachtung. Schon hier ist mir aufgefallen, wie gleichgültig der Verfasser die Objekte der »anderen Zivilisation« behandelt, deren es in der SF ansonsten einen ellenlangen Katalog gibt, angefangen mit Vehikeln, die mit Überlichtgeschwindigkeit fliegen, bis hin zu Apparaturen zur plötzlichen Persönlichkeitsveränderung. Die Palladiner benutzen »eine« Waffe, der Erzähler beobachtet deren entsetzliche Wirkung, doch mit dieser »Waffe« befaßt er sich merkwürdigerweise nicht. Das ist »merkwürdig«, gemessen an den Normen der Science Fiction und nicht an den Regeln des Verhaltens von Lagerinsassen, denn in einem gewöhnlichen Konzentrationslager interessiert sich ja niemand dafür, wie die Maschinengewehre auf den Wachtürmen konstruiert sind oder wie die Hochspannung für die Stacheldrahtzäune erzeugt wird. Bezeichnenderweise habe ich diese Gleichgültigkeit dem Autor jedoch nicht als Plus angerechnet, sondern in diesen Auslassungen ein Zeichen von mangelndem Einfallsreichtum gesehen. Ich war nämlich überzeugt, die Handlung bewege sich innerhalb des Stereotyps; daß die Forderungen des Stereotyps nicht genau eingehalten wurden, empfand ich eher als stümperhaft und nicht als Anzeichen für ein auf mehr als nur technische Probleme gerichtetes Raffinement.

Manche Szenen wollten allerdings durchaus nicht in das Stereotyp der Science Fiction hineinpassen. Da war zum Beispiel die merkwürdige Sache mit den Kindern. Unter den Menschen, die von den Palladinern blindlings verschleppt und ins »Lager« gesteckt worden waren, befanden sich nicht nur viele Tausende Männer und Frauen, sondern auch viele Kinder, die im Lager Banden bildeten und sich auf dem ganzen Gelände umhertrieben. Normalerweise verursachten diese Banden mehr Ungemach als die Monster, die sich von dem Lager fernhielten. Es kam beispielsweise vor, daß die Kinder sich mit dem gelatineartigen Nährbrei – der einzigen Nahrung, die durch spezielle Rohrleitungen ins Lager geliefert wurde – den Bauch vollschlugen und, voll von dem klebrigen Zeug, schmutzig und herrenlos, die Erwachsenen belästigten; am liebsten trieben sie sich an jenem speziellen Ort herum, wo der Ordnungsdienst des Obristen die Leichen verstorbener Lagerinsassen ablegte, die dann blau anliefen und zu Staub zerfielen; ein interessanteres Schauspiel gab es nämlich für die kleinen Wichte im ganzen Lager nicht.

Diese Anekdote ist unter veristischem Aspekt nicht unwahrscheinlich, d.h. sie schildert Vorgänge, die sich unter entsprechenden Umständen tatsächlich ereignen könnten, und sie paßt daher ganz und gar nicht in die Schablone der Science Fiction. Diese Schablone kennt nur Schemata, soweit es um Kinder geht; wenn sie eine Hauptrolle spielen, sind sie entweder »kleine Übermenschen« oder »kleine Ungeheuer«; wenn sie nur episodisch vorkommen, dann vor allem, um irgendwelche Gefahren zu demonstrieren und zu Objekten kosmonautischer Errettungsbemühungen zu werden. Ginge es einem Verfasser um eine »schwarze« SF-Geschichte, so ließe er noch am ehesten Kinder irgendwelchen galaktischen Ungeheuern als Nahrung dienen. In einer durchschnittlichen SF-Geschichte wäre es jedoch nicht möglich, daß der Held, der sich in der Gefangenschaft von Ungeheuern befindet, auch nur einen Augenblick daran denkt, daß diese Ungeheuer weit weniger belästigend für ihn sind als die ebenfalls gefangengehaltenen Kinder! Das wäre genauso, als würde man in der *Trilogie* erfahren, Oleńka Billewiczówna habe starke X-Beine.

Auf diese Verletzung der stereotypen Norm in *Pallas* habe ich mir schließlich doch einen Reim machen können. Die

Geschichte, habe ich mir gedacht, hat ein Franzose geschrieben, der gewissermaßen aus der gewöhnlichen Literatur (wo er offenbar nicht »angekommen« ist!) in den phantastischen Bereich übergesiedelt ist und nun versucht, eine Sache, die er mit den zuvor auf dem Gebiet der »normalen Prosa« erlernten Mitteln geschaffen hat, zusätzlich zu würzen und schmackhaft zu machen. Allerdings war diese Hypothese doch reichlich an den Haaren herbeigezogen. Es kamen nämlich immer mehr neue Details zusammen, die sich zu einem realistischen Bild der Verhältnisse in einem Lager mit vielen Tausenden von Menschen fügten. Die Palladiner, ihre tödlich bläuende Strahlung, die merkwürdigen Gesetze der optischen Perspektive auf dem Planeten – das alles trat gewissermaßen in den Hintergrund, und was ich vor mir hatte, war ein in der ganzen Düsterkeit des mannigfaltigen menschlichen Unglücks beschriebenes Lager, ganz einfach ein richtiges Lager. Gewiß, die Menschen im Lager sprachen ängstlich von dem, wovon sie »sprechen« mußten: Ihre Ängste drehten sich um die unbekannte Zukunft; die einen glaubten, ihnen sei das Schicksal von Sklaven bestimmt, andere meinten, sie würden als Schlachtvieh dienen. Die Handlung gehörte nun auf jeden Fall mehr in das Schema des »Vegetierens im Lager«, und wenn ich auch zugeben mußte, daß dies alles trefflich geschildert war, daß es gelungen war, in wenigen Sätzen den Umriß menschlicher Gestalten zu skizzieren, so war diesem Urteil doch ein Argwohn beigemischt, der die Absichten des Autors insgesamt anzweifelte. In der Literatur gilt ja, wie in der Wissenschaft, daß »entia non sunt multiplicanda praeter necessitatem« und daß man Effekte nicht mit großen Mitteln hervorrufen darf, wenn auch kleine Mittel ausreichen. Muß man denn, um das Schicksal von Wehrlosen in der Hand ihrer Unterdrücker zu schildern, »Tintenfische aus dem Kosmos« einführen, die obendrein noch schludrig konzipiert sind? Ich empfand es folglich als eine knirschende Dissonanz, daß der Autor die durchaus glaubhaften menschlichen Schicksale verknüpft hatte mit der unglaubwürdigen Gegenwart der Palladiner, die geradezu zu einer makabren Dekoration verkommen.

Darüber hinaus ist der Wert des Werkes dadurch beeinträchtigt, daß der Autor sein auf den phantastischen Bereich zielendes schöpferisches Unvermögen zu verschleiern versucht, indem er Anleihen aus dem Bereich wirklicher Tragik macht, daß er seine mangelnde Phantasie durch eine Persiflage auf authentische Lagererinnerungen zu verstecken versucht. So als würde jemand, der uns ein Jongleurkunststück vorführen will, erklären, er könne nicht jonglieren, weil die Objekte, die er in der Hand hält, heilige Reliquien sind. Wir würden darauf erwidern: Es geziemt sich gewiß nicht, mit Reliquien zu jonglieren; man möge sie daher weglegen und etwas Geeigneteres suchen.

Hier muß ich anführen, was ich eigentlich früher hätte erwähnen sollen. In meinem Exemplar von *Pallas* befand sich – sicherlich aus Versehen – ein Brief, in dem ein westdeutscher Verlag dem französischen Verlag (Denoël), der den Roman veröffentlicht hatte, mitteilte, er wolle ihn nicht verlegen. Diese knappe, definitive Absage hat mich zwar nicht überrascht, aber ich nahm doch zur Kenntnis, was sie beinhaltet: Lektoren des Verlages, also Sachkenner, hatten dem Roman jeglichen Wert abgesprochen. Ich muß zugeben, daß auch ich fand, daß dieses Werk nicht richtig in eine Science Fiction-Reihe paßte. Nichts hatte ich gegen die *phantastische* Konvention (das wäre absurd; man kann es einem Zirkus nicht verübeln, daß in ihm Zirkuskunststücke vorgeführt werden), sondern gegen die Versuche, diese Konventionen zu *durchbrechen*. Wenn jemand die Konvention durchbricht, kann es an mangelndem, aber auch an überreichlichem Talent liegen. Bei mangelndem Talent wird der Bruch der Konvention zu einer mehr oder weniger totalen Entgleisung; bei übermäßigem Talent kann eine neue, ganz und gar originelle Konvention entstehen. Zunächst beobachten wir aber nur, daß bestimmte Normen nicht eingehalten werden, und wir wissen dann nicht, ob der Zug, der die Schienen verläßt, irgendwo aufprallt und auseinanderbricht – oder ob er sich kühn in die Lüfte schwingen wird. Da aber Flugzeuge gewöhnlich nicht von Eisenbahnschienen aus starten und Romane wie *Schuld und Sühne* auch gewöhnlich nicht in Krimi-Serien erscheinen, sollte auch ein Roman, dem es gelungen ist, durch das Zerschlagen der Konventionen der Science Fiction einen neuen Wert zu schaffen, eigentlich nicht in einer SF-Serie erscheinen. Wenn er nicht in einer solchen Serie verlegt wurde, dann, so durfte ich annehmen, hatte er irgendwie den Aufstieg nicht geschafft. Deshalb empfand ich alles, was in *Pallas* nicht dem Stereotyp entsprach, von vornherein als eine bloße Entgleisung.

Allerdings wurde ich nach und nach immer unsicherer in meinem Urteil. Ich erkannte zumindest, daß an meinen anfänglichen, vorwegnehmenden Urteilen manches nicht stimmte. So fand zum Beispiel die sexuelle Annäherung zwischen dem Erzähler und Muette (an Bord der »Sphäre«) keine Fortsetzung in anderen »Appetithäppchen« dieser Art. Sie hatte vielmehr ganz natürliche Folgen. Muette wurde schwanger und brachte später im Lager Zwillinge zur Welt. Diese Tatsachen werden im Text in einem reinen Protokollstil mitgeteilt. Gewöhnlich hat die in die Science Fiction verpflanzte Erotik eine andere Tönung. Alle erotischen Stereotypen, die man hier findet, haben einen obszönen Einschlag, und sie stellen den Bereich der sexuellen Verhaltensweisen des Menschen in einer Weise dar, die aller psychologischen und soziologischen Elemente entbehrt. Diese losgelöste Behandlung der Erotik beruht auf der stillschweigenden Annahme, daß das Sexuelle zwar imstande sei, uns zu erregen, aber nicht, uns über Außersexuelles zu informieren; wenn Sexuelles beschrieben wird, dann nur, um zu reizen, nicht, um Erkenntnisse zu gewinnen.

Nachdem dieser Teil des Buches mich für sich eingenommen hatte, bezeichnete ich ihn bei mir als »anthropologisches Protokoll«. Gleichwohl setzte ich mich im Sessel zurecht und war mir gewiß, daß meine Erwartungen sich doch, zumindest teilweise, bestätigen würden, als die Lagergemeinschaft unter Führung des Obersten beschloß, den Palladinern Widerstand zu leisten. Die Palladiner begannen nämlich, hin und wieder Trupps in das Lager zu schicken und unverhofft Menschen – einzeln oder in Gruppen – zu entführen, was nicht ohne erschütternde Szenen abging. Der Oberst organisierte eine Schutztruppe aus kräftigen Männern, die beim nächsten Überfall die Palladiner übel zurichteten. Die bisherige Stagnation, dachte ich, war also nur ein

Zwischenspiel. Der kurzfristige Sieg brachte jedoch nichts; die Palladiner entführten den Oberst, der für immer verschwand. Die ganze Aktion, noch nicht einmal richtig entflammt, erlosch sofort wieder; alles blieb beim alten. Doch je deutlicher das Bild des Lagers wurde, je klarer es die Trennlinien zwischen verschiedenen menschlichen Gruppen zeigte (die zwischen dem Alten und Neuen verliefen, sei es in Gestalt der früheren Verhältnisse auf der Erde, sei es dergestalt, daß die einen alterfahrene Lagerinsassen und die anderen Novizen waren), um so ungeduldiger wurde ich: Worauf läuft das alles eigentlich hinaus, und wie wird es enden? An einem hielt ich entschieden fest. Die ganze phantastische »Ungeheuerlichkeit« der Palladiner war, gemessen an den »Lagereffekten«, noch immer etwas Redundantes, etwas überflüssiges, wie es sich mir schon zuvor dargestellt hatte. Schließlich wird das Lager unerwartet in aller Eile aufgelöst (nachdem es wohl schon über ein Jahr bestanden hatte).

Der Held findet sich wieder in einer »Stadt« der Palladiner, die mit ebenso sparsamen Mitteln beschrieben wird wie zuvor das Lager; als Wohnungen dienen ovale, sphärische Behausungen, es gibt keinerlei Fahrzeuge, die sich in den Straßen drängen würden, die Stadt hat nicht das »Antlitz einer Metropole«. Die Menschen werden auf einzelne Familien der Palladiner verteilt, oft ganz willkürlich: Ein Brahmane zusammen mit einem Schlosser, ein Fallschirmjäger-Offizier zusammen mit einem Sikh usw.; der Held landet jedoch mit Muette und den Kindern in der Behausung zweier alleinstehender Palladiner (eines »Männchens« und eines »Weibchens«, wie sich erst nach längerer Zeit ergibt). Welche Stellung sie einnehmen und welchen Sinn ihr Aufenthalt hat, bleibt unklar. Sie werden ernährt (mit der widerlichen Gallerte), sie haben ein Dach über dem Kopf, von Zeit zu Zeit werden sie durchsucht – das ist beinahe alles.

Allmählich schält sich das folgende Bild heraus: Wie es den Menschen ergeht, hängt von ihren »Herrschaften« ab. Manche Herren kümmern sich nicht sonderlich um ihre Menschen und lassen sie sogar ungehindert in der Stadt umherschweifen, andere führen ihre »Sklaven« aus, und wieder andere halten sie in Gefangenschaft und strafen sie streng für unverständliche Vergehen; sie scheinen nämlich dann und wann etwas zu verlangen; und wenn man nicht versteht, was von einem verlangt wird, setzt es schmerzhafte Prügel und Beschimpfungen. Die Menschen werden nicht ausgenutzt, weder als Arbeitskräfte noch als Schlachtvieh; in das Wirtschaftsleben der fremden Zivilisation überhaupt nicht eingespannt, vegetieren sie vollkommen nutzlos und unbeachtet dahin, wobei nicht im geringsten klar ist, ob die Palladiner den menschlichen Intellekt deshalb nicht erkennen, weil sie dazu außerstande sind, oder deshalb, weil sie es nicht wollen; unklar bleibt sogar, ob die Vernunftbegabung ihrer Gefangenen sie überhaupt interessiert. Aber das ist eine Feststellung, die man erst im Laufe der späteren Lektüre macht. Dem Helden ist jedenfalls rasch klar, daß sein Schicksal weder dem Schema von *Onkel Toms Hütte* noch dem Schema der Märchen über menschenfressende Ungeheuer entspricht. Das beiläufige Interesse, das die Palladiner gelegentlich für die Menschen bekunden, ist auch nicht von Verachtung geprägt. Es ähnelt dem Interesse, das wir Menschen an Pekinesen oder Pinschern nehmen. So gedeutet, erscheint die Beziehung, sofern sie die zentrale Achse des Romans bilden soll, trivial; ihre Konsequenzen werden allerdings beharrlich und exakt durchgeführt. Das »spielerisch-launische« Verhältnis, das wir so herauskristallisieren, macht verständlich, warum es den Menschen bei den verschiedenen Palladinern unterschiedlich ergeht: Schließlich ist es Sache der persönlichen Entscheidung oder vielmehr der persönlichen Laune des jeweiligen »Herrchens«, wie ein Pinscher behandelt wird. Man denkt unwillkürlich an jene Passage aus Gullivers Reisen, wo die Riesen von Brobdingnag Gulliver zum Spaß mit dem Messer gegen Wespen kämpfen lassen und die Riesinnen ihn sich rittlings auf ihre Brustwarzen setzen lassen wie auf einen Hocker. Eine auch nur annähernd ähnliche Situationserkundung wird durch die völlig unmenschliche Anatomie und Physiologie der Palladiner schon im Ansatz vereitelt. Der Held und seine Frau werden bisweilen von ihren »Herrschaften« zu sonderbaren »Vergnügungen« mitgenommen, bei denen die Palladiner sie sich auf die »Knie«

setzen (dabei haben sie keine Knie) und sie mit ihren Fühlern bewegen, die sich anfühlen wie Papiermasse usw.

Wenn ich das hier in dieser Weise zusammenfasse, klingt es nicht sonderlich gescheit und eher nichtssagend wie ein schlechter Witz, dabei wirkt es alptraumhaft und unerträglich, wenn es in einer flüssigen Erzählung geschildert wird, die über eine breite Skala suggestiver sprachlicher Mittel verfügt und mit deren Hilfe die Empfindungen der solchermaßen behandelten Personen vielfältig und eindringlich beschreibt. Diese Behandlung ist noch gut zu nennen, im Unterschied zu jener, die anderen zuteil wird, wie dem Helden ein Mann berichtet, der, ausgehungert, weil er seinen »Herrschaften« entflohen ist, deren Abwesenheit nutzt, um sich heimlich in der »herrschaftlichen« Behausung an der Gallerte gütlich zu tun; als er seinen Rücken entblößt, sieht man sogar, daß er mit Wunden übersät ist. Die Menschen werden also doch wie Hunde behandelt... Als ich bis hierher gekommen war, stieg erneut Abneigung gegen das Buch in mir auf, und ich war vor allem enttäuscht von ihm, wobei zu der Enttäuschung noch ein gewisser Ekel hinzukam, hervorgerufen durch die Aura eines düsteren, langweiligen und erschütternd hoffnungslosen Dahinvegetierens der abwechselnd abstumpfenden und verzweifelnden Unglücklichen.

Ich sah ein, daß es sich in der Tat um ein redliches Protokoll menschlicher Verhaltensweisen handelt, das in dem Sinne realistisch ist, als es eine glaubwürdige Ableitung aus den vom Verfasser angenommenen Prämissen darstellt, das jedoch nicht wesentlich über die Erkenntnisse hinausgeht, über die etwa ein Chronist authentischer Lagererfahrungen oder anderer, aus der Geschichte bekannter Erscheinungen der Unfreiheit verfügen kann.

Was hat das Buch denn am Ende gezeigt? Einen Menschen, der völlig der Kultur beraubt und gewissermaßen bis auf die im wortwörtlichen Sinne nackte Biologie »kompromittiert« ist. Die Kleider sind nach Jahren zerfallen, also sind die Menschen nackt; da es keine Seife, kein Rasiermesser u.dgl. gibt, sind sie schmutzig und bärtig; die wie Pinscher behandelten Professoren von der Sorbonne und Brahmanen aus Nepal wirken nicht eine Spur tragischer und in ihrer Tragik nicht komischer als jene Professoren, die einst mit Zahnbürsten die Aborte der SS scheuerten. Der Held beweist übrigens schon sehr früh bemerkenswerten Scharfblick, denn noch im Lager erklärt er, er vermute, daß sich künftig unter den Gefangenen ein solcher Opportunismus entwickeln werde, daß man sich bemühen werde, den Häschern zärtlich in die Augen zu schauen. Das war allerdings insofern schwierig, als die Palladiner nur Insektenaugen hatten, doch fand ich diesen Unterschied unerheblich, wenngleich der Verfasser ihn zum Anlaß nahm, um merkwürdige Dinge zu äußern. Sein Held spricht davon, daß ihn gegenüber den Palladinern seine menschliche Nacktheit mit einem tödlichen Gefühl der Scham und der Ohnmacht erfüllt habe. »Wir hatten«, sagt er, »das Gefühl, vor Blinden oder vielmehr vor Wesen zu stehen, die über eine andere Form des Sehens verfügen, und das ließ ein so starkes diffuses Schuldgefühl in uns entstehen, daß es sogar die Angst übertraf.« Andere Menschen pflichten ihm bei: »Das war wie ein Gewissensbiß: ›allzusehr‹ wie ein Mensch auszusehen; man wünschte sich geradezu selbst zu verleugnen.«

Solche Bemerkungen habe ich, wie gesagt, beim Lesen nicht besonders beachtet, ich hielt sie für unwichtig, und das bloße Vorhandensein der »Ungeheuer« hielt ich für einen überflüssigen Faktor, womit ich meinte, daß es um unsere Gattung wahrlich nicht schlecht bestellt wäre, wenn der Mensch nur unter den Schlägen von »Tintenfischen aus dem All« mit einem Niveau Bekanntschaft machen würde, das unterhalb aller Kultur liegt. Denn die sehr viel grausamere, weil durchaus nicht phantastische Wahrheit ist ja, daß die Menschen selbst den Menschen ein solches Schicksal bereitet haben, auf der Erde, ohne achtarmige Ungeheuer. Daher bestand ich denn auch darauf, diesem Roman jeglichen Wert absprechen zu dürfen, gewissermaßen die Regel des mohammedanischen Kalifen anwendend: Was in diesem Buch von Bedeutung ist, enthalten ohnehin die geschichtlichen Chroniken (z.B. die Schilderungen aus den Lagern), und was in dem Buch über solche Erfahrungen hinausgeht, ist ganz einfach nichtssagend.

Als ich diese Ansicht entwickelte, hatte ich die Erzählung übrigens erst zur Hälfte gelesen. Ich rechnete immer noch mit dramatischen, sensationellen Ereignissen, denn ich war überzeugt, daß die festgefahrenen Beziehungen zwischen den Menschen und den Ungeheuern sich zwangsläufig ändern müßten. Der Hinweis, der mich zu dieser Erwartung berechtigte, bestand in der schon in den ersten Sätzen des Textes angedeuteten »Verdoppelung der Zeit«; der Erzähler teilt dort mit, daß zwischen den von ihm beschriebenen Ereignissen und dem Augenblick ihrer schriftlichen Fixierung eine große Zeitspanne liege. Allein daraus, daß diese schriftlichen Materialien zu ihm gelangt sein mußten, entnahm ich, daß eine große Schicksalswende unausweichlich kommen müßte. Die mühsam organisierten Aufstandsversuche schlugen allerdings fehl. Zum ersten Aufstand war es noch im Lager gekommen. Der nächste wurde sorgfältig und bedächtig in der Stadt organisiert, man hatte ein Komitee geschaffen, das den Aufstand vorbereiten sollte. Ihm gehörten mutige und besonnene Menschen an, und man hatte sogar Wissenschaftler gefunden, die aufgrund ihrer Beobachtungen einigermaßen darüber im Bilde waren, wie man einen Palladiner töten kann. Die Sache ging jedoch schief, weil unverantwortliche Elemente zu Wort kamen. Ein Teil der insgeheim aufgestellten Sturmabteilungen bestand aus jungen Leuten, die ein herrenloses Leben führten und sich in der Umgebung der Stadt verborgen hielten. Besonders sie drängten darauf, den Kampf unverzüglich aufzunehmen, obwohl es an dem nötigen Überblick, an den Mitteln und an einem Plan fehlte. Das Komitee trat diesen »Ultras« zwar entgegen, doch kam es durch ihren verblendeten Eigensinn zu einem Kampf, in dem die Menschen sich gegenseitig töteten. Das war das Ende der zweiten Verschwörung, denn die Palladiner hatten auf irgendeine unbekannte Art die Führer ausgemacht und rechneten in einem einzigen blutigen Massaker mit ihnen ab. Nur der Erzähler kam mit dem Leben davon, und das verdankte er – so darf man es verstehen – der Fürbitte seiner »Herrin«. Sofort breiteten sich Gerüchte aus, die etwas von Verrat wissen wollten, und obwohl das unmöglich war, denn schließlich konnte sich niemand mit den Palladinern verständigen, hielten sie sich doch hartnäckig genug, um jede weitere Aktion zu unterbinden.

Während sich dies unter den Menschen abspielte, entwikkelten sich die »häuslichen Verhältnisse« des Erzählers möglicherweise noch merkwürdiger und unheimlicher. Er hatte schon früher bemerkt, daß Muette ihn mit »herrenlosen« jungen Männern betrog, die sich in den Gassen der Stadt herumtrieben; er hatte daraufhin eine Depression erlitten, die ihn gleichsam zu seiner »palladinischen Herrin« trieb; in seiner äußersten Verzweiflung versetzte er sich »mit ihrer Hilfe« in eine Art von Ekstase, hoffend, dieses insektenhafte Geschöpf könne seine Gefühle erwidern. Ein solches Thema ist im Sinne einer realistischen Schilderung einer »Romanze mit einem Ungeheuer« für einen Schriftsteller eine wahrhaft halsbrecherische Aufgabe. Ich kann nur schlicht versichern, daß es dem Autor gelungen ist, sie zu lösen. Es ist vor allem ein psychologisches Meisterstück, der introspektiven Schilderung der Empfindungen eines Menschen ein Höchstmaß an Glaubwürdigkeit zu verleihen, etwas, das, besonders wenn man die Dinge beim Namen nennt, auf den ersten Blick wie die Quadratur des Kreises erscheint, wie ein Versuch, der entweder in totalen Blödsinn oder in ein widerwärtiges sadomasochistisches Gestammel abgleiten muß. Ich gehe auf diese Episode, die in dem Buch größeren Raum einnimmt, deshalb ein, weil Junac mich durch sie endgültig davon überzeugt hat, daß man ihn als einen Schriftsteller betrachten muß, der ungemein viel von seinem Handwerk versteht, und daß man ihn zur »Literatur schlechthin« und nicht zu den kosmischen Abenteurern zu zählen hat. Der Held hat also eine Art von Romanze mit dem großen Krustentier durchlebt, die sich am Ende als eine Illusion von seiner Seite erweist; sie ließe sich damit vergleichen, daß ein Affe oder ein Hund, der in seinen Herrn verliebt ist, eine Gegenseitigkeit erwartet, wie sie der Mensch nur dem Menschen schuldig ist. Der Erzähler wurde also »zurückgewiesen« und recht drastisch aus seiner Schwärmerei »aufgeweckt«. Bei aller Abneigung gegen das Buch, die sich auch während der Lektüre dieses Abschnitts nicht legte – denn er schildert in *vollendeter Weise* einen *widerwärtigen* Sachverhalt –, mußte ich doch anerkennen, daß es literarisch gelungen ist. Ich bin später übrigens zu der Ansicht gelangt, daß der erotische Aspekt dieser Angelegenheit nur einen einzelnen und nicht den wesentlichsten Aspekt darstellt. Wesentlicher war das, was ich bezeichnen möchte als die ungeheure unbewußte Anstrengung, die der Mensch unternimmt, um sein Unglück, seine Schande und seine Niederlage liebzugewinnen, sobald er sie als unausweichlich und ausweglos ansieht. Diese Anstrengung muß zwangsläufig unbewußt sein, weil es nicht möglich ist, durch eine völlig rationale Entscheidung, also durch Berechnung, irgendwelche echten Gefühle in sich wachzurufen. In einer solchen Situation muß man also zunächst einmal die Motive seines Handelns gründlich vor sich selbst verbergen, blind für sie werden, und danach erst kann man sich dem falschen Glauben und dem sich aus ihm ergebenden Gefühlsengagement weihen. Die dazu erforderliche geistige Anstrengung ist ein Kampf gegen sich selbst, eine Form der Selbstvernichtung, denn bei der sukzessiven Umwandlung und Ausrottung von Werten, die man bislang geachtet hat, empfindet man eine Art von böser Lust, weil diese Zerstörung einem so erscheint, als gewönne man eine verlorene Freiheit zurück. Diese Werte haben den Menschen ja bislang daran gehindert, seine eigene Schande zu lieben, und so steckte er zwischen Hammer und Amboß – der Hammer waren die Werte, der Amboß die äußere Unfreiheit. Erst der Niedergang dieser Werte schafft die Leere, in der es möglich ist, sein Schicksal zu akzeptieren, indem man es liebt. Denn die vollkommenste Anpassung stellt als eine Verinnerlichung des Einverständnisses mit dem Schicksal zweifellos die Liebe dar, die aus dem bisherigen Verfolger einen Geliebten machen soll.

Die psychologische Komplexität dieses Sachverhalts geht völlig unter, wenn er auf die triviale Formel gebracht wird: »Küsse die Hand, die du nicht abhacken kannst«. Was diese Redensart nahelegt, ist der übliche Zynismus, der freilich darin besteht, *äußerlich* etwas vorzutäuschen und seine wahren Motive zu verbergen. Diesen Zynismus kann man praktizieren, sofern man sich seine innere Authentizität – und sei sie auch verachtenswert und moralisch seicht – bewahrt; aber welche Motive können noch als authentisch bezeichnet werden, wenn sich jemand vorbehaltlos dem Zwang unterwirft? Zynismus ist dann angebracht, wenn man seine wahre Haltung verschleiern will, wenn man sich nach außen angepaßt gibt, um irgendwelche Güter oder irgendeine Gunst zu erlangen, aber welche Gunst und welche Güter kann man sich von einer Romanze mit einem achtarmigen Insekt erhoffen? Wo der Zynismus keinerlei Lohn verheißt, verliert er jeden Sinn: Die Hand, die man nicht abhacken kann, küßt man einmal – gut, aber lebenslang? Um zu überleben? So zu überleben, bedeutet ja, seine Persönlichkeit zu spalten in einen äußerlich gefesselten und einen freien Teil, und eine solche Spaltung ist als Dauerzustand wahrhaft unerträglich. Es dürfte einfacher sein, sich um inneres Einverständnis mit allem zu bemühen, was aus der Unfreiheit folgt. Wir haben erlebt, daß der Mensch unter dem Druck der Verhältnisse sogar imstande ist, in die Haut des Henkers zu schlüpfen, mag ihm diese Rolle zuvor auch noch so sehr widerstrebt haben; eine enthüllende, noch weitergehende Konsequenz der totalen Unfreiheit liegt dann vor, wenn er in die Haut eines geliebten Scheusals schlüpft. Zuvor muß man diesem Scheusal und sich selbst natürlich einen anderen Namen geben, und diese Entwicklung wird gerade an der Geschichte der »palladischen Romanze« deutlich. Der Erzähler hat die trügerische Hoffnung verloren, die seine Gefährten noch aufrechterhält, und gibt sich der Täuschung hin, zwischen ihm und seiner »Herrin« sei eine besonders intensive emotionale Bindung entstanden: In der Hitze der aus dem Selbstbetrug erwachsenden Gefühle soll sein Verstand gewissermaßen dahinschmelzen; die Liebe ähnelt ja bekanntlich einem Wahn, und so hat er sich denn auch aus unbewußter Berechnung vor der alptraumhaften Realität in einen solchen Wahn flüchten wollen. Die »Herrin« hat ihm gewisse Gunstbezeigungen erwiesen, wobei er allerdings eher wie ein Gegenstand denn wie eine Person behandelt wurde; den persönlichen Aspekt dieser Beziehung hat er sich selbst erträumt, und als er das entdeckt, wird aus der »Liebesekstase« ein jämmerlicher Zusammenbruch. Aufgrund dieser Geschichte kam ich zu der Ansicht, der Verfasser habe das Handwerkszeug der bewährten psychologischen Schule Frankreichs auf eine Fabel der Science Fiction angewandt. Ich sah, daß ihm diese Stelle gelungen war, konnte aber dennoch nicht beantworten, welche Rolle das alles innerhalb des ganzen Buches spielen sollte, es sei denn, es handelte sich um eine Art Schauübung in literarischer Tiefgründigkeit.

Am Ende des Buches ist der Held über vierzig Jahre alt. Er hat in seinem Verhältnis zu den Palladinern verschiedene Phasen durchlaufen. Er hat versucht, sich gegen sie zu verschwören, was ihn beinahe den Kopf gekostet hätte. Er hat versucht, Gefühlskontakte zu knüpfen, was ihm eine brutale Ernüchterung eingetragen hat. Er hat versucht, die pfeifende Sprache der Palladiner zu erlernen, und ist dadurch für die »Herrschaften« zu so etwas wie einem amüsanten Papagei und für die Menschen zum Gespött geworden, denn trotz aller Anstrengungen hat er es nicht geschafft, diese Sprache zu verstehen. Er hat versucht, ein Präzeptor der auf Pallas herangewachsenen jungen Generation zu sein, aber diese Jugend hat sich nicht so um ihn geschart, wie er es vielleicht gerne gesehen hätte. Er hat nur an ihren Versammlungen teilnehmen dürfen, die zu wahren Mysterienspielen werden, bei denen manche die Palladiner und andere die Menschen darstellen, Versammlungen, bei denen auch Lieder gesungen und Gedichte rezitiert werden; der Erzähler war also zugegen, als die geknechtete Menschheit sich Formen einer Kultur schuf, die ihrer Knechtschaft Ausdruck gab, war aber selbst nicht imstande, sich schöpferisch daran zu beteiligen. Das ist ein Bereich, der sich ihm bereits entzieht, eine Angelegenheit der nächsten Generation. Schließlich hat er noch einmal versucht, einen »Kontakt« herzustellen, indem er vor der »Herrschaft« Buchstaben zeichnet, kleine Steinchen zu Schriftzügen zusammenfügt usw. Er hat dadurch eine gewisse Aufmerksamkeit erregt und schließlich eine papierähnliche Substanz erhalten, auf der er eben dieses Buch geschrieben hat. Das Manuskript wurde ihm abgenommen – und an seinem Leben hat sich nichts geändert. Die letzten Worte des Romans lauten: »Es war mittlerweile klar geworden, daß auch die Literatur an den bestehenden Verhältnissen nichts ändern würde...«

Nachdem ich die Lektüre beendet hatte, verweilte ich einige Zeit vor der Geröllhalde der Ansichten, die ich mir inzwischen über das Buch gebildet hatte, denn allzusehr waren sie in die verschiedensten Richtungen ausgefranst, es waren Mißverständnisse und Enttäuschungen aufgetreten, die ich hier nur grob skizziert habe. Daß es zu keiner Revolution gekommen war, daß das Schicksal sich nicht zum Besseren gewendet hatte, erfüllte mich mit Entsetzen, so als hätte ich den Verfasser und nicht nur den Helden eines besonders ausgeprägten Zynismus zu verdächtigen. Das Ganze erschien mir wie ein grauenhafter Witz, wie ein gewaltiger Betrug, den man perfide am Leser begangen hatte. Derart schwer wogen all meine enttäuschten Hoffnungen. Der intellektuelle Gehalt des Buches war mir in diesem Augenblick vollkommen gleichgültig, weil ich mich nicht mit ihm befassen wollte. Ein derart apodiktisches Bekenntnis klingt zwar töricht, doch halte ich es für geboten. Würde mir ein Zirkusclown statt der erwarteten Possen einen philosophischen Vortrag auftischen, wäre ich nicht minder enttäuscht und ebensowenig bereit, seine philosophisch möglicherweise bedeutsamen Äußerungen inhaltlich zu beurteilen. Unsere Bereitschaft, semantische und ästhetische Werte zu erkennen, hängt von einer entsprechenden Einstellung ab. Da ich nun anstelle eines anständigen Abenteuers im Kosmos eine gewisse Portion Kulturanthropologie erhalten hatte, fühlte ich mich ganz einfach in die Irre geführt. Meine Desorientiertheit ging so weit, daß ich das Buch zur Seite legte und mich längere Zeit nicht mehr mit ihm befaßte. Doch eine intellektuelle Unruhe, die uns sagt, daß da noch eine unerledigte Sache ist, veranlaßte mich, wieder auf das Buch zurückzukommen.

Das geschah Monate später, ohne die Erwartungen und Einstellungen, die ich bei der ersten Lektüre gehabt hatte. Jetzt las ich das Buch sehr viel aufmerksamer und erkannte, daß mir aus Achtlosigkeit oder wegen der Enttäuschungen, die ich empfunden hatte, viele Dinge entgangen waren. Ich beschloß, mich nun ganz auf diesen Alptraum einzulassen, obwohl manche Seiten, ähnlich wie bei Dostojewski, unerträglich waren. Es schien nämlich, als lohne sich diese Mühe, so als hielte ich noch immer ratlos die Ziegel für ein Bauwerk in Händen, von dessen Errichtung man sich einiges verspricht.

Schematisch lassen sich alle literarischen Texte danach einteilen, ob sie nach einem teleologischen oder nach einem deduktiven Verfahren aufgebaut sind. Wenn ich hier von Teleologie spreche, so heißt das, daß der Schöpfungsvorgang einem apriorischen Determinismus gehorcht, daß der Autor die Früchte seines Denkens in Ganzheiten hineinkomponiert, die nicht von ihm stammen, weil sie paradigmatisch festgelegt sind. Ich nenne das deshalb Teleologie, weil die Gestalt des Werkes, das, worauf es letztlich hinausläuft, also die Ziele, paradigmatisch ebenso gegeben sind, wie bei der Eisenbahn die Endstation einer Strecke. Allerdings gibt es unterschiedliche Eisenbahnnetze; mit wachsender Zahl der Schienenstränge und Weichen wächst auch die Zahl der Reisevarianten; bei einem hinreichend komplexen, dichten und nach allen Richtungen verflochtenen Schienennetz ist der Zuglauf nicht mehr determiniert, sofern der Lokomotivführer zugleich auch Weichensteller ist. Genau das ist in der Literatur der Fall; von apriorisch determinierten Stereotypen, von einer mechanistischen Teleologie kann man schrittweise in einen Bereich der Freiheit gelangen, bis schließlich die letzten Reste von Prädetermination verschwinden. In der Science Fiction herrscht der rigor mortis einer eher starren Teleologie; während die abenteuerlichen Enthüllungen eine himmelstürmende, weil bis zu den Sternen reichende Dynamik entfalten können, hält sich die kognitive Dynamik in den vom Handlungsstereotyp festgelegten Grenzen. Ich weise darauf hin, daß es mir hier nicht um die gesamte Science Fiction geht, sondern nur um jenen Teilbereich, der sich mit »psychozoischer Komparatistik« befaßt, der also die irdische Intelligenz mit den entsprechenden galaktischen Formen vergleicht. Selbst das, was innerhalb dieser Teilmenge der Phantastik geleistet wurde, vermögen wir nicht mehr zu überblicken, doch da es um den Hintergrund geht, von dem *Pallas* sich abhebt, müssen wir uns kurz darüber äußern. Aus der Unmenge von Werken der SF lassen sich einige Verallgemeinerungen ableiten, die von den Autoren insgesamt anerkannt werden. Die erste besagt, daß sämtliche Zivilisationen des Kosmos einander strukturell sehr ähnlich sind: Ihre Unterschiede haben einen äußerlichen, gewissermaßen ornamentalen Charakter. Mag sein, daß wir den Mechanismus der Erfindungen und Geheimwaffen einer anderen Kultur nicht verstehen, aber es ist nicht möglich, daß wir sie als solche nicht verstehen. Diesen Verallgemeinerungen zufolge ist die Kultur ein Instrument der Anpassung an den Kosmos, also so etwas wie eine auf eine ganz bestimmte Weise eingestellte Maschine (sie kann auf aggressive Expansion oder auf friedliche Kooperation oder auf das Überleben in der Isolation eingestellt sein). Was innerhalb der SF variabel ist, sind die äußeren Erscheinungsformen kultureller *Elemente*, ist die Biologie der vernunftbegabten Wesen, sind die friedlichen oder militärischen Zwecken dienenden »Gerätschaften«, aber was ihre *Gesamterscheinung* betrifft, sind alle Kulturen des Kosmos praktisch miteinander identisch. Wenn Kulturen nicht instrumentelle Werte besitzen, so ist das, wie die SF behauptet, eine Folge von Unwissenheit oder instrumenteller Unreife (es werden »Wilde auf anderen Planeten« vorgeführt, die selbstverständlich empirisch falschen Glaubensvorstellungen huldigen). Je höher eine Zivilisation, um so stärker ist sie auf ihre »Gerätschaften« reduziert; alles, was an philosophischen, ideologischen und axiologischen Inhalten über den instrumentellen Kern hinausgeht, läßt sich in zwei Worte fassen, z.B.: »Besiegen und Einnehmen!« oder: »Alles zerstören, was nur zerstört werden kann!« oder auch: »Die Unterentwickelten wissenschaftlich beglücken!«, je nachdem, ob der Roman eher der »hellen« oder »düsteren« Gattung angehört. Man kann daraus folgern, daß es jeder Intelligenz ohne weiteres möglich ist, sich mit jeder anderen zu verständigen, und daß es bei allen Mißverständnissen allenfalls darum geht, wer wen frißt oder verhätschelt. Diese Verallgemeinerungen klingen natürlich »verflachend« oder geradezu idiotisch (wenn die SF beispielsweise schildert, daß der Kosmos erfüllt ist vom Kampf imperialistischer Föderationen oder stellarer Alleinherrscher), doch handelt es sich um Verallgemeinerungen, die nicht ausgesprochen werden, sondern nur implizit in der Struktur der beschriebenen sensationellen Vorgänge enthalten sind. Wenn man aber eine unverständliche Zivilisation zur Erde vordringen läßt, geht es nicht darum, wie diese Zivilisation an sich beschaffen ist, sondern einzig um die Greueltaten, die sie auf der Erde begeht. Dieses Motiv geht übrigens zurück auf H.G. Wells, den »Vater« der Science Fiction, denn seine Marsbewohner wollen ganz offensichtlich nicht nur die Erde erobern, sondern auch deren Bewohner verzehren. Ein solches Erzählstereotyp, eine solche versteinerte Ausgabe des Pragmatismus mit Hilfe anderer verknöcherter Stereotype bekämpfen zu wollen, wäre vergeblich; die Situation verlangt offenbar, daß wir alles Apriorische verwerfen und von der prädeterminierten »Teleologie« übergehen zu einer – wie ich sie hier genannt habe – deduktiven Arbeitsweise. Mit dieser Deduktion wird eine sowohl polemische als auch kompromittierende Absicht verfolgt. Man kann die von den Autoren im allgemeinen benutzten Ausgangsbedingungen ruhigen Gewissens fertig übernehmen, muß aber ein gewissermaßen antiteleologisches Denken auf sie anwenden. Es gilt, aus der Anfangssituation exakte, ja sogar pedantische Schlußfolgerungen zu ziehen und daran die folgenden Ereignisse festzumachen, also die Teleologie mit ihrer Prädetermination auszutauschen gegen eine probabilistische Kausalität. Auf diese Weise wird die Starre der beinahe mythischen Struktur der Schemata durchbrochen und auf ihren Trümmern ein Gebäude errichtet, das methodologisch ganz den Konstruktionen der Empirie entspricht.

Aufgrund solcher Überlegungen verstand ich, warum Capoulet-Junac den Anfang seiner düsteren Erzählung so sehr den typischen »Kosmosabenteuern« angeglichen hat und warum der ganze Rest seines Romans sich so sehr dem an der Lektüre von »Kosmosabenteuern« geschulten Zugriff des Lesers entzieht. Der Franzose hat sich eine wegen ihrer spöttischen Ironie recht amüsante Aufgabe gestellt: Er hat das »monströse« Motiv der Science Fiction *ernst* nehmen wollen, so ernst, wie es im Rahmen einer »kausalen« und »empirischen« Methode überhaupt möglich war. Er hat darüber hinaus angenommen, daß es nicht zu einer Verständigung zwischen den Menschen und den Palladinern kommen werde, wofür durchaus Gründe verantwortlich sein können, die man nicht ohne weiteres erkennt, weil sie in der Kultur liegen und nicht in dem für kindliche Gemüter angsterregenden Äußeren der Ungeheuer.

In den Stereotypen der SF ist der Mensch, der auf seiner Sternenreise den »Anderen« begegnet, gewöhnlich ein Wiederaufguß der heroischen und romantischen Version des prometheischen Menschen, der selbst in seinen Niederlagen siegreich bleibt. Es bestand deshalb die Gefahr, in das Gegenteil zu verfallen und den Menschen darzustellen als einen glücklosen »Jammerlappen des Kosmos« – in Panoramabildern, die den traurigen Abstieg einer Menge nackter, schmutziger, bärtiger Individuen zeigen, die, auf Pallas als Stubenhunde dienend, verstohlen und hastig in dunklen Winkeln bald miteinander abrechnen, bald miteinander kopulieren, bar aller nicht-instinkthaften Gefühle, weil anscheinend keine menschlichen Werte mehr geblieben sind in einer Lage, die sich mit der »gesellschaftlichen Stellung« eines Pinschers oder Pekinesen vergleichen läßt.

Tatsächlich hat der Schriftsteller seinen Menschen auf dem Planeten Pallas nichts erspart, aber dennoch ist es nicht dazu gekommen, daß sie auf die »nackte Biologie« reduziert wurden; die Kultur, als Ganze sicherlich zerstört, hat sich dennoch in potentiellen Trieben bewahrt, die immer wieder von neuem aufkeimen (der Autor bemüht sich, das bezeichnenderweise an den Versammlungen der auf Pallas geborenen Jugend zu verdeutlichen, die sich zwar durch ein Volapük verständigt, in dem alle Sprachen der Erde zusammengeflossen sind, die aber auch Theater spielt, Gedichte rezitiert, Tanzdarbietungen gibt und die auftretenden Schauspieler abwechselnd Palladiner und Menschen spielen läßt usw.). Es ist ungemein wichtig, daß diese Kultur nicht als ein Instrument erscheint, in dem sich eine aktive, revoltierende oder kämpferische Haltung des Menschen gegenüber der Welt realisiert, sondern als ein völlig autonomer Wert oder auch einfach nur als ein Zustand, den der Mensch von sich aus nicht abzustreifen vermag und dessen Keime ihm auch durch nichts – bis hin zur physischen Vernichtung – entrissen werden können. Aus dieser Sicht erscheint die Kultur nicht nur als ein Instrument der Anpassung, sondern als eine Eigenschaft der Natur des Menschen, eine Eigenschaft, die mit ihm gleichsam völlig identisch ist, diffus in ihm verwurzelt ist, denn sie soll nicht eine eindeutige Quelle haben, etwa allein im Verstand oder allein im Gefühl; sobald Menschen zusammenkommen und sich miteinander zu verständigen beginnen, verwirklicht sich damit schon Kultur zwischen ihnen, und seien es auch nur klägliche Reste, verglichen mit der früheren Herrlichkeit.

Diese Deutung des Romans bezeichnete ich bei mir als »maximal erschwerten Optimismus«, dessen Adressat natürlich der Mensch war. Die neuerliche Lektüre ließ mich jedoch in dieser Ansicht schwankend werden; besonders der spöttische Schluß wollte nicht zur Konzeption des »schwierigen Optimismus« passen. Auf alle Fälle habe ich mich bei der erneuten Lektüre von *Pallas* nicht wie ein Zug verhalten, der immer wieder entgleist, weil er nicht den Schienen folgen will.

Meine Zweifel an dem Buch, die es mir erschwert, wenn nicht gar verwehrt haben, es optimal zu rezipieren, beruhen auf Motiven psychologischer, semantischer und moralischer Natur. Ihre Bewertung ist jedoch für uns unerheblich. Wenn jemand die Gründe prüft, mit denen irgend etwas bewiesen werden soll – sei es der semantische Status eines literarischen Werkes, sei es der erkenntnistheoretische Status einer wissenschaftlichen Theorie –, so kann das aus erhabenen oder auch aus niedrigen Beweggründen geschehen (der eine Kritiker möchte die Wahrheit enthüllen, der andere handelt z.B. aus Neid); da aber beide Beweggründe darauf hinauslaufen, daß man sich mit dem Objekt, das vor Gericht geladen wurde, genauer befaßt, ist es das Ergebnis, das über die Eignung der Untersuchungsmethode entscheidet, und sind es nicht die Motive, die die Untersuchung auslösten. So mühsam das auch sein mag, wollen wir versuchen, vor allem den Bereich der semantischen Operationen der Rezeption zu zeigen, wobei es nicht möglich sein wird, den psychologischen Aspekt während des Vollzugs dieser Operationen gänzlich auszuschließen, doch wenn die Arbeit, aus den Bedeutungen ein bedeutungsvolles Ganzes zu konstruieren, sich ihrem

Ende nähert, wird es möglich sein, den psychologischen Hintergrund auszuschalten. Psychische Akte sind ja gewissermaßen die Baumeister des Gebäudes aus zusammengeschweißten Bedeutungen, dessen Architektonik nicht psychologischer, sondern semantischer Natur ist.

Pallas oder der Kummer machte auf mich schon den Eindruck eines Unternehmens, das aus dem Geist des Widerspruchs gegen die »anthropologisierende« Science Fiction erwachsen war. Der Autor hat die in diesem Literaturbereich geltenden Ausgangsbedingungen akzeptiert, um von ihnen ausgehend zu beweisen, daß alles, was dort bisher geleistet wurde, eine einzige Verfälschung der realen Problematik ist. Wirksamer als durch die Kritik an schlechten Konstruktionen führt man in der Literatur den Beweis für gewöhnlich durch eine gute Konstruktion.

Nun zur Rekapitulation meiner bisherigen Leseerfahrungen.

Anfangs hielt ich die durch das Thema gegebene Ankündigung für gute, und das heißt hier, für abgegriffene Münze, und zugleich sah ich, daß die Erzählung nicht zu jenem Stereotyp paßt, in das ich sie hineinzupressen versuchte, und für die Langeweile, die mir das Buch bereitete, bestrafte ich es damit, daß ich es unsorgfältig und flüchtig las. (Das Motiv war also psychologischer, die daraus folgende Desintegration aber schon semantischer Natur.) Denn wenn wir, wie gesagt, einen Clown erwarten, und es kommt ein Philosoph, halten wir ihn zunächst für einen schlechten Clown. Von dieser einseitigen Abweichung bin ich nicht sogleich zur entgegengesetzten übergewechselt. Jene Textteile, die von dem Elend handelten und daher nicht genau, aber, wie ich fand, irgendwie doch zum Stereotyp paßten, interpretierte ich als zur Sache gehörig, während ich andere, die nicht in das Schema hineinpassen wollten, ganz einfach als isolierte Einsprengsel sah (oder sie gewöhnlich überging). Mir ging es wie einem, der aus Klötzchen ein bestimmtes Gesamtbild legen soll, aber am Ende immer eine Menge Klötzchen übrig hat, die nirgendwo hinpassen und daher gewissermaßen überflüssig sind. Zugleich begann das, was ich von den lockeren Fragmenten erfaßte, einen immer stärkeren Abscheu in mir hervorzurufen, den ich mir nur so erklären kann, daß ich mich wie jemand verhielt, der bei einer ärztlichen Untersuchung zugegen ist und in der Tatsache, daß der Patient sich schließlich vorher ausziehen muß, etwas Unanständiges sieht, weil er meint, es handle sich um Exhibitionismus. Für die Literatur gilt sicherlich, daß der Zweck moralisch und ästhetisch die Mittel des Ausdrucks heiligt, doch da ich den Zweck nicht sah, nahm ich die Aussage der Mittel für etwas Autonomes. Dennoch lief das Herumwühlen des Verfassers in ekelerregenden Einzelheiten wider Erwarten nicht auf etwas Makabres oder Pornographisches hinaus; meine Desorientierung nahm noch zu, weil ich dem Text einen gleichsam verdoppelten Widerstand entgegensetzte – nicht nur auf der Ebene der Integration der Bedeutungen, sondern auch auf der Ebene des emotionalen Gleichklangs. Bei dem Teil, der im Lager handelt, glaubte ich, ich hätte mit dem Konstruktionsprinzip, das ich als »anthrophologisches Protokoll« bezeichnete, den Schlüssel erfaßt, und konstruierte mir ein größeres Fragment, das sich aber immer noch auf der aufsteigenden Linie und nicht auf dem Höhepunkt der Erzählung befand, doch glaubte ich gerade, daß dies schon der Höhepunkt sei. Als mich dann schließlich die Hoffnung verließ, ein Eingreifen des Stereotyps werde alles »in Ordnung bringen« und beispielsweise die Menschen über die Palladiner siegen lassen, fühlte ich mich regelrecht betrogen, denn ich mochte mich nicht mit der Möglichkeit abfinden, daß ich mich durch Herstellen falscher Bezüge selbst beschwindelt hatte. Wann ich mich der Aussage des Buches gefügt habe, wann also die kumulative Wirkung der inhaltlichen Elemente meine Vorurteile überwand, kann ich nicht sagen, weil ich es nicht weiß.

Es handelt sich hier um einen Prozeß, der gleichzeitig kontinuierlich und dennoch diskontinuierlich verläuft, denn die Aussage eines Werkes besteht in der Stochastik von Signalen, die wiederholt auf die Richtung hinweisen, in der die Bedeutung zu suchen ist; dabei ist es allerdings möglich, daß man die in diesen Signalen enthaltene Information nicht aufnimmt oder verfälscht, doch bleibt man dann mit leeren Händen oder vielmehr mit leerem Kopf zurück. Die Veränderung meiner Leserhaltung hatte etwas von einer Schwingung:

In dem Maße, wie die Sicherheit meines negativen Urteils ins Wanken kam, nahmen meine Zweifel, die sich jetzt nicht mehr gegen den Text, sondern gegen mich, d.h. gegen meine Haltung gegenüber dem Text richteten, zu. Es handelte sich um eine gedämpfte Schwingung, denn am Ende war meine Unschlüssigkeit geschwunden, aber zugleich hatte sich meine Haltung, mein Standpunkt verändert. Nachträglich ging mir die Bedeutung von Szenen auf, die ich bei der Lektüre nicht hinreichend gewürdigt hatte; jetzt bewiesen diese Bedeutungsgehalte, wie haftfähig sie waren, was gewissermaßen nur dadurch möglich wurde, daß mein aktiver Widerstand gegen *diesen Typ* der Integration nachließ. Anscheinend hat eine gewisse Bewunderung, die ich bei der »Romanze des Erzählers mit der Palladinerin« empfand, den Ausschlag gegeben, denn ich mußte ganz einfach die psychologische Perfektion anerkennen, mit der dieses Erlebnis beschrieben wird. Die Befriedigung, die man beim Lesen eines unkonventionellen Textes erfährt, der einen starken (allerdings nur vorübergehenden) Widerstand auslöst, diese Befriedigung beruht vermutlich auf einer Bewunderung, die zwei Elemente enthält: Während man das Werk bewundert, bewundert man zugleich sich selbst, weil man es so gut verstanden hat. Mit diesem Verstehen ist übrigens die semantische Gestalt des Ganzen noch nicht eindeutig festgelegt. Der Punkt, an dem man seine ersten kritischen Urteile festmacht, gibt der weiteren Tätigkeit schon eine gewisse Perspektive, die gegenüber den baulichen Eigenheiten des Textes nicht neutral ist. Ein Werk, das nicht dem Stereotyp entspricht, verhält sich immer ein wenig wie ein Berg. Die verschiedenen Bilder, die man aus unterschiedlicher Entfernung und Höhe des Beobachtungsstandpunktes gewinnt, bilden zusammen zwar eine Menge von stereometrischen Projektionen ein und desselben Objekts, doch da es nicht möglich ist, alle Elemente dieser Menge auf einmal zu erfassen, vermag man sie erst zu einem Ganzen zu integrieren, nachdem man sich wiederholt mit ihnen vertraut gemacht hat. Bei der Lektüre ist der Beobachtungsstandpunkt natürlich kein optischer, sondern ein semantischer, und so ist auch die Gesamtstruktur der Bedeutungen eines Werkes, die vom Gedächtnis bewahrt wird, eine nichtvisuelle.

Als ich versuchte, die »Aufgabe« zu rekonstruieren, die der Autor sich gestellt hatte, betrieb ich eine Kritik, die in genetischer Hinsicht über das Werk hinausging, und als ich für den Text nach dem »Integrationspunkt« innerhalb des Raumes der anthropologischen Erkenntnisse suchte, vollzog ich eine synchronische Transzendenz; dieses Vorgehen trat an die Stelle von »immanenten« Urteilen und Bewertungen, als ich überlegte, ob der »Lager«teil der optimale Vorgänger des »domestizierten« Teils ist. Das alles vollzog sich während der Lektüre ungetrennt, wenn auch sicherlich nicht gleichzeitig; ging es also um die Unterscheidung zwischen einer immanenten Kritik und einer solchen, die das Werk transzendiert, so müßte ich sagen, daß der Unterschied lediglich in der Dichte von »Symptomen der Überschreitung« beziehungsweise der »Nichtüberschreitung« liegt, also wiederum nur ein statistischer und wahrscheinlichkeitstheoretischer Unterschied ist.

Aus dem Protokoll meiner Lektüre ersieht man deutlich deren stochastischen Charakter. Ich wandte die Methode von Versuch und Irrtum an, wobei ich freilich nicht alle falschen Hypothesen (namentlich die Antizipationen) nach ihrer »Widerlegung« durch den weiteren Gang der Erzählung auslöschen konnte. Die Signale, die während der Lektüre von dem Text ausgingen, lenkten teils auf die »Integration« hin, teils korrigierten sie diese. Auch als ich schon wußte, daß von dem »Stereotyp des Abenteuers mit Tintenfischen« keine Rede sein kann, gingen mir Überreste der daher rührenden Einstellung nicht aus dem Kopf und sorgten dafür, daß ich gegen den Roman einen gewissen hartnäckigen Groll empfand, weil er nicht so war, wie er »sein sollte«. Gerade wegen dieser Trägheit des Denkens habe ich mich bis zum Schluß nicht mit dem Buch versöhnt – zumindest während der ersten Lektüre. Als ich auf die Bezeichnung »antrophologisches Protokoll« verfiel, war das sicherlich eine »semantische Weichenstellung«, die aber nicht gleichbedeutend war mit einer Abänderung sämtlicher Annahmen. Schließlich trifft man seine Zuordnungsentscheidung während des Lesens ja nicht in einem einzigen Schritt. Die Lektüre erinnert eher an eine Kette von Einzelentscheidungen, die jeweils etwas Unsicheres haben; während man mit gleichbleibendem Tempo weiterliest, schweifen die Gedanken, von einer Vermutung geleitet, zurück und knüpfen an bereits zurückliegende Fragmente an, fassen bis dahin unverbundene Elemente zusammen und richten sich zugleich antizipierend nach vorne. Gewöhnlich handelt es sich ja um eine »Hypothese« bezüglich der einzuschlagenden Richtung, die vom weiteren Text bestätigt oder widerlegt wird – nicht streng, nicht sofort und nicht immer eindeutig. Die Amplituden der Schwankung entsprechen der Schwierigkeit des Textes.

Über meine erste Konkretisation von *Pallas* muß ich sagen, daß sie sich durch ein starkes Beharren im Irrtum auszeichnete. Alles fing mit einer apriorischen Einstellung an. Daß sie falsch war, wurde mir nicht so leicht klar, und selbst als ich den Irrtum schon eingesehen hatte, hielt ich dennoch wider besseres Wissen starr an schablonenhaften Richtlinien fest, weil es nicht möglich ist, vollkommen passiv, ohne irgendeine Einstellung einen Text zu lesen, ich also »irgend etwas« im Sinne eines Wegweisers der Bedeutungsgehalte benötigte, aber über nichts anderes verfügte als eben die Schablonen. Wenn beim Rezipienten kein Widerstand entsteht – angeblich ein Zeichen dafür, daß er keine konkrete Einstellung besitzt –, so rührt das daher, daß unbewußt zwischen der Einstellung und dem Text Übereinstimmung hergestellt wurde, aufgrund dessen, daß das Stereotyp, daß der Text verkörpert, mit dem Stereotyp, dessen der Rezipient sich bedient, identisch ist. Die falschen Erwartungen stellen ein sehr ernstes, ja geradezu entscheidendes Problem dar. Als ich beispielsweise beim Lesen auf Fragmente stieß, die nicht so, wie ich es erwartet hätte, in den Rahmen eines »kosmischen Abenteuers« hineinpaßten, entstand bei mir der Eindruck von Manieriertheit und Inkohärenz, oder ich empfand es als eine ebenso geschmack- wie sinnlose, d.h. ungerechtfertigte Schrulle, oder, physikalisch ausgedrückt, es kam mir so vor, als stelle der Text unter dem falschen integrierenden Zugriff eine zufällige Verknüpfung von Ereignissen dar! Von den Mißverständnissen der Rezipienten, aufgrund derer Texte als »sonderbar« oder »ekelhaft« eingestuft werden (Kafkas »Verwandlung«!) – und zwar Texte, die das »an sich« oder bei einer angemesseneren Strategie durchaus nicht sind –, wird noch gesondert die Rede sein.

Als es mir schließlich gelang, den Roman verstehend zu integrieren, verwandelte sich in dem Maße, wie aus den isolierten Teilen Glieder eines Prozesses wurden, der negative Ausschlag der Rezeption allmählich in einen positiven. Daß der Text anfangs willfährig dem Muster der Science Fiction gefolgt war, verstand ich nun als eine polemische Herausforderung. Hatte ich den »Lager«teil vorher als unnötig empfunden, so erkannte ich nun, daß er eine erste Erkundung jenes Menschenmaterials darstellt, das im dritten Teil – dem eigentlichen experimentum crucis – grausamen Prüfungen seiner Belastbarkeit unterzogen werden soll. Ich verstand jetzt, warum der Autor sich gegenüber den Personen seines Romans so mitleidlos verhielt, warum er ihnen weder die Dinge ließ, die man für die elementaren leiblichen Bedürfnisse benötigt, noch irgendeine Hoffnung auf eine Änderung des Schicksals. Die Entfremdung sollte total sein, der Druck auf die Menschen so stark wie möglich. Indem das Werk die primitive Konzeption des Menschen, wie sie für die Science Fiction typisch ist, durchkreuzt, läßt es, vom Spott zum Ernst übergehend, den Bereich der Polemik hinter sich. Erscheinungen, die vorher Widerspruch oder Abscheu erregt hatten, wirkten nun nicht mehr derart schockierend, weil sie sich als notwendige Schritte eines ganzheitlichen Prozesses darstellten, innerhalb dessen sie das Abstoßende verloren: In der gleichen Weise setzt sich bei dem Forscher, der eine Leiche seziert, gegen den natürlichen, rein instinktiven Ekelreflex das Erkenntnisinteresse durch. Das deprimierende Vorgehen des Autors wurde im Hinblick auf die unausgesprochen bleibende allgemeine Aussage des Werkes verständlich, stellte es doch – mit künstlerischen, nicht mit diskursiven Mitteln – ein konstitutives Element der Vision des Autors vom Menschen dar. Diese Vision war nicht so leicht zu akzeptieren, nicht so sehr wegen ihres Inhalts als vielmehr wegen des Umstands, daß sie der Gesellschaft, aus der sie hervorging, eine blutende Wunde zufügte. Dabei war diese Vision eine durch und durch humanistische, nicht eine technokratische. Man durfte sich nur nicht den »düsteren« Suggestionen der vordergründig geschilderten Ereignisse überlassen, sondern mußte dahinter die Sinngehalte erkennen, die dann nicht mehr grausam wirkten. Nach pragmatischen oder technokratischen Begriffen ist ja eine Gesellschaft, die aller Instrumentalismen beraubt ist, ein halblebendiger, hirnloser und auf animalische Zuckungen reduzierter Leichnam; wenn die Kultur untergeht und zu nichts Praktischem mehr zu gebrauchen ist, wenn sie als Instrument weder Hilfe noch Rettung zu bringen vermag, hört sie damit nach dem Verständnis des technischen Pragmatismus überhaupt zu existieren auf, und mit ihr sind alle menschlichen Werte zum Tode verurteilt. Die in der »palladischen« Erfahrung stekkende Erkenntnis verdeutlicht dagegen den Sinn einer Kultur, die diesen schrecklichen Eingriff zu überleben vermag; sie erweist sich als ein für das Kollektiv unschätzbares Bindemittel, denn sie verbreitet Werthaltungen, die sich innerhalb des Kollektivs dadurch ausbilden, daß die das Kollektiv *bestimmenden* Zustände – und seien es auch Zustände der Katastrophe, der ohnmächtigen Verzweiflung und der verlorenen Hoffnung – mitgeteilt werden. Dieser expressive Wert der Kultur vergeht nicht, auch wenn jener Wert der Kultur, der meßbaren Nutzen (etwa im Sinne von Produktionszahlen oder im Sinne der Befriedigung von Lebensbedürfnissen) bringt, verlorengeht. Die Kultur erweist sich dann als eine Form der Vermittlung von Inhalten, die gerade dank der Tatsache, daß sie vermittelbar, d.h. verallgemeinerbar sind, die soziale Gruppe vor totaler Lähmung bewahren. Dies ist dann zwar eine Kultur von geknechteten Wesen, aber doch kein Nichts, keine Wüste, wie sie nach der Vernichtung des instrumentellen Kerns der Zivilisation scheinbar unausweichlich ist. Es ist, wenn auch gewiß nicht in hohem Maße, aber doch ermutigend, daß man die Kultur nur zusammen mit der Biologie des Menschen vernichten kann, daß sie selbst dann, wenn sie – als Schwert des Eroberers oder Maschine des Produzenten – zu nichts mehr zu gebrauchen ist, dennoch ein Wert bleibt, der das menschliche Dasein durch einen Informationskreislauf aufrechterhält, welcher die Existenz mit axiologischen Gradienten sättigt und dadurch zu einem Schutzschild der Menschheit und zu einem Garanten ihrer Fortdauer über die Generationen hinweg wird.

Dieser doch sehr höhnische Schluß des Buches stieß allerdings den Helden in die Verzweiflung, und als ich von diesem Schluß her zurückblickte, trübte sich der Ernst des anthropologischen Experiments, und in den Vordergrund traten die Züge einer Groteske, eines Romans über den »Menschen, der auf den Hund kam«. Ich sah deutlich, daß das Buch auch eine andere Interpretation zuläßt, die mir allerdings weniger gefiel; dennoch schien sie neben der »ernsten« Bedeutung gleichermaßen durch den Text legitimiert zu sein. Ich habe diese verschiedenen Deutungsvarianten zu verknüpfen versucht, aber ohne Erfolg, denn sobald das spöttische Element auch nur zu Wort kam, veränderten sich fast alle Perspektiven, und der Schluß bestimmte dann die Sinngehalte des Ganzen derart maßgebend, daß sie ins Spöttische gerieten. Vielleicht, dachte ich, hat der Autor die Geschichte deshalb so enden lassen, weil das ein formal geschickter Kunstgriff war, der, auf Überraschung zielend, die Prüfung der Lektüre zweifellos bestanden hat. Der Schluß eines Textes stellt jedoch eine besonders exponierte Stelle dar, und wenn ich ihm das Gewicht beimaß, daß ihm schließlich gebührt, dann verwischte sich die Aussage des Werkes, weil es nicht mehr möglich war, die Grenze zwischen Spott und Ernst zu ziehen. Man mußte sich für das eine oder andere entscheiden, und ich entschied mich schließlich für die Version des »ernsten Experiments«, bei der die Polemik mit den Mustern der Science Fiction in den Hintergrund tritt, wobei mir aber klar war, daß man sich auch anders entscheiden kann.

Ich hätte es lieber gesehen, wenn diese Variante sozusagen »empirisch stichhaltig« gewesen wäre; nachdem ich mich aber auf sie festgelegt hatte, häuften sich bei mir die Deutungsmöglichkeiten und ließen das Werk im Universum der Bedeutungen immer höher steigen, bis ich – man soll ja ehrlich sein – am Ende unruhig wurde. Während es sich doch nur um ein unbekanntes Buch eines unbekannten Autors handelte, das als Taschenbuchausgabe in einer Science Fiction-Reihe erschienen und noch nicht einmal mit Zitaten aus lobreichen Rezensionen geschmückt war, das überdies natürlich von einem ausländischen Verlag abgelehnt worden war, wuchs es sich in meiner Vorstellung fast schon zu einer anthropologisch gefaßten Kulturphilosophie aus, zu einer Polemik gegen den technokratischen Pragmatismus und Utilitarismus (der ja als ideologische Einstellung weit verbreiteter ist als die Science Fiction), sah ich mich in dem Spiel mit »Essenz« und »Existenz« an Camus gemahnt, dachte ich sogar schon an Dostojewski – in diesem Bereich suchte ich nach Maßstäben für das Buch! Wie ein Bergsteiger, der gewahr wird, daß er sich unvorsichtigerweise in eine allzu halsbrecherische Höhe vorgewagt hat, und hastig nach einem Abstieg Ausschau hält, begann ich in dieser »maximalen« Phase der positiven Schwingung nach einer Möglichkeit zu suchen, meine derart apologetisch hochgeschraubten Urteile herabzusetzen.

Es kam aber auch weiterhin zu Schwingungen vor allem im Bereich der Wertentscheidungen, weil ich, auch wenn ich es wollte, die Bedeutungsgehalte, nachdem sie einmal zu einem Ganzen verschmolzen waren, nicht mehr isoliert betrachten konnte. So ging ich also aus einem Zustand des anfänglichen Chaos, des Nichtverstehens und der Mißbilligung über in einen Zustand der kohärenten Ordnung, die ich guthieß, und damit kam das auf die *Integration* des Textes gerichtete Denken zur Ruhe. Der Aufbau war nämlich in seinen beiden möglichen Varianten – einer »durch die Groteske überwältigten Science Fiction« oder einer »Science Fiction, die kognitiv nicht-grotesken Zielen dient« – abgeschlossen. Gegenüber diesen beiden, potentiell unter semantischem Aspekt gleichermaßen legitimen Konstruktionen erschien die Frage der Beurteilung nun als eine gleichsam äußerliche. Damit können wir die protokollarische Aufzeichnung einer Konkretisation eines literarischen Werkes vorläufig abschließen.

Konkretisation und Bewertung

Befassen wir uns nun zunächst abstrakt und danach anhand eines Beispiels mit einem typisch metakritischen Problem. Der kritische Prozeß ergibt Bewertungen, denen natürlich eine den Text verstehende Lektüre vorausgegangen sein muß. Es stimmt nicht ganz, daß man, wie behauptet wird, kritisieren könne, ohne zu bewerten. Sowohl eine »immanente« als auch eine das Werk »transzendierende« Kritik enthält eine gewisse Bewertung – schon als bloßer Konstruktionstest. Es handelt sich um die wenn nicht explizit ausgesprochene, so doch zumindest mutmaßliche, im allgemeinen aber an Eindeutigkeit grenzende Bewertung, wie sie in der physikalischen Vorhersage enthalten ist: »Dieses Haus ist so gebaut, daß es gleich einstürzen wird.« Genaugenommen enthält diese Vorhersage keine Bewertung, doch impliziert sie eine für eine entsprechende Situation. Für einen künftigen Bewohner des Hauses besteht die Implikation in einer negativen Bewertung, für einen Polen dagegen, der während der Besatzungszeit Gestapoleute in das Haus eindringen sieht, ist das Resultat der Implikation ganz sicher eine positive Bewertung (im ersten Fall wird der Mensch also denken: »Das ist schlecht«, im zweiten: »Das ist gut, daß das Haus gleich einstürzt«). Eine bloße Konstruktionsuntersuchung impliziert also schon Bewertungen, die vom Ablauf des Baugeschehens abhängig sind. Jedes literarische Werk stellt ja zwangsläufig eine semantische Konstruktion dar, und wenn wir beim Lesen nicht eine Spur davon bemerken, wird das Fiasko der »semantischen Architektur« gleichbedeutend mit einer negativen Bewertung des Werkes.

Wenn uns nun eine fertige Konstruktion vorliegt, ist eine prinzipiell unimodale Streuung ihrer Bewertungen möglich. Ein Architekt wird schließlich nicht behaupten, eine Kirche sei schlecht konstruiert, weil man in ihr (ihrem Schiff) nicht auf dem Wasser schwimmen kann. Während aber in der Architektur das Objekt der Bewertung bereits gegeben ist und gewissermaßen nur noch auf das Urteil wartet, sind die Wertungsvorgänge in der Literatur mit mindestens zwei operativen Schritten verflochten, denn der Rezipient muß zunächst einmal die Elemente des Textes zu einer Ganzheit zusammenfügen, und erst danach kann er diese Ganzheit »mit dem geistigen Auge« betrachten und bewerten. In der Praxis überlagern sich diese beiden prozessualen Schritte natürlich, wie das »Protokoll einer Rezeption« gezeigt hat, denn teilweise bewerten wir schon »unterwegs«, also während der Lektüre (im Zuge der »Bauarbeiten«). Das Ergebnis dieser Arbeiten braucht aber durchaus nicht bei allen Lesern eines Textes identisch zu sein. Das Problem, das wir hier metakritisch erörtern, lautet daher: Der Prozeß der integrierenden Organisation ist zwar mit dem Prozeß der integralen Bewertung korreliert, doch heißt das nicht, daß man sie miteinander gleichsetzen dürfte.

Ein gegebener Text verleiht unterschiedlichen Strategien der Integration seiner Elemente nicht die gleiche Wahrscheinlichkeit und damit auch nicht die gleiche Berechtigung. Bei unterschiedlichen Strategien werden unterschiedliche Bedeutungskonstruktionen herauskommen; so kann es sein, daß *Pallas oder der Kummer* nach der einen Strategie eine Geschichte vom »kosmischen Herunterkommen des Menschen auf den Hund«, ein Hohn auf die Eschatologie der Science Fiction, eine Groteske ist, die den Mythos von »Kontakt mit anderen Intelligenzen« ad absurdum führt, nach einer anderen Strategie dagegen ein modellhaftes Experiment, das die Vorstellung des Autors vom Menschen und von der Kultur vollkommen ernsthaft erläutert. Da wir nun je nach den angenommenen Bauprinzipien *zwei* voneinander relativ unabhängige Konstruktionen haben, implizieren sie mindestens *vier* Bewertungen (jede der Konkretisationen eine entweder positive oder negative Gesamtbewertung). Diese buchhalterische Auflistung stellt natürlich eine absichtliche Vereinfachung dar, an der wir das Problem verdeutlichen. Die Konstruktionen, die aufgrund des von uns gewählten semantischen Schlüssels entstehen, enthalten an sich keinerlei Merkmale, die vollständig, gleichsam automatisch ihre qualitative Bewertung determinieren würden. *Pallas oder der Kummer* kann ja – verstanden als bildliche Verbalisierung der Redensart vom »Menschen, der auf den Hund kommt« – beim Rezipienten ebensogut eine positive wie eine negative Bewertung erfahren. Wenn der Rezipient jedoch erklärt, dieser Roman sei gar keine Groteske, die einen bildlich zu verstehenden Ausdruck wortwörtlich nimmt, so bedeutet das lediglich, daß er die Elemente des Textes auf Grund winziger, aufeinanderfolgender Interpretationsschritte auf eine andere Weise verknüpft hat, eben nach dem Prinzip des »ernsthaften anthropologischen Experiments«. Eine Auseinandersetzung mit diesem Leser muß denn auch fruchtlos bleiben, falls nicht von vornherein das Thema der Auseinandersetzung präzisiert wird, denn Entscheidungen bezüglich des *Konstruktionsprinzips* der Lektüre sind etwas anderes als *axiologische* Entscheidungen, welche die Bewertung der *erhaltenen Konstruktion* festlegen. Der durch die einzelnen Rezeptionsschritte gegebene prozessuale Verlauf kann bis zu einem bestimmten Punkt für die integrierenden und die bewertenden Operationen identisch sein – und ist es in der Regel auch (da man, während man beim Lesen die Bedeutungsgehalte organisiert, sie oft gleichzeitig schon bewertet). An einem bestimmten Punkt jedoch, der von Werk zu Werk verschieden ist, verzweigt sich dieser anfangs einheitliche Prozeß, weil von diesem Punkt an die ganze Skala der Unterschiede deutlich zu werden beginnt, die mit der vom Leser realisierten Konstruktionsvariante gegeben sind. Die ganzheitlichen Entscheidungen (ob es um eine »verspottete Phantastik« oder eine »dem anthropologischen Experiment dienende Phantastik« geht) fallen ja erst, wie wir am Beispiel gezeigt haben, in einem relativ fortgeschrittenen Stadium der Lektüre. Mit dem Ende der Lektüre bildet sich im Geist des Rezipienten eine ganzheitliche Konzeption, welche die Bedeutungsgehalte des Werkes in eine möglichst homogene Form bringt. Für einen bestimmten Leser hat das Werk, das er gerade gelesen hat, ähnlich wie ein Bauwerk der Architektur, eine ganz bestimmte, einzigartige Gestalt, die aber durch ihren Aufbau genau wie das architektonische Gebäude noch nicht die Bewertung festlegt, denn schließlich findet ein und dasselbe Bauwerk bei dem einen Anerkennung, bei dem anderen nicht.

Würden nun alle Kenner ein Werk in der Weise rezipieren, daß am Ende nur eine einzige Konstruktion bzw. eine in allen Fällen identische Menge von Konstruktionen entsteht (in unserem Beispiel bestand die Menge aus zwei Konkretisationen von *Pallas*), so würde sich die Streuung der Bewertungen nur aus der Uneinheitlichkeit der angewandten axiologischen Maßstäbe ergeben. Da aber schon der Aufbau des

Ganzen während der Lektüre nicht bei jedem Kenner in der gleichen Weise abläuft, weisen die Bewertungen zwangsläufig eine multimodale Streuung auf, zumal wenn es um neue Texte geht, für die es noch keine allgemein anerkannte regulative Integrationsnorm gibt.

Daß es für die *Konstruktion* der Semantik eines Textes Alternativen gibt, haben wir schon an *Pallas* gezeigt. Zeigen wir nun, daß ein und dieselben Aspekte eines Werkes auch alternativ bewertet werden können. Vorausgesetzt, der Roman sei eine Groteske, kann er auf den ersten Blick als gelungen erscheinen.

Die Science Fiction bildet sich ein, ihre Werke enthielten bereits alle Möglichkeiten – die »strahlenden« ebenso wie die »düsteren« –, auf die ein Zusammenstoß der irdischen mit einer kosmischen Kultur hinauslaufen kann. Insbesondere bildet sie sich ein, sie könne das gesamte Repertoire der Apokalypse voraussehen, die durch einen solchen Zusammenprall ausgelöst wird. Die entsetzlichen Situationen der Verderbnis, des Untergangs oder einer sonstigen Bedrängnis der Menschheit, die sie beschreibt, haben in Wirklichkeit jedoch einen gemeinsamen Nenner in der Überzeugung, daß die kulturschöpferische und die technologische Potenz des Menschen identisch seien. Wird dem Menschen die technische Zivilisation zertrümmert, dann kann er nur, wie die Science Fiction behauptet, entweder – auf eine malerische, tragische, also pathetische Weise – der totalen Vernichtung anheimfallen, oder er erliegt der völligen Verrohung, der Entmenschlichung – tertium non datur. Die »düstere« Science Fiction sorgt denn auch dafür, daß die von der Bühne des Planeten abtretende Menschheit Gelegenheit zu einer Pyrrhusgeste erhält bzw. dazu, die Haltung des »Pascalschen Rohres« anzunehmen, wobei der Abschied von der Technik *gleichbedeutend* ist mit dem Abschied von der Kultur; falls es jedoch nicht zur Errichtung eines solch stattlichen Grabdenkmals kommt, kann wiederum nichts anderes gezeigt werden als eine Hölle von übereinander herfallenden und einander hinschlachtenden Bestien, die aufgehört haben, Menschen zu sein.

Nun zeigt aber der Autor von *Pallas*, daß die erstgenannte

Spielart phantastischer Werke aufschneiderisch ist, während die letztere etwas Falsches behauptet. Er zerstört mit einem Schlage beide Schemata, sowohl das romantisch-eschatologische als auch das »bestialische«. Er zeigt nämlich, daß selbst dort, wo kein Platz ist für Heldentaten, für aufopferungsvolle Opfer, für bewaffnete Kämpfe, für Aufstände, die nur in der Selbstzerstörung enden können, aber noch im Untergang bestimmte Werte bekräftigen – daß selbst dort dennoch eine Menschlichkeit bewahrt bleibt, die auch dann, wenn für schöne Gesten kein Raum ist, durchaus nicht in »völlige Vertierung« zu entarten braucht. Dies ist eine bedeutsame Lehre: Auch in einer solchen Katastrophe bleibt der Wert des Menschen erhalten, aber er manifestiert sich dann nicht in heroischen Plänen, kühnen Entschlüssen und verzweiflungsvollen Taten, sondern auf eine sozusagen ebenso natürliche wie *unbewußte* und zugleich unvermeidliche Weise. Was hier ad absurdum geführt wird, ist jene abgenutzte Tradition, die immer schon das »Wesen des Menschen« in Verbindung mit einer heroischen und zugleich instrumentellen Funktion beschrieben hat; es wird gezeigt, daß der Mensch auch dann, wenn seine Technologie zertrümmert ist, ein Mensch bleibt und nicht zum Vieh wird, weil er die Fähigkeit behält, Werte zu schaffen.

Die Verspottung des Paradigmas der Science Fiction ist also nicht nur nicht nihilistisch, sondern sie enthüllt vielmehr, daß die Science Fiction selber nihilistisch ist, weil sie etwas dem Menschen Äußerliches zum kulturellen Garanten der Werte gemacht hat, nämlich die technische Zivilisation; dieser Stütze beraubt, wird der Mensch hinabgestoßen in einen Zustand tierischer Schande. Das ist die Aussage des Romans. Falls wir der Argumentation jedoch recht geben sollen, muß er sich durch vollkommene Kohärenz auszeichnen, und das heißt: Kohärenz muß nicht nur den menschlichen Reaktionen zukommen, sondern auch dem, was diese Reaktionen hervorruft. Die kosmischen Monstren müssen in ihrem Verhalten logisch kohärent sein. Zwar treten entsprechend den Bedingungen, welche diese Monstren schaffen, menschliche Eigenschaften zutage, doch ergibt sich zugleich – ob der Autor es will oder nicht – entsprechend den menschlichen Erkenntnismöglichkeiten aus dem Werk ein Bild der Palladiner. Einzelelemente dieses Bildes können wir nicht anfechten, denn wir betreiben hier ja schließlich keine ernsthafte galaktische Psychozoologie. Allerdings hat der Autor, so sehr es ihm auch freisteht, den Palladinern bestimmte Merkmale zu verleihen, nicht mehr dieselbe Freiheit, wenn es um weitere Merkmale geht, denn es ist möglich, daß aus der Festlegung der ersten Merkmale rein logisch die weiteren Merkmale folgen. Der Autor versteift sich freilich darauf, daß wir, wenn wir über die Ungeheuer so viel wissen, wie die sie beobachtenden Menschen in Erfahrung bringen können, auf ein zwangsläufig unzulängliches Wissen angewiesen sind.

Diese Wesen sind samt ihrer Kultur für die Menschen unfaßbar, unverständlich. Hier tut sich jedoch ein Dilemma auf. Der Autor verweist auf die großen Schwierigkeiten der Anthropologie bei dem Versuch, das Denken und Verhalten der frühen Kulturen der Erde zu entschlüsseln und zu verstehen. Wenn – so sein Kommentar – Menschen schon solche Schwierigkeiten haben, Menschen zu verstehen, wie läßt sich dann ein verständliches Bild von Wesen schaffen, deren Biologie von der menschlichen vollkommen verschieden ist? Diese Schlußfolgerung ist aber ungerechtfertigt: Aus der Nichtübersetzbarkeit der Kulturen folgt noch nicht, daß die Verständigungsbarriere vollkommen hermetisch sein muß. Der Autor war unachtsam, weil er über die Palladiner gleichzeitig zu viel und zu wenig gesagt hat. Für eine Groteske enthält *Pallas* allzu viele Informationen, weil die Palladiner sich verselbständigen – in einer sogar ziemlich komischen, wenngleich *unbeabsichtigten* Weise; dabei schwächt das, was unbeabsichtigt über sie deutlich wird, die Aussage dessen ab, was sich auf die menschlichen Reaktionen bezieht.

Wenn ich behaupte, er habe über sie allzuviel gesagt, so meine ich damit, daß er sie den Menschen bezüglich des physischen Aussehens unähnlich, aber bezüglich gewisser allgemeiner Funktionen und Verhaltensweisen ähnlich gemacht hat. Wie wir erfahren, handelt es sich beispielsweise um zweigechlechtliche Wesen, die in dauerhaften monogamen Beziehungen leben und Geburt und Tod kennen, diesen

Grenzphänomenen der Existenz aber auch besonderen Wert beimessen, ferner über eigenen Wohnraum verfügen, sich durch eine Sprache verständigen, obendrein noch eine solche, die für den Menschen so gut vernehmbar ist, daß er ihre Phrasen wie ein Papagei wiederholen kann. Soviel mitzuteilen ist schon sehr unvorsichtig. Wesen, die sich derart verhalten, müssen nämlich Individualitäten im personalen Sinne sein, und folglich müssen die Fürwörter »ich«, »du«, »er« und »sie« mitsamt den Zahlwörtern, Hauptwörtern und Zeitwörtern in ihrer Sprache eine wesentliche Stellung einnehmen. Es mag sein, daß das kulturell bestimmte Gesamtverhalten solcher Geschöpfe unverständlich bleibt, wenn man ihre kulturellen Normen nicht kennt, aber es ist unmöglich, daß jemand zwanzig Jahre lang mit ihnen unter einem Dach wohnt und nach hartnäckigen Übungen und Bemühungen nicht imstande sein soll, auch nur einem einzigen Laut ihrer Sprache eine Bedeutung zuzuordnen. Hier könnte jemand einwenden, meine Analyse sei ebenso pedantisch wie sinnlos, weil die Verständigungsbarriere vom Autor errichtet wurde aus Gründen, die zu den Konstruktionsvoraussetzungen des Romans gehören; das ist mir bekannt, nur darf die künstlerische Logik der Schöpfung nicht zu Widersprüchen im Bereich der Logik schlechthin führen. Zwischen der Nichtübersetzbarkeit der Kulturen und der Nichtübersetzbarkeit von sprachlichen Fragmenten ein Gleichheitszeichen zu setzen, ist falsch, wie wir erkennen, wenn wir uns bewußt machen, daß *Hunde* in einer wie auch immer rudimentären Weise die Bedeutung einzelner Wörter *unserer* Sprache verstehen können; warum sollte das, was Hunde im Verhältnis zum Menschen können, dem Menschen nicht im Verhältnis zu dem »Ungeheuer« möglich sein? Der Autor hat also die Logik der objektiven Merkmale, die innere Kohärenz der Elemente stillschweigend verletzt, weil er das nötig hatte; eine solche Willkür ist doch ein Anzeichen dafür, daß er bei der Arbeit falsch vorgegangen ist, daß er sich die Arbeit ungerechtfertigterweise leicht gemacht hat.

Aber das ist nicht alles. Allzuviel wurde auch insofern gesagt, als die Beschreibungen bedeutender Familienfeste gänzlich überflüssig sind. Das gilt für die »Beweinung« des

Hinscheidens eines Familienmitglieds und die in aller Deutlichkeit geschilderte Geburt, bei der das »Palladiner-Ei« auf merkwürdige Art den zu einer Wunde aufplatzenden Hinterleib des Weibchens durchschneidet. Solche feierlichen Zeremonien haben schließlich ihre eigenen, vermutlich höchst unerwünschten Konsequenzen. Es scheint, als habe der Autor nicht fleißig genug Anthropologie studiert. Schon bei der ersten Lektüre von *Pallas* hatte ich den merkwürdigen, geradezu belustigenden Eindruck, als seien mir die Gestalten des großen Palladiners und der kleinen Palladinerin – der »Herrschaften« des Erzählers – irgendwie gut bekannt. Ich bemerkte sogleich ihre Ähnlichkeit mit einem älteren französischen Ehepaar, mit etwas schrullig und zwanghaft gewordenen Provinzlern, die sich in ihrem Familienritual abgekapselt haben, mit irgendwelchen Kleinbürgern oder Rentnern, die sich gegenseitig gewisse Freiheitsräume zugestehen, deren Grenzen von beiden Seiten geachtet werden. Auch die Art, wie der Palladiner Muette für ihren zuchtlosen Umgang mit den hübschen »herrenlosen« Jünglingen bestraft, indem er sie fesselt und auspeitscht, erinnert sehr an eine Strafzumessung, wie sie ein Dienstmädchen in einem französischen Haushalt innnerhalb einer patriarchalischen Rechtsprechung erfahren könnte; die Atmosphäre dieser Szene ähnelt merkwürdig der Aura, die einem aus zahlreichen Novellen Maupassants entgegenweht. Und schließlich die nach dem Tode der ersten auftauchende zweite Frau des Palladiners mit ihren Launen, mit ihrer Art, den Erzähler und »Pekinesen« kurz zurechtzuweisen und auf eine beinahe frivole, wenn auch »kühle« Weise zu verhätscheln, was bei ihm gerade die »verrückten Hoffnungen« erweckte – das alles ist allzu menschlich und obendrein auch noch in französischer Ausgabe. Der Erzähler wird auf eine doch allzu eindeutige Weise zu einem »Schoßhündchen«! Es ist ein wenig so, als würde der Held von Kafkas *Verwandlung* zu einem dermaßen authentischen Insekt, daß er etwa anfangen würde, Eier zu legen und Larven zu züchten. Das ist vollkommen unnötig und überschreitet entschieden die Grenze der kreativen Logik, und von dieser Transzendenz ist es nur noch ein Schritt bis zu der späteren Widersprüchlichkeit, denn Wesen, die so sehr in gewisser Hinsicht den Menschen ähneln, können in anderer Hinsicht ganz einfach nicht so sehr von ihnen verschieden sein.

Wieder könnte jemand einen Einwand erheben und daran erinnern, daß wir die Palladiner ja mit den Augen der Menschen sähen, daß die Menschen also den Palladinern ähnliche Gewohnheiten und Gebräuche zugeschrieben hätten, wie sie sie von sich selbst kennen. Dem stimme ich zu, unter der Bedingung, daß man uns triftig beweist, daß eine solche Anthropomorphisierung dessen, was an sich nicht anthropomorph ist, *unangemessen* sei. Hier ist sie jedoch leider angemessen. Als der Held seiner »Herrin« einmal, während sie schläft, die Apparate wegnimmt, mit deren Hilfe sie die Geruchs-und Höreindrücke verstärkt, wird er für dieses Vergehen gerügt; ein anderes Mal, als sie unglücklich ist, läßt sie ihn damit spielen. Buchstäblich genauso verfährt der Mensch mit dem Hund: Der gesunde Hund darf nicht aufs Sofa, doch dem kranken Hund wird sogar erlaubt, sich im Bett seines Herrchens auszukurieren. Menschenähnliche Wesen in die Haut von tintenfischartigen Scheusalen zu stecken, ist ein allzu durchsichtiger, allzu *oberflächlicher* Trick, als daß er unserer Wahrnehmung entgehen könnte; es sind nicht kosmische Monstren, die die Menschen quälen, sondern es sind nur leicht maskierte Menschen, die mit ihnen wie mit Hunden spielen. Die Unverständlichkeit der grotesken Vision wird in diesen Szenen zur Durchsichtigkeit einer im Grunde ziemlich naiven Allegorie, und wir bemerken, daß das Spiel zwischen dem menschlichen und dem nichtmenschlichen Element *unwahrhaftig* ist, weil es durch allzu aufdringliche, allzu einfache Eingriffe in Szene gesetzt wird; dadurch, daß wir in den »Palladinern« »quasi-menschliche Persönlichkeiten« erkennen, büßt die Vorstellung von der Verspottung des Phantastischen ihre Integrität ein, und das Spiel läuft nicht mehr »von selbst« vor unseren Augen ab, folgt nicht mehr seinen eigenen Gesetzen, nicht mehr der ihm verliehenen inneren Logik, sondern der überaus engen Parallele, die zwischen Hund und Herr einerseits und Mensch und Palladiner andererseits besteht. Was dann der Beschreibung zufolge am Verhalten der Monstren wirklich nicht menschenähnlich ist, fällt gewissermaßen wie Schuppen von ihrem Charakter ab, bleibt ihrem Charakter fremd, und dadurch bekommt die Groteske einen Riß, der durch die Gestaltung der Palladiner hindurchgeht und auch die Glaubwürdigkeit des Verhaltens der menschlichen Helden des Werkes beeinträchtigt. Die Allegorie erweist sich als allzu buchstäblich; aufgrund der allzu geringen, jeglicher Tiefe entbehrenden Distanz zwischen dem Bezeichnenden und dem Bezeichneten werden die Valeurs des Textes verflacht, und was wir statt einer phantastischen Groteske vor uns haben, ist nur ein Witz, nur ein Pasquill auf die Science Fiction.

Dem Prinzip der optimalen Rezeption gehorchend, ziehe ich deshalb der Möglichkeit der Groteske die des »ernsthaften« Experiments vor. Dann brauchen wir nämlich den Palladinern selbst nicht mehr so große Beachtung zu schenken. Sie sind dann nicht Partner der Menschen, sondern lediglich ein experimentelles Werkzeug – so wie das Skalpell, mit dem der Forscher im Labor die Gewebe seiner Versuchstiere beschädigt; die volle Aufmerksamkeit gebührt dann den Folgen des Eingriffs und nicht den Eigenschaften des Instruments. Es ist dies ein Instrument, das den Kern der menschlichen Kultur zunächst zerspaltet und dann zerschmettert; die Palladiner stellen lediglich unanfechtbare Randbedingungen dar, eine Maschine, durch die dem Menschen das herausseziert und entfernt wird, was für die Existenz seiner Kultur – so scheint es! – unerläßlich ist. Die ganze Sphäre der Beschreibungen, die von den Palladinern handeln, wird in den Schatten gedrängt, für kraftlos erklärt, weil sich zeigt, daß ihre Schablonenhaftigkeit Voraussetzung, nicht aber ein auf logische Richtigkeit überprüfbares Substrat von Schlußfolgerungen ist. Die Reaktionen des Menschen sind die Reaktionen eines gequälten, einer Operation unterworfenen Wesens, welches mit übermenschlicher Anstrengung versucht, das Instrument, das ihm Leiden zufügt, es zu vernichten droht, gleichsam für sich zu gewinnen, zu zähmen und sich ihm anzupassen, da es nicht imstande ist, dieses Instrument zu zerstören. Es ist gewiß ein künstliches, von außen eingeführtes Instrument, aber das tut der Kreation in diesem Fall keinen Abbruch; so künstlich, aber unanfechtbar das Messer ist, mit dem der Chirurg das Gehirn aufschneidet, um die Lokalisation seiner Zentren zu erkennen, so »unnatürlich«, aber in seinem rücksichtslosen Handeln gerechtfertigt ist der Schriftsteller. So müssen wir denn auch umstandslos alle willkürlichen Beschlüsse des Autors hinnehmen. Er erklärt zum Beispiel, daß alles, was die Menschen an Gebrauchsgegenständen bei sich hatten, auf dem Planeten »irgendwie verschwand«. Natürlich verschwand es, denn sie *sollen* ja sämtlicher Kulturprodukte beraubte, zu Beginn des Experiments auf die »nackte Biologie« reduzierte Wesen sein. Das ist vollkommen klar. Weniger klar ist schon – in dem Sinne, daß es sich nicht aufdrängt –, was der Autor unterlassen hat: Er hat nämlich nicht für etwas gesorgt, was ansonsten sehr wahrscheinlich ist, denn die hohe Zivilisation der Palladiner hätte eigentlich über psychotrope Mittel verfügen müssen. Die »Herren« hätten eigentlich imstande sein müssen, aus den Menschen wirklich stumpfsinnige, treue und gehorsame Pinscher zu machen. Aber ein pharmakologisch verstümmelter Mensch ist nicht mehr in der Lage, seine Menschlichkeit zu verteidigen, und so ist es kein Wunder, daß der Autor diese Möglichkeit übergehen mußte. Wenn wir die Geschichte so aufbauen, ist gegen das Bild der Palladiner und ihrer Kultur kein sinnvoller Einwand mehr möglich; sie stellt dann nicht ein autonomes Gebilde dar, sondern nur einen *Rahmen* für ein Porträt des Menschen, ein Werkzeug für das Experiment, einen existentiellen Begrenzer, eine Presse, unter deren ungeheurem Druck der Mensch endlich »Farbe« bekennen soll. War *Pallas* gemäß der ersten semantischen Konstruktionsvariante eine polemische Groteske, ein prinzipiell homogenes Ganzes, bei dem alle Textelemente gewissermaßen auf einer Ebene liegen, die sich kontrovers auf den Hintergrund der Science Fiction bezieht, so daß bestimmte Behauptungen über die Eigenschaften der menschlichen Gemeinschaft erst vor diesem Hintergrund zustande kommen, so ist es gemäß der »empirischen« Version des »anthropologischen Gedankenexperiments« gleichsam ein Versuchsprotokoll, in dem einerseits der Ort des Versuchs beschrieben wird, das Labyrinth, in das man die zu untersuchenden Geschöpfe hineinläßt, und andererseits diese Geschöpfe selbst. Nach dieser

Version wird das Groteske und Karikaturhafte des »Rahmens« zu etwas Nebensächlichem, das lediglich der Operation dient, die menschliche Kultur zu verstümmeln, und der Ablauf der Operation, ihre Ergebnisse, die Information, die wir durch sie gewinnen, treten gegenüber der konkreten Gestaltung der Mittel, die diese Effekte hervorriefen, in den Vordergrund. Die Analogie der Beziehung zwischen Palladinern und Menschen zu dem Verhältnis zwischen Herr und Hund tut selbst dann, wenn sie aufgedeckt ist, dem Wert dieses Kunstgriffs keinen Abbruch, ja, sie stellt im Gegenteil dessen unverhohlene conditio sine qua non dar. Was im übrigen an dem Roman noch grotesk ist, tritt in den Hintergrund; mit abscheulichen Instrumenten ist das Schicksal des Menschen so herauspräpariert worden, daß man untersuchen kann, wo seine wertschöpferischen Funktionen genau lokalisiert und wie widerstandsfähig sie sind. Was immer danach noch belustigend wirkt, tritt zurück gegenüber dem, was über die Sphäre des Humoristischen hinausgeht. Auch die Polemik mit der Science Fiction verblaßt, erweist sich als ein bloßer Vorwand, denn die Schablonenhaftigkeit der Handlung ist für diese dermaßen grundlegend, daß es unsinnig wäre, vom Schriftsteller »kohärente Informationen« über Pallas zu verlangen. Er hat die Mittel der Science Fiction benutzt, sie von ihr übernommen, sicher auch aus Trotz, aber er ist weit darüber hinausgegangen, bloß die Muster der Phantastik zunichte zu machen, weil er etwas beweisen wollte, was selbst nicht phantastisch ist. Daß die Menschen in einer »anderen Zivilisation« weniger zur Rolle von Zug- und Schlachtvieh als vielmehr zur Rolle von Schoßhündchen verurteilt werden könnten, ist hier nicht der Punkt; es geht vielmehr darum, daß die Science Fiction überhaupt noch nie zu irgendeiner realen Wahrheit über den Menschen vorgestoßen ist, weil sie ihn bei ihrer Schwerarbeit an Technologien und Raketen sozusagen aus dem Blick verloren hat. Die philosophische Anthropologie – und das ist jetzt ganz ernst gemeint – siegt, nachdem sie deren gleißende, aber falsche Spielmarken zurückgewiesen hat, nicht deshalb über die Phantastik, um deren Falschheiten dem Gelächter preiszugeben, sondern um auf einem aufgeräumten, von Unsinn gereinigten Platz eine überprüfbare, ehrliche, empirisch glaubhafte Hypothese des Menschen zu errichten.

Was wir hier vorgestellt haben, waren zunächst in ihrer Polarität die positive und negative Bewertung der *grotesken* Version von *Pallas* und danach die positiv bewertete nichtgroteske Version (des »anthropologischen Experiments«). Wir wollten zeigen, daß man ein Werk bewerten kann, indem man aus seinen Bedeutungen zwei Konstruktionen errichtet, wobei die erste gewisse innere Spannungen, mangelnde Kohärenz aufweist, welche die zweite nicht enthält. Es muß aber deutlich hervorgehoben werden, daß diese Bewertungen in einem gewissen Maße beliebig, das heißt, von den Neigungen des Lesers – in diesem Fall von den meinen – diktiert sind. Der Wert, den einer der rein logischen Kohärenz oder auch der »Eleganz« der widerspruchsfreien Zusammenfassung von Bedeutungsgehalten beimißt, schwankt ja von einem Leser zum anderen innerhalb eines breiten Intervalls. Außerdem sind die beschriebenen Versionen von *Pallas* in Wirklichkeit nicht ganz voneinander zu trennen, aber indem wir so taten, als seien sie es, haben wir um der vorgetragenen allgemeinen Behauptung willen gewisse Vereinfachungen hingenommen, denn der von uns benutzten Sprache der Beschreibung fehlt es an dem Reichtum, der imstande wäre, die Integrationsprozesse bei der Rezeption eines Werkes, die dessen Semantik festlegen, in ihrer ganzen Kompliziertheit zu bewältigen.

Metazoilus

Wir haben an einem Beispiel gezeigt, wie die Rezeption eines Werkes prozessual verläuft und wie sie sich in Kritik verwandeln kann. Wieder einmal hat sich gezeigt, daß das Werk eine unterdeterminierte Aussage ist, die man daher auch als »Nichtzuendesage« bezeichnen könnte, und wir haben dabei bemerkt, daß ein Text, der gegenüber den Stereotypen der jeweiligen literarischen Gattung eine Neuerung darstellt, um so stärker unterdeterminiert ist, je größer die Passagen sind, die wir von ihm integrieren möchten. Demjenigen, der in einen solchen unerforschten Bereich von Bedeutungen eindringt, drängen sich zunächst *lokale* Ähnlichkeiten der Fragmente dieses Bereichs auf; als mich zum Beispiel die Aussage von *Pallas* bei etwa einem Drittel des Textes zwang, das Schema einer orthodoxen Science Fiction zu verwerfen, hielt ich mich in Ermangelung eines besseren Wegweisers an die Bezeichnung »anthropologisches Protokoll von Lagerverhaltensweisen«, und so las ich *Pallas* als Geschichte eines »überflüssigerweise« in den Kosmos verlegten Konzentrationslagers – und sprach dem Buch in dieser Fassung »neue« Werte ab.

Aus der metakritischen Sicht der Gesamtkultur besteht die Tätigkeit des Kritikers darin, die anfängliche semantische Unbestimmtheit eines Textes durch seine Hypothesen, seine »projizierenden Definitionen« so gut er kann zu beseitigen. Er fixiert damit den Text an einem optimal gewählten Ort des Raumes der virtuellen Bedeutungen. Ein ehrgeiziger Kritiker verfährt in dieser Weise natürlich auch dann, wenn er ein Werk disqualifizieren möchte; denn es ist kein fair play, den »Gegner« vor der Konfrontation dadurch zu schwächen, daß man ihn klein macht, daß man ihm gewisse, potentiell bei ihm vorhandene Eigenschaften nimmt; gerade dadurch, daß wir dem Gegner ein Maximum an Chancen eingeräumt haben, können wir als Sieger im Spiel unsere Tüchtigkeit besser unter Beweis stellen, als wenn wir die Spielregeln brechen. Was die virtuellen Bedeutungen des Werkes betrifft, so sind sie nur a priori, also vor dem Beginn der Lektüre, gleichberechtigt. Das ändert sich rasch, und zwar auf eine *stochastische* Weise, also Schritt für Schritt, aber so, daß nach einer gewissen Zeit eine ungleiche Wahrscheinlichkeitsverteilung der Bedeutungen offensichtlich wird. Es wäre zum Beispiel Unsinn, sich darauf zu versteifen – und zwar noch vor dem Ende der Lektüre –, daß *Pallas* doch nur ein gewöhnlicher Roman über kosmische Monstren sei, nur sei er schlecht geschrieben, nämlich sehr »langweilig« und »ohne Action«. Natürlich ist ein solcher Unsinn nicht unmöglich; man kann den Roman gerade in diesem Sinne lesen und hat dann von ihm nichts außer Ärger und einem gewissen Ekel.

Die Tätigkeit des Kritikers besteht also darin, eine *regu-*

lative Norm der Rezeption vorzuschlagen in Gestalt einer Reihe von »semantischen Adressen« in »beiden Welten« – der »Natur« und der »Kultur«, also der literarischen und der außerliterarischen Realität. Die gesellschaftlich anerkannten Hypothesen des Kritikers können nicht den Status von »wahren« oder »falschen« Behauptungen für sich beanspruchen, ebensowenig wie ihre ganze humanistische Verwandtschaft. Bei der Adressatin – innerhalb der Kultur – gibt es nämlich keine »wahren« im Unterschied zu »falschen« Normen, sondern es ist einfach so, daß bestimmte Normen innerhalb der Kultur *funktionieren*, schlicht da sind, und daß andere nicht zu entdecken sind. Die Angemessenheit oder die Unangemessenheit eines rituellen Verhaltens unterliegt ja nicht einer logischen Bewertung. Weicht jemand von einer kulturellen Verhaltensnorm ab, so neigen wir gewöhnlich dazu, ihn entweder für unbeholfen oder für verrückt zu erklären. Wer sich verbeugen möchte und dabei der Länge nach hinschlägt, ist unbeholfen, und wer zur Begrüßung statt der Hand den Fuß reicht, wird, wenn er nicht die Absicht hatte, den anderen zu beleidigen oder zu treten, noch am ehesten für verrückt erklärt. Wer ohne für uns verständliche Motive im Widerspruch zur kulturellen Norm handelt, ist also ein unbeholfener Tor oder ein Verrückter. Texte, die auf den ersten Blick unverständlich und inkohärent sind, kann man ebenfalls als Produkte von unbeholfenen oder verrückten Menschen betrachten, und dieses Verhalten wird, da es das einfachste ist, generell gegenüber allen Texten praktiziert, die zu den uns bekannten Stereotypen als den Normen der Literatur im Widerspruch stehen. Es ist jedoch unsere Pflicht, als Kritiker und als Leser forschend nachzuprüfen, ob die vermeintlich offenkundige Unbeholfenheit oder Verrückheit nicht darauf beruht, daß die gewohnheitsmäßigen Erwartungen und ein neuer Typ der semantischen Signalisation einander verfehlen. Falls wir in *Pallas* nach dem Abenteuerschema suchen, werden wir feststellen, daß es schlicht ein elendes Werk ist; zugleich werden wir dabei völlig verpassen, was *Pallas* uns an Bedeutsamem über die Physiologie des kulturellen Verhaltens des Menschen mitzuteilen hat. Aus der Erwartung sensationeller Abenteuer heraus sind die höheren

Verallgemeinerungen des Werkes, die – aber nur potentiell! – sehr weit über die Einzelheiten der geschilderten Intrige und Handlung hinausgehen, überhaupt nicht wahrzunehmen. Das bedeutet: Damit der Text uns seinen Bedeutungsgehalt enthüllen kann, genügt es noch nicht, das falsch gewählte Muster, das unangemessene Stereotyp zu verwerfen; fügsame Passivität ist keine hinreichende Bedingung. Eine optimierende Rezeptionsstrategie hat so vorzugehen, daß aus dem gelesenen Text »am Anfang« eine möglichst *geschlossene*, möglichst *verständliche* und möglichst *reichhaltige Einheit* entsteht, wobei es sich im dritten Punkt darum handelt, daß man dem Werk ermöglicht, eine wahre Radiation von Verweisungswurzeln in den geistigen Unterboden des Lesers zu senken und damit die Bestände seines Gedächtnisses und die darin enthaltenen Festlegungen gründlich zu erforschen. Eine solche Strategie maximiert natürlich auch – gewissermaßen »unterwegs«, »bei Gelegenheit« – die *kognitiven* Werte des Textes, doch gehört das nicht mehr zu ihrer conditio sine qua non.

Es ist ein charakteristisches Merkmal einer optimal zu einem Text gewählten Strategie, daß die Folgen ihrer Anwendung keine natürlichen Beschränkungen zu haben scheinen. Wie das Beispiel *Pallas* gezeigt hat, weiß man nicht genau, wo, wie und wann man die fortlaufende Ausstrahlung der Bedeutungen des Werkes zu bremsen versuchen soll; wenn wir nämlich den Bedeutungen des Werkes sozusagen »erlauben«, in unserem Geiste weiterzuwachsen, dann tun sie das, wie sich zeigt, unaufhaltsam; *Pallas* ist ja bei entsprechender »Erlaubnis« bereit, sämtliche Fragen zu bündeln, die mit der Natur des Menschen und seiner Kultur zusammenhängen und Deutungen der menschlichen Axiologie auch in ontologischer Dimension vorzuschlagen, denn wenn wir auch nur einmal dem Beweis stattgeben, der an einem bestimmten Einzelereignis als experimentellem Material verdeutlicht, daß man der menschlichen Gemeinschaft die Kultur nur zusammen mit dem Leben entreißen kann, dann folgt aus der einmaligen Abfolge von palladischen Ereignissen im Grenzfall bereits eine umfassende »Theorie des Menschen«. Wenn wir jedoch versuchen (ich habe gezeigt, wie man das macht und warum), den Expansionsdrang dieser semantischen Lawine aufzuhalten, verfahren wir willkürlich.

Dank unzähliger Interpretationen sind wir hervorragend darüber im Bilde, daß *Robinson Crusoe* nicht bloß ein Histörchen über einen gewissen Kerl ist, der auf einer unbewohnten Insel landete; vielmehr konnte sich das Werk, weil ihm der »Status« epischer Klassik verliehen wurde, in einer semantischen Radiation in die Tiefe des kulturellen Universums der Werte und Bedeutungen ausbreiten, was nur ein Zeichen dafür ist, daß wir im *Robinson Crusoe* – wie überhaupt in jedem Werk, mit dem wir in dieser Weise umgehen – ein Einzelwerk vor uns haben, das (entsprechend dem typischen Brauch der Literatur) eine *objektivierte* Darstellung gewisser allgemeingültiger Generalisierungen bietet. Der »Robinson« ist für uns ja nicht bloß ein Abenteuer, sondern Ausdruck des für die Epoche unternehmerischer Expansion kennzeichnenden aktiven Verhältnisses des Menschen zur Welt, einschließlich des ganzen puritanischen Rahmens, den das Werk Defoes erkennen läßt (denn der einzige Gesprächspartner Robinsons ist Gott). Würden wir nun dem Roman *Pallas oder der Kummer* ähnliche Privilegien verleihen, dann würden auch seine Bedeutungen zu Universalien avancieren. Doch die Tatsache zum Beispiel, daß die auf Pallas aufgewachsene Jugend, statt zu »verwildern« oder sonstwie zu vertieren, ihre Einstellungen künstlerisch – in von tragischer Spannung erfüllten gemeinschaftlichen Mysterien- und Tanzspielen – artikuliert, tritt überhaupt nicht ins Bewußtsein eines Lesers, der noch immer mit einer Hartnäkkigkeit, die einer besseren Sache würdig wäre, Kämpfe und sonstige Abenteuer im Sinne des Stereotyps der Science Fiction erwartet. Dieses Stereotyp schließt ja schon die bloße Möglichkeit aus, daß eine soziale Gruppe, der das Rückgrat ihrer instrumentellen Aktivität zertrümmert wurde, ihre Kultur bewahren kann – oder vielmehr: dieses Stereotyp weiß überhaupt nichts von einer solchen Chance. Ihm zufolge haben denn auch die Verhaltensweisen dieser Jugend überhaupt keinerlei *Bedeutung*, sondern stellen bloß verworrene Absonderlichkeiten dar.

Wir behaupten in dieser Arbeit nicht, daß sich potentiell

jedes Werk dazu eigne, zu einer Universalie von der Verallgemeinerungsfähigkeit der Erfahrung zu werden, sondern nur, daß der von der Aktivität des Rezipienten erfüllte ungeheure Raum die Virtualität der Möglichkeit, »ein universales Zeichen der Kultur zu sein«, vom Zustand der Verwirklichung dieser Möglichkeit trennt. Auch als uns schon klar war, daß *Pallas* einen ähnlichen semantischen Expansionsdrang zeigen könnte, haben wir im stillen dennoch nicht gewagt, dem Werk solche Privilegien zu verleihen, also vor uns selbst anzuerkennen, daß sie ihm gebühren. Weil aber zwischen dem Zustand, »eine konkrete, in ihrer Partikularität abgeschlossene Anekdote zu sein«, und dem Zustand, »eine konkrete offene Geschichte zu sein, die ein Universum von Begriffen impliziert«, ein weiter Bereich sich erstreckt, können wir das Werk innerhalb dieses Bereichs auf sozusagen »vorläufige« Positionen beschränken, in denen wir aber tatsächlich endgültige Positionen sehen. In der Geschichte der Literatur finden wir des öfteren das Bild einer allmählichen »Ausbreitung« der Axiosemantik von Werken, denen die Generation der Zeitgenossen des Autors *ein wenig* von jener Freiheit, jenem »Recht auf Ausgedehntheit der Bedeutungen« einräumte und denen die folgende Generation schon »mehr« von dieser Freiheit zugestand, bis sich dann nach einem Jahrhundert herausstellt, daß wir es mit einem Text zu tun haben, der zu den Fundamenten unserer Kultur gehört und ohne den die Schatzkammer der Meisterwerke der Weltliteratur nicht zu denken wäre.

Deshalb meine ich, man könne nicht die Möglichkeit ausschließen, obwohl sie, wie ich zugebe, sehr unwahrscheinlich ist, daß der Roman *Pallas oder der Kummer* lawinenartig »an Semantik zunimmt«. Das ist wenig wahrscheinlich aus verschiedenen Gründen (der »falsche Geburtsort« innerhalb der Science Fiction; die traditionelle Machart der Erzählung; die Wortkargheit und die Geschwätzigkeit finden sich nicht optimal »dort, wo sie hingehören«, usw.). Wer aber »mit Gewalt« voreilig aus diesem Buch eine Offenbarung machen möchte, wird aus einer Maus einen Elefanten machen; ohne die gesellschaftliche Zustimmung, der die gemeinschaftliche Anerkennung durch die Kenner vorausgehen muß, und ohne länger im Umlauf gewesen zu sein, kann ein Werk sich nicht in ein Meisterwerk verwandeln. Daher schien denn auch mir, der ich keinerlei Illusionen über den stochastischen Mechanismus der »semantischen Lawine« habe, über diesen Zuwachs an Bedeutungen, der es einem Werk ermöglicht, sich in die höhere Region der kulturellen Verallgemeinerungen aufzuschwingen – daher schien mir und scheint mir noch immer, daß ich einem anonymen, unbekannten Buch mehr Aufmerksamkeit und Raum geschenkt habe, als es »verdient hat« – und diese Meinung vertrete ich in dem gleichen Sinne, in dem ein Verliebter, und sei er auch noch so rasend verliebt, nicht anzunehmen wagt, daß seine Meinung über die Reize der Angebeteten gleichbedeutend damit wäre, daß die gesamte Menschheit sie für die Schönheitskönigin des ganzen Erdballs hält.

Im übrigen – aber das ist eine Sache für sich – bringt im Universum der Kultur jede Zeit ihre lenkenden Strömungen und Moden hervor, die bestimmte Werke eher fördern, andere dagegen beim Versuch des Aufschwungs eher bremsen werden; *Pallas* mit seiner logischen Klarheit ist, wie man zugeben muß, bei dem heute modischen semantischen Halbdämmer in seiner Machart ein wenig anachronistisch. Gleichsam zwischen der Science Fiction und der normalen Literatur schwebend, ist dieses Buch denn auch in Gefahr, wegen dieses Zustands verkannt zu werden.

Eine Kritik allerdings, die der Phantastik das Recht abspricht, als modern zu gelten, weil die Werke der Phantastik unter sprachlichem Aspekt in der Regel mit traditionellen Mitteln arbeiten – eine solche Kritik befindet sich im Irrtum. Wenn ich sage, sie irre, so deshalb, weil hier ein Mißverständnis vorliegt, das nichts mit Ästhetik zu tun hat, sondern rein informationaler Natur ist. Im Grunde informiert uns der nouveau roman oder Antiroman nicht über unbekannte und daher neue menschliche Phänomene, sondern er möchte vielmehr bekannte Phänomene durch die sprachliche Beschreibung auf eine völlig neue Weise sehen. Nun kann man etwas Bekanntes auf eine unbekannte Weise oder etwas Unbekanntes auf eine bekannte Weise beschreiben; einen unbekannten Gegenstand mit bisher nicht praktizierten und daher unbekannten Methoden zu beschreiben, muß dagegen im Grenzfall zu Unverständlichkeit, zu hermetischer Unentzifferbarkeit führen. Wenn wir jemanden in ein *neues* Spiel einführen möchten, müssen wir ihm dessen Regeln in einer Weise beschreiben, die für ihn nicht ebenfalls *neu* ist, weil er sonst das Spiel überhaupt nicht erlernen wird. Dieses umgekehrte Verhältnis zwischen dem linguistischen und dem gegenständlichen Aspekt eines Textes, das den Autor der Phantastik gewissermaßen dazu zwingt, im kommunikativen Bereich orthodox zu bleiben, interessiert uns hier nicht als ein Problem der Kreation, sondern lediglich als ein Hindernis, daß es phantastischen Texten zusätzlich erschwert, positive Bewertungen zu erfahren. Am leichtesten findet heute ja vor allem die linguistische Innovation Zustimmung, wenngleich die metakritische Beschreibung zeigt, daß eine solche Innovation lediglich ein Sonderfall der semantischen Neuerung ist (deren andere Variante, eben die *gegenständliche*, die ehrgeizige Science Fiction schaffen möchte). In diesem Sinne ragt *Pallas oder der Kummer* zwar über die traditionelle Science Fiction hinaus, hat jedoch keine großen Chancen, das Ufer der »normalen Literatur« zu erreichen, weil Bücher »allein« nirgendwo ankommen können – ihren Aufschwung nehmen sie dann, wenn die Leser ihnen helfen, die Flügel der Bedeutung zu entfalten.

Auf jeden Fall ist es auch bei einem adäquat rezipierten Werk möglich, haltzumachen, bevor die äußersten Grenzen der kulturellen Semantik erreicht sind. Genau das tut der vorsichtige Zoilus. Er begreift das Buch, aber mit der die Expansion seiner Bedeutungen aufhaltenden Beschränkung, die er selbst ihm beziehungsweise der Rezeption gezogen hat. Doch selbst eine verstümmelnde Rezeption muß nicht unbedingt den Text vernichten. Ein Werk ähnelt in dieser Hinsicht nämlich eher einem lebenden Organismus als einem architektonischen Gebäude, denn ein Organismus kann, selbst wenn er ernsthaft verstümmelt ist, eine funktionstüchtige Ganzheit bleiben, während das Gebäude, wenn man es durch Fortnehmen einer gewissen Menge von Baumaterial, Säulen und Pfeilern verstümmelt, seinen ruinierten Zustand nicht vor dem Beobachter verbergen kann.

Sicher existiert nicht für jedes Werk jene kritische Schwelle, jener Punkt im Konfigurationsraum seiner Integrationsprozesse, dessen Überschreitung durch den bereitwilligen Leser das grundsätzliche Dilemma schafft: Habe ich nicht schon allzuviele Probleme mit diesem Text assoziiert? Projiziere ich diese Gedanken in das Werk hinein, oder impliziert es sie »selbst«? Ist es möglich, daß die Bedeutungen dieses Buches derart grenzenlos sind? Anders ausgedrückt: Kann ich ihm das Recht auf einen derart weiten Bedeutungsbereich zuerkennen? Eine solche Entscheidung gehört zu den äußersten, die man im Prozeß der Rezeption treffen kann, denn sie legt mit einem Schlage die gesamte Semantik und Axiologie des Werkes fest, während ein Werk, dem wir die Chance geben, mit seinen Bedeutungen in die Tiefe der unermeßlichen Räume der Kultur auszustrahlen, gewissermaßen selbst die Grenze verwischt und insofern ein hervorragendes Werk sein muß. Die überwältigende Mehrheit der Bücher, die tagtäglich auf der Welt erscheinen, ist zweifellos nicht Gegenstand der oben beschriebenen Unsicherheit; dafür sind sie doch zu zweitrangig, zu primitiv oder eindimensional konstruiert. Vermutlich gibt es jedoch auch viele Bücher, die bis zu dieser Schwelle gelangen, sie aber durch bloßen Zufall nicht überschreiten können. Dafür darf man nicht allein die Kenner verantwortlich machen, denn ihre einzige Sünde besteht wohl darin, daß sie sich dieses statistischen und zufallsbedingten Sachverhalts im allgemeinen nicht bewußt sind. Es wäre jedoch eine völlige Verkennung und Trivialisierung des Problems, das ganze Verhalten der Kritiker auf Stumpfheit oder Feigheit zurückzuführen. Je stärker wir nämlich die Bezüge eines Werkes zu Bedeutungsstrukturen im kulturellen Bereich ausweiten, desto stärker wird unser Vorgehen von einer Beliebigkeit geprägt, die nicht als Ausdruck von Wahllosigkeit zu verstehen ist, sondern ganz einfach darauf beruht, daß alles etwas bedeuten »kann«, aber nichts etwas bedeuten »muß«. Der Übergang vom »notwendigen Minimum«, das durch die semantische Gestalt des Textes festgelegt wird, zum potentiellen Maximum, dessen Bedeutungsumfang unbegrenzt ist, ist solange fließend, wie im kollektiven Bewußtsein noch nicht in dieser

Hinsicht eindeutige Beschlüsse festgelegt sind, die alle Merkmale einer kulturellen Norm haben, also einer Direktive des »richtigen Vorgehens«. Wenn ich immer wieder von der kollektiven Fixierung einer solchen Entscheidung spreche, meine ich damit nicht irgendwelche volitionalen Akte, nicht einen Austausch von Argumenten, mit dem irgend jemand zu diesem Entschluß überredet werden soll, sondern ich denke an naturwüchsige gesellschaftliche Erscheinungen, die durch keinen individuellen »Wunsch« ersetzt oder imitiert werden können – so wie es nicht möglich ist, daß sich jemand durch festen Entschluß verliebt. Während es im Falle der Liebe einer gewissen Zeit bedarf, in der die Gefühle reifen, braucht das Werk eine gewisse Zeit, in der man sich immer wieder mit ihm befaßt. Je origineller und neuartiger ein Werk ist, um so energischer schweigt es, fordert es, sich immer wieder mit ihm zu befassen, so daß man es eigentlich nur durch die Lektüre kennenlernt.

Das vorstehende Protokoll der Lektüre von *Pallas* wäre unvollständig, wenn ich nicht bekennen würde, daß ich, als ich daranging, diese Worte niederzuschreiben, das Buch noch einmal gelesen habe, wobei ich mich nun stellenweise sogar schon darüber gewundert habe, daß es mich einmal mit Langeweile, Abneigung und Ekel erfüllt hat; auch erschienen mir Teile, die ich vorher verwickelt gefunden hatte, nun allzu einfach und dadurch gewissermaßen semantisch nicht genügend »dicht«. Aber so sehen die Schlußphasen von Lernprozessen ja gewöhnlich aus; die Geheimnisse, Verwicklungen und Schwierigkeiten werden durchsichtiger, bis sie schließlich zu Selbstverständlichkeiten werden. Am meisten habe ich mich nun darüber gewundert, daß es einmal geschehen konnte, daß ich nach der Lektüre vor zwei Dritteln des Buches nicht bemerkt habe, daß es davon handelt, wie »der Mensch auf den Hund kommt«, und daß es für mich fast wie eine Offenbarung war, als mir dieser Ausdruck in den Sinn kam. Zum Teil waren dafür sicher auch meine Begriffsstutzigkeit, meine Trägheit und Bequemlichkeit als Leser verantwortlich. Ich glaube aber nicht, daß ich einen in dieser Hinsicht besonders bedauerlichen Fall darstelle.

Im späteren Rückblick stellt sich oft heraus, daß die vom Kritiker selbst verschuldete unvollständige Integration des Werkes ein grober Irrtum war. So schlimm braucht es allerdings nicht in jedem Fall zu sein, denn es kommt vor, daß eine Korrektur der kritischen Urteile durch den Zeitablauf notwendig wird, weil er die Trennung zwischem dem Werk und den Bedeutungsräumen verwischt hat, nicht, weil sich am Buch etwas geändert hat (es stellt ja ein fixiertes Zeichensystem dar), sondern weil in der umgebenden Welt etwas geschehen ist, weil sich mittlerweile deutlich der Abstand verringert hat zwischen den nebelhaften Andeutungen, die ein Text enthält, beziehungsweise den *Möglichkeiten* solcher Andeutungen einerseits und andererseits den Denkströmungen und landläufigen Ansichten, die sich mit der Zeit herauskristallisieren. Von einem solchen Buch sagt man bisweilen, es sei ein Vorläufer. Nun sind wir nicht der Ansicht, daß die Welt ein Uhrwerk ist und sich nach einem feststehenden Plan entwickelt, und so könnte man sich fragen, ob der Autor eines solchen Vorläufers nicht wie ein Spieler ist, der auf einstweilen *leere* Felder setzt, auf die der Hauptgewinn entfallen *kann*, aber durchaus nicht *muß*, ob also das sogenannte Vorläufertum, das zum Teil sicher von Talent und Intuition abhängt, seinen letztendlichen Erfolg nicht dennoch auch jener Glückssträhne verdankt, die dafür sorgt, daß die Bedeutungsgradienten des Werkes und die Gradienten der soziokulturellen Entwicklung parallel oder konvergent verlaufen. Ich denke dabei nicht an das Eintreten von konkreten historischen Ereignissen wie etwa Kriegen oder technologischen Umwälzungen. Mir geht es um jenen Indeterminismus der Entwicklung, der im Reich der Ideen herrscht, besonders in dessen humanistisch-künstlerischen Provinzen. Schließlich entstehen ja zu gleicher Zeit verschiedene Konzepte, verschiedene künstlerische Richtungen und philosophische Strömungen wetteifern miteinander, und wie die einen sich durchsetzen und die anderen erlöschen, das ist ebenfalls ein stochastischer Prozeß. Wenn man so sagen darf, ist nicht nur das Werk indeterminiert, sondern indeterminiert ist auch die Zukunft der Kultur, und beide stellen insgesamt zwei Zufallsvariablen dar, die prospektiv beinahe unabhängig voneinander sind. (Das Maß der Korrelation, der gegenseitigen Abhängigkeit, ist im übrigen eine historisch schwankende Größe.) Ein Modell dieser Erscheinung ist nicht die reine Lotterie, sondern eher so etwas wie das Pferderennen; man weiß nicht, welches Pferd als erstes ins Ziel kommt, aber es gibt doch Favoriten. Gelegentlich siegt jedoch gerade ein Außenseiter. Das ist natürlich eine Vereinfachung – ich bemühe mich nur, das herauszukehren, was gewöhnlich verkannt wird: den doppelten Indeterminismus, nämlich den übergeordneten der Kulturgeschichte und den nachgeordneten der einzelnen Kunstwerke. So kann man sich denn auch grundsätzlich literarische Werke vorstellen, die sozusagen dafür kandidiert haben, Werke von Dauer zu werden, die an Semantik zugenommen und ihren Bedeutungsgehalt erweitert haben, deren Chance aber zunichte gemacht wurde durch eine historische Wende, eine Veränderung der Normen, Direktiven und Stile, in deren Gefolge sich auch die Methoden der Kreation und der Rezeption wandelten. Das heißt nicht, daß ein Werk, das an den Untiefen der Geschichte gescheitert ist, dem das Glück nicht hold war, »dennoch ein großes Werk ist«, das nur unbemerkt geblieben, untergegangen ist, denn wie ich zu zeigen versucht habe, gibt es gegenüber dem historischen Ablauf der Ereignisse keine höhere Instanz, an die man sich wenden könnte; eine solche überzeitliche Instanz existiert nicht. Wir haben jedoch gelernt, diese Welt als ein Universum von statistischen Ensembles zu sehen, im Sinne der Konzeptionen, die auf Gibbs zurückgehen, und nicht als einen prädeterminierten Mechanismus entsprechend den Vorstellungen von Laplace. Es ist dies eine Welt, in der bestimmte Ereignisse *möglich*, aber niemals sicher sind, eine Welt, deren Bahnen probabilistisch und nicht wie Schienen, die zu einem Ziel führen, von vornherein fest abgesteckt sind. Auch Bücher brauchen günstige zeitliche und örtliche Umstände, wobei diejenigen, die als Meisterwerke in den Grundbestand der Kultur eingehen, eine vollständige Determination erfahren und ihrerseits, in dem sie zu einem Element der »Überlebensumwelt« für die später entstehenden Werke werden, deren Schicksal mitbestimmen.

Auf jeden Fall handelt es sich um Erscheinungen, die kein einzelner Mensch, und sei er ein noch so genialer Kritiker, zu kontrollieren vermag. Natürlich handelt es sich dabei um langfristige Prozesse, um das Überleben von Werken, die von einer Generation an die andere weitergegeben werden, und nicht um kurzfristig aufblitzende Eintagsfliegen, um »Bestseller«.

Wenn wir uns in die tiefere Region der Kritik begeben, dorthin, wo sie Irrtümer begeht, die sich nicht unter Berufung auf eine »historische Strähne« wegerklären lassen, begegnet uns ein überaus interessantes Phänomen. Wenn die Integration eines Werkes in der Konkretisation in so erheblichem Maße mißlingt, daß der Rezipient es zwangsläufig bemerken muß, wird dieser unangenehme Sachverhalt gewöhnlich dem Werk angelastet. Auch ich habe mich so verhalten, als ich *Pallas* las und mich dabei langweilte wie jemand, der glaubt, er sei in eine Kabarettvorstellung gegangen, und einen Vortrag über Ontologie zu hören bekommt. Man sagt in einem solchen Fall nicht, daß der Text schwierig sei, sondern man sagt, er sei dürftig, man sagt nicht, er bestehe in einer völlig neuen Konfiguration von Szenen, sondern man sagt, er stelle eine unzusammenhängende Anhäufung von Szenen dar, und schließlich sagt man, er sei *merkwürdig*. So manches Buch verdankt solchen Umständen, daß es als »merkwürdig phantastisch« bezeichnet wurde. Wir werden auf diese Erscheinung noch zu sprechen kommen.

Das Rätsel der Sprache

Die Literatur lebt, sagten wir, in der Sprache, die ihren Sitz wiederum in der Welt der Kultur hat, und von dort fällt das Licht der Bedeutung auf die Sprache. Das System der Sprache erstreckt sich von der Leere formaler Argumente bis hin zur Fülle der Bedeutungen, und während in diesem Reich der eine, der mathematische Pol sich durch unverständliche Genauigkeit auszeichnet, besitzt der andere die verständliche Ungenauigkeit der Rede. Das ist gar nicht so metaphorisch zu verstehen. Tatsächlich bezahlt der Mathematiker für die perfekte Genauigkeit einen hohen Preis, denn wie hervorragende Fachleute sagen, weiß man in diesem vorzüglichen Gebiet nicht genau, was man eigentlich macht. Wenn also der Manichäismus, arglistig verpuppt in reine Relationalität, sich irgendwo niedergelassen hat, dann hier; die Welt ist nämlich so beschaffen, hat solche Eigenschaften, daß man mit unbegrenzter Genauigkeit über alles reden kann, nur nicht über sie, und wenn man von ihr zu reden beginnt, zeigt eine Untersuchung sofort, daß das Maß unseres Verständnisses ebenso groß ist, wie die Ungenauigkeit, die aus den Bezeichnungen der natürlichen Sprachen nicht zu beseitigen ist. In diesem polaren Gegensatz muß ein schreckliches Geheimnis stecken, und es dürfte sich lohnen, noch jene Zeit zu erleben, die es wenigstens ansatzweise lüftet.

Nach Ansicht der Empiriker entsteht die Mathematik infolge einer Wechselwirkung zwischen dem Menschen und einer Welt, die Objekte aufweist, welche abzählbar sind und den Operationen der Abstraktion in Geometrie und Arithmetik unterliegen. Die Sprache macht es möglich, solche Operationen auszuführen, doch zu Beginn der Sprachentstehung »ist die Mathematik noch nicht in ihr enthalten«. Sie wird sozusagen von außen in sie eingeführt – in der sich häufenden Erfahrung. Nach der entgegengesetzten Ansicht besteht die Mathematik in der Entdeckung gewisser »mathematischer Objekte«, Wesenheiten, die sich auf keinerlei empirische Erfahrungen zurückführen lassen. Man darf jedoch behaupten, daß keine Sprache entstehen kann, die nicht, kaum daß sie entstanden ist, die *gesamte Mathematik* impliziert. Dem Standpunkt der Empiriker zufolge wird die Sprache gewissermaßen im Laufe ihrer Existenz – durch die sich von Generation zu Generation wiederholenden Erfahrungen – davon informiert, daß »die Mathematik möglich ist«. Die Sprache ist nur ein Träger, der dem Gehirn die entsprechende Information zuführt, wobei diese Information einen realen Gewinn darstellt; die Sprache ist der Vermittler zwischen der die Mathematik lehrenden Welt und dem Menschen. Der anderen Ansicht zufolge ist die Schaffung der Mathematik das Ergebnis der Arbeit zerebraler Mechanismen, die man nicht mit dem Neuronenapparat verwechseln darf, der für die Lösung von Anpassungs-, d.h. Überlebensproblemen bestimmt ist. Die Genese dieser Mechanismen ist demnach ein wahres Wunder, man weiß nicht, wie, warum und wozu sie entstanden sind. Sie stellen ein phänomenales Geschenk dar, das der Mensch von der Evolution bekommen hat.

Nun zeigt eine mathematische Untersuchung, auf die ich hier nicht eingehen kann, daß die Version der empirischen Entstehung der Mathematik sich nicht ganz halten läßt. Geben wir diese Version auf, so erscheint es unausweichlich, daß wir zur Position des Platonismus übergehen. Indessen läßt sich die Sache auch so darstellen, daß weder die sinnlich erfahrene Welt noch das einzelne Gehirn die Mathematik »enthalten«, sondern daß die Sprache selbst sie enthält, nur gleichsam »verborgen« vor jenen, die sich ihrer bedienen. Die Mathematik entsteht zusammen mit der Sprache, angesiedelt im Bereich ihrer flektierenden Ebenen, eingeschlossen in ihre Gesetzmäßigkeiten, in die Struktur der sprachlichen Syntax. Der erstmals von John von Neumann gelieferte Beweis für die prinzipielle Möglichkeit, Systeme (Maschinen) zu konstruieren, die sich selbst vermehren können, sagt nichts darüber, daß die Erzeuger-Maschine eine bestimmte Schwelle der Komplexität überschreiten müsse. Dieser Beweis steht nämlich in keinem definierten Verhältnis zu den phänomenalistischen Behauptungen der Thermodynamik mit dem Entropiesatz an der Spitze. Das thermodynamische Gesetz, das Zustände verbietet, in denen einfachere Systeme nicht informational entarten können, sondern, im Gegenteil, komplexere Systeme als sie selbst hervorzubringen vermögen, ist physikalisch der Hauptgegner aller typischen Evolutionserscheinungen, bei denen genau das geschieht, was thermodynamisch unmöglich sein soll. Man muß annehmen, daß der Beweis für die Möglichkeit der Selbstvermehrung zu ergänzen ist durch einige Konstanten, die eine *Schwelle der Komplexität* festlegen, oberhalb derer ein System nicht mehr dem Gesetz des unausweichlichen Chaos (der Zunahme der Entropie) unterliegt, weil es fähig wird, von der Umgebung zu »fressen«: Es nutzt die außen vorhandene Ordnung, um damit seine eigene Ordnung zu nähren. Nun ist denen, die sich der Sprache bedienen, das Ausmaß ihrer Komplexität nicht bewußt. Ich kenne keine entsprechenden Schätzberechnungen und weiß nicht, ob sie jemand angestellt hat, ich denke aber, daß eine vollständig artikulierte, ausgereifte Sprache unter rein strukturellem Aspekt in ihrer Komplexität an die Sprache der Vererbung heranreicht. Daß diese letztere die Schwelle der Komplexität mit Sicherheit überschritten hat, wissen wir daher, daß wir selbst existieren und daß die Evolution des Lebens, die von einfacheren zu komplexeren Zuständen führt, eine Tatsache ist. Die ethnische Sprache wäre demnach der nächste Wurf des Evolutionsprozesses, was das Überschreiten der »Schwelle der Komplexität« betrifft. Die Mathematik entsteht in ihr als eine gewisse »Operationsbereitschaft«; sie spiegelt die Strukturen der Welt nicht unmittelbar im Bereich der empirischen Kontakte des Individuums mit der Welt wider, sondern sie tut das indirekt. Zwar gehen die Mechanismen, die, in die Sprache eingeführt, die Mathematik generieren, auf den allgemeinen Umweltdruck zurück, der auch die Sprache hervorbringt, doch bestehen die Prozesse des »Enthüllens«, des »Hervorrufens« der Mathematik nicht in einer direkten Erkundung solcher Eigenschaften der Umwelt, die auf die Mathematik »hinführen« (etwa durch die Abzählbarkeit der realen Objekte), sondern diese Prozesse bestehen darin, die in der Sprache implizit bereits enthaltene Mathematik »herauszuholen«, aus der Sprache zu extrahieren. Man kann also nicht eine Sprache schaffen, ohne zugleich eine Mathematik zu schaffen. Freilich muß das nicht unbedingt genau die Mathematik sein, die wir in einem bestimmten geschichtlichen Ablauf geschaffen haben und derer wir uns heute in einer bestimmten Gestalt bedienen. Je nach der Richtung der ersten schrittweisen Operationen und der ersten Festlegungen kann unter anderen Startbedingungen eine andere Art von Mathematik entstehen, eine Mathematik, die sich in nichttrivialer Weise von der unseren unterscheidet (triviale Abwandlungen begnügen sich etwa damit, anstelle des Dezimalsystems ein Duodezimalsystem anzunehmen). Die Mathematik ist, mit anderen Worten, das Resultat einer Tätigkeit, die Beziehungen enthüllt, welche in ihrer relationalen Form weder in dem einzelnen Kopf noch in der Welt »stecken«, sondern sich ebensogut in dem sie Enthüllenden (der Sprache) wie in dem Enthüllten befinden. So verstanden, wäre die Mathematik weder eindeutig analytisch noch eindeutig synthetisch; sie wäre ganz einfach nicht auf singuläre Erscheinungen wie den »Kontakt des Individuums mit der Welt« zu reduzieren. Eine mathematische Behauptung entstammt nicht »unmittelbar der Welt«, ist also nicht synthetisch; zugleich stellt sie keine bloße Tautologie dar, geht also auch nicht aus dem informational fruchtlosen Funktionieren bestimmter geistiger Mechanismen hervor, so daß sie auch nicht völlig analytisch ist. Im Stadium des empirischen Handelns erhält die mathematische Operation natürlich in den Verteilungen der Umweltzustände eine eigentümliche »Bestätigung« ihrer eigenen Berechtigung, ihrer Wirksamkeit.

Man kann dieses Problem auch von der Lerntheorie her angehen. Eine »Schwelle der Komplexität« kommt in dieser Theorie bislang nicht vor, und die Beschränkungen, die dem Wissenszuwachs durch Lernen auferlegt werden, sind im allgemeinen trivial (das Niveau des erworbenen Wissens wird beispielsweise durch das Informationsspeichervermögen des Gedächtnisses beschränkt). Es ist jedoch nicht so, daß das Endresultat des Lernens völlig von Randbedingungen unabhängig wäre, die anfänglich in der Organisation des lernenden Subjekts gegeben sind. Zwischen dem Lernenden und dem Erlernten besteht ein eigentümlicher Zusammenhang; selbst bei beliebig langem Lernen kann man nicht »unbegrenzt weise werden«, und zwar nicht nur deshalb, weil sich am Ende das Fassungsvermögen der Gedächtnisspeicher erschöpft. Unbegrenzt zu lernen setzt bei dem lernenden System das Vorhandensein nicht einer unbegrenzten Mannigfaltigkeit, sondern einer Organisation voraus, die eine spezifische Schwelle überschritten hat. Unterhalb dieses Niveaus muß das Lernen rasch zum Stillstand kommen. Oberhalb der Schwelle scheint es die Merkmale wenn nicht eines unbegrenzten, so doch eines Prozesses anzunehmen, mit dessen Universalität die Zustände unterhalb der Komplexitätsschwelle nicht zu vergleichen sind. Mathematik wird erst oberhalb der »Schwelle« möglich.

Das typisch philosophische Problem, bei dem es um das

Wesen der Mathematik« geht, scheint also prinzipiell empirisch erforschbar zu sein, denn die »Schwelle der Komplexität« wird irgendwie von den Eigenschaften der Welt, das heißt, von den Gesetzen ihrer Natur festgelegt.

Es steht nicht von vornherein fest, daß es nur eine solche »Schwelle« gibt; es kann ja auch so sein, daß eine »Komplexitätsschranke«, deren Durchbrechen ein unbegrenztes Lernen ermöglicht, sich nicht für alle Typen der Systemorganisation der »lernenden Subjekte« an der gleichen Stelle befindet. Es ist nicht ausgeschlossen, daß es eine Reihe solcher Schranken gibt; würde der Mensch geistig eine dieser Schranken erreichen, indem er etwa durch die Schaffung von »Intelligenzverstärkern« die Wissenschaft ausbaute, so wäre er imstande, diese Schranke zu überschreiten (so wie er durch den Bau von Maschinen, die ihn energetisch von der Leistung seiner eigenen Muskeln unabhängig machten, die »energetische Schranke« überschritten hat).

Diese ganze Problematik muß notwendigerweise irgend etwas mit der Thermodynamik zu tun haben, was auch John von Neumann meinte (als er über die Zusammenhänge zwischen Thermodynamik und Logik sprach). Wenn man also, um klug werden, d.h. Wissen erwerben zu können, von vornherein schon »klug sein«, also eine dementsprechende Organisation in Gestalt der entsprechenden »überschwelligen« Komplexität besitzen muß, dann muß man auch, um die Mathematik »entdecken« zu können, sie bereits »in sich enthalten« – in schlafender Form.

Da nun die Sprache samt der »in ihr verborgenen« Mathematik als ein gesellschaftliches Phänomen entsteht, kann es nicht richtig sein, wenn solche Phänomene nur individuell untersucht werden. Die Sprache ist nicht bloß ein »veräußerlichter neuraler Code« des Organismus, sondern eher (oder gleichzeitig) ein Code, der, zwischen den Individuen entstehend, sich auf die systemische Organisation eines menschlichen Kollektivs stützt; dieses Kollektiv ist gleichsam ein Organismus »höherer informationaler Ordnung«, und die Sprache erfüllt in ihm kommunikative Funktionen. Diese hier nur dunkel vorausgeahnte Problematik läßt sich verifizieren anhand von Prozessen, welche die Sprachentstehung nachbilden, und anhand der Entstehung einer Sprache in einem Milieu anfangs unterschiedlich programmierter Automaten. Es geht hier um eine Disziplin, die man bezeichnen könnte als modellierende experimentelle Erkenntnistheorie; ihre Möglichkeiten sind deshalb ohne Beispiel in der Geschichte der menschlichen Erkenntnis, weil diese Disziplin es erlauben würde, *Umwelten* mit genau bekannten endlichen Eigenschaften zu konstruieren; ein Homöostat, der eine solche synthetische Umwelt erforscht, ist ein Modell des Verhältnisses »Subjekt – Objekt«. Ein solches Vorgehen ist präzedenzlos, weil es nichts zu tun hat mit dem bekannten Erzeugen isolierter Umwelten für Organismen, mit dem sich z.B. die experimentelle Tierpsychologie befaßt. Das Labyrinth des Psychologen ist ein Ausschnitt aus der realen Welt, während das im Rechner modellierte »Labyrinth« nur solche Merkmale hat, die von dem entsprechenden Maschinenprogramm vorgesehen sind. Die hier postulierte Forschungsdisziplin, die zum trojanischen Pferd der Empirie wird, das man in die Mauern der philosophischen Festung hineinführt, wird vielleicht einmal ein spätes Resultat der Arbeiten der jüngeren Schwester der Bionik sein, die man heute als Psychonik bezeichnet.

Zwar herrscht in der Mathematik bekanntlich die gleiche Spezialisierung, welche die Einzelwissenschaften immer mehr auseinanderstreben läßt, doch gleichzeitig kann man in der Mathematik, die sich zu immer größeren Höhe der Abstraktion aufschwingt, fasziniert beobachten, wie sich Ähnlichkeiten zwischen Strukturen abzeichnen, die in den unteren Regionen keine Ähnlichkeit miteinander hatten. Aus der Höhe scheint die Algebra der Topologie ähnlich zu werden, und die Gruppentheorie enthüllt ihre unverhoffte Verwandtschaft mit anderen Zweigen, doch geht es uns hier nicht um die Mathematik. Ähnlichkeiten im Sinne allgemeiner Gesetze, die man durch einen Vergleich entdeckt, sind realisierte Zusammenfassungen bestimmter Systeme zu einer höheren Einheit, sofern das möglich ist. Nach einem solchen Plan des Vorgehens aufgereiht, zeigen sich Züge allgemeiner Ähnlichkeit bei den großen realen Systemen wie der Biosphäre des Planeten, den soziodynamischen Systemen, der Sprache der Vererbung in dem erstgenannten und der ethnischen Sprache im letztgenannten System. Für die Humanistik ist eine solche Systematisierung heute noch nicht durchführbar, sieht man ab von einem so unbeholfen und skizzenhaft entworfenen Ansatz, daß er es kaum verdient, als Traum oder Phantom bezeichnet zu werden. Man macht es dem in der konkreten Arbeit engagierten Wissenschaftler nicht leichter, wenn man ihm sagt, seine heutige Apparatur werde in zweihundert Jahren eine museale Kuriosität sein, ein wahrhaft vorsintflutliches Überbleibsel. In der Wissenschaft gilt es, Methoden zu konstruieren und nicht bloß ihr künftiges Erscheinen als Rufer in der Wüste anzukündigen. Eine Vorarbeit kann allerdings schon geleistet werden: Der Einheitlichkeit des forschenden Zugriffs muß die Einheitlichkeit der Sprache der Beschreibung vorausgehen. Es geschieht deshalb nicht aus Trotz, sondern nur um der Sache willen, wenn wir mit solcher Beharrlichkeit in Bereiche einführen, denen eine Sprache fremd war, die für sie nur ein Eindringling aus dem instrumentellen Bereich ist. Eine Übersetzung der typisch humanistischen Problematik in diese Sprache würde heute zwar einen Mißklang hervorrufen, scheint aber tatsächlich unumgänglich zu sein.

XIV.
Ein wenig Praxis

Wir kommen zu den beiden letzten Kapiteln dieses Versuchs. Im vorliegenden Kapitel werden einige ausgewählte Werke von Thomas Mann im Lichte dessen, was wir bisher gesagt haben, besprochen, was aber nicht heißt, daß wir hier die Theorie in einem Experiment anwenden und damit überprüfen. Nicht nur deshalb, weil in der Literatur außer dem Gedankenexperiment kein anderes möglich ist, sondern auch deshalb, weil wir zwar gewisse Richtlinien gewonnen haben, aber nicht über eine geschlossene Theorie im Sinne größtmöglicher empirischer Strenge verfügen. Da wir den Vorbehalt angemeldet haben, daß eine »unparteiische« Rezeption eines Werkes nicht möglich ist, sei dies noch einmal betont, ehe wir dieses Fragment unseres Versuchs, das konkreter ist als die anderen, vorführen. Ist für eine solche Kritik – denn um Kritik handelt es sich – Platz in einem Werk, das einen gewissen Anspruch darauf erhebt, theoretisch zu sein? Ich denke ja, denn wozu bräuchten wir eine Theorie, selbst in dieser unvollendeten Gestalt, die unseren Kräften entspricht, wenn wir gar nicht die Absicht hätten, uns ihrer zu bedienen?

Eigentlich wollte ich das anschließende letzte Kapitel diesem »vorziehen«, damit es den allgemeinen Teil des Buches abschlösse, aber das war mir nicht möglich, weil die Überlegungen, die ich dort anstelle, an bestimmte Ergebnisse der konkreten Analyse anknüpfen.

Es ist vielleicht angebracht, noch am Rande anzumerken, daß Teile dieses Kapitels über Mann eine überarbeitete Version eines Artikels darstellen, der auf deutsch in der Jubiläumsnummer der Zeitschrift *Sinn und Form* zum Andenken an diesen Schriftsteller erschienen ist, und daß die Zeitschrift *Miesięcznik Literacki* im Februar 1968 einen kleinen Ausschnitt dieses Fragments veröffentlichte.

Wir beginnen unsere Analyse der Titel von Thomas Mann mit den *Bekenntnissen des Hochstaplers Felix Krull*. Man kann dieses Buch wortwörtlich deuten als die Geschichte der Abenteuer eines intelligenten Schelms. Bei vielen Werken ist es übrigens gar nicht möglich, sie anders zu deuten denn als eine Art Bericht oder Memoiren von realen Personen, die ihren Fähigkeiten entsprechend ihren Lebenslauf beschreiben. Man kann bei der Lektüre des »Krull« auch bemerken, daß in diese Gestalt Elemente der Verstellung, des Eigensinns, der Lüge, der Verschlagenheit eingehen, aber auch eines Stolzes auf schöpferische Fähigkeiten, nämlich eines Talents zur Verkörperung verschiedener Personen, und daß sie zusammen ein Charakterbild ergeben, das die Gestalt des Künstlers mitumfaßt. Dabei geht es jedoch um den Künstler beziehungsweise um das Problem des Künstlertums im Niedergang, modellhaft dargestellt am Schicksal des Hochstaplers und Gigolos. Warum aber hat Mann eigentlich nicht (wenigstens in diesem Buch) das Schicksal des Künstlers direkt dargestellt? Das hat seinen Grund, denn der Künstler ist in der Gestalt des Hochstaplers »noch mehr er selbst« als in der »normalen« Gestalt; das Modell stellt eine *Vergrößerung und Verstärkung* dar. Statt einer buchstäblichen Abbildung hat der Schriftsteller eine Transformation vorgenommen, welche die Merkmale des Originals steigert. Was wir vor uns haben, ist also ein Modell, das aus realen Elementen geschaffen wurde (in dem landläufigen Sinne des naiven Realismus, daß »es solche Personen gibt«, daß »solche Situationen sich ereignen können«), ein Modell, dessen »Original« darüber hinaus eine andere Realität ist, die nicht mit der wortwörtlich geschilderten identisch, aber ebenfalls real ist (denn Künstler existieren schließlich auch real). Es zeigt sich, daß die Methode (den Künstler nicht buchstäblich zum Modell zu machen) nur scheinbar einen Umweg beschreibt. Wenn bei einem realen Phänomen ein bestimmter Zusammenhang von Variablen nur andeutungsweise vorhanden, nur schwer auszumachen ist, muß das Modell diesen Zusammenhang in der Vergrößerung zeigen, damit wir an ihm die Prozesse des Originals genauer als durch unmittelbare Untersuchungen erkennen können. Woran erforscht man die Typologie der noch normalen Epilepsieanfälligen? An den schon jenseits der Grenzen des Normalen stehenden Epileptikern. Woran erforscht man mikroskopische Erscheinungen? An ihren makroskopischen Vergrößerungen. So auch das Leben des

Künstlers. Was bedeutet jedes neue Buch für ihn? Ein Abenteuer. Wie gerät er dort hinein? Indem er sich in die Helden hineinversetzt («Madame Bovary, c'est moi«). Und ist das Leben eines Hochstaplers nicht eine Serie solcher Abenteuer? Allerdings sind das nicht nur gedankliche, sondern reale Abenteuer. Er ist der Autor seiner eigenen Texte, die er selbst darstellt. Dadurch erklärt sich, daß ein solches Modellieren so effektiv und so effektvoll ist. Das war aber lediglich eine erste Annäherung, denn in jenem »künstlerischen« Bezugssystem hört Krull auf, eine »ernsthafte«, in den Proportionen des »Normalen« gehaltene Gestalt zu sein, und wird zu einer Art Karikatur, denn die Verstärkung gewisser Merkmale ruft, wenn man sie auf das »Original« bezieht, einen zweifellos beabsichtigten kompromittierenden Eindruck hervor. Vergrößert wird nämlich, was am Künstler leicht zweideutig, unklar ist, das »Unseriöse« eines Berufs, in dem man sich »verlogene« Geschichten »ausdenkt« und erzählt, in dem man Tatsachen und Ereignisse fingiert, in dem das Erhabene neben dem Täuschenden, die schöpferische Inspiration neben der taschenspielerhaften Geschicklichkeit wohnt, und aus der Sicht des so gewählten Bezugssystems erhält das Werk eine ironische Deutung, und darin steckt auch sein semantischer Überschuß, den erst der treffsichere Scharfblick des Lesers zu enthüllen vermag. Da wir uns hier nicht mit der Psychologie der Werkrezeption im engeren Sinne befassen, können wir nicht auf die Gründe eingehen, die dafür verantwortlich sind, daß die Aktivierung der Phantasie des Lesers – er ist ja auf bloße Vermutungen angewiesen, da das Buch nur durch Anspielungen erkennen läßt, wer als Original gemeint ist, und dieses »nicht beim Namen nennt« –, daß diese Aktivierung der Phantasie ein so wesentlicher Faktor ist, der dazu beiträgt, eine eigentümliche »Tiefe« des Werkes entstehen zu lassen.

Die Frage, ob unser Interpretationsschlüssel, unsere Methode universal ist, läßt sich an einem anderen Spätwerk Manns überprüfen, am *Erwählten*. Man kann hier kaum von »realen Elementen« oder auch von einem »realen Original« des literarischen Modells sprechen. Wir haben es hier mit dem Ödipus-Mythos in einer späten Gestalt zu tun, die dadurch angereichert ist, daß sie verschiedene Kulturkreise durchlaufen hat, mit dem Mythos der inzestuösen Beziehung zwischen Sohn und Mutter, deren Monstrosität noch dadurch gesteigert ist, daß der Sohn, der die Mutter heiratet, seinerseits aus ihrer früheren Verbindung mit dem Bruder hervorgegangen ist, wir haben es also gewissermaßen mit einem potenzierten Inzest zu tun, dessen Höhepunkt die Szene darstellt, in der die Mutter ihre Sünde vor dem Papst beichtet und dabei entdeckt, daß er ihr Sohn ist, der zu dieser höchsten Würde gelangte durch eine Buße, die er sich selbst auferlegt hat. In dieser Szene ist auch die Rede von der »Dreieinigkeit« von Sohn, Vater und Priester; damit grenzt die Geschichte an Gotteslästerung und vollführt an dieser Stelle ein wahrhaft equilibristisches Meisterstück, denn sie wird sofort gerettet und zu höchster Würde erhoben – im Lichte der Gnade. Welches sind die »Originale«, die in dieser Geschichte modellhaft abgebildet sind, und worin besteht ihr »Erkenntniswert«?

Es ist dies eine Geschichte von Schicksal, Sünde und Gnade, die verstanden werden kann als ein Beitrag zur Philosophie des Menschen, eine Geschichte über seine Bestimmung, in der das Zufällige fast zur Inkarnation der negativen persönlichen Macht des Teufels wird, aber überwunden werden kann durch das in seiner Einheit zwiefache Eingreifen der zuteil werdenden Gnade und der bewußten Entscheidung; was uns vorgeführt wird, ist sozusagen das maximale »mögliche Intervall« des Schicksals in seiner äußersten Spannweite zwischen den gegensätzlichen Polen des Verfalls und des Aufstiegs, und diese größte auf Erden erreichbare Spannweite wird anschaulich gemacht. Dies ist natürlich eine ziemlich willkürliche Auslegung. Es handelt sich um einen bestimmten Mythos; den vielen Meinungen und Definitionen soll hier nicht eine weitere Erklärung hinzugefügt werden, sondern es soll eine Feststellung erprobt werden, die sich auf mehr als nur die »Überzeugungskraft« von Argumenten stützt. Auf den ersten Blick ergeben sich zwei Möglichkeiten, die Welt zu deuten: entweder substanzhaft, anschaulich, sinnlich, in den Verallgemeinerungen nicht hinausgehend über die Erfahrung, deren Ergebnissen das entstehende Bild der Welt seine Kohärenz und Geschlossenheit verdankt, oder man gewinnt diese abschließende Kohärenz dadurch, daß man die Menge der Erfahrungen um die Transzendenz ergänzt. Durch sie und vor allem dank ihrer kommt man dann zur Integration, zum Verstehen des Daseins. Diese Einteilung ist jedoch nur bei flüchtiger Betrachtung haltbar, weil eine ausschließlich auf sich selbst gestützte und daher »immanente« Erfahrung eine Fiktion ist: Elemente einer eigentümlichen »Transzendenz« im Sinne eines Hinausgehens über die sinnlichen Gegebenheiten stecken untrennbar in jedem Wahrnehmungsakt und sind um so weniger von den geordneten und zugleich die Welt ordnenden Abstraktionen zu trennen. In welchem Maße nun die Bilder, die uns ein literarisches Werk vorführt, sich auf die empirisch verstandene Erfahrung berufen und in welchem Maße sie zu bloßen Zeichen werden, die auf eine andere begriffliche Ebene hindeuten, was gleichbedeutend ist mit der Alternative zwischen dem buchstäblichen und dem metaphorischen Textverständnis, zwischen der Mitteilung und der Andeutung, zwischen der Darlegung und der Anspielung –, diese Unterscheidung hängt nicht allein von dem Werk ab, sondern erfordert notwendigerweise Entscheidungen des Lesers. Dabei können Standpunkte, die einander scheinbar ausschließen, miteinander vereinbar sein, denn »eine Metapher zu sein« oder, umgekehrt, »eine buchstäbliche Beschreibung zu sein« – das sind *abstufbare* Eigenschaften der Zeichen (und damit auch der Werke). Je nachdem, welche Haltung der Leser zu der Erzählung Manns einnimmt, wird sich deren Perspektive verändern und zwischen dem halbwegs Glaubhaften und dem Spöttischen schwanken, wobei bezeichnend ist, daß man das Werk rezipieren kann, ohne sich eindeutig für einen der extremen Standpunkte zu entscheiden, und in diesem Falle gewinnt es einen eigentümlichen Glanz der Ambivalenz der Bedeutungen, weil der Ernst sich untrennbar mit der Ironie verbindet. Rational betrachtet, bedeutet diese Zwittrigkeit, daß man Nachrichten erhält, die logisch widersprüchlich sind. Denn entweder gibt es, wie der Rationalist sagt, die jenseitige Welt, welche die Begriffe der Sünde, der Gnade und des Niedergangs sanktioniert, oder es gibt sie nicht. Doch die die geschilderten Vorgänge einhüllende Atmosphäre von Bedeutungen ändert sich gerade in Abhängigkeit davon, in welchen »semantischen Raum« der Verweisungen wir die Handlungen eintauchen. Der Rationalist, der auf ein buchstäbliches Verständnis des Textes verzichtet und in ein metaphorisches Verständnis einwilligt, gewinnt dadurch Informationen, wenngleich nicht empirischer Art, denn was er erfährt, ist die Einweihung in die Begriffswelt einer bestimmten kulturellen Formation.

Aus empirischer Sicht ist ein Mythos entweder nicht verifizierbar oder falsch, eine Hypothese, die entweder »nicht mit den Tatsachen übereinstimmt« (etwa der Mythos von der Auferstehung) oder überflüssig ist (wie der Mythos der Reinkarnation). Versuchen wir nun, den Gegensatz von Mythos und Empirie herauszuarbeiten, also den Gegensatz zwischen einer Information, die zu überprüfen nicht so sehr unmöglich als vielmehr unerwünscht ist, und einer empirischen Information.

Die Empirie leitet das Verhältnis des Menschen zur Welt und zu anderen Menschen aus der Untersuchung realer Vorgänge ab, während der Mythos diese Beziehungen normativ festlegt. Im Mythos herrscht Prädetermination, niemals aber der Zufall oder die Statistik; in der Empirie untersuchen wir Kausalketten, während der Mythos uns in ein »Geheimnis« einführt. Denn in all seinen Verkörperungen umkreist er in Bildern, Parabeln, Gleichnissen und Allegorien ein »Geheimnis« (der Existenz, des Schicksals, der Bestimmung, der Schöpfung), und er hat demjenigen, der, nachdem er ihn kennengelernt hat, nach weiteren Erklärungen verlangt, nichts mitzuteilen. Er stellt nämlich, im Gegensatz zur ewig zweifelnden, unvollkommenen, strebenden Empirie, eine Information dar, die erstarrt ist in vollkommener Selbstgenügsamkeit, in der zugleich bedrohlichen und Bewunderung erregenden Würde der Offenbarung des Unerschütterlichen, Bewunderung auch deshalb erregend, weil er in seinen verschiedenen Formen zugleich statisch und dynamisch ist. Er ist statisch insofern, als sich eine bestimmte Situation oder eine Folge von Situationen in unveränderter, kreisförmig geschlossener Gestalt in ihm wiederholt, als die Zeit in ihm nicht ein unumkehrbar aus der Vergangenheit in die Zukunft gerichteter Pfeil ist, sondern ein Drehrad, und die in ihm geschilderten Ereignisse sich gleichsam außerhalb der Zeit vollziehen, denn ihre Vermittlung besteht in einer Aktualisierung, die der natürlichen Vergänglichkeit und Alterung Hohn spricht: Der Mythos spielt sich in der Ewigkeit und damit immer ab, und es darf nichts an ihm verändert werden; darin besteht sein statischer Charakter. Zugleich ist er jedoch auch dynamisch, denn er erlaubt wechselnde und abwechselnde Verkörperungen (Sohn, Vater und Priester im *Erwählten* als verschiedene Verkörperungen der Gestalt des Ödipus, die gleichsam »verdreifacht« wird; könnten wir hier weitere Verzweigungen untersuchen, so würden wir auf verschiedene »Mischungen« dieses inzestuösen Verhältnisses stoßen, die sich in verschiedenen Kulturkreisen unterschiedlich konkretisieren). In Manns Version wird der griechische Mythos auf das System der christlichen Glaubensvorstellungen bezogen, und dadurch wird die Beziehung »Ödipus-Mutter« bereichert um eine etwas andere »Art« von Transzendenz (in Bezug auf das Urmuster). Im Grunde die gleiche Beziehung, wenngleich völlig der Aura der Transzendenz entkleidet, finden wir in Nabokovs *Lolita*, wo der Held (Humbert) davon träumt, mit Lolita ein Töchterchen zu haben, um sich dann wiederum unzüchtig an dessen Reizen zu ergötzen. Diese optimistisch-priapische Träumerei verdankt ihre das moralische Urteil entwaffnende Komik der Ungeheuerlichkeit der Träume; das Ungeheuerliche ist allzu unglaublich und geht über ins Komische, so wie es sich im *Erwählten* in die pathetische Rührseligkeit der letzten Szenen verwandelt, in denen die Mutter ihre Sünde dem Sohn-Papst beichtet. Die Ödipus-Situation wird gewissermaßen in zwei unendlich weit voneinander entfernten Tonarten durchgespielt; einmal wird sie in der Überhöhung parodiert, das andere mal zu einer psychologisch treffenden Kompromittierung benutzt. Mann versucht in seiner Version gleichsam den Ödipus-Mythos und seine späteren Transfigurationen zu komprimieren, eine Verdichtung zu schaffen, die reich an ehrwürdigen Referenzen ist, da sie in so manchem Motiv unserer (europäischen) Kulturtradition wurzelt und, dieser letzteren eingeschrieben, sich aus der Welt der Ideen und nicht aus den realen Ereignissen ergibt; natürlich hat Mann nicht versäumt, die eindrucksvollen Mittel seiner Prosa einzusetzen, insbesondere der Stilisierung (der Text enthält sogar Einsprengsel von Altfranzösischem), auch der situativen Stilisierung (das schon erwähnte Spiel mit der Gotteslästerung ist ein bewußt eingegangenes Risiko, das sich aus der formalen Ähnlichkeit ergibt, die in der »Dreieinigkeit« der Personen enthalten ist); die Erzählung ist von einer scheinbaren Schlichtheit, in der das Ungekünstelte des uralten Motivs durch die meisterhafte Gestaltung der Einzelheiten noch eine Steigerung erfährt. Bei Nabokov dagegen ist der Mythos ein eher zufällig, unabsichtlich heraufbeschworener blasser Schatten, weil die Situation realistisch ist (im psychologihen Sinne sind die Träume des Pädophilen durchaus glaubhaft), und die Szene hat nichts von einem »Geheimnis«, es sei denn, man sähe das Geheimnis in einer derart weit getriebenen Häufung perverser Träume.

Warum hat Mann nicht einen zweiten Band des »Krull« geschrieben? Nur deshalb, weil er es nicht geschafft hat? Weil sich seine im übrigen bemerkenswerte »biologische Ausdauer« erschöpft hat, von der er einmal in einem offenen Brief geschrieben hat, ihretwegen werde er sich noch den Ehrendoktorhut aufsetzen? Das in der *Königlichen Hoheit* aufgegriffene Thema des Künstlers sollte als die nächste Verkörperung in einer ironisch-schelmischen Tonart vorgetragen werden (eine Fortführung dieser Verkörperungen finden wir in der Gestalt des Adrian Leverkühn, wo bereits das Tragische dominiert). Aber Mann, die Leitsterne des »idealen« Künstlers und des »idealen« Hochstaplers vor Augen, hat die maximal erreichbare existentielle Einheit dieser Doppelgestalt wohl nur bis zum Ende des ersten Bandes konsequent durchhalten können. Vielleicht ist dieses Gleichgewicht auch schon ein wenig früher ins Wanken geraten. Tatsächlich ist es ja ein allzu vortrefflicher Künstler, der sich in diesem Lakaien verkörpert, als daß man in dem, was realistisch-saftig sein sollte, nicht das Scheinhafte durchschimmern sähe! Welches Maß an intelligenter Kunstfertigkeit und

Raffiniertheit des guten Geschmacks, an Manieren und Beredsamkeit hat Mann in diese Gestalt hineingelegt! Selbst wenn wir einmal nicht die Talente in Frage stellen, dank derer Krull, der nichts über Hermes wußte, derartige Briefe an die Eltern des Marquis zu schreiben vermochte, und den König von Portugal dazu brachte, ihn mit Orden zu dekorieren, wenn wir selbst diese ungewöhnlichen Dinge gelten lassen – was erst hätte Krull in weiteren Teilen des Werkes zuteil werden müssen? Was Mann an der Gestalt des »blauen Vogels« fasziniert hat, war deren Zwiespältigkeit, wie wir sie ähnlich beim Künstler finden und wie sie sich aus dem Kontrast zwischen der inneren Schlechtigkeit und der Meisterschaft im Äußerlichen ergibt, denn ähnlich wie der Künstler »schlechter«, d.h. »weniger vollkommen und klug« ist als das eigene Werk (Resultat einer zum Gipfel führenden Anstrengung), wird der Hochstapler, der sich als Aristokrat gibt, äußerlich zu dessen mehr als ebenbürtigem (weil durch die Wahl dieser Verkörperung überlegenem) Partner, ohne daß er aufhört, »im Inneren« ein Halunke lakaiischer Herkunft zu sein. Am Ende des ersten Bandes ist die Verkörperung doch allzu perfekt geworden – Krull erweist sich als ein Meister der Beredsamkeit, als ein vortrefflicher Plauderer; im zweiten Band hätte ihn wohl eine Karriere in den führenden Salons Europas erwarten müssen. Hätte man dies geschildert und hätte die Geschichte eine gewisse Glaubwürdigkeit erlangt, so wäre der krasse Gegensatz zwischen dem Billigen und dem Erstklassigen, zwischen dem, was an Krull eigennützige Verstellung, und dem, was an ihm berückende Kühnheit des Spiels und Glanz der authentischen Improvisation ist, ein Gegensatz, der schon gegen Ende des ersten Bandes nachläßt, der aber dem Roman einen eigentümlichen Anflug von Ambivalenz gibt und sein schärfstes Gewürz darstellt (und den Grund abgibt, warum er geschrieben wurde) – dieser Gegensatz wäre restlos untergegangen. Alles Niedrige und Gemeine an Krull wäre unter den Lampen der großen Karriere dahingeschmolzen, und wenn der Spalt verschwunden wäre, der die Maske vom Gesicht, den geriebenen Spieler von dem an seine eigene Authentizität glaubenden Schauspieler trennt, wäre das Modell des Künstlers eines buchstäblich unbemerkbaren aber endgültigen Todes gestorben. Die Aura der semantischen Mehrdeutigkeit, die das Buch verbreitet und die sich aus der Zwiefältigkeit seines Schlüssels, aus seiner Doppelbezüglichkeit ergibt, wäre dann verschwunden – und wir hätten lediglich einen Roman über den ungewöhnlichen Aufstieg eines ehemaligen Lakaien und Kellners, über eine Karriere, die in ihrer Buchstäblichkeit nicht mehr viel gemein gehabt hätte mit dem Kreis von Problemen, die Mann faszinierten – und wohl aus diesem Grunde ist er nicht vollendet worden.

Dies ist gewiß nur eine Vermutung. Der zweite Band hätte andere Verkörperungen enthalten können, die möglicherweise im Niedergang geendet håtten, aber was hätten solche Peripetien noch hinzufügen können zu dem Wissen von der existentiellen Zwiespältigkeit dessen, der unablässig schauspielert? Weder der gefeierte Aufstieg noch der Niedergang hätte jene Linie einhalten können, auf der die beiden Schicksale ständig parallel laufen und gleichzeitig bedacht werden, das kreierte Schicksal und dasjenige, das nur durch stillschweigenden Bezug gegenwärtig ist.

Hat Mann in den *Bekenntnissen des Hochstaplers Felix Krull* im Stile der Parodie eine Ambivalenz des Künstlers gestaltet, die eine gewisse moralische Bewertung erfährt, da das »eudämonische« Element mit dem »Hermes«-Element zusammenprallt (nicht ohne Grund verleiht Madame Houpflé in der »großen Bettszene« dem jugendlichen Liebhaber den Namen des Gottes der Diebe), wird in der *Königlichen Hoheit* eher der empfindliche und schmerzliche Widerspruch gestaltet, durch den der Künstler als eine öffentliche Persönlichkeit gezwungen ist, für andere nicht so sehr sich selbst zu spielen, wie er wirklich ist, sondern vielmehr das, was die anderen über ihn denken, was sie von ihm erwarten. Diese ständige »Veredelung«, die er an sich selbst vornehmen muß, um den Erwartungen des Publikums Genüge zu tun, diese über die wirklichen Verhältnisse hinausgehende Idealisierung greift wesentlich in das Leben des Künstlers ein, macht seine »Privatheit« zu einer leicht betrüblichen Einsamkeit, der es – wegen des Kontrasts zum Glanz der offiziellen Würde – nicht an Komik gebricht. Der groteske Ton des »Krull«

wird in der *Königlichen Hoheit* ersetzt durch den Ton eines im allgemeinen gutmütigen Humors, in den sich sogar eine gewisse Sentimentalität mischt, denn der Hintergrund des Romans läßt – nicht überall in zurückhaltender Weise – sein »mythisches Urmuster«, in diesem Falle das Muster des Märchens, erahnen. Das ist insofern »ehrlich«, als das Märchen den Ereignissen, die es schildert, keine Realität zuschreibt, weil es zu einer nicht allzu verbindlichen Illusion neigt, die sich nicht sonderlich bemüht, Realität vorzutäuschen. Wenn sich in den Mythen unausweichliche Tragödien ereignen oder das glückliche Ende zu einem durch das Eingreifen des Allmächtigen geradezu himmlisch geordneten Schluß wird, so fügt sich im Märchen alles auf eine nicht so sehr schmerzlose als vielmehr überaus einfache Weise. Das Urmuster der *Königlichen Hoheit* ist daher die »Märchenausgabe des Mythos«, also jene Form des Mythos, die frei ist von »metaphysischen Ambitionen«, die ohne die pulsierende Nabelschnur auskommt, welche den Schauplatz der Ereignisse ständig mit der Transzendenz verbindet; im konkreten Falle wurde die Geschichte entlehnt aus den Märchen über »Die Schöne und den Prinzen«, wobei nur die Merkmale nicht entsprechend dem Prototyp verteilt wurden: Nicht der Prinz ist reich, sondern die Schöne, und nicht sie, sondern er steckt im Gefängnis der Einsamkeit, aber es wird der Auserwählten möglich sein, ihren Liebling daraus zu befreien. Nach seinem Erscheinen wurde der Roman von Adligen attackiert, die sich durch bestimmte realistische Einzelheiten beleidigt fühlten. Mann hat daraufhin öffentlich erklärt, es handle sich um eine Allegorie. Diese Dinge gehören heute einer toten Vergangenheit an, denn das Problem des Künstlers als »einer bewunderten Persönlichkeit« – besonders in der Gestalt, die sie in der *Königlichen Hoheit* erhalten hat – hat sich überlebt. Gewiß gibt es auch dauerhafte, beinahe »zeitlose« Aspekte der künstlerischen Existenz, wie sie beispielsweise mit dem Wesen der schöpferischen Prozesse zusammenhängen, aber manche Aspekte folgen nicht aus inneren Notwendigkeiten, sondern nur aus einer Mode der jeweiligen Zeit, und die Wandelbarkeit der Mode sorgt dafür, daß die Darstellung solcher Folgen von kurzer Lebensdauer ist. Ein Leser, der nicht mit der Zeitgeschichte und dem Werk Manns vertraut ist, wird nicht einmal ahnen, daß in der *Königlichen Hoheit* das Problem des Künstlers überhaupt vorkommt; das Bezugssystem, das es erlauben würde, einen solchen semantischen Überschuß aus dem Werk herauszuholen, ist kein gesellschaftliches Allgemeingut mehr.

Es sei nebenbei angemerkt, daß Mann sogar in der Gestalt Hitlers ein künstlerisches Element gesehen hat (in einem Artikel mit dem Titel »Bruder Hitler«), eines Künstlertums allerdings, das auf den Hund gekommen, zur Schmierenkomödie entartet ist, aber dennoch einen Rest seines Geheimnisses ausstrahlt, der Faszination der »Beseelung«, der magischen Kraft, auf andere einzuwirken.

Ich will hier nicht darauf eingehen, ob Mann »recht gehabt« hat, sondern erwähne das nur, um zu zeigen, wie eilfertig er nach realistischen, vom realen Leben geschaffenen Modellen für das Problem des Künstlers gesucht hat, seien es nun bewußt »kovariante« Modelle wie die »Königliche Hoheit«, oder seien es Modelle, die zur Groteske, zur geradezu schändlichen Karikatur transformiert waren.

Zu den fundamentalsten Eigenschaften des menschlichen Geistes gehört die Tendenz, in der ihn umgebenden Welt eine Ordnung zu entdecken. Diese Eigenschaft ist nicht auf einer hohen Stufe der Evolution entstanden, denn sie ist bei allen Tieren anzutreffen. Der Mensch hat jedoch in dieser Dimension der Suche nach Ordnungen in der Welt die größte Freiheit erlangt. Tatsächlich läuft sowohl die Mythenbildung als auch das Philosophieren, das Entwerfen von Theodizeen und schließlich auch die rationale empirische Tätigkeit darauf hinaus, Ordnungen zu postulieren, welche die Welt regieren. Die Magie, die Religionen, die Ontologien und Empirien sind gleichermaßen bemüht, das ständige Fragen der Menschen nach dem »was, woher, wie und warum« zu befriedigen. Während jedoch die Empirie Ordnungen in der Welt entdeckt, die dem instrumentellen Handeln Rückhalt geben und bei jedem einzelnen Schritt verifiziert werden, ist der Mythos eine Ergänzung der Welt, stülpt er ihr Ordnungen über, die nicht durch empirische Erfahrung zu verifizieren sind. Hier wie dort finden wir jedoch das gleiche Bestreben, den einen Schlüssel, die endgültige Formel aller Erscheinungen zu entdecken, und es ist daher nicht verwunderlich, daß wir ähnliche Prozesse oder vielmehr ihren Widerschein auch in der Literatur antreffen. Epische Werke bemühen sich, an der Welt eine »ultimative Transformation« vorzunehmen, um aus ihrem unendlichen Überfluß Elemente herauszufischen, in deren Verknüpfung dauerhafte Wahrheiten eingefangen sind. Letzten Endes geht es also immer um dasselbe – um die Suche nach den allgemeinsten Invarianten des Schicksals und der Welt. Es steht uns hier nicht zu, die Frage zu beantworten, warum der Mensch so handelt und inwiefern sich diese seine existentielle Handlungsstrategie auf elementare biologische Antriebe zurückführen (reduzieren) läßt. Wir halten lediglich einen Tatbestand fest und werden uns auf ihn berufen. An den Werken Manns läßt sich deutlich ein Konflikt beobachten, der übrigens nicht nur für sein Schaffen kennzeichnend ist – der Konflikt zwischen zwei diametral entgegengesetzten Arten, die Welt zu ordnen, nämlich der mythischen und der empirischen.

Die Frage nach der Ursache eines bestimmten Zustandes, beispielsweise einer Pestepidemie, könnte man so beantworten, daß die Antwort nicht nur erschöpfend ist, sondern auch bei den Fachleuten allgemeine Anerkennung findet. Gleichwohl ist es immer möglich, die Existenz einer »doppelten« Ursache zu postulieren, die zu der Behauptung berechtigt, die Pest sei zugleich eine Geißel Gottes. Gläubige verlassen sich heute auch in dieser Hinsicht auf die besagte, nicht nur interpretatorische Doppelheit, denn während sie zur Vorbeugung einer Epidemie auf der Ebene des instrumentellen Handelns aktiv werden, unternehmen sie gleichzeitig Dinge, die aus der Sicht des instrumentellen Handelns ebenso vergeblich wie überflüssig sind. Ein gläubiger Mensch (gleichgültig welcher Religion) wird freilich nicht allen in der realen Welt vorkommenden Zuständen eine solche »Doppelheit« der Ursachen zuzuschreiben bereit sein. So wird im allgemeinen niemand die Ansicht vertreten, ein Defekt des Autos oder das Verbiegen des Uhrzeigers sei auf das Eingreifen höherer Mächte zurückzuführen. Eine gewisse Verantwortlichkeit wird der Transzendenz vielmehr dann aufgebürdet, wenn es um bedeutsame Zustände geht. Sollte sich herausstellen, daß das Stehenbleiben der Uhr infolge der Auslösung einer lawinenartigen Serie kausal bedingter Ereignisse durch den Ausbruch eines Weltkrieges hervorgerufen wurde, so wären manche Menschen bereit, gewissermaßen auch dieses erste Glied der Serie mit einer höheren, metaphysisch verstärkten Sanktion auszustatten. Für die Anhänger einer Religion stellt diese den wahren Glauben dar, im Gegensatz zu den »falschen« Glaubensvorstellungen beispielsweise der Mythen; diese Unterscheidung können wir hier nicht teilen, nicht so sehr aus glaubensfeindlichen als vielmehr aus rein klassifikatorischen Gründen. Die Forderung, nach Zusammenhängen außerhalb der realen Welt zu suchen und ihr eine beliebige »transzendentale Zugabe« hinzuzufügen, ist im Sinne einer einheitlichen Klassifikation mythischer Natur.

Die Frage nach der Entstehung des Faschismus läßt sich auf der soziologischen, der ökonomischen oder allgemeiner auf der kausalen Ebene beantworten, wenngleich unsere Erkenntnisse in diesem Bereich hinter unseren Erkenntnissen etwa auf dem Gebiet der Biologie zurückstehen. Es ist aber auch eine Antwort möglich, welche die eingetretenen Folgen auf eine ein für allemal in überzeitlichen Kategorien festliegende Ursequenz von Ereignissen bezieht. Wir erhalten damit anstelle einer empirischen Erklärung eine Offenbarung, anstelle der gnoseologischen Dynamik die Pseudodynamik der unausweichlichen ewigen Wiederkehr einer bestimmten Situation. Beispielsweise der Versuchung, der Sünde und der Schuld.

Aus dem oben Gesagten folgt, daß die Erlangung selbst von sehr genauen und sehr wirksamen Erkenntnissen den Bereich, auf den sich diese Erkenntnisse beziehen, nicht automatisch von einer postulierbaren Transzendenz ausschließt. In einem gewissen psychologischen Sinne ist es sogar leichter, eine Transzendenz dort zu postulieren, wo die Wissenschaft lediglich Wahrscheinlichkeiten, also indeterministische Erscheinungen feststellt, denn der Glaube an eine vollständige Determiniertheit der Erscheinungen, mit denen wir tagtäglich zu tun haben, ist schwer auszurotten. Selbst erschöpfende soziologische Erkenntnisse sind daher nicht imstande, jenes von uns als mythisch bezeichnete Herangehen an Phänomene wie etwa den Faschismus zu entmutigen.

Die Literatur hat in der Geschichte unterschiedliche Funktionen erfüllt; zu Lebzeiten Manns war es – nach einer Reihe wichtiger Werke zu urteilen – nicht ihre Aufgabe, für eine ganz und gar empirische Auffassung der menschlichen Existenz Partei zu ergreifen. Der Positivismus, der eine solche Auffassung vertrat, erfreute sich im allgemeinen nicht einer sonderlichen Sympathie bei den Künstlern, wofür eine Reihe von komplizierten Gründen verantwortlich ist, die wir hier nicht anführen möchten. Das ist auch nicht nötig, wenn man unserer Ansicht beipflichtet, daß die realistische Epik reale Ereignisse schildert, zu denen schließlich auch menschliche Glaubensakte einschließlich aller sich daraus im Handeln ergebenden Konsequenzen gehören. Im übrigen kann, was das menschliche Schicksal betrifft, eine Mischung der beiden Auffassungen (der mythischen und der empirischen) künstlerisch beeindruckende Ergebnisse zeitigen. Allein schon das Aufeinanderprallen solcher genetisch gegensätzlichen Ordnungen hat etwas Erregendes, denn der Konflikt zwischen der aus der Offenbarung stammenden Ordnung und der menschlichen Praxis scheint zu den entscheidenden Merkmalen des Menschlichen zu gehören (ich würde von der »menschlichen Natur« sprechen, wäre dieser Ausdruck nicht mit dem gefährlichen Ballast versteinerter Mißverständnisse behaftet). Es gibt Themen, bei denen die auf diese Weise entstandenen Mischlinge künstlerisch lebensfähiger sind als Werke, denen nur ein einziges, die Wirklichkeit ordnendes Gerüst zugrunde liegt.

Wir haben Werke wie den *Krull* und den *Erwählten* miteinander verglichen, wobei wir im ersteren einen empirisch abbildenden Prozeß, im letzteren dagegen einen belletristisch gewendeten Mythos entdeckten. Sie bilden die entgegengesetzten Pole unserer Skala, auf der wir in den großen Werken Manns unterschiedliche Anteile beider Ordnungen entdecken können. Wir haben festgestellt, daß durch die realistische Staffage der *Königlichen Hoheit* der blasse Schatten des mythischen Urmusters in märchenhafter Tönung hindurchschimmert. Ebenfalls nur spurenweise ließen sich Elemente eines so verstandenen Einflusses der mythischen Ordnung im *Zauberberg* ausmachen. Bei diesem Werk sticht das Übergewicht der kognitiven Empirie hervor; gesellschaftliche Prozesse werden dargestellt an Abläufen innerhalb einer geschlossenen Gruppe von Menschen; mit »gesellschaftlichen Prozessen« meinen wir vor allem die Kultur einer bestimmten Epoche, ihre Hauptströmungen, kurz: den sogenannten Zeitgeist. Dieses Buch wird uns hier nicht in gleichem Maße beschäftigen wie das letzte große Werk Manns – der *Doktor Faustus*. In ihm treffen alle Obsessionen des großen Schriftstellers zusammen: das Problem von Gesundheit und Krankheit, das Problem des Künstlers und seiner Kunst, das Problem von Versuchung und Sünde und – last but not least – das Problem der Zeiten, in denen das Werk geschrieben, und des Volkes, aus dem Mann hervorgegangen ist.

Gewiß läßt sich auch im *Zauberberg* ein mythisches Element ausmachen – in jenem um die Sphäre aller Glaubensbekenntnisse erweiterten Sinne, den wir diesem Ausdruck beilegen. Eine mythische, allegorische Deutung des Schicksals finden wir in dem großartigen Abschnitt mit dem Titel »Schnee«. War nicht Hans Castorp in seiner eine gewisse Achtung gebietenden Durchschnittlichkeit eine – wie übrigens Mann selbst sagt – Verkörperung des »homo Dei«? Sobald jedoch die empirische und die mythische Ordnung des Werkes zusammenkommen und die eine die andere zu stützen, zu verstärken, zu vertiefen und aufzuhellen vermag, ohne daß sie prinzipiell miteinander kollidieren, entsteht jene totale Übereinstimmung, jene Harmonie, die jeden Leser befriedigt. Sowohl der Empiriker als auch der Gläubige sind nach dieser Schilderung der Welt zutiefst überzeugt, daß der Künstler ihre jeweilige Welt, ihre jeweilige Weltsicht gestaltet habe. Die Ambition der Epik besteht ja darin, ein Modell aufzustellen, in dem eine Vielfalt von Ordnungen herrscht oder aus dem man eine solche Vielfalt herauslesen kann; die Welt der Epik ist ein »Multimodell«, weil man sie auf unterschiedliche Weise auslegen kann – und darin ähnelt sie am stärksten der »originalen« Welt.

Gewissermaßen die methodische Antithese zum *Doktor Faustus* sind die *Geschichten Jaakobs* (*Joseph und seine Brüder*). Was *Der Erwählte* bei einem relativ schmalen Umfang an einem begrenzten Material darstellt, ist hier erweitert zu einer monumentalen biblischen Saga. Der Mythos in reiner Gestalt war das »Original«, das Mann mit seinem ungeheuren Wissen, seinem empirischen, rationalen und exakten Wissen, konfrontiert hat. Alle verfügbaren Elemente der Kulturanthropologie, der Geschichte, der Archäologie und der modernsten Psychologie wurden in Anspruch genommen, um einer biblischen Geschichte scheinbare Glaubhaftigkeit zu verleihen, an der nicht ein Strich verändert wurde, deren Züge insgesamt jedoch in diesem gewaltigen Roman verschwinden, so wie ein Skelett in einem Körper verschwindet. In diesen gewaltigen vier Bänden hat der Mythos, wie man sagen könnte, die Geschichte bezwungen, hat er sie sich untergeordnet und ist dank ihrer zu einem umfassenden Stoff geworden, der weitaus glaubhafter ist als im »biblischen Original«. Tatsächlich geschieht aber in diesem Roman etwas ganz Eigenartiges, denn er stellt nicht so sehr eine belletristische Fassung des Mythos dar, sondern er beschreibt vielmehr den Prozeß der Entstehung und der Entwicklung des Mythos, wie es eindrucksvoll bereits die ungeheure Einleitung andeutet, jene »Höllenfahrt«, aus der wir erfahren, daß nicht so sehr ein bestimmter »Sachverhalt« dargestellt wird, als vielmehr dessen »Selbstgestaltung« im Abgrund der Zeit. Eine spezifische List und Vollkommenheit liegt zugleich darin, daß dieser Prozeß der Mythenbildung vollständig mit dem verschmolzen wird, was in ihm entsteht. Diese eigentümliche Konstruktion ist so bruchlos, daß sie zugleich das Geschehen und dessen Produkt darstellt; man denkt dabei an Romane aus der ersten Hälfte unseres Jahrhunderts, in denen der Prozeß ihrer Entstehung vorgeführt wurde. In diesem Falle ist der Text jedoch nicht auf sich selbst bezogen, sondern auf eine Vergangenheit gerichtet, die gleichsam zwei zeitliche Ordnungen in sich einschließt: eine dynamische Ordnung der »gewöhnlichen« Chronologie der Ereignisse und deren sublimierte, zur biblischen Erzählung erstarrende Gestalt. Nach der Lektüre der *Geschichten Jaakobs* begreift der Leser, daß man nicht fragen darf: »Wie war das damals wirklich?«, denn ein Roman, der »sich selbst erzählt« und darin die stetige Wiederkehr des Mythos nachahmt, der bei seiner Wanderung an Bedeutungen und Seitenmotiven zunimmt, verdeutlicht durch diesen Prozeß die Vergeblichkeit einer solchen Frage. Er demonstriert die Unausweichlichkeit der Legende, zu welcher eine hinreichend ferne Vergangenheit werden muß, in der die einzige sichere Wahrheit darin besteht, daß die Menschen in ihr geboren wurden, lebten, litten und starben. Der Rest ist Schweigen – oder die Schönheit voll deserhabenen Glanzes, mit dem der unter der Feder des Schriftstellers auflebende Mythos die seit Jahrtausenden existierenden, vielleicht aber auch niemals geborenen Helden der Frühzeit versieht.

Manns Roman ist zugleich neu und alt, neu in der Vollkommenheit der Erzähltechniken, alt in der grundlegenden Methode, denn noch ehe die Literatur die Welt zu beschreiben beginnt, hat sie sie in der Weise ergänzt, wie das die Religion tut. Die Beschreibungsfunktion ist eine empirisch-kognitive, die Ergänzungsfunktion dagegen eine mythische.

Der Kritiker steht bei Thomas Mann vor einer schwierigen Aufgabe, denn dieser großartige Schriftsteller war zugleich ein großartiger kritischer Kenner seines eigenen Werkes. Er hat seine Absichten besonders in den Jahren der schöpferischen Reife so realisiert, daß nur derjenige, der nicht mit ihren Prämissen einverstanden ist, gegen sein Werk etwas einzuwenden vermag. Das möchte ich tun, indem ich mich auf den *Doktor Faustus* beschränke und erkläre, woher meine Vorbehalte gegen dieses Buch rühren.

Mann hat auch hier den Mythos mit der Realität zusammenprallen lassen. In der Modellierung hat er offenbar das Ideal verfolgt, eine bestimmte Ereignisfolge, die realistisch dargestellt wird (und daher aus der Sicht des »naiven Realismus« glaubhaft ist), mit Hilfe des faustischen Mythos so zu gestalten, daß diese Ereignisse auf den ersten Blick vollkommen alltäglich und buchstäblich gedeutet werden können, zugleich aber auf einen Hintergrund übernatürlicher Bezüge projiziert sind, denn dort liegt und von dort stammt die Ordnung, die letzten Endes für die Konstruktion und die Bedeutung des gesamten Werkes ausschlaggebend ist.

Die Gestaltung vollzieht sich grundsätzlich im Rahmen bestimmter antagonistischer Gegensätze, die gleichsam Kraftlinien entstehen lassen und die man, paarweise geordnet, folgendermaßen bezeichnen könnte: Am mythischen Horizont steht gewissermaßen das Paar Faust-Mephisto, und im Text selbst treten als Gegensätze auf: Adrian Leverkühn und der Teufel, die Gesundheit (oder Normalität) und die Krankheit, die Rettung und die Zerstörung (durch die Kunst) oder ganz allgemein das Gute und das Böse.

Also wieder einmal der Teufel als Verkörperung des Bösen. Gewiß hat Mann für eine »empirische« Interpretation ein Hintertürchen offengelassen, denn der Text spricht von den durch spirochaeta pallida in der Spinnwebhaut des Gehirns hervorgerufenen »entzündlichen Prozessen«, bei denen Halluzinationen auftreten können. Der Tod des Kindes kann ebenfalls ein Zufall sein und muß nicht bedeuten, daß der Teufel sich auf diese Weise für die Nichteinhaltung der vereinbarten Bedingungen rächt. Wird der *Doktor Faustus* dadurch jedoch tatsächlich ambivalent? Kann man ihn auf eine solche »einzigartige« Weise deuten, welche die metaphysische Problematik auf das menschliche Elend und den Einfluß des Endotoxins der blassen Spirochäte reduziert? Das ist mehr als zweifelhaft. In Manns Roman erfüllt der Teufel nicht die gleiche Funktion wie der Teufel in den *Brüdern Karamasow*. Dieser ändert nämlich durch sein bloßes Erscheinen nichts an der Welt: Sie geht weiter wie bisher, und auch die Zukunft bleibt wie bisher unerforschlich. Der Mannsche Teufel strukturiert dagegen sämtliche Vorgänge der Welt um, denn mit ihm tauchen die Vorherbestimmung und die Vorsehung auf. Wenn man ihn zur Einbildung des kranken Gehirns eines Syphilitikers erklärt, zerfällt der Roman in unverbundene Bruchstücke; das traurige und schmähliche Abenteuer Leverkühns, seine harte Einsamkeit, der Tod des Kindes, das er geliebt hat, wie zuvor der Tod des Arztes, der ihn geheilt hat – das sind merkwürdige Koinzidenzen, Vorfälle, die außer im Gehirn des kranken

Mannes überhaupt keine Einheit bilden; wir hätten dann nur noch ein »merkwürdiges Zusammentreffen von Umständen«, das nicht bloß dazu geführt hat, daß Leverkühn an Einbildungen und Halluzinationen leidet, sondern außerdem bewirkt hat, daß diese Wahnvorstellungen sich so erfüllen, als hätte er den Vertrag nicht mit einer nur eingebildeten, sondern wirklichen Hölle geschlossen. Wir können ja für den »Teufel« auf der »empirischen« Deutungsebene die menschliche Bosheit einsetzen, aber wie könnte diese Bosheit allein bewirken, daß außerhalb des Wirkungsbereichs des Komponisten etwas eintritt, was lediglich ein durch die Krankheit verschärftes Trugbild jener Bosheit ist? Manns Teufel führt somit einen starren Determinismus, eine Vorherbestimmtheit der Ereignisse in den Roman ein, er ist nicht nur die Verkörperung des »negativen Gottes«, sondern ein Faktor, der das Innere des Werkes in das Innere einer Uhr verwandelt.

Dieser uhrwerksmäßige Gang stammt aus dem Mythos. *Doktor Faustus* ist die Verkörperung eines aristokratisch oder vielmehr personalistisch gesonnenen Mythos, denn ihm zufolge macht der Teufel Jagd auf die Auserwählten. Der Vertreter der Finsternis ist schließlich nicht irgend jemand, und derjenige, mit dem er einen Vertrag zu schließen bereit ist, ist auch nicht irgendwer, sondern ein Genie. Manns Teufel stammt aus einer untergegangenen Zeit, er ist ein Individualist, für den im Zeitalter der Massen kein Platz ist; er ist ein enger Vetter des *allwissenden* Laplaceschen Dämons des Determinismus und der Kausalität, er überwacht die Vertragsbedingungen wie ein Buchhalter, er hält die vom Satan verbürgten Bedingungen ein, aber wegen der Verletzung auch nur eines Buchstabens dieses Vertrages treibt er unerbittlich die Schuld ein, indem er das Kind, das Adrian liebte, tötet.

Doch vor welchem zeitlichen Hintergrund entwickelt sich diese Geschichte? Mochte einem in jener Zeit, als das Buch entstand, auch das schrecklichste Übel widerfahren – wenn man wußte, daß es sozusagen »an mich persönlich adressiert« war, weil es jemanden gab, der genau mich zu seinem Opfer ausersehen hatte, so war das ein wahrer Luxus, gemessen an der Regel und Norm der Epoche. Wir waren in Europa wie

Körner, die millionenfach zwischen die Mühlsteine gerieten, und diese Millionen von Wesen hatten in den Ritzen, die das Leben vom Tod trennten, weder Platz noch Zeit – nicht nur für lange Gespräche mit der Hölle oder auch mit dem Himmel, sondern nicht einmal für eine einzige Geste als Ausdruck der gequälten Menschheit. Die Opfer waren ihres Gesichts, ihres Namens, ihrer Persönlichkeit beraubt. Wenn jemand als ein besonders Auserwählter der teuflischen oder auch nichtteuflischen Kräfte umkam, wenn er wegen *seiner* Verdienste oder Sünden beim Namen gerufen wurde, so befand er sich damit in einer ungewöhnlichen, einer Ausnahmesituation, um die er zu beneiden und nicht zu bemitleiden war vor dem Hintergrund der damaligen Zeit: Er erlebte nämlich, wenn auch nur für einen Moment, daß er der Anonymität entging, er wurde, sogar für den Mörder, zu einem ermordeten *Menschen*, denn der Mörder erkannte in ihm eine *Person* und nicht bloß Rohstoff für chemische Fabriken. Es war nämlich die Zeit der von tüchtigen Fachleuten errichteten Massenschlachthäuser. Hinter ihren Mauern hatte die Genialität keine Bedeutung, über sie beugte sich kein Satan, davon in Anspruch genommen, die großen Geister zu erkennen und sich ihrem düsteren Reiz zu widmen – Genialität galt nichts. Kann man sich den Teufel im Konzentrationslager vorstellen, nicht einen metaphorischen und »ortlosen« Teufel, sondern als eine Person, die sich mit einem der dort einsitzenden Menschen auf Verhandlungen einläßt? Was für ein Unsinn, was für ein abgeschmackter, verdrehter Schwulst! Jeder Mensch, ob Genie oder nicht Genie, konnte in Mitteleuropa zu einem Haufen Knochen und Gedärme werden, mit dem man die Öfen heizte. Damit eine Tragödie beginnen kann, müssen zuvor die Personen vorgestellt werden – nicht einmal eine solche Vorstellung hat es gegeben. Für bestimmte Ereignisse müssen – von eventuellen transzendenten Zusammenhängen ganz abgesehen –, damit sie eintreten können, entsprechende, rein sachliche Voraussetzungen erfüllt sein, und seien es auch nur ganz triviale räumliche Bedingungen; nur daran zu denken, notarielle Verhandlungen mit dem Herrn der Finsternis in jener konkreten Zeit an einen bestimmten Ort zu verlegen, erscheint peinlich und sinnlos. Angesichts einer Realität, die allzusehr von ihm abweicht, packt der heraufbeschworene Mythos nicht mehr.

Hier berühre ich ein grundsätzliches Problem. Es geht keineswegs darum, unter Berufung auf die von mir angeführten Erscheinungen mit dem vollen Recht der moralischen Empörung, aber auf naive Weise von der Literatur zu fordern, sie habe gewissermaßen »frontal« der *gesamten* Realität Rechnung zu tragen, sie »tatsächlich« darzustellen und zu bewerten. Das ist nicht möglich. Übertriebenes Mitgefühl lähmt die Feder des Schriftstellers genauso wie völlige Gleichgültigkeit gegen das Schicksal der Menschen. Wissenschaft und Kunst haben bestimmte Methoden entwickelt, um mit der Welt fertig zu werden: Die erstere abstrahiert vom konkreten Gang der Ereignisse, die letztere überhöht ihn. Sie kann auch anders vorgehen, und Mann hat das gewußt, aber als er daran ging, einen Roman zu schreiben, der auch etwas über sein Volk aussagen sollte, zerbrach er sein kostbarstes Instrument – die Ironie, derer er sich bis dahin immer bedient hatte. Er wagte nicht, sie anders als nur bruchstückhaft, peripher einzusetzen, indem er die Gestalt des Erzählers, Serenus Zeitblom, zu ihrer Zielscheibe machte, aber auch da noch wirkt sie leicht fade und gütig – und das ist bedauerlich. Er hätte auf die Ironie oder auf eine ihrer vielleicht schärferen Formen – den Hohn, die Groteske, die Mißbilligung – nicht verzichten dürfen, als es darum ging, den Humanismus zu verteidigen, doch er wählte den falschen Weg der Überhöhung.

Gewiß sind die Verbrechen unserer Zeit Neuauflagen jener Verbrechen, über die wir aus der Geschichte mittlerweile hervorragend im Bilde sind, doch was sie so ungeheuerlich macht, ist der rationale Aspekt ihrer technischen Vorbereitung und ihrer produktionsmäßigen Durchführung. Diesen Aspekt verdanken sie der Epoche, weil die Zivilisation mittlerweile einen entsprechend hohen Grad der instrumentellen Entwicklung erreicht hat. Die Bibel, der Mann das Thema der *Geschichten Jaakobs* entnommen hat, beschreibt die Geschichte einer zumindest in den Augen der Zeitgenossen möglicherweise nicht minder düsteren Zeit, und nur der Nebel der zeitlichen Ferne und die vielfache Wiederholung des Vorganges, in dem blutige Ereignisse mythisch überhöht wurden, läßt dieses Mittel in unseren Augen gerechtfertigt erscheinen. Dieser Vorgang erfährt zudem eine gewisse rein psychologische Sanktion. Wie schon im ersten Teil unserer Überlegungen erwähnt wurde, halten wir frische Gräber für unantastbar, aber die Majestät des Todes ist etwas Flüchtiges, denn jahrhundertealte Gräber darf man – etwa im Interesse der Wissenschaft – öffnen. Außerdem fällt es uns schwer, Mitgefühl für einen Menschen zu empfinden, der vor drei oder vier Jahrtausenden vorzeitig umgekommen ist. So oder so würde er heute nicht mehr leben, und auch das Echo seiner Leiden dringt nicht bis zu uns, weil es in der Kluft der Zeit, die uns von ihm trennt, verklungen ist. Wenn daher das Schicksal von Menschen aus grauer Vorzeit, die vollkommen anonym, ja geradezu hypothetisch sind, in Posen voller priesterlicher Würde gestaltet wird, die in dem durch den Mythos vorgegebenen Ritual den feierlichen Kultus von Handlungen mit fatalistischer Notwendigkeit vollziehen, so scheint uns das durchaus nicht mit dem Gefühl für das richtige Maß oder auch nur mit dem Anstand zu kollidieren. Die Tragödie ist im Sinne der Spieltheorie eine Situation, die keine Siegesstrategie zuläßt; gleichwohl ist sie eine Situation der Wahl zwischen verschiedenen »Strategien der Niederlage«. Die einzelnen Strategien der Niederlage entspringen dem Verzicht auf bestimmte, nicht miteinander identische, konfligierende Werte. In einer tragischen Situation ist die Wahl, die Entscheidung für bestimmte Werte und gegen andere Werte also weder tautologisch noch empirisch ergebnislos. Jemand kommt um, doch dank seiner Wahl wird ein Wert – durch diese Auszeichnung – gerettet. Wenn wir nun weiter in das Gelände der physikalistischen Interpretation vordringen, zeigt uns die Empirie, daß es zwei Arten von Ordnungen gibt, eine singulär und eine statistisch determinierte Ordnung. Eine statistische Ordnung von Phänomenen kann gleichfalls bedeuten, daß diese determiniert sind, nur bezieht sich die Determination nicht auf individuelle Atome oder Menschen, sondern auf große Mengen. Eine Menge von Atomen ist – im Gegensatz zu einer Menge von Menschen –

eine rein physikalische Menge, und daher sind die in einer Menge von Menschen herrschenden Beziehungen komplizierter. Hier bestehen nämlich verschiedene Arten der Unbestimmtheit (des Indeterminismus). Nehmen wir an, in einer bestimmten Menge von Menschen träfen alle Mitglieder bestimmte Entscheidungen bezüglich ihres künftigen Verhaltens, derart, daß zwischen den einzelnen Handlungen keine Kollisionen auftreten (es stünde also von vornherein eine gewisse Kooperation fest, zumindest würden die einzelnen Handlungen nicht die Handlungsfreiheit anderer berühren). Dadurch würde der künftige Zustand der Menge determiniert sein, und wenn es jemanden gäbe (einen »Laplaceschen Dämon«), der alle individuellen Entscheidungen der Menschen kennen würde, so könnte er diesen künftigen Zustand exakt vorhersagen. Für diesen »Dämon« würde die Menge jegliche Unbestimmtheit verlieren. Dagegen würde sie sie nicht für die einzelnen an ihr beteiligten Menschen verlieren, denn schließlich kennt ja keiner die Entscheidungen aller anderen. Diese individuelle Unkenntnis stellt somit einen »subjektiven Indeterminismus« der Menge dar. Diese Unkenntnis gilt Sachverhalten, die *prinzipiell* erfahrbar wären. (Das Gallup-Institut bemüht sich, zu dem geschilderten »Dämon« zu werden.) Eine solche Menge ist jedoch keine sehr realistische Annahme, weil die Menschen Unkenntnis, Unbestimmheit auch in bezug auf ihre eigenen Entscheidungen aufweisen. Was jemand in einer künftigen Situation zu tun glaubt, braucht sich durchaus nicht mit dem zu decken, was er, wenn diese Situation eintritt, tatsächlich tut. Manche sind sich dieser Abweichung der »Autoprognose« von den tatsächlichen Zuständen bewußt, andere nicht. Das läßt sich durch die Meinungsforschung feststellen, beispielsweise vor Wahlen; ein bestimmter Prozentsatz der Wähler erklärt gewöhnlich, »nicht zu wissen, wie er sich entscheiden wird«. Diese individuelle Unkenntnis stellt insgesamt einen bereits objektiven Indeterminismus der Menge dar, denn sie ist durch keinerlei empirische Forschung (Befragung, Meinungsforschung) zu reduzieren.

Darüber hinaus können die Folgen der individuellen Entscheidungen miteinander kollidieren; das erhöht zusätzlich die objektive Unbestimmtheit, die sich herausstellt als das Resultat der Ungewißheit bezüglich des eigenen künftigen Verhaltens (aber auch des Verhaltens anderer Menschen) in neuen Situationen einer unausweichlichen Wahl, die sich aus solchen Kollisionen ergeben.

Um aber das Bild vollständig zu machen, muß man noch gänzlich unpsychologische, also rein physikalische Phänomene der Menge berücksichtigen, z.B. Katastrophen, Erdbeben, Wirtschaftskrisen, Verkehrsunfälle, Erkrankungen, Lotteriegewinne usw. Alles in allem ergibt sich ein Indeterminismus, der auf der physikalischen Natur der Menge beruht, also nicht darauf, daß sie aus bestimmten, mit Bewußtsein ausgestatteten Lebewesen besteht, sondern darauf, daß zu ihr gewisse materielle, in der materiellen Umwelt vorhandene Objekte gehören. Das Individuum lebt und handelt somit in einer mindestens dreifachen Verwicklung von Indeterminismen und weiß daher oft nicht, ob die Unbestimmtheit seiner Zukunft einen Raum darstellt für eigene freie Entscheidungen, für Gruppeneinflüsse oder schließlich für probabilistische physikalische Phänomene. Ob die singuläre Unbestimmtheit eine individuelle Handlungsfreiheit bedeutet, also eine auch objektive Freiheit, oder ob sie bedeutet, daß das Individuum statistischen »blinden Zufällen« ausgeliefert ist, hängt von der konkreten gesellschaftlichen, biologischen und »natürlichen« Situation ab (die durch den Zustand der natürlichen Umwelt festgelegt ist). Wird ein Mensch durch Häscher (gesellschaftliche Situation), durch eine Katastrophe (»makroskopische natürliche« Situation) oder durch eine Krankheit (»mikroskopische natürliche« Situation), also durch ein »Element« menschlicher oder nichtmenschlicher Herkunft zum Tode verurteilt, so wird er noch zu Lebzeiten mit einem materiellen Gegenstand gleichgesetzt, der nicht die Möglichkeit besitzt, sich selbst zu bestimmen, und dadurch aus jenem Freiraum verstoßen, in dem sich eine – das Schicksal veredelnde – Tragödie, ein Optieren für Werte abspielen kann.

Nun ist es aber aufgrund der schon erwähnten »Doppelheit« der Ursachen, die man bei der Festlegung der Kausalketten annehmen kann, möglich, daß sich das verurteilte Individuum rein innerlich von solchen Determinismen befreit, indem es den eigenen Untergang als ein gleichsam freiwilliges Opfer definiert, das es darbringt für einen überindividuellen Wert, etwa für eine Idee, für die irdische Rettung oder das ewige Heil anderer Menschen usw. Ein solches inneres Handeln erfordert allerdings gewisse situative Voraussetzungen; sich selbst in der geschilderten Weise »geistig zu formen«, ist leichter für den, der als einzelner auf dem Schafott stirbt oder von seinem Arzt erfährt, daß er an einer unheilbaren Krankheit leidet, als für den, der, eingezwängt in eine vieltausendköpfige Menge gleich ihm Verurteilter, in den Tod geht, oder für den, der mit der Bevölkerung einer ganzen Stadt bei einer Naturkatastrophe umkommt. Für die besagte geistige »Formung« bedarf es ganz einfach bestimmter seelischer Vorbereitungen und Überlegungen und schließlich auch des leidlich motivierbaren Bewußtseins, daß das, was man als Opfer betrachten möchte, tatsächlich ein Opfer ist. Die Übereinstimmung, um die es hier geht, ist natürlich eine rein subjektive, doch hat auch die Tragfähigkeit des Glaubens ihre psychologischen Grenzen, denn wer genau weiß, daß er nicht nur zusammen mit allen Angehörigen, sondern zusammen mit seinem ganzen Volk umkommt, muß einen wahrhaft seltenen, unnormal widerstandsfähigen Glauben an die Transzendenz besitzen, wenn es ihm in einer solchen Lage gelingen soll, sich die Überzeugung von der Bedeutsamkeit der Selbstaufopferung zu bewahren. Doch selbst solche außergewöhnlichen Naturen wird ein hinreichend gerissener, scharfsinniger Häscher vernichten können; er braucht einen solchen widerstandsfähigen Menschen nur zwangsweise in eine Wahlsituation zu bringen, die einer makabren Karikatur der tragischen Situation gleichkommt, indem er dem Verurteilten etwa mitteilt, an ihm sei es zu entscheiden, welcher von seinen Angehörigen (aber nur einer) leben dürfe, während die anderen unter das Messer kommen; lehne er eine solche Entscheidung ab, so gebe er alle der Vernichtung preis.

Es gibt viele derartige Möglichkeiten, die Würde des Menschen und menschliche Werte durch die Herstellung einer bestimmten Situation zu vernichten, und was wir hier geschildert haben, war nur ein extremes Beispiel. Es gibt zahlreiche Methoden, aus den Opfern eines Verbrechens Komplizen zu machen, und manche dieser Methoden erlauben es den derart Geprüften sogar, sich lange die Überzeugung zu bewahren, sie hätten nicht nur nicht schlecht gehandelt, sondern, im Gegenteil, irgendwie zur Rettung bestimmter Werte beigetragen (indem sie beispielsweise bei einer Selektion einigen Menschen das Leben retteten).

Für den äußeren Beobachter sind solche Situationen schrecklich und tragisch, tragisch freilich nicht in dem Sinne, daß sie dem Betroffenen die Freiheit der Entscheidung geben: Sie machen ja vielmehr diese Freiheit vollkommen zunichte, denn der allmächtige Häscher ist schließlich nur eine makabre Karikatur der Vorsehung oder des Schicksals.

In der ethischen Überlieferung unserer Zivilisation werden denn auch solche Situationen einfach nicht berücksichtigt; diese Tradition macht ein »normales« Funktionieren dadurch möglich, daß sie solche Situationen aus dem Bereich der wahrgenommenen Phänomene verdrängt. Die Opfer können ihre Henker nicht prinzipiell mit der Vorsehung gleichsetzen, doch wird eine solche Transformation durch den entindividualisierenden Zeitablauf und durch die Rückkehr »normaler« Zustände gefördert. Aus der Perspektive solcher Zustände ist es dann wieder möglich, den Vernichtungsfaktor als eine Art »Naturelement« zu bezeichnen. Da dieses Element aber Zufälligkeit bedeutet, versucht der Mensch es mit allen Kräften »wegzuerklären«, indem er dem Zufall die Merkmale der Notwendigkeit verleiht, beispielsweise einer übernatürlichen Notwendigkeit. Wenn die Stelle des blinden Zufalls eine höhere Ordnung (der Notwendigkeit) einnimmt, unterliegt auch das, was nicht empirisch determiniert war (weil es eben Unbestimmtheit war), der Determination. Die von der Religion oder der Kunst vorgenommene Überhöhung stellt also letzten Endes einen Überschuß an Ordnung dar, den der Mensch in die Welt hineinprojiziert, den es aber in dieser Welt – in der Realität – nicht gibt.

Worauf beruht das Ehrwürdige der Mythen? Auf ihrer Unveränderlichkeit, ihrer Beständigkeit. Hypothesen wie die von Jung, daß »Archetypen«, d.h. bestimmte Relationen und Bilder im kollektiven Unbewußten verankert seien, sind zur Erklärung der Mythenbildung grundsätzlich überflüssig. Die Grundmotive der Mythen knüpfen an real wahrnehmbare Erscheinungen an, so an die Wiederkehr bestimmter Zustände (Geburt, Tod, Jahreszeiten, Sonnenwenden). Diese Zustände haben häufig eine zyklische, stets aber eine determinierte Struktur. Für das Wirken des »Zufalls« ist in ihnen kein Platz. Sie stellen die »Urüberhöhung« dar, die darin besteht, der Welt einen bestimmten Überschuß an Ordnung zuzuschreiben, denn der Mythos drückt nicht nur die reale Tatsache aus, daß auf den Winter der Frühling und auf den Aufgang der Sonne ihr Untergang folgt, sondern er benutzt eine Assoziation, die sich auf eine Analogie stützt, und zieht aus dieser den (empirisch) ungerechtfertigten Schluß, daß Erscheinungen, die einander irgendwie ähnlich sind, *identisch* seien. Ihren Höhepunkt erreicht diese Denkweise, wenn den Erscheinungen gleichzeitig natürliche und übernatürliche Merkmale zugeschrieben werden (jemand ist zugleich Mensch und Gott, Gott und Sonne, Sohn und Ehemann, Mutter des Kindes und Mutter Gottes usw.). Es wird also eine *invariante* Relation festgestellt, die rätselhaft ist, doch über die Feststellung der Existenz eines »Geheimnisses« geht das Motiv nicht hinaus. In den Zivilisationen des Altertums war eine kulturelle Selektion wirksam, welche solche Motive privilegierte, und die Tatsache, daß sie so beständig sind, umgibt sie mit einer Aura höchster Auszeichnung, so als kehrte in ihnen eine Wahrheit wieder, die sich nur in wenigen, ganz bestimmten Gestalten zeigt. Man hat Experimente gemacht, bei denen der Versuchsleiter einer aus mehreren Personen bestehenden Gruppe eine Geschichte erzählt, diese Gruppe gibt die Geschichte mündlich an die nächste weiter, und diese Weitergabe wird noch mehrmals wiederholt. Stützt sich diese Geschichte auf Elemente, die den Zuhörern kulturell fremd sind, dann ist sie, wie sich herausstellt, schon nach zwei, drei »Durchgängen« (welche die Vererbung der mythischen Information von einer Generation zur anderen imitieren sollen) bis zur Unkenntlichkeit entstellt. Das bedeutet, daß die geistige Umwelt selektiv bestimmte Inhalte und bestimmte Strukturen »durchläßt«, während sie andere »zerstreut«. Noch eine andere Gesetzmäßigkeit läßt sich beobachten: Bei ausschließlich mündlicher Übermittlung wird die Erzählstruktur zunächst in einer Reihe von Umwandlungen und Reduktionen »zurechtgezimmert«, um dann zusammengefaßt in einer Form zu erstarren, die bei weiteren »Durchgängen« eine erhebliche Widerstandsfähigkeit in der Übermittlung aufweist. Das erklärt natürlich noch nicht, warum die Mythenbildung in bestimmten Kulturkreisen bestimmte Themen und in anderen andere Themen bevorzugte. Man kann auch nicht von vornherein behaupten, nicht nur die Struktur, sondern auch das Thema der Erzählungen würden von rein zufälligen Faktoren bestimmt. Es läßt sich jedoch auch nicht ausschließen, daß diese Faktoren einen bestimmten Anteil an der fixierten Gestalt des Mythos haben.

Die Überlegung, derzufolge Mythen »Urstrukturen« seien, die das literarische Werk zu verkörpern habe, läßt sich in etwa folgendermaßen rekonstruieren. Angenommen, die in ihnen zutage tretenden Ordnungen seien andere als die Ordnungen der Natur und der Gesellschaft und sie würden von der Empirie widerlegt, so äußert sich in ihnen dennoch das Bestreben des Menschen, die Welt zu ordnen, ihre Wandelbarkeit und Unbestimmtheit zu einem bloßen *Schein* zu machen, zu einem Reigen verschiedener Masken, hinter denen grundsätzlich dieselben Gestalten stecken. Wenn das stimmt, bedeutet es, daß sich in den Mythen die »Natur des Menschen« äußert, und zwar stärker als in logischen Deduktionen und induktiven Empirien, weil die entstandenen Mythen nicht von der – um es einmal so zu sagen – technisch-nützlichen Aktivität des Menschen verseucht sind, die zwar der Erhaltung der Existenz dient, diese aber damit *nicht erklärt*. Die Mythen sind demnach eine Zusammenfassung von menschlichen Begierden, Ängsten und Hoffnungen, sie stellen im Brennpunkt dieser führenden Kräfte bildhaft dar, wie der Mensch und die Welt beschaffen sind. Die »kompensatorischen« und »gnostischen« Sehnsüchte der Menschen, innerhalb einer unbeständigen, fragmentarischen Existenz »alles«, »das Ganze« zu erfassen, Sehnsüchte, die sich in Offenbarungen und Reinkarnationen äußern, alle Zusammenfassungen der Begierden und Abneigungen (die Angst vor dem Verbot und das Verlangen, es zu übertreten) – das alles bildet ein Urmuster des Menschen im »reinen« Zustand, das alles macht den »Menschen an sich« aus, jenen Menschen, den die Welt noch nicht auf den Weg der rationalen Geschäftigkeit gelockt hat, der nach Jahrtausenden zum maschinellen Arkadien, zur elektronischen Karikatur des Paradieses führt. Nebenbei gesagt: So gesehen, zielt unsere Technologie – in einem durch die »Natur des Daseins« entstellten Bemühen – darauf ab, eben das Paradies zu verwirklichen.

Wenn man die Mythen so versteht, dann äußert sich in ihnen die Sehnsucht nach der »verlorenen Kindheit« der Menschheit, nach ihrer »Urzeit«, und demnach wären sie eine Illusion, nicht weil sie unrealisierbar wären, sondern weil es eine solche Zeit nie gegeben hat. Insbesondere haben die Mythen keinen Anfang, ebensowenig wie die Ursprünge der Sprache (was natürlich nur bedeutet, daß ein entstehender Mythos *noch* kein Mythos ist, so wie ein entstehendes Sedimentgestein aus Kalk kein Sedimentgestein ist, sondern aus Milliarden von abgestorbenen Kleinlebewesen besteht, deren Kalkpanzer sich in lockeren Schichten auf dem Meeresboden ablagern). Vielleicht sind die Mythen gleichzeitg mit der Entwicklung der Sprache entstanden, als deren Konsequenzen gewissermaßen, und vielleicht waren sie, wie die Sprache, ein Resultat des zufällig-statistischen Wirkens von informationalen Abläufen, die an ihren Ausgangspunkten noch nicht festlegten, welche Art von Sprache in der jeweiligen Gruppe in der konkreten sprachlichen Besonderheit entstehen würde. Die Genese der Sprache ähnelt ja jenen Prozessen, die in ihren ausgeformten, relativ späten Phasen ergodisch sind, in ihren ersten Phasen dagegen ausgesprochen unbestimmt; die Anfänge der Sprache sind wahrscheinlich überaus locker, in dem Sinne, daß die frühen Stadien die späteren weder direkt noch indirekt festlegen; ausgehend von einem kleinen, ursprünglichen Zentrum, »irrt« die Sprache anfangs »umher«. Das alles stellt gegenwärtig eine wahrscheinliche Hypothese dar. Möglicherweise sind auch die

Urmythen« aus ähnlichen Prozessen hervorgegangen, als die Gruppe bestimmte Zusammenhänge – anfangs vielleicht wegen ihres emotionalen Wertes – auszeichnete, verstärkte und normativisierte. Doch lassen wir uns besser nicht auf das Risiko einer solchen Hypothesenbildung ein. Fest steht jedenfalls, daß wir, wenn wir die Entwicklung der Sprache »zurückverfolgen«, von bestimmten Sprachen des Altertums stets zu anderen Sprachen gelangen, und genauso können wir von den alten Mythen auch nur zu solchen noch ehrwürdigeren Alters gelangen; daß dieses Zurückschreiten scheinbar unendlich ist, liegt daran, daß die Entstehungsprozesse der kulturellen Erscheinungen in ihren embryonalen Anfängen nur von einem äußeren, vernunftbegabten Beobachter hätten verfolgt werden können, den es jedoch in jener grauen Vorzeit nicht hat geben können.

Mann hat diese Probleme hervorragend verstanden, wie sein in diesem Sinne verfaßtes Vorwort zu den *Geschichten Jaakobs* beweist. Die Grenzen zwischen der »Sprache« und der »Nicht-Sprache«, zwischen dem »Mythos« und dem »Vor-Mythos« sind ja fließend, und anders als durch eine willkürliche Definition läßt sich hier kein »Anfang« festlegen. Verwunderlich ist nur die abweichende Meinung von Lévi-Strauss, der gesagt hat, jeder Mythos müsse »zweifelsohne« seinen Urheber in einer bestimmten Person gehabt haben. Als hätte ein Mythos von so relativ jungem Datum wie das Evangelium einen bestimmten, einzelnen Urheber gehabt! Letztlich gehört doch der »Mythos« genauso wie die Formen des Sprachgebrauchs zu den verhaltensmäßigen Stereotypisierungen innerhalb einer Kultur, und man kann nicht behaupten, daß Glaubensvorstellungen, Sitten und magische Gebräuche private Erfindungen von Individuen gewesen seien, so wie neue Verfahren des Aushöhlens von Baumstämmen beim Bau von Booten oder die Entdeckung einer bis dahin unbekannten eßbaren Pflanze es gewesen sein mögen. Zweifellos müssen die Mythen aus Zuständen von hoher struktureller und bedeutungsmäßiger Unbestimmtheit hervorgegangen sein, genauso wie die Sprache; etwas anderes ist es, daß man diesen Prozeß bewußt nachahmen kann, freilich nur, wenn man auf dem Gebiet der strukturalen Anthropologie über ein Wissen verfügt, von dem die Fachleute heute nur träumen können.

Es muß betont werden, daß die Mythen prinzipiell keine »eskapistischen« Konstruktionen sind, keine »Wunschprojektionen« von Träumen in die natürliche oder übernatürliche Welt. Auch grausame und entsetzliche Erscheinungen finden in ihnen Ausdruck, doch auf alle wendet die Mythenbildung das Prinzip der deterministischen Ordnung an, das, wie wir bereits wissen, oberhalb einer bestimmten Grenze die Merkmale der Überhöhung annimmt. Denn – um es noch anders zu formulieren, weil dieses Problem für uns von größter Bedeutung ist – überhöhen bedeutet nicht nur, den Erscheinungen mehr Ordnung zuzuschreiben, als sie an sich besitzen, sondern zugleich auch die Augen vor jener Ordnung zu verschließen, die sich in ihnen äußert, sofern sie dem Streben der Menschen nach Gewinnung einer totalen klassifikatorischen Geschlossenheit widerspricht. Ein gutes Beispiel ist der Mythos der Tikopier, dem zufolge es zwei Arten von Löwen gibt – gewöhnliche Löwen und solche, in die die Seelen Verstorbener eingegangen sind. Die echten Löwen fressen Menschen, während die, in denen die Seelen Verstorbener wohnen, das nicht tun. Das in diesem Sinne ungeordnete, weil nur statistisch determinierte Verhalten der Löwen, die bald Menschen fressen und bald nicht, wurde definitiv im Geiste eines perfekten Determinismus geordnet. Nur ist dieser Determinismus ein Fatalismus und nicht ein Prognostizismus (die Erscheinungen lassen sich nur ex post, nach ihrem Eintreten erklären, aber man kann nicht ihren Verlauf vorhersagen). Darauf beruht gerade der nichtempirische Charakter der »mythischen Erklärung«.

Die »ordnende Theorie« der Tikopier ist ein gutes Beispiel dafür, wie die Menschen reagieren, wenn sich in den Erscheinungen eine kaum zu durchschauende statistische Ordnung äußert. Das zufällige Verhalten der Löwen wird ignoriert, und an seine Stelle tritt eine »Theorie der Seelenwanderung«, welche die Phänomene »vergeistigt«, ihnen eine höhere Ordnung zuschreibt.

Ein anderes Beispiel für eine solche »Vergeistigung«, die aber von einem zeitgenössischen Schriftsteller vorgenommen wurde, ist der Roman *Homo faber* von Max Frisch, in dem es aufgrund einer längeren Reihe von scheinbar zufälligen Erscheinungen zu einer inzestuösen Beziehung zwischen Vater und Tochter kommt. Durch solche »Zufälle«, die der Autor mit großem Geschick inszeniert, lernt ein Mann auf einem Schiff, das nach Europa fährt, ein junges Mädchen kennen und beginnt mit ihr ein Liebesverhältnis, bis sich am Ende des Romans herausstellt, daß sie sein Kind ist. Die Tragödie besteht in der »Strafe«, die das Schicksal dem Vater – so darf man vermuten – dafür auferlegt, daß er die Mutter des Kindes, eine Jüdin, in einer für diese kritischen Zeit verlassen hat und nach Amerika gefahren ist. Die Aussage des Buches (»nach Jahren rächen sich unsere Taten an uns«) ist eine Mystifikation, denn sehr häufig ist es so, daß unsere Taten sich nach Jahren durchaus nicht an uns rächen. In das zufällige Chaos der menschlichen Kontakte in der bewegten Welt von heute hat Frisch die »singuläre Bahn« des Helden in der Weise eingeschrieben, daß sie sich zu einem bedeutungsvollen Ganzen schließt, doch als eine Wiederholung des Ödipus-Mythos ist diese literarisch sehr gelungene Leistung methodologisch eine ebensolche Fiktion, d.h. ebenso unwahrscheinlich wie eine Situation, in der die ungeordneten Brownschen Bewegungen der Moleküle sich im Blickfeld des Mikroskops zu dem Schriftzug zusammenfügen würden: »Hallo, Mensch! Das sind wir, die Atome!« Gewiß könnten die Zickzack-Bewegungen der Moleküle irgendwann einmal einen solchen Schriftzug ergeben, woraus aber keineswegs folgt, daß etwas oder jemand sie in dieser Weise zusammengefügt hat (z.B. das Fatum, die Moira, das Schicksal, Gott usw.). Es wäre ganz einfach ein überaus unwahrscheinliches Zusammentreffen von Umständen mit einer Chance von eins zu einer Billion. Abgesehen von der Kuriosität hätte es deshalb keinerlei Bedeutung. In diesem Sinne ohne Bedeutung ist auch der »Vorfall« aus dem Buch von Frisch. Die Aussage des Buches wäre eine andere, wenn die Mutter des Mädchens nicht eine verfolgte und von ihrem Liebhaber verlassene Jüdin wäre, sondern z.B. eine unerträgliche Megäre, die den Geliebten sogar bis nach Übersee vertreibt, ohne zu wissen, daß sie schwanger geworden ist, und doch wäre das eine wie das andere eine situative Voraussetzung, welche den späteren Kontakt ermöglicht, bei dem der Vater das eigene Kind nicht erkennt, weil er es nie gesehen hat. Gegen Ende des Romans ist Frisch in Verlegenheit, denn deutlich zeichnet sich die groteske Vision eines Zusammentreffens aller drei Personen ab – der Mutter, des Vaters und der Tochter, seiner Geliebten –, und da läßt Frisch das Mädchen durch einen Unglücksfall sterben, aber wiederum keinen trivialen, wie er etwa darin bestünde, daß das Mädchen an einem Kotelettknochen erstickt; er benutzt dazu vielmehr eine stärker »mythisch« und »semantisch« befrachtete Giftschlange.

Noch deutlicher und eindringlicher tritt dieses Problem in Manns Erzählung *Die Betrogene* auf. Eine alternde Frau in der Menopause begegnet einem jungen Mann, der sich in sie verliebt. Eine Blutung, von der sie heimgesucht wird, faßt sie als »Rückkehr der Jugend« auf, und dabei stellt sich heraus, daß die Blutung auf einen Gebärmutterkrebs zurückgeht, der ihrem Leben rasch ein Ende macht. Wieder haben wir es mit einem Ergebnis statistischer, rein zufälliger Erscheinungen zu tun, diesmal jedoch nicht nur auf der makroskopischen Ebene (der zwischenmenschlichen Phänomene), sondern auch auf der mikroskopischen (der Phänomene, die im Organismus des einzelnen auftreten). Tatsächlich gehört der Mensch als Individuum gleichzeitig verschiedenen Zufallsmengen an. Als »Homo socialis« gehört er zu der »statistischen Menge der Gesellschaft«, als »Homo biologicus«, als Organismus, stellt er selbst eine »statistische Menge seiner eigenen Moleküle« dar. Aus empirischer Sicht ist die Entstehung eines Krebses ein Zufallsphänomen. Die Ursache ist eine bestimmte Entartung der Lebensvorgänge in den Zellen des Organismus, ein unter dem Gesichtspunkt der Wahrscheinlichkeit bestimmbares Abweichen von den Bahnen des normalen biologischen Funktionierens. Tatsächlich kann bei einer Frau, die an Gebärmutterkrebs leidet, eine Blutung eintreten, die als Rückkehr der Menstruation gedeutet wird. Mann hat jedoch den Ergebnissen dieser Zufallserscheinung in der Erzählung *Die Betrogene* die Ergebnisse einer anderen Serie von Zufallserscheinungen überlagert, jener Serie nämlich, die zur Begegnung der Frau mit dem jungen Mann und zu ihrer Liebe führt. Die Koinzidenz (daß die Blutung *genau* dann eintritt, als bei der Frau Liebesgefühle heranreifen) von zwei Zufallsserien, die kausal unabhängig voneinander sind, hat, um es noch einmal zu unterstreichen, keinerlei Bedeutung außer jener, daß sie eine materielle Tatsache ist, die mit einer gewissen Wahrscheinlichkeit des Eintretens ausgestattet ist. In einer großen Stadt kann es einem passieren, daß man aus dem Autobus aussteigt und unter den Passanten einen buckligen Neger bemerkt, der über dem linken Auge eine schwarze Binde trägt, und eine Viertelstunde später begegnet einem an einem anderen Ort ein völlig gleicher Mensch (aber nicht derselbe); so ungewöhnlich ein solches Ereignis auch sein mag, bedeutet es doch absolut nichts. Es ist möglich, daß man in der Absicht, eine Bank zu überfallen, auf einer Bananenschale ausgleitet und sich das Bein bricht, doch auch daraus läßt sich nicht folgern, daß eine gerechte Vorsehung auf diese Weise dem Bankier aus einer Notlage helfen wollte. Es kann geschehen, daß ein Bruder in der Wiege von seiner Schwester getrennt wird und daß beide sich nach Jahren heiraten, doch folgt auch aus dieser inzestuösen Beziehung wirklich nichts, abgesehen davon, daß solche Dinge bisweilen, wenn auch sehr selten, passieren. Die Menschen neigen jedoch in solchen Fällen zu der Vermutung, lenkende Kräfte hätten im Verborgenen eingegriffen. Sie geben damit solchen Koinzidenzen zusätzliche »Bedeutung«. In Manns Erzählung scheint es tatsächlich, als habe die Natur (der Teufel?) die Heldin auf eine besonders heimtückische Weise verhöhnt, »betrogen«. Doch wenn wir das sagen (daß »die Natur die Heldin betrogen hat«) schreiben wir den Erscheinungen allein schon durch die Konstruktion dieses Urteil eine »Ordnung« zu, welche sie in Wirklichkeit nicht besitzen. Wir berücksichtigen nämlich nicht, daß es Mengen von verblühenden Frauen gibt, die Krebs bekommen, sich aber nicht verlieben, Frauen, die sich verlieben, aber keinen Krebs bekommen, und Frauen, die weder an Krebs noch an Liebe erkranken. Eine Person, die zu einer bestimmten, nicht sehr zahlreichen Teilmenge gehört, ist deshalb keineswegs von der Vorsehung privilegiert oder vom Teufel verdammt. Man darf einen rein zufälligen Vorgang nicht als einen teleologischen und determinierten Vorgang interpretieren. Andernfalls betreibt man eine Überhöhung. Sie besteht darin, die Existenz eines Zusammenhangs zwischen den Erscheinungen zu suggerieren, den es in Wirklichkeit nicht gibt. Es hat ja auch zwischen den Ereignisfolgen A (die Frau trifft einen Mann, der sich in sie verliebt) und B (infolge von Prozessen, die sich in ihrem Organismus abspielen, erkrankt diese Frau an Krebs) keinen anderen Zusammenhang gegeben als den, daß sie glaubte, »zu alt« für die Liebe zu sein, und im Auftreten der Blutung ein diese Meinung widerlegendes Signal der Natur (d.h. des eigenen Körpers) sah. Das »Signal« der Natur wurde indessen von ihr falsch interpretiert, denn tatsächlich paßte es zu ihrer ursprünglichen Ansicht (»zu alt« – und Krebs ist eine Krankheit, die bei *alten* Leuten wahrscheinlicher ist).

In allen Fällen, wo unabhängige Ereignisreihen in auffälligen Konfigurationen zusammentreffen, neigt der Mensch in der Regel dazu, nach nicht-zufälligen Zusammenhängen zwischen diesen Reihen zu suchen. In der Regel bestehen solche Zusammenhänge nicht. Wenn jemand aus einem nichtigen Grund einen Ort verläßt, an dem gleich darauf ein Geschoß einschlägt, dann erstrahlt dieser nichtige Grund im Glanz eines rettenden Eingriffs, und der Mensch sucht nach einem Zusammenhang zwischen diesem Grund und der Tatsache, daß er dem Tode entgangen ist. Faßt jemand ein Krankheitssymtom als Rückkehr der Jugend auf oder macht er aus Unwissenheit das eigene Kind zum Sexualpartner, was liegt dann näher, als in solchen Ereignissen eine Strafe des Schicksals zu sehen? Dennoch sind solche Koinzidenzen ungewöhnlich nur in dem Sinne, daß sie statistisch selten sind.

Die Zivilisation als Ganze entwickelt eine Homöostase, die weitgehend darin besteht, die Individuen und die Gemeinschaft unempfindlich zu machen gegen die statistischen Schwankungen der materiellen Welt, der auch unsere Körper gehören. Im Informationsfluß stellt der statistische Faktor das die Information störende Rauschen dar, denn während das Funktionieren des gesunden Organismus darauf beruht, daß der Informationskreislauf (innerhalb der Zellen, zwischen den Organen usw.) ungestört verläuft, stellt jede

Krankheit, darunter auch der Krebs, ein »Rauschen« dar; man darf deshalb keine Bedeutung, und das heißt: eine gewisse Art von (semantischer) Information, in dem suchen, was nicht im geringsten eine Information darstellt, sondern nur deren Störung, oder ganz einfach einen *Mangel* an Ordnung, eine gewisse *Lücke* in der Ordnung, eine *informational leere Stelle*. Daß das Rauschen beim Empfänger den Eindruck wecken kann, als sei es eine Information, beruht einfach darauf, daß der Empfänger nicht die Störung erwartet, sondern Ordnung, nicht das Rauschen, sondern eben Information (wie die Frau in der Novelle Manns). Das »Rauschen« wird dann in ein falsches Bezugssystem eingeordnet, aufgrund der irrtümlichen Ansicht, es sei ein Element der Information. Die »Bedeutung«, die das Rauschen erhält, ist angemaßt, wie die Bedeutung eines »Eindringlings«, der jemanden vortäuscht, der er nicht ist. Das Phänomen der »Dämpfung der statistischen Schwankungen« beobachten wir nicht nur bei der Homöostase der Zivilisation, sondern auch in der Literatur. Schließlich läßt ein Schriftsteller nicht zu, daß in seinem Werk so viele statistische Schwankungen auftreten, wie wir sie normalerweise im Leben antreffen; er läßt nicht zu, daß sein Held mitten in der Handlung an einer Krankheit stirbt oder verrückt wird, wenn er mit ihm noch andere Absichten verfolgt. Die Selektion der zulässigen Schwankungen unterliegt übrigens kategorial unterschiedlichen Auswahlkriterien, darunter ästhetischen, die sich mit der Zeit wandeln und früher nicht erlaubten, Krankheiten »unterhalb der Gürtellinie« zu schildern (einer ästhetischen Bevorzugung erfreute sich lange die Schwindsucht), und weltanschaulichen (in einem sehr weiten Sinne: nicht selten wählen Schriftsteller nämlich solche Ereigniszusammenhänge, die ihre eigene Sicht der Weltordnung zu bestätigen scheinen), wobei aber das oberste Kriterium stets das konstruktive ist (denn grundsätzlich läßt man keine Schwankung zu, die die Durchführung des geplanten Handlungsverlaufs vereiteln könnte, gleichgültig, wie man diesen Verlauf unter ontologischem, erkenntnistheoretischem, schließlich ästhetischem Aspekt beurteilen könnte). Widmet die Literatur dagegen ihre Aufmerksamkeit der Statistik, den Zufallserscheinungen, dann vesucht sie, in ihnen »überkoinzidentielle« Zusammenhänge zu entdecken (wie es Mann und Frisch tun). Man begnügt sich nicht mit ihrer Feststellung (daß sie vorkommen, daß »den Menschen wahrhaft unerhörte Dinge zustoßen«), sondern verleiht ihnen bedeutungsvolle Bezüge. Deshalb macht auch der *Homo faber* nicht bloß den Eindruck einer seltenen Geschichte, sondern er verweist *außerdem* auf den Ödipus-Mythos. Manns Werk ist insofern wertvoller, als die falschen Zusammenhänge innerhalb der Psyche der Heldin aufgedeckt werden und der Autor in dieser Beziehung *ihre* und nicht *seine eigenen* Ansichten zu äußern scheint. Die Mutmaßungen der »Betrogenen« sind denn auch unter psychologischem Aspekt überaus treffend und nur in empirischer Hinsicht falsch. Frisch dagegen hat zufällige Ereignisse »gezwungen«, sich ihm zu einem durch (den Ödipus-Mythos) determinierten Muster zu fügen, und damit eine Mystifikation begangen. (Bei Mann ist das »Rauschen« letzten Endes »es selber«, während es bei Frisch vollkommen »die Hand des Schicksals« ist, kein »Rauschen«, sondern »jemand«, ein Rächer.) Zum Regisseur der griechischen Tragödie wird die Brownsche Statistik der molekularen Bewegungen. Aus Manns Erzählungen »folgt etwas« – besonders in psychologischer Hinsicht, aus Frischs Roman absolut nichts außer der Schlußfolgerung, daß sich die Ereignisse bisweilen auf eine unheimliche Weise gestalten.

Wir ersehen daraus, daß man eine »ordnende Überhöhung« nicht *außerhalb* der Psyche der literarischen Helden vornehmen darf, wenn man realistische Modelle der Wirklichkeit schafft.

»Überhöhen«, daß bedeutet, wie wir festgestellt haben, die reale (zufällige) Ordnung der Ereignisse zu mißdeuten, sie zu einer deterministischen zu machen, während sie das »an sich« nicht ist, Zusammenhänge zu entdecken, welche die Realität nicht enthält, und Koinzidenzen, die sich in der realen Welt nicht anders auszeichnen lassen als dadurch, daß sie selten sind, mit einem Bedeutungsüberschuß versehen, kurz, die *Wesenheiten über die erkenntnistheoretische Notwendigkeit hinaus zu vermehren* (im Gegensatz zu der Regel Ockhams: »entia non sunt multiplicanda praeter necessitatem«). Ockhams Rasiermesser bindet im literarischen Schaffen natürlich nur den, der im einen seiner Zweige, nämlich dem Epischen, nicht mit der Erkenntnis der realen Welt in Konflikt geraten will.

Was den *Doktor Faustus* als eine »singuläre Situation der Wahl zwischen Werten« betrifft, so mag zwischen diesem Modell und realen Situationen eine gewisse Ähnlichkeit bestehen, und die »singuläre Eignung« des Faustischen Motivs läßt sich daher vertreten. Das ist aber nur ein Teil des Problems – und wie wir hinzufügen möchten, der unwichtigere Teil.

Der Roman – um es abgekürzt zu sagen und in der Vereinfachung, zu der diese Kürze berechtigt – geht aus von »höheren Ordnungen«, von den Mythen, nähert sich auf geringste Entfernung der Realität, um nach dieser Maximierung des Empirismus wieder zu seiner Quelle zurückzukehren oder zumindest die Rückkehr zu ihr zu suchen. Eine Rückkehr – das muß betont werden –, die nicht dazu zwingt, die ganze Fülle der unterwegs gesammelten Erfahrungen aufzugeben. Dieses Phänomen kann man bei den größten Prosaschriftstellern des 20. Jahrhunderts beobachten – bei Faulkner, dessen paradigmatische Inspirationsquelle die Bibel war, bei Joyce, der *Dublin* am Beispiel der »Odyssee« entfaltete, und schließlich bei Mann. Sie haben sich um eine spezifische Synthese bemüht, indem sie zwei Ordnungen sich überlagern ließen – jene Ordnung, welche die individuelle Erfahrung bestätigt, und die andere Ordnung, die durch die Tatsache der »kulturellen Selektion« die Erfahrung von Jahrtausenden bestätigt hat. Die rein strukturelle Eignung der Mythen ist unbestritten, denn sie zeichnen sich durch eine ganz eigentümliche Vollkommenheit aus, wie sie im Reich des Lebens sämtliche Organismen kennzeichnet. Wir sprachen schon davon, daß alle Organismen »gut« gebaut sind, weil Konstruktionen, die unter dem Gesichtspunkt der Anpassung nicht so leistungsfähig sind, durch den Filter der natürlichen Auslese ausgesiebt werden. Diese Aufgabe haben im Hinblick auf die Mythen unzählige Generationen von Menschen erfüllt, und deshalb sind sie, was die Organisation des Stoffes betrifft, die richtige Verteilung seiner Elemente über die Hauptachsen der Erzählung und schließlich die semantische Befrachtung, optimal an die geistigen Eigenschaften der Rezipienten angepaßt; sonst hätten sie sich nicht erhalten, hätten sie den Filter der Generationen nicht passiert. Sie stellen deshalb unter konstruktivem Aspekt eine »sichere Sache« dar, allerdings mit einem sehr wesentlichen Vorbehalt. Es ist nämlich nicht so, daß der Autor von heute diese Mythen wortwörtlich und unmittelbar in eine belletristische Form einpaßt; vielmehr gestaltet er das, was er zu sagen hat, in einer gleichsam parallelen Weise vor einem strukturellen Hintergrund, von dem die Sanktion einer jahrhundertelangen Zustimmung ausstrahlt. Ganz offensichtlich läßt sich aber nicht jeder Inhalt an einen beliebigen Mythos »anpassen«, und deshalb ist dieses Verfahren immer riskant. Wir begegnen ihm sogar bei der »neuen Welle« der Franzosen, doch ist unsere Aufgabe hier die Analyse des *Doktor Faustus*, und deshalb wollen wir uns auf sie beschränken. *Doktor Faustus* ist kein »belletrisierter Mythos«, wie der *Erwählte*, sondern ein Ergebnis des Zusammenpralls zweier genetisch verschiedener Ordnungen, die in dem Werk vereint werden sollen. Die Transzendenz verselbständigt sich nicht, sondern wacht über der Kreation als eine immer nur potentielle Verlängerung ihrer Realität. Das Werk gibt keinen direkten Hinweis auf eine Beziehung zwischen den Deutschen und dem Bösen oder gar zwischen dem deutschen Volk und dem Faschismus. Adrian Leverkühn ist vor allem ein genialer Riese, der der Liebe entsagt hat; dennoch drängt sich die obige Implikation unerbittlich auf. Im übrigen wissen wir ja auch inzwischen, daß ein Werk in seinen Bezügen nicht unbedingt das enthält, was der einzelne Leser wahrzunehmen vermag, sondern vielmehr das, was die Gesamtheit der Rezipienten in ihm sieht, denn nach einer gewissen Zeit ist es von starren »Integrations«regeln umgeben, besonders wenn die extremen Ausschläge der Bewertung gedämpft sind und einen Gleichgewichtszustand erreicht haben, der die allgemeine Einhelligkeit der Interpretation bestimmt. Gerade dieser Festlegung möchte ich einen Stoß versetzen, der ihre Berechtigung erschüttert. Ich rechne allerdings nicht damit, daß er an den feststehenden Normen der Rezeption des *Dok-*

tor Faustus etwas ändert. Andererseits ensteht der normative Charakter einer Rezeption daraus, daß individuelle Lektüren und Überlegungen einander überlagern, so daß man nicht sagen kann, dieser Bereich sei seit Ewigkeiten determiniert; vielmehr gibt es einen wie auch immer schmalen Spalt der Freiheit, und er rechtfertigt mich – zumindest in meinen Augen.

Man hat im *Doktor Faustus* ein Werk gesehen, das auch – unter anderem – eine Deutung des deutschen Schicksals in unserem Jahrhundert ist, abgeleitet aus seiner tiefen Vergangenheit. Offenbar war auch der Autor selbst dieser Ansicht; das belegen bestimmte Abschnitte des Textes, briefliche Äußerungen des Verfassers und schließlich die »Deutschheit« des thematischen Musters.

Die Benutzung des mythischen Paradigmas impliziert unausgesprochen bestimmte Annahmen, etwa die, daß die im Werk geschilderte Situation in ihrer grundsätzlichen Struktur *nicht neu ist*, daß es ähnliche Situationen schon gegeben hat. Der Mythos läßt die von ihm »unterstützten« Ereignisse, das genus proximum, zwangsläufig stärker hervortreten, während er die differentia specifica dieser Ereignisse eher verwischt. Nicht nur, daß »sich in der Geschichte nicht alles wiederholt« – auch unser Wissen über die Ereignisse steht zu ihnen in einem wandelbaren Verhältnis (man darf annehmen, daß wir beispielsweise über die Bewegungen der Planeten oder über gesellschaftliche Bewegungen heute mehr wissen als die alten Römer).

Doktor Faustus erinnert daran, daß der Mensch immer den Versuchungen dunkler Kräfte ausgesetzt war und ist, die für ihn »seinen Teufel« ausmachen. Das ist so, und damit muß man sich abfinden. Die »Personalisierung« dieser Kräfte, ihre Vergegenständlichung in Gestalt des Besuchers aus der Hölle darf man bildlich, nicht wörtlich verstehen. Das berührt aber noch immer nicht das grundsätzliche Problem, denn wir fragen ja, ob es berechtigt ist, umfassende Erscheinungen, die im großen gesellschaftlichen Maßstab auftreten, auf eine Singularität zu reduzieren, mag diese auch auf ihr mythisches Urmuster hindeuten. Wird die singuläre Buchstäblichkeit von Ereignissen auf das strukturell angemessene

»mythische Urmuster« projiziert, ohne ihre Authentizität, ihre Autonomie einzubüßen, so gewinnt sie noch an semantischen Überschüssen, wie sie durch solche Bezüge entstehen (gemeint ist die Projektion von Sohn und Mutter auf das Urmuster »Sohn und Mutter«, eine Projektion, die hinzielt auf Prometheus oder Odysseus, der zwischen Gut und Böse wählt, auf Faust usw.). Doch wenn wir sozusagen methodologisch anerkennen können, daß das Modell singulärer Schicksale auf ihr mythisches Gegenstück gestützt wird, in diesem Fall Adrian Leverkühn auf den Doktor Faustus, so heißt das noch nicht, daß wir damit einverstanden wären, wenn diese Relation als »Beziehungsmatrix« gewählt wird, mit deren Hilfe der Niedergang Deutschlands dargestellt werden kann. Wenn wir dem Werk solche Bezüge absprechen, heißt das keineswegs, daß wir es künstlerisch abwerten. Der *Doktor Faustus* gehört zu den Werken, von denen potentiell eine ungeheuere Anzahl unterschiedlichster Bezüge in die verschiedensten Bereiche dauerhafter kultureller Feststellungen ausstrahlt. Zu diesen Bezügen gehört die Rolle des Künstlers und der Kunst in der modernen Welt, gehören die Gegensätze zwischen dem »Schönen« und dem »Wahren«, zwischen dem »Guten« und dem »Ästhetischen« usw. Diese Aufzählung ließe sich fortsetzen. Doch all diese Zusammenhänge zwischen dem Werk und der Kultur sind hier überhaupt nicht unser Thema; der Genauigkeit halber sagen wir sogar, daß das Werk unter empirischem Aspekt »korrekt« konstruiert sein könnte (d.h.: die Bezeichnung des Mythos als Matrix, welche einen bestimmten »Niedergang des Volkes« abbildet, könnte unsere Zustimmung finden), gleichzeitig aber unter künstlerischem Aspekt verfehlt sein könnte. Denn die Wahl rationaler erkenntnistheoretischer Prämissen impliziert ja keineswegs das künstlerische Gelingen. Wir meinen allerdings, daß hier ein asymmetrisches Verhalten vorliegt: daß man, ausgehend von empirisch falschen Voraussetzungen, nicht zur künstlerischen Wahrheit gelangen kann, denn die letztere darf nicht der Wahrheit schlechthin, ohne Attribute, widersprechen.

Sicherlich erstreckt sich zwischen der erkenntnistheoretischen Korrektheit eines beliebigen Schemas und dem kreativen Gelingen ein unermeßlicher Raum, den es zu überwinden gilt. Noch einmal: Von alldem soll hier nicht die Rede sein. Unsere Frage ist einzig und allein, ob eine aus dem Faust-Mythos entnommene Singularität als repräsentative Entsprechung einer bestimmten konkreten Etappe der Geschichte eines Volkes gelten kann. Unsere Antwort ist nein. Damit wird, wie gesagt, nicht das Werk selbst in Frage gestellt, sondern nur einer seiner Bezüge, dem allerdings gegenüber den anderen Bezügen eine gewichtige Rolle zukommt.

Auf den ersten Blick könnte dieses Urteil als ebenso kategorisch wie unbegründet erscheinen. Wenn man, so könnte jemand sagen, nicht auf die Äußerlichkeiten achtet, sondern allein auf den Kern des Problems, dann besteht zwischen der Wahl Fausts und der Wahl jener, die den Faschismus wählten, eine Ähnlichkeit, wie übrigens immer, wenn Menschen zwischen Gut und Böse stehen. Die Kategorie der Ähnlichkeit ist jedoch trügerisch; wenn man sie unbeschränkt ausdehnt, paßt alles in sie hinein: Die Amöbe ist ein Modell des Menschen, denn in beiden Fällen handelt es sich um lebende Organismen, das Atom ist eine Entsprechung eines gesellschaftlichen Wesens, denn in beiden Fällen handelt es sich um Objekte, die den statistischen Gesetzmäßigkeiten der Mengen, denen sie angehören, unterliegen. Solche Singularisierungen sind gehaltlose Banalitäten, und auch ihre unbezweifelbare Wahrheit ändert daran nichts. Durch ähnliche Überlegungen kommt man zu dem Schluß, daß »es nichts Neues unter der Sonne gibt«, daß »alles schon dagewesen ist«, daß »alles sich wiederholt«. Darauf beruht übrigens auch die Ansicht von der überzeitlichen Beständigkeit der Mythen als Formeln, welche die Erscheinungen aller Zeiten und Epochen zu ordnen vermögen, aber so wie Faust möglicherweise Robinson Crusoe wählt, nicht aber einen bis über die Ohren in der Gesellschaft steckenden Brotesser, der das Gefühl seiner individuellen Verantwortlichkeit, also sein Gewissen, in dem Maße verliert, in dem seine Umgebung Druck auf ihn ausübt. Mag die Doktrin des Hitlerismus noch so empirisch unsinnig, stümperhaft und alogisch gewesen sein – die Deutschen, die sie in die Tat umsetzten, erwiesen sich als hervorragende Pragmatiker, konnten sie doch durch die Situationen, die sie schufen, erreichen, daß ihre Opfer zu Henkern der eigenen Mitbrüder wurden. In dieser Frage besteht übrigens keine Einigkeit namentlich unter denen, die solche Praktiken nicht aus der Nähe beobachten konnten. Ein typisches Beispiel dafür ist die Polemik, die der amerikanische Kritiker Norman Podhoretz, der im übrigen sehr intelligent ist, gegen Hannah Arendt, die Verfasserin des Buches *Eichmann oder die Banalität des Bösen* vorgetragen hat. Er hat ihr vor allem vorgeworfen, sie habe die Opfer des Hitlerismus verleumdet; es ging dabei um die Juden, die im Rahmen der von den Deutschen geschaffenen Organisationen, etwa den »Judenräten« oder dem sogenannten »Ordnungsdienst«, mithalfen, ihre Stammesgenossen zu liquidieren, denn sie waren bereit, Menschen bestimmter Kategorien zu opfern, um den Rest der Gettobevölkerung zu retten, und nahmen selbst die entsprechende Selektion vor. Der amerikanische Kritiker versucht diese Situation auf »normale« Verhältnisse zu übertragen und vergleicht sie mit der von den Westmächten zur Zeit des Münchner Abkommens betriebenen Politik der Konzessionen. Er mag auch nicht zur Kenntnis nehmen, daß Eichmann (es geht um ein repräsentatives Beispiel) eher ein Durchschnittsmensch war und nicht das Ungeheuer, als das ihn der israelische Ankläger Gideon Hausner hingestellt hat. Wenn er sich wie ein Ungeheuer verhalten hat, sagt Podhoretz, war er eins, muß er eins gewesen sein. Dem, der so denkt und glaubt, es könne tatsächlich nicht anders sein, gibt der *Doktor Faustus* Antwort auf die Fragen, die sich an den schrecklichen Niedergang des deutschen Volkes knüpfen. Ein solcher Standpunkt findet Nahrung in einigen Beobachtungen, die sich aus gesellschaftlich »normalen« Situationen herleiten; da die Mörder, die Urheber sadistischer Verbrechen, die an solchen Situationen materiell nicht interessierten Totschläger zumeist auf irgendeine Weise perverse, psychisch anomale Menschen sind, scheint das zu implizieren, daß das Aufkommen des Totalitarismus gewissermaßen gleichbedeutend ist mit der Rekrutierung gerade solcher degenerierter, an moral insanity leidender Individuen, gleichbedeutend damit, daß sie zu unbeschränkter Macht gelangen. Ebenfalls in sogenannten »normalen« Zeiten hat Kretschmer solche Ansichten theoretisch untermauert; in den Werken, in denen er seine Typologie propagiert, schreibt er, daß die Psychopathen in ruhigen Zeiten unter der Kontrolle der Psychiater seien, daß sich aber bei gesellschaftlichen Umwälzungen die Psychiater in der Gewalt der Psychopathen befänden. Diese Lehre der Prädestination und des Determinismus ist im Grunde ebenso naiv, wie sie einen edlen Optimismus darstellt, scheint sie doch zu implizieren, daß es ganz leicht sein könnte, zu verhindern, daß es zu Erscheinungen wie der Faschisierung kommt; es handele sich bloß um ein sanitäres Problem auf dem Gebiet der psychiatrischen Prophylaxe, und hätte man es in den dreißiger Jahren in Deutschland nur geschafft, alle perversen Menschen zu hospitalisieren, dann wäre der Hitlerismus nie entstanden. Es wäre nicht unmöglich, eine solche Aufgabe zu bewältigen, denn der Anteil der anomalen Menschen an einer biologischen Population ist aus rein genetischen Gründen praktisch konstant und geht nie über einen geringen Bruchteil hinaus.

Leider ist die Wirklichkeit schlimmer. Indem sie Juden, die bei der berüchtigten »Endlösung« behilflich sein sollten, in entsprechende Stellungen in den Judenräten und im Ordnungsdienst brachten, haben die deutschen Scheusale sich nicht auf jüdische Scheusale gestützt. Bei der Besprechung dieser Vorgänge sollte man die Psychopathologie eher beiseite lassen. Das Problem läuft darauf hinaus, daß man bei entsprechend hartnäckigem und geschicktem Vorgehen, sofern man über Zwangsmittel verfügt, gerade vollkommen durchschnittliche und gewöhnliche Menschen in Ungeheuer verwandeln kann, zumindest was die Bewertung ihrer Handlungen betrifft; es geht dabei übrigens nicht nur um »nackten« Terror, denn ein mindestens ebenso wesentlicher Faktor ist eine entsprechende Umbenennung der gesellschaftlich fungierenden Bedeutungen. Nach der Hitlerschen Doktrin waren die Slawen und die Juden nur *scheinbar* Menschen und gehörten in Wirklichkeit zur Kategorie der sogenannten »Untermenschen«. Wenn man eine solche Terminologie nur ausgiebig und lange genug benutzt, kann man es tatsächlich zu jener Situation bringen, in der Himmler in einer Rede an seine SS-Männer mit unbezweifelbarer Aufrichtigkeit das *Heroische* der ihnen zuteil gewordenen (völkermörderischen) Aufgabe betonte. Er rühmte sie, hatte Mitgefühl mit ihnen und schätzte sie gerade dafür, daß sie den vielleicht nicht bloß biologischen Reflex des Mitgefühls mit den Opfern zu bezwingen vermochten, daß sie diese entsetzliche, aber eben doch unentbehrliche Arbeit bei den Massenexekutionen verrichteten. So sprechen nicht Degenerierte zu Degenerierten. Die Welt der Bedeutungen hatte eine diametrale Umkehrung erfahren, das Gute und das Böse, das Anständige und das Unanständige, die Tugend und die Sünde hatten ihre Plätze vertauscht. Selbst wenn die Sadisten und Psychopathen bei der »Waffen-SS« einen höheren Anteil stellten als bei weniger spezialisierten deutschen Abteilungen oder in den Armeen anderer Nationen, so war dieser Unterschied doch nicht ernsthaft von Bedeutung. Ist es möglich, daß man offenkundige Dinge, die einem derart in die Augen springen, nicht sieht? Wenn wir heute der Ansicht sind, wenn die Christen von heute der Ansicht sind, daß die von den Rittern der Kreuzzüge verübten Taten schlimme, sündhafte Praktiken waren – oder doch oft genug waren –, daß die Andersgläubigen nicht hätten ermordet werden dürfen, so meinen wir dennoch nicht, daß die Teilnehmer der Kreuzzüge sich aus Kandidaten für psychiatrische Krankenhäuser rekrutierten. Es gibt vielfältige Wege, um aus Handlungsmotiven programmatische Schlagworte zu machen, die man auf Fahnen vor sich herträgt, und den Druck gesellschaftlicher Kräfte in Handlungsanweisungen umzuwandeln. Man hat den Marxismus gelegentlich als eine Art »ökonomische Psychoanalyse« bezeichnet, weil er aufgedeckt hat, wie Klasseninteressen die subjektiv ignoriert werden können, sich in bestimmte gesellschaftliche Denkrichtungen und Doktrinen verwandeln.

Solche Erscheinungen hatten an der Entstehung des Faschismus ihren Anteil, der inzwischen übrigens eindeutig aufgeklärt ist. Die Begriffe und Wegweiser wurden vollkommen umgedreht, so daß ein junger bayrischer Bauer, der sich 1942 weigerte, zur Wehrmacht zu gehen, weil er diese Organisation für verbrecherisch hielt, von seinen eigenen Leuten für anomal gehalten wurde – er, nicht die Psychopathen. Seine Angehörigen, seine Eltern, seine Frau, der Gefängnisgeistliche baten ihn, setzten ihm auseinander, er möge doch seinen verrückten Standpunkt aufgeben, der ihn am Ende den Kopf kostete. Als nach dem Kriege ein junger amerikanischer Ordensgeistlicher, der sich mit der Geschichte des Hingerichteten eingehend befaßt hatte, sich an den Bischof der entsprechenden Diözese wandte, die Sache vortrug und dabei andeutete, daß unter Umständen an eine Seligsprechung zu denken sei, bekam dieser Bischof einen regelrechten Wutanfall, denn er hielt den Geköpften schlicht für einen Verräter. Es fällt einem schwer, zu glauben, daß sogar ein deutscher Bischof – und das auch noch einige Jahre nach dem Krieg – ein regelrechter Anhänger der Doktrin war, die in *Mein Kampf* und in Rosenbergs *Mythus des 20. Jahrhunderts* verkündet wird. Möglich, daß er nach der Devise handelte: »Right or wrong, my country«. Man ersieht daraus, wie enorm sich die Bewertungsperspektive in Abhängigkeit von der Wahl des Bezugssystems ändert. Zweifellos war aber der Hingerichtete ein unnormaler Mensch, ein unnormaler Deutscher in dem schlichten Sinne, daß *nichts* ihn davon abhalten konnte, das, was er für die Wahrheit hielt, auszusprechen, und in dem er das aussprach und entsprechend seiner Überzeugung handelte, nahm er auch keine Rücksicht auf die tödlichen Konsequenzen; so verhält sich ja wohl nicht ein durchschnittlicher, gewöhnlicher und das heißt: ein normaler Mensch. Wir dürfen annehmen, daß er in einem positiven Sinne »anormal« gewesen ist, vielleicht sogar eine Art von »moralischem Genie«, mit Bestimmtheit fällt er aber aus der Norm der damaligen Zeit heraus.

Es ist hier nicht unsere Absicht, das Phänomen des Faschismus zu analysieren. Wir haben diese Problematik kaum gestreift. Doch schon dabei wurde deutlich, daß die Schilderung der Phänomene, die den Niedergang des deutschen Volkes bewirkten und ihm vorausgingen, im *Doktor Faustus* ersetzt ist durch die geschlossene, deterministische Struktur des Mythos im Sinne der elementaren Situation der Entscheidung zwischen Gut und Böse, wobei es völlig ausgeschlossen (ja sogar undenkbar) ist, daß die Lokalisierung dieser Pole relativiert werden könnte. Trotzdem gibt es gesellschaftliche Techniken, ihre vermeintliche Unumstößlichkeit zu erschüttern, indem sie etwa in ein Geflecht von Begriffen verwandelt werden, das eine neue Wertskala postuliert (eine Wertskala beispielsweise, auf der Volk, Blut, Boden, Staat die höchsten Instanzen sind, Absolutheiten, auf die man alle singulären menschlichen Situationen beziehen kann und sogar notwendig beziehen muß). Zu einem bestimmten Zeitpunkt des Zweiten Weltkrieges brachte die Goebbelssche Propaganda eine knappe Formel hervor, die sich schon vorher in ihr herumgetrieben hatte, aber nun erst mit beiden Teilen genannt wurde. (Anfangs hatte es nur geheißen: »Wir müssen siegen«, danach: »Wenn wir sie nicht vernichten, bringen sie uns um«, und das hieß, daß die Niederlage gleichbedeutend war mit der biologischen Vernichtung des deutschen Volkes). Mit ungewöhnlichem Nachdruck wurde betont, daß es sich um eine Notwehrsituation handele; wer das eigene Leben verteidigt, ohne über die angemessenen Mittel zu verfügen, darf – hier ist die Quelle der ethischen Legitimation – zu jedem Mittel greifen, das ihm in die Hand fällt; auf diese Weise lassen sich Massenhinrichtungen, totale Zerstörung u.dgl. rechtferigen. Darüber hinaus ist hier eine bestimmte Gesetzmäßigkeit wirksam, die man bezeichnen kann als Gesetz der Konsequenz und der Unumkehrbarkeit bereits unternommener Schritte: Die Nazibewegung hat zwar von Anfang an in ihren heiligen Büchern vollkommen klar ihre expansionistischen Ziele zum Ausdruck gebracht, doch wurden damit nicht eindeutig die Mittel definiert, auch nicht die technologisch-liquidatorischen Mittel, mit denen diese Ziele verwirklicht werden sollten; dies gleichsam zur – partiellen – Verteidigung des deutschen Volkes, falls man zu begründen hat, daß es sich nicht ausschließlich aus Ungeheuern zusammensetzte. Denn es ist eine (obgleich unmoralische) Sache, zu sagen: »Wir sind besser, größer, klüger, prächtiger als andere, wir sind dazu ausersehen, die Welt zu beherrschen«, und eine andere, aus Frauenhaaren Schiffstaue und Matratzen, aus Körpern Seife und aus Knochen Dünger zu machen. Die vorgenannte Ansicht mag zwar eine

Prämisse für diese völkermörderischen Folgerungen sein, aber doch nur für denjenigen, der den Mut besitzt, die Sache in einer gewissen Isolation zu Ende zu denken. Der *Doktor Faustus* ersetzt jedoch die Situation der gesellschaftlichen Bedingtheit von durchschnittlichen, weder besonders edlen, noch besonders teuflischen Menschen durch die Situation des einsamen Denkers, der jeden Schritt zehnmal vorausgreifend prüft, ehe er ihn tut.

Es ist bekannt, daß die Ungeheuerlichkeit der Nazi-Untaten im Laufe des Krieges zunahm, sowohl unter dem quantitativen Aspekt der Zahl ihrer Opfer als auch in der Hinsicht, daß die Führer des Dritten Reiches anfangs – gewissermaßen unter der Trägheitswirkung der bei ihnen noch vorhandenen Traditionen der eigenen Erziehung, die ja schließlich europäische und solche des 20. Jahrhunderts waren – noch daran dachten, sei es, die Juden nach Madagaskar auszusiedeln, sei es, sie auf allmähliche und gleichsam »natürliche« Weise zu liquidieren (beispielsweise durch Sterilisierung mit Hilfe von Röntgenstrahlung – die lebende Generation wäre dann einfach ohne Nachkommen ausgestorben); auch waren die Absichten gegenüber anderen Völkern nicht restlos geklärt (so sollten die Slawen das Proletariat des künftigen Weltreichs abgeben, ihre Intelligenz sollte beseitigt werden, und für den Fall, daß sie »allzu fruchtbar« sein sollten, dachte man an eine *eventuelle* Kastration); geplant war also die Ausbeutung, eine *partielle* Ausrottung und Benachteiligung, und erst später wurden diese Programme Schritt für Schritt »immer konsequenter«, denn weshalb sollte man ein gleichsam selbsttätiges und natürliches Hinscheiden abwarten, wenn es möglich war, die Leute rasch umzubringen, weshalb sollte man den unterworfenen Völkern eine auch noch so winzige Autonomie geben, wenn es möglich war, ihnen alles zu rauben, usw. Zum Teil waren die einzelnen Schritte auch eine Folge des unvorhersehbaren Kriegsverlaufs; daß die Tyrannei zur Verbrecherherrschaft wurde, die Ungerechtigkeit zum Massenmord, die imperialistische zu einer schlichten Gangster-Strategie (mit einem wahrhaft klassischen »Verwischen der Spuren« des Verbrechens in ganz Osteuropa – denn als die Kriegsfront näher rückte, wurden immer hektischer Millionen von Leichen exhumiert, verbrannt und zu Staub zermahlen) –, das alles folgte aus der Unumkehrbarkeit dessen, was man begonnen hatte, ohne sich noch recht über die endgültigen Praktiken im klaren zu sein. Diese den Tatsachen entsprechende Darstellung der Dinge bedeutet keineswegs eine »Rechtfertigung« der Naziführer, zumal daran deutlich wird, wie klein sie waren, daß sie anfangs zu den ganz großen Übeltaten einfach nicht imstande waren, weil sie geistig beschränkt waren und es ihnen schlicht an einer hinreichend teuflischen Phantasie gebrach; da sie jedoch keine moralischen Hemmungen hatten, gingen sie, als »sich herausstellte«, daß gewisse Dinge im rein technischen Sinne machbar waren, gerne darauf ein. Der Teufel des Faschismus war demnach kein Genie, kein inspirierter Schöpfer, sondern eher ein Idiot des Bösen, vergleichbar einem Schwachsinnigen, der nicht aus heimtückischen Plänen die Inspiration schöpft, sich des Wehrlosen zu bemächtigen, sondern aus einem dumpfen Impuls, und der zunächst selbst nicht recht weiß, was er mit dem Opfer eigentlich anfangen soll, der aber nach und nach dies und das mit ihm anstellt, bis er bemerkt, daß er – wegen der Wehrlosigkeit des Opfers und wegen der Tatsache, daß nichts und niemand ihn aufhält – tatsächlich alles mit ihm machen kann, und danach ist das, was er tut, nur noch durch die Grenzen seiner Phantasie beschränkt... Anfangs genügt also eine allgemeine, primitive Einstellung im Sinne eines Programms, das in aller Kürze lautet, sich die anderen, die Schwächeren rücksichtslos zu unterwerfen, und »Genialität« ist dann nur noch dazu nötig, zu entscheiden, wo diese Schwächeren sind und womit sie sich eine solche Behandlung verdient haben; aber darauf gibt es keine einfachere Antwort als die, daß sie »etwas anderes« seien als wir, eine »andere Gattung«, selbstverständlich eine schlechtere, ja sogar eine von ungeheurer »Schlechtigkeit«. Wenn es überhaupt ein Minimum an »Vernunft« gibt, das es einem ermöglicht, sich in der Welt zu orientieren und sie mit Hilfe allgemeiner Namen zu klassifizieren, dann stellt es sich genau in dieser Weise dar. Ein Mensch, der Amok läuft und andere ermordet, hört für uns auf, ein Mensch zu sein, weil er völlig »den Verstand verloren« hat und es der Verstand ist, der uns zu Menschen macht; wer Vernichtungsaktionen exakt plant, erscheint uns dagegen rätselhaft, da er höhere intellektuelle Fähigkeiten für Zwecke benutzt, denen sie nicht dienen »dürften«. Der faschistische Staat war nicht einfach eine millionenfache Vergrößerung eines solchen Ungeheuers, sondern ist nach und nach dazu geworden: dies ist ein sehr bedeutsamer Unterschied. Am Anfang stand die »Einteilung« in »uns« und »die anderen«; das Ziel, Herrschaft über »die anderen« zu erlangen, mußte sich dann in den Schritt für Schritt konkretisierten Operationen niederschlagen, und dann begannen die Einzelheiten der verworren-pathetischen Gemeinheit dieses Ziels unausweichlich zu entsprechen. Aus einem primitiven Anfang heraus kam es dann Schritt für Schritt zu einem Anwachsen, einer Mehrung, aber auch zu einer immer stärkeren Intensivierung und Verfeinerung des Bösen, das zunächst überaus banal war, denn es bedurfte weiß Gott keiner Klugheit, um herauszufinden, daß es möglich war, über die Schwächeren herzufallen und nicht eine der mit ihnen vereinbarten Bedingungen einzuhalten.

Da die Juden Europas die wehrlosesten Opfer des Faschismus waren, kann man an ihrem Schicksal genau die einzelnen Etappen der Vervollkommnung jener Völkermordmaschine verfolgen, die während des Krieges entstand. Wir wissen zwar aus zahllosen Dokumenten, daß die einzelnen Maßnahmen und Entscheidungen über das Schicksal der Juden – allmähliche Aussonderung aus der übrigen Bevölkerung der besetzten Länder, Zusammenpferchen in den Gettos auf immer engerem Raum, zunächst selektive und dann unterschiedslose (totale) Liquidierung – insgesamt nicht die regelrechte Durchführung eines Plans darstellten, der zunächst von A bis Z festgelegt und dann in allen Einzelheiten durchgeführt wurde; dennoch können wir uns nicht des Eindrucks erwehren, daß hinter diesem ganzen Prozeß ein Perfidie stand, die alles von vornherein wußte und kaltblütig das Verhalten der Opfer – auch im psychologischen Sinne – einkalkulierte. Die von uns getroffene Unterscheidung konnte für die Opfer natürlich nicht die geringste Bedeutung haben, denn dem Opfer ist es vollkommen gleichgültig, ob sein Mörder ein völlig vernunftloser, verblendeter Irrer oder ein kaltblütiger Realisator eines vorgefaßten Planes ist. Dennoch muß die Erkenntnis zwischen diesen Dingen entscheiden; heute ist uns weitgehend klar, daß die Perfidie, mit der die Deutschen vorgingen, indem sie ihre Opfer durch ihr schrittweises Vorgehen täuschten und durch die Einstellung bestimmter »Aktionen« nach einem Blutvergießen bei den nach Hoffnung Dürstenden den Eindruck erweckten, nun seien sie vielleicht doch gerettet – daß diese Perfidie zumindest anfangs einen Großteil gewöhnlicher *Unentschiedenheit und Unkenntnis* enthielt, was denn nun eigentlich zu tun sei. Es läßt sich nicht mehr feststellen, ob die Naziführer tatsächlich Pläne geschmiedet haben, die Juden, aber auch etwa die Polen in diesen oder jenen Bereich der besetzten Gebiete umzusiedeln, oder ob sie ständig wider besseres Wissen durch diese allgemeinen Projekte ihren inneren Wunsch verschleiert haben, das Problem rasch, reibungslos und ein für allemal zu »erledigen«. Jedenfalls läßt sich zeigen, daß zwischem dem Kriegsverlauf und dem Schicksal der Wehrlosen ein Zusammenhang besteht; in einem gewissen Sinne kann man also sagen, daß, wenn die Kräfte nicht ausreichten, um die Feinde an den Fronten zu besiegen, diese Ohnmacht sich im Sinne eines »Frustrationsabbaus« rächend an den Wehrlosen ausgetobt hat.

Eine Analyse ist deshalb so schwierig, weil sich die Erkenntnis des wirkenden »Mechanismus« ständig mit der »ethischen« Bewertung der Verbrechen verwischt; wenn man nämlich das sagt, was wir oben erklärt haben, sieht es gleich nach einer »Rechtfertigung« des Faschismus aus, der dann, wie man meinen könnte, »nicht so schlimm war, wie es den Anschein hatte«. Dieses Mißverständnis beruht jedoch auf einer Verwechslung der Kriterien, denn die »nackte Bosheit« reicht noch nicht aus, um einen wahrhaft ungeheuerlichen Plan zu verwirklichen – es bedarf dieses Plans mit seiner »strukturellen« Präzision, und zwar einer vollkommenen Präzision, denn schließlich mußte er komplizierten Umständen Rechnung tragen; es ist überhaupt nicht das *Böse*, was wir bestreiten, aber wir bestreiten entschieden, daß es *vollkommen*, *klug* war, daß es gewissermaßen alles von vornherein beurteilt, vorausgesehen und berücksichtigt hat (Hitlers berühmte Worte: »Ich habe alles vorausgesehen!« belegen deutlich, daß er eine solche allwissende, göttliche Stellung anstrebte, aber die Bestrebungen des Führers waren noch nicht gleichbedeutend damit, daß in der Reichskanzlei ein Gott mit negativem Vorzeichen saß).

Es war dies wahrlich eine Geschichte, welche die psychologische Theorie des Lernens nach der Methode von »Versuch und Irrtum« bestätigt; auf den Versuchsgeländen der ersten KZs wurden vorläufige Methoden erprobt und dann auf andere KZs übertragen; es wurden Möglichkeiten erwogen, die (was den Völkermord betrifft) immer weitreichender und kühner waren, sich aber zugleich an der Technologie orientierten; die schon rein quantitativ zunehmende Problematik der sich herausbildenden (und nicht in einem einzigen teuflischen Augenblick beschlossenen) »Endlösung« wurde zu einem technischen, organisatorischen und administrativen Problem, und weil sie wegen der mit ihr verbundenen Fachprobleme auf verschiedene Gruppen von Fachleuten (für Transport, Gifte, Bau von Krematorien, Bunkern, Baracken usw.) aufgeteilt wurde, hatte jeder dieser Fachleute nicht die nackten Leiber der Opfer auf dem Papier vor sich, sondern die genannten Baracken, Bunker, Fässer mit Zyklon usw., so wie anschließend die Physiker nicht Bilder von verbrannten und zerschmetterten menschlichen Leibern auf ihren Schreibtischen hatten, sondern lediglich Atombahnen und Formeln für die Konzentration des Neutronenflusses. Nicht nur, daß die Bürde der Verantwortung für das Verbrechen in entsprechende, durch die jeweilige Problemstellung gegebene Prozentzahlen zerfiel; das Verbrechen, auf zahllose Institutionen und Stellen des deutschen Staates verteilt, war als solches überhaupt nicht mehr handgreiflich zu erkennen. Diese Darstellung des Sachverhalts hat überhaupt nichts mit einer Rechtfertigung zu tun, sondern sie zeigt nur, daß die Problematik des Bösen nicht mit der Problematik einer einmaligen und in dieser Einmaligkeit in sich abgeschlossenen moralischen Entscheidung identisch zu sein braucht.

Die Maschine des Verbrechens entstand also nach und nach, lernte sozusagen, leistungsfähiger zu werden, schöpfte weitere Erkenntnisse aus den Fehlern der Henker, paßte sich an die rein technisch gegebenen Möglichkeiten an, konstituierte sich allmählich und vereinheitlichte sich in ihren Befehlsmechanismen, das heißt, sie unterlag dem, was man heute auch als Eskalation bezeichnet und wofür es damals noch überhaupt keinen Namen gab; selbst die Tatsache, daß die Deutschen im Generalgouvernement Verhaftete (Juden oder Polen) zunächst einem Gerichtsverfahren unterwarfen, daß diese Verfahren nach und nach immer mehr zu einer Fiktion wurden, daß die Urteile vor den Prozessen feststanden und daß man schließlich auch auf Prozesse überhaupt verzichtete – das alles folgte nicht aus einem Programm, das die Absicht verfolgt hätte, die Justizmaschine zunächst zu schwächen, zu lockern und dann zu einer leeren Farce zu machen, sondern es ergab sich schlicht und einfach aus der Praxis, die die Besatzer lehrte, daß sie sich mit solchen »Komplikationen« bloß unnötigerweise verrückt machten, daß sie Kraft und Zeit damit vergeudeten, was lediglich darauf zurückzuführen war, daß der Hitlerstaat nicht aus dem Nichts entstanden war und deshalb beim Aufbau seiner Institutionen und ihrer Funktionsprinzipien an gewisse Voraussetzungen anknüpfen mußte. Schließlich war dieser Staat ein sich selbst organisierender Prozeß – hatte man nicht zahllose Techniken des Völkermords ausprobiert, ehe man sich schließlich für die optimale Technik entschied?

Betrachtet man nur das Ende dieser verschlungenen Entwicklung, ohne alle die Schwankungserscheinungen und Zickzackbewegungen wahrzunehmen (die, um es noch einmal zu sagen, nicht daran lagen, daß das *Böse* nicht gegenwärtig gewesen wäre, sondern einfach an mangelndem *Wissen*, daran, daß man nicht alles kalkulieren konnte, was zwangsläufig erhebliches Wissen voraussetzt), dann drängt sich einem unausweichlich eine Überzeugung auf, die den Geist lähmt, die eine gewisse Faszination, eine Bewunderung mit negativem Vorzeichen auslöst, daß wir es nämlich mit einer wahrhaft satanischen Vollkommenheit, einer höllischen Präzision zu tun haben, und dann läßt sich überhaupt nicht mehr die Folgerung von der Hand weisen, daß diese Maschine von der *ungeheuerlichen Klugheit des Bösen* geschaffen wurde. Eine, wie wir gezeigt haben, ganz falsche Folgerung. Statt dieses verwickelten Prozesses, der sich natürlich auf die Schwäche und Schäbigkeit der Menschen stützte, der jedoch nicht in genialer Weise von nihilistischer Verwegenheit inspiriert war, präsentiert der *Doktor Faustus* eine dichotomische Guillotine, die den ganzen gordischen Knoten mit einem Hieb in die symmetrischen Hälften von Gut und Böse zerhaut.

Die von uns getroffene Unterscheidung ist nicht nur für die Literatur bedeutsam. Gesellschaftliche Prozesse, aber auch zwischenstaatliche oder internationale Gegensätze können den Charakter eines Spiels annehmen, das sich dadurch auszeichnet, daß es in seinem Verlauf die eigenen Regeln verändert; eine anfangs nur lokale, unbedeutende, gleichsam harmlose Erscheinung bringt nach und nach neue »Qualitäten« hervor, und bei einem solchen Spiel kann selbst die Praxis des Völkermords nicht von vornherein ausgeschlossen werden, so als läge sie in einem Bereich unantastbarer Verbote. Der Vietnamkrieg beweist, daß ein solcher Prozeß auch dort die Ausrottung zur Regel erhebt, wo es anfänglich niemanden gegeben hat, der sie als Konfliktlösung vorsehen wollte; ist ein solcher Prozeß erst voll im Gange, so werden die »privaten Intentionen« der Steuerleute vollkommen unerheblich. Man darf annehmen, daß es für die Welt vorteilhafter wäre, wenn diese Steuerleute sich weniger durch vollkommene Güte als vielmehr durch vollkommenes Wissen über die Dynamik solcher Spiele auszeichnen würden, wie es seinerzeit in Vietnam begonnen hat. Das Wissen im Sinne einer die Alternativen abwägenden Vernunft ist im Weltmaßstab wichtiger als die Erkenntnis der individuellen »moralischen Qualitäten«; für die vietnamesiche Tragödie und für den Rest der Welt ist es ja tatsächlich unerheblich, ob der Präsident der USA und seine Berater »zutiefst böse« sind, oder ob sich das »Böse« ihnen gewissermaßen von außen, aufgrund von Umständen, die sich durch die Entwicklung der politischen und militärischen Situation ergaben, angeheftet hat.

Prozesse, die in ihren fortgeschrittenen Stadien Tod und Vernichtung bringen, können sich in ihren Anfangsbedingungen wie Himmel und Erde voneinander unterscheiden. Während diese Prozesse aus synchronischer Sicht von beliebiger Ungeheuerlichkeit sein können, können sie aus diachronischer Sicht ein ebenso beliebiges Maß an »Harmlosigkeit« besitzen. Es ist möglich, daß die politischen Steuerleute der USA sich aus der Perspektive der Vietnamesen tatsächlich nicht von den Führern des Dritten Reiches unterscheiden, daß sie hitlerähnliche Ungeheuer sind, obwohl es nicht Ungeheuer waren, welche eine fatale Politik in Gang gebracht haben, sondern, umgekehrt, diese Politik ihnen Züge einer solchen Ähnlichkeit verliehen hat. Ein in eine führende, aber nicht gänzlich souveräne Situation versetzter Mensch, der über ungeheure Macht verfügt und subjektiv durchaus »anständig« ist, wird sich von einem Individuum, das keinerlei moralische Hemmungen besitzt, nur dadurch unterscheiden, daß er die einzelnen Eskalationsschritte feiner dosiert, da er »Skrupel« hat (oder zumindest diesen Anschein erweckt).

Der Begriff der »Anständigkeit« ist hier der Größenordnung des Prozesses gänzlich unangemessen. Die intellektuellen Bemühungen, denen man sich unterzogen hat, um die nietzscheanischen Wurzeln des Faschismus aufzuspüren, der das Produkt eines angeblich typisch deutschen Denkens sein soll, stehen, wie ich finde, in keinem Verhältnis zum Umfang der Probleme, die der Faschismus aufwirft. Was auch immer man in dieser Hinsicht Sinnvolles oder sogar äußerst Kluges äußern mag, wir können sicher sein, daß keiner der »Falken« im Pentagon je ein Werk Nietzsches in die Hand genommen oder auch nur von seinem philosophischen System etwas gehört hat. Mit anderen Worten: Man kann zu einem bestimmten Endzustand, der für ein ganzes Volk Verderben und Katastrophe bedeutet, gelangen, indem man von den unterschiedlichsten ideologischen Positionen ausgeht, angefangen mit der Position des (so scheint es) gesunden Menschenverstandes, wie sie der amerikanische Pragmatismus vertritt. Es werden bloß die Bezeichnungen für das Handeln ausgewechselt. Es wäre demnach naheliegend, zu erklären, die Menschen wollten einfach immer und überall morden und für ihr finsteres Unbewußtes sei ihnen dazu jeder Vorwand recht.

Das wäre eine sehr naive und billige Verteufelung. Nicht immer äußert sich in den Taten der Menschen ihr Charakter, denn es ist ebensogut möglich, daß sie in Vorgänge verwikkelt sind, die ihnen über den Kopf wachsen und ihnen durch den äußeren Druck gewissermaßen einen künstlichen Charakter verpassen. Hält ein solcher Zustand allerdings genügend lange an, dann verschwindet der Unterschied zwischen demjenigen, der nur schmutzige Hände, aber ein goldenes Herz hatte, und demjenigen, der bis in den Kern seiner Seele schwarz wie die Hölle war. Ein formbares Wesen wie der Mensch kann sich, in einen ergodischen Prozeß verwickelt, dessen Druck nur bis zu einem gewissen Grade erwehren; diese Prozesse haben ihre Eigengesetzlichkeiten, die gänzlich außerhalb der Individuen liegen und sich natürlich immer über die Menschen vollziehen, aber nicht in jedem Fall und nicht notwendigerweise durch individuell in voller Absicht unternommene Züge. Das läßt sich auch knapp so ausdrücken, daß man sagt, das Böse werde sowohl von »bösen« Systemen als auch von Systemen »böser Menschen« erzeugt, von zwei Systemen also, die lediglich in ihren Auswirkungen vergleichbar sind.

Was ist also mit dem *Doktor Faustus*? Sein Problem reduziert sich für uns auf die Frage, ob das Schicksal eines einzelnen für eine ganze Gemeinschaft repräsentativ sein kann. Unter Berufung auf das, was wir oben gesagt haben, können wir dazu erklären, daß es keinen invarianten Zusammenhang gibt, der eine ein-mehrdeutige Modellbildung ein für allemal rechtfertigen oder aber verbieten würde. Es handelt sich hier um ein »metaliterarisches« Problem, das in seiner Allgemeinheit über das gegenseitige Verhältnis zwischen »mythischer« und »empirischer« Ordnung ebenso hinausgeht wie über das Problem der Fiktionalität von Romangestalten einschließlich ihrer mimetischen oder nichtmimetischen Entsprechung im Verhältnis zur realen Welt. Es ist möglich, daß ein literarisches Werk dieser Welt ebenso ähnlich und zugleich ebenso unähnlich ist, wie das abstrakte Modell einer wissenschaftlichen Theorie ihr gleichzeitig ähnlich und unähnlich sein kann. Es ist möglich, daß der in einem Werk auftretende »Teufel« genauso unwahrscheinlich und unmöglich ist wie der berühmte »Beobachter einer ›Schwarzschild-Sphäre« und uns genau wie dieser *wahre* Erkenntnisse liefert. Daher ist es auch möglich, daß sich in einem Werk Geister und Ektoplasmen herumtreiben und daß es dennoch bezüglich der Erkenntnisse wahrer ist als ein Werk, das Herren in modisch geschnittenen Anzügen und Damen in Miniröcken präsentiert – eben wegen der Adäquatheit der wesentlichen Bedeutungen, wegen der Korrelationen und der Korrespondenz der »beiden Semantiken« des Dargestellten und des Darstellenden unter gesamtheitlichem Aspekt.

So wissen wir inzwischen, daß es eine Verfälschung der Problematik des Faschismus wäre, sie durch die Phänomenalistik der individuellen Psychopathologie zu beschreiben. Äußerlich können isolierte Einzelheiten sogar ganz erheblich an Erscheinungen der individuellen Psychopathologie erinnern; genannt sei hier die Tatsache, daß in der Zeit, als Deutschland zusammenbrach, Himmlers Sekretärin nach Jütland geschickt wurde, um nach einem alten Weib zu forschen, das angeblich die Kunst des Runenschnitzens kannte; erwähnt seien die Sammlungen von menschlichen Schädeln, bei deren Ermordung man besonders darauf achtete, daß ihren Knochen nichts passierte; erwähnt sei, daß man aus Frauenhaaren Taue für Unterseeboote drehte; erinnert sei an die massenhafte Exhumierung und Verbrennung von Leichen, die zu schwarzem Mehl vermahlen und auf die Felder gestreut wurden; erinnert sei an das »wissenschaftliche« Ertränken, Gefrieren, Ersticken, Vergewaltigen und Sterilisieren sowie an den Massenmord an den eigenen (deutschen) Geisteskranken – das alles erweckt zweifellos den Eindruck, als sei ein bedeutender Staat Mitteleuropas, der eine schöne kulturelle Vergangenheit besitzt, verrückt geworden. Während es jedoch nicht möglich ist, daß die Körperzellen eines Verrückten sich irgendwann voneinander lösen, die Verrücktheit abschütteln, sich geheilt wieder zusammenfügen und rüstig in eine bessere Zukunft marschieren, ist genau dies bei einer Gesellschaft möglich.

Man täte daher den grundlegenden erkenntnistheoretischen Direktiven der Soziologie und der Psychologie Gewalt an, wollte man in einem angeblich repräsentativen Individuum die Gesellschaft darstellen. Der Faschismus hatte Errungenschaften aufzuweisen, die durch ihre Ungeheuerlichkeit »imponierten« und einem »Betrachter von unten« Exaktheit und Allwissenheit suggerierten; es war daher leicht möglich, daß ein solcher Beobachter diese Merkmale auf die Personen an der Spitze des Staates projizierte und ihnen ein Höchstmaß an teuflisch potenzierter böser Vernunft zuschrieb, und dann lag es nicht mehr fern, in einem Menschen wie Hitler einen »Gesalbten Gottes«, einen von der Vorsehung Auserwählten u.dgl. zu sehen. Nach einiger Zeit kann ein solcher Mensch, wie man zumindest aus dem Falle Hitler weiß, zutiefst von dem auf ihn projizierten Glauben durchdrungen sein. Dies aber ist ein Problem der Quantität und der Größenordnung dessen, was man, umgangssprachlich ausgedrückt, »einfach nicht fassen kann«. Auf einem so großen Schiff wie der »Titanic« konnten die Menschen, die zu den Klängen der Musik tanzten, während durch einen Riß im Rumpf bereits die Wasser des Atlantik in den Maschinenraum stürzten, einfach nicht fassen, daß eine so gewaltige Anlage, die so viele Menschen beherbergte, von so vielen Menschen gelenkt wurde und daher gleichsam wie die vollkommene Verkörperung der menschlichen Klugheit erschien, in Kürze samt ihnen auf den Meeresgrund sinken könnte. Als dieser Glaube zerbrach, mußte es natürlich zu einer Panik kommen, denn wenn ein absoluter Glaube einmal erschüttert ist, zerbricht er absolut. In der Nazizeit hat wohl die überwältigende Mehrheit der Einwohner Deutschlands in Gott als dem moralischen Gesetzgeber ein abstraktes Wesen gesehen – im offenkundigen Gegensatz zur Staatsmaschine, deren Macht gleichsam allgegenwärtig war. Den Menschen, die von einem solchen Milieu eingehüllt und von einem solchen Glauben durchdrungen waren, wird es denn auch nicht leichtgefallen sein, sich eigene Gedanken zu machen – wozu übrigens der Polizeiterror in hohem Maße beigetragen hat.

Die Vernachlässigung dieser Problematik hat sich am *Doktor Faustus* gerächt. Die hochgradig mythische Ordnung, die in diesem Roman herrscht, zwingt uns, die Wahl des Faust-Leverkühn ausschließlich in den Kategorien der binären Alternative von Gut und Böse zu bewerten. Bei der Bewertung ähnlicher, aber gewöhnlicherer, weil lebensnäherer Situationen könnte man ja fragen, ob die Wahl klug oder töricht getroffen wurde, mit kaltblütiger Besinnung oder in trügerischer Verblendung, bei seelischer Ausgeglichenheit oder unter dem Terror der Angst. Damit schließen wir den formalen Teil unserer Ausführungen und können nun in die Hölle hinabsteigen.

Man spricht cum grano salis vom »Teufel im Menschen« und von den »dunklen Kräften« in seiner Seele. Man kann dagegen nicht in analoger Weise von einem »Teufel in der Bevölkerung« oder einem »Teufel in den Deutschen« sprechen. Würde jemand unbedingt darauf bestehen, so müßte man zuerst einmal einen völlig »neuen Typ des Teufels« konstruieren, weil der traditionelle Typ »jemand ganz anders« ist. Der Mephisto des Faust und der Teufel des Faschismus sind geradezu diametral entgegengesetzte Begriffe. Der Begriff des Mephisto hat seine durch die kulturelle Tradition bedingten Implikationen. Er verkörpert zunächst das *vernünftige*, ja sogar *kluge* Böse, das sich sogleich als solches zeigt – der Teufel des Mythos braucht nichts zu lernen, weil er alles schon weiß. Zweitens verkörpert er ein »personalistisches« Böses, denn er attackiert den Menschen *als Individuum*, berücksichtigt dessen Besonderheiten, wie sie durch »diese spezielle Existenz« gegeben sind, zum Beispiel, daß es sich um einen Künstler, einen Wissenschaftler oder einen Philosophen handelt, der diese oder jene Leidenschaften, Sehnsüchte, Obsessionen und Begierden hat. Drittens handelt es sich um ein »theologisches« Böses, denn seine Unendlichkeit ist bezaubernd, seine Bedrohlichkeit transzendental, er ist schlicht eine Gottheit mit negativem Vorzeichen. Schließlich ist er viertens im Spiel ein grausamer Partner, der sich jedoch genau an die festgelegten Regeln hält. Ein Königreich dem, der von einem Teufel gehört hat, der die Seele nimmt, aber entgegen den Abmachungen nichts, absolut nichts dafür gibt. Was Goethes Teufel dem Faust »liefert«, ist nicht einmal ein Sukkubus, sondern ein normales, unschuldiges Mädchen; auch Leverkühn bekommt, was er gewünscht hat, nämlich jene erschütternden Werke, die

Mann so meisterhaft aus der Sprache der Musik in die Sprache der Literatur »übertragen« hat.

Was nun das »Böse des Faschismus« betrifft, so ist es erstens nicht vernünftig, zweitens nicht »personalistisch«, drittens stellt sich seine »negative Theologie« bei jeder rationalen Analyse als ein bloßes Gestammel dar, und viertens ist es ein Partner, der keine der von ihm selbst aufgestellten Regeln während des Spiels einhält. Darin liegt übrigens, scheinbar paradox, gerade die Stärke, die Macht und die Wirksamkeit begründet, die der Faschismus bis zu einem gewissen Zeitpunkt besaß.

Aus einer manischen und verlogenen Dummheit, aus etwas völlig Plattem, etwas verworren Banalem einen Mephistopheles zu machen, heißt das Problem völlig zu verfälschen. Das einzige »teuflische« Problem am Faschismus ist die *Verstärkung* des Bösen, sein molochartiges Wuchern und seine Technisierung durch die Staatsmaschine. Diesem Kern des Problems vermag die Literatur nicht beizukommen, doch da sie im Rahmen ihrer Traditionen über Möglichkeiten der Sublimation verfügt, versucht sie diese anzuwenden, mit den fatalsten Konsequenzen.

In der Sozialpsychologie hat die Arithmetik keine Bedeutung; wer einen Menschen getötet hat, ist nicht einemillionmal besser als einer, der Millionen Menschen getötet hat. Dieser letztere ist aber auch nicht millionenmal »schlechter« als der erstere. Nehmen wir an, ein amerikanischer Sergeant drückt auf den berühmten Knopf und schickt so die gesamte Menschheit ins Jenseits; hieße das, daß der »Teufel«, der in diesem Sergeanten steckt, der mächtigste aller Dämonen wäre, die jemals auf der Erde wandelten? Könnte eine Untersuchung dieses »Teufels« im Unteroffizier überhaupt irgendwelche brauchbaren Erkenntnisse liefern und ein Licht auf die Vernichtung der Menschheit werfen? Müßte man nicht zunächst das globale Beziehungssystem untersuchen, in dessen Rahmen es zur Katastrophe gekommen ist? Aus dem Gesagten folgt nicht, daß der Sergeant »vollkommen unschuldig« war, noch folgt daraus, daß die »Techniker des Verbrechens« im Dritten Reich nicht für ihre Taten verantwortlich waren. Diese Verantwortung existiert selbst dann, wenn sie auf das Räderwerk einer großen Maschine verteilt ist, obwohl es dann allerdings nicht leicht fällt, im Einzelfall den prozentualen Anteil zu ermitteln, der auf die Rädchen dieses Apparates, die einzelnen Individuen entfällt; dies war denn auch eines der schwierigsten Probleme, vor das die Katastrophe des Faschismus die Justiz gestellt hat. Einerseits erschien nämlich jede Strafe angesichts der Ungeheuerlichkeit der Verbrechen zu gering, andererseits hat sich aber eine psychologisch völlig verständliche Tendenz gezeigt, die größte Verantwortung den höchsten Stellen des Apparates zuzuschreiben, von denen die Befehle ausgingen, und den niedrigsten Stellen, die direkt die Befehle ausführten, also jenen, die die Vernichtung planten, und jenen, die dabei ihre Hände bis zum Ellenbogen mit Blut befleckt haben. So hat denn auch jedes dieser »Rädchen« nach Möglichkeit darzulegen versucht, daß es bei einem vorliegenden Verbrechen nicht die höchste Instanz war, sondern noch Vorgesetzte über sich hatte, oder umgekehrt, daß es zwar eine niedrige Stellung einnahm, aber nicht der letzte, die Morde ausführende Vollstrecker war. Rudolf Höß ist eine Ausnahme, die nur die Regel bestätigt. In den Gerichtssälen hat man keine teuflischen Giganten gesehen, die angesichts ihrer unausweichlichen Verurteilung bereit gewesen wären, alles, was sie sich hatten zuschulden kommen lassen, zu rechtfertigen oder zu entschuldigen. Die Ideologie hatte sich in dem Augenblick, als die Tötungsmaschine zerbrach, in Nichts aufgelöst.

Wenn die Epik angesichts einer solchen Katastrophe versucht, diese auf bestimmte »Zustände« zurückzuführen (Zustände der Sünde, der Versuchung, des Verfalls, die der Faschismus dargestellt haben soll), wird sie ihrer Aufgabe untreu, denn dadurch macht sie uns ratlos. Der Teufel ist gegangen, aber er ist bereit und kann in jedem Augenblick zurückkehren, in der Weise, die von den Mythen garantiert wird. In eine mythische Ordnung verstrickt, unterliegen wir vollständiger Determination, sind wir Gefangene unfaßbarer Kräfte. Wenn man mich fragen würde, was ein Schriftsteller, der diese Problematik aufgreifen möchte, als erstes zu untersuchen hätte, so würde ich das Problem der Dummheit nennen; wenn nämlich Dummköpfe von großer Aktivität in einer Lage, die von bestimmten Klassengegensätzen und nationalen Ressentiments bestimmt ist, bei anderen, nicht so aktiven Dummköpfen Gehör finden, und diese bereit sind, den »Führern« zu folgen, kann durch eine solche »Verstärkung« ein Übel entstehen, das zwar nicht höllisch, weil rein menschlich, aber nichtsdestoweniger verheerend ist.

Entsprechend der grundlegenden Polarität, von der das Werk Manns spricht, können die Menschen aus allen erdenklichen Gründen sündigen, fehlen, sich erniedrigen; der Katalog dieser Gründe würde sowohl die menschliche Schwäche, die Bereitschaft, um irgendwelcher Errungenschaften willen sich zugrunde zu richten, als auch die Grausamkeit unserer Natur umfassen; dieser Katalog enthält alles außer der Dummheit, weil es in einem Bild, das eine Überhöhung darstellt, keinen Platz für die Dummheit, für die aufgeblasene Plattheit gibt. Der Teufel des Faschismus ist eine große und schreckliche Wirkung kleiner und trivialer Ursachen, eine lawinenartige Reaktion, die mit dem gesellschaftlichen Zerfall begann.

Der *Doktor Faustus* sagt also nichts über das Deutschland in der Mitte unseres Jahrhunderts. Er erzählt die erhebende Geschichte eines Künstlers, der das außergewöhnliche Glück hatte, die Tragödie zu überleben, und das heißt, er ist voller tiefgründiger Aussagen über ein *begründetes* Leiden, über die Schuld und die *verdiente* Strafe, über die Sünde und den Verfall in einer Zeit, in der die Leiden unbegründet waren, der Verfall ohne Schuld, die Strafe unverdient und die Tragödie für Millionen von Menschen in Mittel- und Osteuropa unmöglich. Ich lehne es ab, diesen großen Roman allegorisch zu verstehen, weil er einen blutigen Nonsens pathetisch überhöht, weil er Anzeichen für – zumindest höllische – Größe in einem Unsinn zu erkennen versucht, dessen einziger Anspruch auf Ruhm sich auf die Zahl seiner Opfer stützt. Wenn aber diesen Opfern vom Schicksal die Chance versagt wurde, eine griechische Tragödie, einen persönlichen Tod zu erleiden und ihr Leben für Werte zu opfern, die im Mythos benannt und gefeiert werden, dann muß man auch den Henkern das Anrecht auf Tragik absprechen. Zur Tragödie fehlt ihnen die Größe. In ihnen war nichts anderes als die stumpfe, den schwulstigen Mythos vom kategorischen Imperativ zunichte machende, banale Routine des Bösen.

In den Zehntausenden von Jahren, in denen die Zivilisationen entstanden, beobachten wir Phänomene ihres allmählichen Aufstiegs und Niedergangs; für den Westen (in einem sehr weiten, das Mittelmeerbecken einschließenden Sinne) kennzeichnend waren Hochkulturen, umgeben von primitiveren Kulturen, und das Ende der fortgeschrittenen Zivilisationen war gleichbedeutend mit dem Ansturm der »Barbaren«. Es kam dabei im kulturellen Bereich zu einem eigentümlichen Informationsaustausch, der, aus der Vogelperspektive betrachtet, wie ein zyklischer Prozeß des Vergehens und der Wiederkehr bestimmter Glaubensvorstellungen und Mythen wirkt, die Wertschemata darstellen, in denen die Stellung und die Funktionen der einzelnen Werte durch ihre gegenseitigen Bezüge die Hierarchie aller Werte festlegen. Dieses Modell hat unter anderem die Funktionen eines Reglers erfüllt, der die Zahl der Freiheitsgrade des Individuums auf einem (allerdings nur in einer sehr allgemeinen Vermittlung) relativ stabilen Niveau hielt. Das war wiederum ein Faktor, der die gesellschaftlichen Strukturen stabilisierte. So gesehen, bildeten die uralten Glaubensvorstellungen, Mythen und Legenden den »invarianten axiologischen Kern« einer ganzen Reihe von Kulturen, die einander – bei allen ansonsten erheblichen Unterschieden – in technologischer Hinsicht recht ähnlich waren. Die Zirkulation dieser semantisch befrachteten Strukturen bestätigt, daß diese Kulturen in einem gewissen Sinne »offen« waren, daß sie bereit und fähig waren, von außen kommende Paradigmen zu assimilieren, in Prozessen, die übrigens nicht reibungslos verliefen, denn oft ging es dabei um eine Kreuzung und nicht bloß um ein passives Übernehmen eines begrifflichen Erbes. Weil die zivilisatorische Explosion, die durch die lawinenartige technische Evolution ausgelöst wurde, erst von sehr kurzer Dauer ist, besonders im Vergleich zu den Jahrtausenden der untergegangenen Kulturen und Zivilisationen, neigen viele zu der Ansicht, daß sich im geistigen Leben der Menschheit »grundsätzlich nichts geändert« habe. Die von der Kunst, der Religion und der Metaphysik beschworenen alten Mythen könnten mit ihren uralten Schemata noch immer die Gesamtheit der menschlichen Erfahrung – auch unter den Bedingungen der Neuzeit – in einem gewissen Grade erhellen und organisieren. Da sich die mimetischen Möglichkeiten der literarischen Darstellung erschöpften, sei es – unter Einbeziehung der inzwischen gesammelten Erfahrungen – geboten, zu den seit Jahrhunderten erprobten Verfahren zurückzukehren. Nun kann man aber auf mimetische oder nichtmimetische Weise nur etwas darstellen, wenn man dieses »etwas« zuvor erfaßt und systematisiert hat, und sei es auch nur auf einer so untheoretischen Wahrnehmungsebene wie dem anschaulichen Sehen. Wenn die Erscheinungen, die es zu vermitteln, abzubilden oder zu reduzieren gilt, sich gegenüber ihren eigenen Vorgängern, die man inzwischen sowohl gnostisch als auch künstlerisch im Griff hat, bis zur Unkenntlichkeit verändern, werden die Implikationen der mythischen Ordnung an dem, was der Blick oder der Geist zufällig auszeichnet, ebenso ohnmächtig abgleiten wie die natürliche Mimesis. Wenn sich herausstellt, daß selbst ein Einstein nicht genügt, kehrt man nicht wieder zu Ptolemäus oder zu den babylonischen Kosmogonien zurück. Was »Absender« und »Empfänger« in der gleichen Weise auffassen, weil es durch eine festgelegte Organisation der innerkulturellen Auffassungen systematisiert ist, kann man verschiedenen Transformationen und Transfigurationen unterwerfen, weil das Vorhandensein einer Verständigungsgrundlage einen optimalen Empfang garantiert, einen Empfang, der die größtmögliche (nicht unbedingt kognitive, sondern nur empirische) Ausbeute an Informationen gewährt. Wenn aber die Verständigung vollkommen gestört ist, wenn bestimmte Auffassungen gänzlich zusammenbrechen und andere nur noch ein Schein ihrer selbst sind, gelingt es noch am ehesten, einen Zustand abzubilden, der einem halbwegs chaotischen Durcheinander, einer Inflation der alten Werte, einer lokalisatorischen Unbestimmtheit der neuen Werte, kurz, einem Durcheinander entspricht, das durchaus nichts mit dem Chaos gemein hat, wie es der Bibel zufolge vor Beginn der Schöpfung bestand, weil es eher im Auge des Betrachters (der in der raschen, allseitigen Veränderung der Umgebung nicht die verändernden Kräfte und Gestalten zu erkennen vermag) als in der Umgebung selber steckt. Wer die Vergangenheit als Maßstab nimmt, um die Gegenwart zu beurteilen, irrt, weil man nicht beurteilen kann, was man nicht richtig begriffen hat. Nicht alles, was wir der Vergangenheit verdanken, ist außer Kraft getreten, aber was wir brauchen, ist die Haltung des zweifelnden Forschers und nicht die eines Apologeten uralter Invarianten.

Diese Worte entspringen nicht der Ansicht, daß die mythenbildende Tätigkeit des Menschen gänzlich erloschen sei, damit wir, von mächtigen Technologien getrieben, gleichsam automatisch in elektronische Paradiese eintreten können, aus denen jegliche Irrationalität restlos vertrieben wurde, so daß nur noch völlig sterile, vom Bazillus der Transzendenz befreite Bilder gleißender Maschinen übrig sind, die auf unseren Befehl warten. Das stimmt nicht; natürlich entstehen neue, oft allerdings wertlose Mythen und Kulte, die teilweise von der Technologie inspiriert sind. Aber darum geht es uns nicht. Die Welt ist in ihrem Schicksal dermaßen zu einer einzigen Welt geworden, daß lokale Mikroprozesse, sobald sie eine Verstärkung erfahren, über Sein oder Nichtsein entscheiden können. Ästhetisch darf man sich an solchen Werken wie *Doktor Faustus* ergötzen, aber mit ruhigem Gewissen darf man das nur, wenn man sich darüber im klaren ist, wie sehr die reale Welt sich von der in diesem Buch geschilderten unterscheidet.

Die Literatur hat nicht immer die realen Zusammenhänge zwischen den Erscheinungen aufgedeckt, und sie braucht das auch in Zukunft keineswegs zu tun. Allerdings ist sie während der letzten Jahrhunderte so verfahren, und genau dem verdankt sie ihre heutige Größe, die eine ganz andere ist als die Größe der antiken Literatur. Sie wurde nämlich zum Gefährten des Menschen in seinem Bemühen, die Welt zu verstehen, und ist dadurch in Wettstreit getreten – nicht selten erfolgreich – mit den Wissenschaften, als deren Verbündete, und mit den Ideologien, die sie im Namen der Menschlichkeit demaskierte. Wenn wir nach uralten Regeln Mythen auf die Welt projizieren, entdecken wir in ihr eine Ordnung, aber nur eine Ordnung, die wir selbst in sie hineingesteckt haben, und das seelische Gleichgewicht, das wir auf diese Weise gewinnen, ist eine Täuschung, die gegenüber den heraufziehenden Veränderungen machtlos bleibt. Wenn wir zu wählen haben, ob wir der Tradition oder der Wahrheit untreu werden wollen, werden wir doch der Wahrheit den Vorzug geben müssen, wenn die Tradition uns in unserem Handeln keine wirksame Anleitung mehr zu geben vermag. Ich verhehle also nicht meinen Wunsch, daß die Literatur weiterhin kognitive Funktionen erfüllen möge, daß sie nicht zu einer Flucht aus der Welt noch zu einem Zufluchtsort werden möge, daß sie die Welt weder verschönernd ordnet noch herabsetzend schmäht, sondern daß sie ihr Richter sein möge, zumindest aber ihr Beobachter, d.h. ein sie verstehender Zeuge. Darin besteht meine an ihren Konsequenzen verdeutlichte Parteilichkeit.

Am Ende dieses Kapitels müssen wir überlegen, ob nicht die ganze obige Diatribe, dieses auf den *Doktor Faustus* gerichtete kybernetische Geschütz mit Mißverständnissen geladen wurde. Muß man die Kritik nicht für verfehlt erklären, wenn man erkennt, daß *Doktor Faustus* sich nicht auf den Niedergang einer Gesellschaft, sondern auf eine bestimmte gedankliche Ordnung bezieht? Daß er weithin als eine auch mit den Mitteln der Allegorie durchgeführte Wertung der faschistischen Katastrophe gilt, befreit uns noch nicht von der Pflicht, zu einer solchen Interpretation Stellung zu nehmen, denn wir haben uns ja dagegen ausgesprochen, automatisch einer Deutung beizupflichten, die das Werk in jenen Bezugsrahmen stellt, der die größte Zustimmung gefunden hat.

Kann man also den *Doktor Faustus* als einen (auch) geschichtsphilosophischen Roman auffassen, der nicht auf die einmalige Erscheinung des Hitlerismus hindeutet, sondern auf dessen geistige Quellen, die ständig im Denken der Deutschen pulsieren?

Es ist möglich, daß dies genau die Auffassung Manns war. Schließlich hat er nicht zufällig eine eigentümliche Vertauschung vorgenommen, indem er die fiktive Person des genialen Musikus für die reale Person Friedrich Nietzsches einsetzte, den er daher in diesem Buch mit völligem Schweigen übergehen mußte, denn für den Philosophen war ja kein Platz mehr, da diesen sein »alter ego« einnahm. Auch daß Leverkühn der Musik zugeordnet wird, ist kein Zufall: Mann glaubte, sie enthalte ein »dämonisches« Element, das, kennzeichnend für die »deutsche Seele«, einen wesentlichen Charakterzug dieses Volkes ausmache.

In diesem Lichte erscheint *Doktor Faustus* als ein außerordentliches Experiment, nämlich als ein Versuch, die Katastrophe des Nietzscheanismus vorzuführen, wobei der Nietzscheanismus selber nicht als eine Enklave aus dem gesamten Geistesleben Deutschlands herausgehoben wird, sondern seinerseits – auch noch transponiert in die Musik! – offenbaren soll, daß er etwas »immanent« Deutsches ist. Wie man aus zahlreichen Reden und Schriften Manns – besonders aus der zweiten Lebenshälfte – weiß, neigte er zu der Ansicht, daß man zwar (mit einer vereinfachenden Dichotomie) von »zwei Deutschlands« sprechen könne, deren jeweilige Repräsentanten die Elemente des Humanismus und des Nihilismus waren, daß aber dennoch verborgene Spuren der Verseuchung mit »verdächtigen« Tendenzen selbst im Humanismus der Deutschen festzustellen seien, der insofern ein wenig ambivalent sei. Mann selber könnte übrigens als ein Beleg dafür gelten, denn er hat sowohl durch die Publizistik seines zweiten Lebensabschnitts als auch durch seine Werke seine im Ersten Weltkrieg entstandenen berüchtigten »Betrachtungen eines Unpolitischen« gewissermaßen »widerrufen« oder auch »gesühnt«.

Ein wenig hat er also in dieser Hinsicht ein schlechtes Gewissen gehabt. Hier interessiert uns jedoch nicht die persönliche ideologische Wandlung Thomas Manns, noch interessiert uns die Frage, ob und in welchem Umfang im deutschen Humanismus der letzten Jahrhunderte verborgene, im Zustand einer »latenten Betäubung« überdauernde Bazillen des Nihilismus festzustellen sind. Wir möchten uns auf die Frage beschränken, ob man sinnvoll den Nietzscheanismus und den Faschismus einander in der Weise zuordnen kann, daß ein eindeutiger ursächlicher Zusammenhang zwischen ihnen deutlich wird.

Auf den ersten Blick scheint es ganz und gar berechtigt zu sein, einen solchen Zusammenhang zu behaupten. Viel ist darüber geschrieben und gesagt worden, auch von Mann selbst. Allerdings steigt mit der Zahl der Wiederholungen einer These noch nicht das Maß ihrer Wahrheit. Fest steht allerdings auch, daß diejenigen unter den faschistischen Bonzen, die imstande waren, die Schriften Nietzsches in die Hand zu nehmen, sich auf ihn als einen Schirmherrn ihrer »Bewegung« berufen haben.

Zunächst eine methodologische Bemerkung: Unter dem Aspekt der wissenschaftlichen Korrektheit, d.h. im Hinblick auf den Erkenntniswert, gibt es nichts Vedächtigeres als die Suche nach *kausalen* Zusammenhängen zwischen historischen Erscheinungen, die auf unterschiedlichen Ebenen liegen, etwa auf der »geistigen« und andererseits der »gesellschaftlichen« Ebene. Es ist nämlich nichts leichter, als rückblickend bestimmten realen Ereignissen die entsprechende Idee zuzuordnen, denn beides gehört der Vergangenheit an, und außerdem gehen die Ideen den Ereignissen zeitlich voraus.

Bekanntlich leitet sich der Begriff des Sadismus vom Marquis de Sade her. Daraus folgt jedoch wahrhaftig nicht, daß es, ehe der Marquis und seine Werke in die Welt traten, keinen Sadismus gegeben hätte, daß nicht entartete Psychopathen, wenn sie dazu Gelegenheit hatten, schon in ältesten Zeiten ihre Opfer grausamen Praktiken unterworfen haben. Wenn es nur um die Antezedenz ginge, könnten die »Erfinder« des Hitlerismus im Grunde auch ohne Nietzsche auskommen. Tyranneien und Praktiken des Völkermordes kennt die Geschichte seit Jahrtausenden. Wir können sicher sein, daß diejenigen, die während des Ersten Weltkrieges ein schreckliches Blutbad unter den Armeniern anrichteten, nicht vom Nietzscheanismus inspiriert waren. Auch haben weder Hitler noch Nietzsche den Antisemitismus erfunden.

Überhaupt ist es mit dem Nietzscheanismus nicht ganz einfach. Zunächst gibt es so etwas wie den »Nietzscheanismus« nicht, falls wir darunter ein von diesem Philosophen dargelegtes kohärentes *System* von Ansichten verstehen, womöglich noch mit einem ausdrücklich formulierten gesellschaftspolitischen Programm. Es gibt nur Schriften, aufgesplittert in eine Unmenge von geistreichen, stilistisch glänzenden, durch eine typisch literarische, d.h. vor allem verbale Suggestivkraft beeindruckende Aphorismen, die uns jeweils durch eine Teilwahrheit, eine einzelne Facette eines Problems, das viele Aspekte besitzt, mit der ganzen Kraft einer herausfordernd flammenden und – besonders gegen Ende seiner schöpferischen Laufbahn ganz offensichtlich – unverantwortlichen Rhetorik blenden. Sie war unverantwortlich insofern, als die sprachliche Artikulation nach Nietzsches Ansicht das letzte Stadium war, bei dem man Halt zu machen hatte; wer über ihn als Menschen etwas gelesen oder gehört hat, kann daran nicht den geringsten Zweifel haben. Er nahm ja eine eigentümliche Mittelstellung zwischen einem professionellen Schriftsteller und einem Philosophen ein, und bekanntlich schreiben Schriftsteller ja nicht, damit ihre Äußerungen in die Tat umgesetzt werden. Dem könnte man entgegenhalten: Selbst wenn es so wäre, so wäre es ohne Bedeutung; wer Dynamit produziert, und sei es auch nur zum Vergnügen, trägt schließlich Verantwortung für die Konsequenzen, die sich aus diesem Vergnügen ergeben. Allerdings würde ich mir zutrauen, aus der Unmenge von einzelnen Bemerkungen, Beobachtungen, Paradoxien, Bosheiten und eigenwilligen Sophismen, die Nietzsche hinterlassen hat, zwei Serien zu bilden, deren eine sich gewissermaßen für das faschistische Programm aussprechen würde, während die andere gleichzeitig im frontalen Gegensatz dazu stehen würde. Man kann also höchstens von einer gewissen allgemeinen Akzentsetzung sprechen, davon, daß der Instinkt, der Lebenswille, der Machtwille in apologetischer Weise der erkennenden Vernunft, daß der Aristokratismus und Elitarismus in der gleichen Weise jeglichen Programmen gegenübergestellt wird, die den Meliorismus zum Nenner und den Egalitarismus zum Zähler haben. Das ist der Grund, warum wir rückblickend, ob wir es wollen oder nicht, das eine mit dem anderen assoziieren, so daß uns dieser Mensch als ein Vorläufer erscheint, als der Schöpfer von Paradoxien und Umwertungen, die der Faschismus auf monströse und teuflische

Weise karikiert hat. Daraus jedoch abzuleiten, daß es den Philosophen auch künftig verboten werden müßte, Ansichten zu äußern, die sich bei der Verwirklichung als gefährlich erweisen könnten, ist vollkommen falsch. Das Anzünden einer Kerze kann schließlich nur in einer Pulverfabrik eine Explosion auslösen. In der großen, häufig dissonanten Symphonie der geistigen Ordnungen des menschlichen Denkens hätte Nietzsche nicht fehlen dürfen, und die Vollkommenheit der von den Melioristen geforderten Zukunft darf nicht darauf beruhen, daß es in ihr verboten ist, Ansichten zu äußern, die zu den herrschenden in radikalem Gegensatz stehen. Vielmehr geht es darum, solche gesellschaftlichen Bedingungen zu schaffen, unter denen man absolut alles, was nur irgendeinen Sinn hat, äußern kann, in der völligen Gewißheit, daß weder Paradoxien noch Unwahrheiten Schlimmes anrichten werden, weil es keine leicht entflammbaren Stoffe geben wird.

Man kann die Abfolge der Ereignisse jedoch auch anders betrachten, nicht indem man nach einem ursächlichen Zusammenhang zwischen den Ansichten des Philosophen und der europäischen Tragödie sucht, sondern unter der Prämisse, daß es sich um zwei Phänomene handelt, die, verschiedenen Ebenen angehörend, nämlich einerseits der sprachlichen und andererseits der gesellschaftlichen, auf die gleichen Ursachen zurückzuführen sind, die in der Tiefe der »deutschen Seele« wurzeln. Auch diese Auffassung ist möglich – und sie verleiht dem *Doktor Faustus* einen etwas anderen, aber legitimen Bezug zur historischen Wirklichkeit. Diese Auffassung setzt jedoch wiederum etwas voraus, worüber man sich nicht wird einigen können: daß dieser »deutsche Geist« eine geschichtliche Invariante sei, daß seine Verseuchung mit dem Teuflischen, seine Gefährdung durch den Versucher ein unabänderlicher Zustand sei, der lediglich unter verschiedenen politisch-gesellschaftlichen Bedingungen in unterschiedlichen Masken auftritt. So verstanden, löst sich jedoch die angeblich immanente »Deutschheit« dieses Geistes auf – und er kehrt zurück zu seiner Urquelle, nämlich zu der Vorstellung von einer angeblich unabänderlichen, manichäisch zerrissenen inneren Natur des Menschen. Wie können wir von einem »virtuell berechtigten Bezug« sprechen, wenn er aus einer Prämisse folgt, die wir ablehnen? Wir können so sprechen, weil wir auf diese Weise inzwischen die semantische Stratosphäre erreicht haben, d.h. eine solche Höhe der Verallgemeinerung, daß auf ihr von den elastischen Begriffen bloß noch die Elastizität übrigbleibt, ausgestattet mit der Fähigkeit, sich auf alles zu beziehen. Wir stehen, anders gesagt, vor der schlichten Banalität als einem bequemen Schubfach, in das man nach Belieben Inhalte hineinstopft. Jedem Volk kann man eine solche Ereignisfolge zuordnen, jedem Volk seinen »Teufel« passend zurechtmachen. Von der konkreten Katastrophe sind wir schon so weit entfernt, daß alle geschichtlichen Massaker und Verbrechen, alle Meere von Blut und Tränen einander ähnlich werden. Gewiß hat nicht jeder Aderlaß seinen eigenen »philosophischen Schirmherrn« gehabt. Aber auch das ist im Grunde nur eine Frage der Perspektive. Für die Philosphiegeschichte zählt, was Nietzsche gesagt und geschrieben hat, nicht aber, was irgendein Drumont oder Belloc geschrieben hat; tatsächlich haben diese beiden den Mord als politisches Prinzip vertreten (»Wenn jeder Ire einen Neger abstechen und dafür aufgehängt würde, würde dieses Land – die Rede ist von den USA – angenehm«), wenngleich sie diese These nicht aus der Prämisse »Gott ist tot« abgeleitet haben. Mag auch der Philosophiehistoriker fachlich unbestreitbar im Recht sein, wenn er uns zeigt, wie das Schaffen eines Denkers die Gedanken eines anderen beeinflußt hat, wie die Ideen von Hegel und Fichte bis zu Schopenhauer und Nietzsche aufeinanderprallten – es bleibt dennoch eine Tatsache, daß die Lumpen damals genauso wie hundert Jahre später über die Äußerungen eines Belloc besser im Bilde waren als über die Schriften Nietzsches; gerade unter dem Lumpenproletariat hat sich Hitler ja seine späteren Schergen Europas geholt. Was für den Philosophen zutrifft, muß für den Soziologen nicht gelten: Das autonome Reich des ontischen Denkens ist eine Sache, seine behaupteten Einflüsse auf die Welt der Menschen, seine Wirkungszusammenhänge mit den Zufälligkeiten des gesellschaftlichen Lebens eine andere.

Die Diskussion wird im übrigen gegenstandslos. Der »Nationalcharakter der Deutschen«, sein » Wagnerianismus«, der Hang zu einer aufgeblasenen und schwerfälligen Monumentalität, die berüchtigte Disziplin, der preußische Geist – aus was für einer Komprimierung solcher Gemeinplätze sollen wir eigentlich einen hinreichend festen und tragfähigen Boden gewinnen, auf dem wir die Konstruktion der Analyse errichten könnten? Wenn Mann mit dem *Doktor Faustus* ein Urteil über sein Volk gesprochen hat, dann muß dieses Urteil, das so pathetisch und ohne jede Ironie daherkommt (ist es nicht auffällig, daß ihn gerade hier die Ironie im Stich gelassen hat?), seinerseits in die Sage vom »deutschen Nationalcharakter« eingereiht werden, denn es ist sicherlich nicht von außen gefällt worden. Sehr gut. Aber der Faschismus? Auch er, so heißt es, hat in dem Werk sein Urteil bekommen. Wir kennen das: Der *Doktor Faustus* teilt ganz einfach das typische Schicksal von Meisterwerken – er ist alles, enthält alles, beurteilt alles, was mit dem deutschen Geist zusammenhängt. An dieser Stelle müssen wir die Polemik einstellen, um uns nicht der Lächerlichkeit auszusetzen, denn es gibt keinen noch so hohen Berg von Argumenten, der einem Meisterwerk in seiner approbierten Meisterwerkhaftigkeit etwas anhaben könnte. Das war übrigens auch nicht unsere Absicht, denn wir haben schließlich nur eine – und nicht die vorderste – Front von Bezügen des *Faustus* angegriffen, und dabei haben wir uns von der erstaunlichen Festigkeit überzeugt, mit der dieser hervorragende Roman dem Versuch widersteht, seine konkret-historischen Verweisungen zu erschüttern, haben wir erfahren, wie er gegen solche Attacken durch Vieldeutigkeit gepanzert ist, wie er sich bei dem Versuch, ihn festzunageln, in die Tiefe seines »semantischen Raumes« zurückzieht und dabei weiterhin kohärent und souverän bleibt. Er hat sich also zu wehren gewußt, auf die seinem Paradigma entsprechende Weise, zugleich aber auch seine Hilflosigkeit gegenüber dem offenbart, was nicht so sehr das genus proximum als vielmehr die differentia specifica unserer Zeit ausmacht.

Und eine letze Bemerkung: Den Nietzscheanismus habe ich weder herabsetzen noch verharmlosen wollen. Daß ich ihn nicht sehr schätze, gehört hier nicht zur Sache. Mir ging es nur darum, daß man die Ursachen, aus denen die Inquisition entstanden ist, mit etwa dem gleichen Erfolg im Evangelium suchen kann.

XV.
Schluß

Nun können wir uns wieder der Theorie zuwenden. Es ist unschwer zu bemerken, daß die Wissenschaft grundsätzlich mit zweierlei Modellen arbeitet. Da ist einmal das »Verhaltensmodell«, das eine bestimmte Beziehungsinvariante abbildet – Beispiele sind die Theorien Maxwells, Newtons oder Einsteins; dieses Modell bildet eine formale Struktur, mit Variablen, die physikalisch auszufüllen sind. Wir überprüfen die Theorie dadurch, daß wir an einer bestimmten Menge materieller Objekte Messungen vornehmen. Insofern ist die Theorie das »Modell« einer virtuell unbegrenzten Zahl solcher Mengen. Grundsätzlich sind ja auch die Körper der Menschen, wenn auch sehr kleine, »gravitierende Massen«, die deshalb um sich herum den Raum krümmen, allerdings in so winzigem Maße, daß es mit den heutigen Methoden nicht meßbar ist. Zum anderen benutzt die Wissenschaft nicht eine formale Struktur, sondern ein reales Objekt als Modell. In der Psychologie ist beispielsweise der Schimpanse ein Modell, an dem extrapolatorisch das Verhalten des Menschen erforscht wird. Überdies kann eine Erscheinung, die eine exponentielle dynamische Entwicklung aufweist, als Modell einer anderen derartigen Erscheinung betrachtet werden.

Nicht alle Modelle der ersten, theoretischen und formalen, Art sind einander unter dem Aspekt der Isomorphie äquivalent, denn es ist nicht dasselbe, ob man etwa in der Astrophysik mit formalen Verfahren das Modell eines »Mustersterns« konstruiert oder ob man ein Modell der Beziehungen zwischen Masse, Energie und Lichtgeschwindigkeit konstruiert.ZwischendiesenModellenbestehteinkategorialer Unterschied. Da wir uns hier aber nicht mit metawissenschaftlichen Fragen befassen, lassen wir das ansonsten sehr bedeutsame Problem dieser Unterscheidungen außer acht.

Der Roman Manns stellt, wie wir gesehen haben, ein Modell der zweiten hier geschilderten Art dar. Wenn der Schimpanse für den Psychologen zunächst ein realer, buchstäblich genommener Organismus ist, und erst im übertragenen Sinne (verhaltensmäßig) den Menschen »repräsentiert«, so sind die »Bekenntnisse Krulls« zunächst, buchstäblich verstanden, die Geschichte eines Hochstaplers, also ein sprachliches Modell (denn nur sprachlich präsentiert uns der Autor den Hochstapler) eines solchen Menschen, zweitens aber ein Modell des Künstlers (weshalb man von einem »Doppelmodell« sprechen kann). Ein Psychologe, der den Schimpansen als solchen untersuchen würde, ohne sich um irgendwelche Extrapolationen zu kümmern, entspräche einem Leser, der die »Bekenntnisse« als eine Geschichte aufnimmt, die lediglich das Schicksal eines Hochstaplers modelliert.

Wir hatten zuvor einen »Artikulationsraum« sprachlicher Abbildungen eines bestimmten realen »Sachverhalts« konstruiert, in dessen Zentrum sich dieser Sachverhalt befindet (wir hatten an einem Beispiel gezeigt, wie ein Zustand, der durch den Ausdruck gegeben ist »Der Baron schläft«, sprachlich durch eine virtuell unendliche Zahl von Artikulationen abgebildet werden kann). Man kann diesen Konfigurationsraum auch zu einem gegenständlichen Raum machen: Nehmen wir an, in seinem Zentrum befinde sich wie zuvor ein »Sachverhalt«, aber ein solcher, der selbst gegenständliche Zustände, die in dem ihn umgebenden Raum enthalten sind, modellhaft abbildet. Dies ist dann keine artikulatorische Abbildung mehr, sondern eine modellhafte Abbildung bestimmter Gegenstände durch andere Gegenstände.

In den »Bekenntnissen Krulls« steht im Zentrum des Konfigurationsraums die »Situation des Hochstaplers«, modellhaft bezogen auf die »Situation des Künstlers«, die wir in der Umgebung vorfinden. Im *Doktor Faustus* ist die »Situation des Künstlers« zentral, während andere Situationen – es gibt ihrer mehr als eine – am Rande stehen. So etwa die Situation eines (konkreten) Denkers, denn Mann hat in Leverkühn das Schicksal Nietzsches dargestellt. Es kommen aber auch kategorial andere Situationen vor, die nicht durch die Geschichte, sondern durch den Mythos gegeben sind (Leverkühn ist zugleich ein Modell des mythischen Faust).

Doch wie sehen eigentlich die »modellhaften Beziehungen« solcher Werke wie *Nächte und Tage*, *Krieg und Frieden* oder der *Chronik der Familie Pasquier* zu den »Originalen« aus? Zwar sind die in den Texten Manns gegebenen Bezüge lediglich impliziert (denn der Text des *Doktor Faustus* sagt nirgendwo ausdrücklich, daß er sich auf Nietzsche beziehe), aber sie haben eine »eindeutige« Adresse: Bei dem Denker handelt es sich eben um Nietzsche und nicht um einen beliebigen Philosophen. In den genannten epischen Werken werden dagegen bestimmte Ereigniswelten grundsätzlich ohne Adressaten dargestellt; für den Leser ist die Frage, welche realen Schicksale die fiktiven Personen »in Wirklichkeit« darstellen (d.h., wo die Autoren ihre Personen »hergenommen« haben, ob sie sie erfunden oder einfach porträtiert haben), praktisch bedeutungslos. Deshalb verhalten sich alle derartigen Werke, auch wenn sie eine Abfolge rein gegenständlicher Ereignisse und keine formalen Strukturen (wie das zuerst genannte wissenschaftliche Theorie-Modell) sind, dennoch eher wie diese letzteren; die »zentral gelegenen«, durch den Text gegebenen Vergegenständlichungen beziehen sich auf eine ungeheure, praktisch vielleicht sogar unendliche Anzahl von Vergegenständlichungen im Leben. Die Epik vom »familiären Schlage« liefert die »Invarianten« für eine ganze kulturimmanente Klasse von »familiären Phänomenen«, so wie die Theorie Maxwells die Invarianten einer ganzen Klasse von elektromagnetischen Phänomenen angibt. Und ebenso wie die Theorie hat auch das »epische Modell« seinen Anwendbarkeitsbereich, denn das Familienmodell aus *Nächte und Tage* ist auf den Stamm der Dobu ebensowenig anwendbar, wie das Modell der klassischen Mechanik auf den Bereich der extremen, der Lichtgeschwindigkeit nahekommenden Geschwindigkeiten anwendbar ist. (Das elektromagnetische Modell ist deshalb anwendbar, weil es eine nichtrelativistische Theorie des Elektromagnetismus nicht gegeben hat: Maxwells Theorie hat relativistische »Korrekturen« bereits berücksichtigt, so daß es nicht mehr nötig ist, sie ausdrücklich vorzunehmen, aber das gehört hier nicht zur Sache.)

Die Literatur kann also genauso vorgehen wie die beiden Varianten der wissenschaftlichen Modellbildung. Sie kann durch bestimmte Vergegenständlichungen andere abbilden, die eine eindeutige, wenn auch nicht explizit ausgesprochene Adresse im »Konfigurationsraum« besitzen; eine solche Darstellung gibt beispielsweise der *Doktor Faustus* aufgrund der Analogie zwischen dem Schicksal Leverkühns und dem Nietzsches; derselbe Roman kann aber gleichzeitig eine allegorische Beziehung darstellen: Leverkühn ist ja zugleich »der Künstler« und darüber hinaus auch noch »Faust«. Im ersteren Fall bildet ein »Objekt« das Verhalten eines anderen »Objekts« ab, und es liegt eine eindeutige Zuordnungsbeziehung vor (»ein Leverkühn – ein Nietzsche«), während wir es im letzteren Falle bereits mit einer »verallgemeinernden Invariante« zu tun haben (»Homo faber – Ödipus«, »Königliche Hoheit – Künstler« usw.). Es kann übrigens schwierig sein, zwischen individuellen Repräsentanten und Allgemeinbegriffen zu unterscheiden, denn die »Invarianten« der Literatur sind informelle »Gestalten« im Sinne der Köhlerschen Gestalttheorie, nach der sich an der »Gestalt« einer Melodie nichts ändert, gleichgültig, ob sie auf der Orgel gespielt, gepfiffen oder im Falsett gesungen wird. Bei der modellhaften Abbildung kann außerdem eine Verstärkung stattfinden, die zugleich eine Verzerrung – etwa ins Pathetische, ins Groteske, ins Phantastische – enthalten kann. Wird etwas »erhaben« gestaltet, so wird es ja gleichzeitig auch »vergrößert«, wenngleich in einem anderen Sinne als bei der karikaturhaften Verzerrung ins Monströse. Ferner kann man – getrennt oder gleichzeitig – im Modell etwas vergegenständlichen, das im Original ungegenständlich war, etwa eine Beziehung. Die Materialisierung einer Beziehung liegt z.B. in Kafkas *Verwandlung* vor: Der Vater würde es nicht beachten, wenn sich der Sohn in einen Wurm verwandeln würde – dies macht die Erzählung an der Vergegenständlichung deutlich. In den »Bekenntnissen Krulls« verhält es sich ebenso, denn die Verkörperungen des Hochstaplers sind gleichsam eine Materialisierung der vom Autor nur gedanklich vollzogenen Identifikation mit den von ihm geschaffenen Gestalten.

Eine wissenschaftliche Theorie sagt expressis verbis, auf welcher Klasse von Elementen der Wert ihrer Variablen definiert ist. Dem literarischen Werk müssen wir diese Klasse selbst zuordnen, und mit einer Änderung der zugeordneten Klasse ändert sich auch der Wert seiner Variablen: Die Semantik des Werkes erfährt dabei eine partielle oder umfassende Transformation. Wollte man in der *Verwandlung* lediglich eine »phantastische« Erzählung sehen, so wäre das in der Physik damit zu vergleichen, daß wir einen Bericht über den »Schwarzschildschen Beobachter« zu einem *Märchen* erklären. Eine Erzählung über diesen Beobachter hat ebenso wie eine Erzählung über einen Menschen, der sich in einen Wurm verwandelte, als Märchen ihren Sinn und kann durchaus beeindruckend sein; das ist es jedoch nicht, »worum es den Absendern ging«. Das »Märchen« vom Beobachter eines Sternkollapses beziehungsweise von der Kafkaschen Metamorphose hört zwar nicht auf, *fiktional* zu sein, ist aber nicht mehr *phantastisch*, wenn ihm die »adäquate Klasse von Elementen« zugeordnet wird.

Die ganze Verwirrung rührt daher, daß in der Literatur die im buchstäblichen Sinne gegebenen Vorgänge häufig für große Klassen von Erscheinungen repräsentativ sind, die aber grundsätzlich keinen Adressaten haben. Die Beziehung, die zwischen diesen Vorgängen als Modellen und dem, was sie modellhaft darstellen, besteht, ähnelt dem Verhältnis zwischen der formalen Theorie und der Menge ihrer virtuellen Designate (in der Wissenschaft sind diese Mengen jedoch mit einer eindeutigen Adresse versehen). Der formalen Theorie eine solche Menge zuzuordnen heißt, den Variablen der Theorie einen physikalischen Wert beizulegen. Dem Werk die entsprechende Menge zuzuordnen heißt, seinen Variablen einen konkreten semantischen Wert beizulegen.

Der Erkenntniswert der Literatur ist nicht nur latent – er läßt sich auch nie mit völliger Gewißheit bestimmen, wenn die Literatur nicht durch Allgemeinbegriffe solche Erscheinungen abbildet, die sich scharf abgrenzen lassen. Der »Fehlerbereich« der Rezeption darf nicht allzu groß sein, denn eine allzusehr ausgedehnte Zone des »Indeterminismus« ist nur in den seltensten Fällen nicht gleichbedeutend mit einem semantischen Zerfall des Werkes in der stabilisierenden Rezeption. Als wahrhafter Virtuose hat sich in dieser Hinsicht Kafka erwiesen, doch ein ähnlicher Erfolg wird nicht vielen zuteil. Die übertragenen Bedeutungen und Bezüge kann der Rezipient dann außer acht lassen, wenn die gegenständliche Sphäre des Werkes eine gewisse Selbständigkeit besitzt, wenn sie sich selbst erklärt und eine solche Rezeption die Semantik des Werkes nicht allzusehr verdirbt. Wenn der »Absender« die in der Rezeption realisierbare Selbstgenügsamkeit des buchstäblichen Textinhalts einschränkt, zwingt er den Leser gewissermaßen, die »Zielmodelle« in wachsendem Maße außerhalb des Textes zu suchen. Wenn wir eine Äußerung lediglich sprachlich verstehen, versuchen wir ja bekanntlich, eine Situation zu finden, in deren Kontext die Äußerung »sich erklärt«. Man kann dieses Vorgehen von der sprachlichen Ebene in die gegenständliche Welt des Werkes verlegen, denn wenn gegenständliche Sachverhalte sich nicht »selber« erklären, beginnen wir, nach realen Kontexten zu suchen, in die wir die Sachverhalte einordnen, um den Zustand des »Verstehens« zu erreichen.

Kafka war, wie gesagt, derjenige, der als erster am weitesten in diese Richtung gegangen ist. Die unmittelbare Gegenständlichkeit der im *Prozeß* oder im *Schloß* geschilderten Situationen bleibt ja unverständlich. Dem Leser werden dadurch passives Verhalten und geistige Faulheit verwehrt; er ist gezwungen, ein solches Werk als eine formale Struktur aufzufassen, die sich erst dann mit einer relevanten Bedeutung füllt, wenn sie optimal entsprechenden Erscheinungen oder Kategorien zugeordnet wird.

Es ist möglich, literarische Werke als »gegenständliche Modelle« in unterschiedliche Bezugssysteme einzuordnen, manchmal in mehrere zugleich, manchmal nur in einzelne.

Wer die zumindest partielle »Leere« literarischer Werke für einen »vorübergehenden« Zustand hält, den es durch einen Zustand der »Auffüllung« oder der »Ausfüllung« zu ersetzen gilt, unterstreicht dadurch stillschweigend die Ähnlichkeit zwischen literarischen Texten und formalen theoretischen Strukturen, denn diese sind mit Sicherheit »existentiell unselbständig«, und ihre einzige Rechtfertigung, ihre raison d'être, liegt in einer bestimmten Ausrichtung auf konkrete Inhalte. Dennoch ist es möglich, einem durchaus konkreten, gegenständlichen Inhalt (wie etwa den Erlebnissen des Herrn K. im *Prozeß*) einen Hauch von »Unvollständigkeit« zu verleihen, der dadurch entsteht, daß das Werk als Ganzes für den Rezipienten ein außersprachliches »semantisches Defizit« aufweist, daß seine Bedeutungen nicht im Werk selbst liegen.

In der Wissenschaft schließen sich bestimmte Theorieauffassungen, die die Phänomene, auf die sie zielen, in alternativer Weise erklären, gegenseitig aus. Generelle Konzeptionen, die der realen Welt drei, vier, fünf oder noch mehr räumliche Dimensionen zuschreiben, können nicht gleichzeitig gültig, d.h. wahr sein. Untersuchungen haben jedoch ergeben, daß das, was in bestimmten Konzeptionen als Verlust erscheint, auf anderen Gebieten gleichzeitig ein Gewinn an Informationen sein kann. Bestimmte Merkmale von Erscheinungen auf der atomaren Ebene lassen sich zum Beispiel kohärent mit der Fünfdimensionalität der Welt erklären – und dabei werden gleichzeitig makroskopische Erscheinungen erfaßt. Der Wissenschaftler muß allerdings im jeweiligen Fall Gewinne und Verluste bilanzieren; daß die Konzeptionen, die von der klassischen (allgemeinen) Relativitätstheorie ausgehen, welche nicht mehr als vier Dimensionen annimmt (wobei die vierte nicht mehr eine räumliche ist), angemessen sind, ergab sich aus der gesamten Entwicklungsrichtung anderer, verwandter Disziplinen des physikalischen Bereichs. Wir erwähnen das, um darauf hinzuweisen, daß solche Entscheidungen nicht endgültig sind; vielleicht wird es doch einmal erforderlich sein, von diesem Modell zu einem anderen überzugehen, das gerade eine höhere Zahl von Raumparametern berücksichtigt; da die Welt »vieldeutig« ist und bestimmte Konstruktionen, bestimmte theoretische Strukturen auf der jeweiligen Entwicklungsstufe der Erkenntnis besser zu ihr »passen« als andere, läßt sich den jeweiligen Entscheidungen schwerlich Endgültigkeit zusprechen.

Diese »Vieldeutigkeit« – ein Wesensmerkmal der Welt, die von der Physik erforscht wird – zeichnet auch die gegenständlichen Welten der Literatur aus, die etwas abbilden, das seinerseits nicht »literarisch« ist, nämlich das menschliche Dasein. Die Unmöglichkeit, endgültig über die Richtigkeit der Einordnung eines Text-Modells zu entscheiden, befriedigt zwar nicht den Intellekt, der gern »absolute«, »ultimative« Feststellungen trifft, entspricht aber doch den »ontischen

Tatsachen«. Wer literarischen Werken eine zumindest partielle »Leere«, eine semantische Unausgefülltheit zuschreibt, die durch die Einordnung in dieses oder jenes Bezugssystem beseitigt werden kann, unterstreicht dadurch, wenn auch stillschweigend, die Ähnlichkeit, die zwischen Werktexten und wissenschaftlichen Theorien einerseits und der Realität, der diese Systeme zugeordnet werden, andererseits besteht.

Die Literatur weist allerdings eine lokale Eigentümlichkeit auf: Während theoretische Strukturen, da sie rein formal sind, nicht die geringste »existentielle Selbständigkeit« besitzen – die Maxwellsche Theorie z.B. hat, wenn ihre Variablen nicht meßbaren Parametern der Realität zugeordnet werden, keinerlei pragmatische Bedeutung –, haben literarische Werke immer einen gewissen gegenständlichen Inhalt, und damit enthalten sie eine nur auf sie beschränkte »pragmatische Bedeutung«. Die Abfolge der Erlebnisse des Herrn K. im *Prozeß* mag zwar, wenn wir sie für ontisch oder erkenntnistheoretisch unselbständig halten, als »unvollständig« hinsichtlich ihrer Bedeutungen erscheinen, besitzt aber dennoch eine in der Gegenständlichkeit der literarischen Beschreibung enthaltene Vollständigkeit. Eine physikalisch leere Theorie (die wegen mangelnder Zuordnung keine Designate besitzt) ist eigentlich gar keine Theorie, sondern nur ein leerer Ausdruck. [Die Formel »$G = Rf^2$« bedeutet absolut nichts, solange wir nicht festlegen, daß G = E (Energie), R = m (Masse) und »f« gleich »c« (Lichtgeschwindigkeit) ist.] Eine so völlige Leere kann ein literarischer Text gegenständlich nie erreichen: Auf »sich selbst« reduziert, bleibt er in diesem »Minimal«zustand dennoch eine konkrete, nämlich in der Vergegenständlichung beschriebene Serie von Ereignissen (wie z.B. die Serie der Erlebnisse des Herrn K. im *Prozeß* oder die der Erlebnisse und Wechselfälle des Landvermessers im *Schloß*). Man kann deshalb nur von einem »semantischen Überschuß« sprechen, den die normativ geregelte Rezeption dem Werk verschafft, nicht aber von einer Semantisierung des Werkes von einem »Nullzustand« aus. Eine »Reinheit« im Sinne der Leere der Mathematik kann die Literatur also nie erreichen.

Diese Konzeption zeigt, daß es zwei Arten des »phantastischen« Charakters der von literarischen Texten beschriebenen Gegenständlichkeit geben kann. Die erste ist bloß ein »vorübergehender« Zustand, der, wie wir an Beispielen zeigen werden, einfach verschwindet, wenn wir nach entsprechenden »Einordnungen« durch die Einpassung in bestimmte Bezugssysteme den entsprechenden »semantischen Überschuß« erhalten haben; das Phantastische stellt gleichsam nur eine Etappe, nicht die Endstation der Rezeption dar. Die andere Art des Phantastischen ist dagegen prinzipiell nicht zu beseitigen; Märchen oder Legenden kann man ja durch keinerlei Einordnung an die Realität »anpassen«. Wir können deshalb sagen, die erste Art des Phantastischen sei ein Mittel, die zweite ein Zweck; die erste signalisiert dem Rezipienten, daß er weitere Schritte zu unternehmen hat, während die zweite den Vorschlag eines gewissen endgültigen Zustands darstellt. Literarische Texte beiderlei Art brauchen freilich keine Besonderheiten aufzuweisen, an denen ihre Zugehörigkeit zu dem einen oder dem anderen Typus eindeutig abzulesen ist, so daß man in dieser Frage geteilter Meinung sein kann. Von den Werken Kafkas wird gewöhnlich gesagt, ihr phantastischer Charakter sei »metaphorisch«, und das heißt ganz einfach, daß sie unselbständig sind und man herauszufinden hat, wovon sie eine »Metapher« sind (Metapher im Sinne eines Vergleichs, also einer Zuordnung). In solchen Situationen muß der Rezipient eine Entscheidung treffen, da keine höhere Instanz über die Zugehörigkeit des Textes zu einer der beiden Gruppen entscheidet.

Solche Entscheidungen lassen sich meistens von einer Minimax-Strategie leiten. Man kann den Roman *Homo faber* auf den ersten Blick für realistisch halten: Was er beschreibt, »könnte in Wirklichkeit vorkommen«. Wie wir jedoch gezeigt haben, führt dieses Werk eine seltene Zufallsserie vor. Eine Zufallsserie schildert auch das Werk *Ikar* von Iwaszkiewicz; so wie der Junge in dieser Novelle hätte eigentlich jeder Mensch im Generalgouvernement umkommen können. Die geschilderten Zufälle sind jedoch unheimlich, sie verweisen uns auf eine bestimmte Ordnung, die von den Deutschen geschaffen wurde. Der Bedeutungsüberschuß liegt hier im

Bereich der gesellschaftlichen Bezüge: Es waren Menschen, die anderen Menschen dieses Schicksal bereiteten. Es gibt aber auch Zufallsserien ohne individuelle oder gesellschaftliche Bezüge, die sogenannten Glücks- oder Pechsträhnen. Aufgrund solcher Koinzidenzen ist mancher ein Glückspilz, während ein anderer vom Pech verfolgt wird. Für den einzelnen läßt sich in einem solchen Fall durch keinerlei Einordnung ein Bedeutungsüberschuß herstellen. Wenn wir fragen, warum ein Gasmolekül, das sich doppelt so schnell bewegt wie die übrigen, sich so »sonderbar« verhält, erklärt man uns, dies entspreche der Normalverteilung (der Poissonverteilung). Der Zustand des Gases stellt einen Durchschnittswert dar, der sich gerade dadurch ergibt, daß es Moleküle von durchschnittlicher Geschwindigkeit, aber in Gestalt von langsamen und besonders schnellen Molekülen auch extreme Varianten enthält. Eine Menge von Menschen ähnelt zwar in mancher Hinsicht einer solchen Ansammlung beweglicher Atome, aber dennoch kann man nicht sagen, daß Müller zwar vom Pech verfolgt wird, da seine Frau an Krebs erkrankt, er selbst sich das Bein bricht und sein Bruder verrückt wird, daß »dafür« aber bei Meier alles bestens läuft, daß es sich also »alles in allem ausgleicht«. Die statistische Wahrheit klingt wie ein dummer Witz. Die Literatur, zumindest jene, die sich nicht mit der Schilderung »unerhörter Begebenheiten« abgibt, die nicht um jeden Preis Menschen beschreibt, die zwei Buckel besitzen, einen vorn und einen hinten, oder andere, die dauernd in der Lotterie gewinnen und auf der Straße über Brillanten stolpern – diese Literatur macht solche Serien nicht zu ihrem Thema. Ihr geht es ja nicht um Erfolge oder Niederlagen als solche, sondern um das, was sie für die Menschen bedeuten. Die Geschichte Hiobs hat einen Sinn, weil das Unglück von Gott gesandt war. Man kann sie im Sinne der grenzenlos demütigen Leidensbereitschaft des Glaubens oder auch im Sinne der grenzenlosen Grausamkeit des Lenkers der Menschenschicksale auffassen; Hiob »erhielt« bekanntlich eine neue Frau und neuen Besitz, und später hatte er mit der neuen Frau neue Kinder, was aber seine früheren Kinder nicht wieder lebendig machte; bei kühler Betrachtung könnte man meinen, dieser »Ausgleich für das Unrecht« sei nichts anderes, als wenn man Meiers Triumphe als Gegengewicht zu Müllers Katastrophen auffaßt. Wir sehen also, daß ein und dieselbe Geschichte, in zwei verschiedene Bezugssysteme eingeordnet, unterschiedliche Bedeutungsüberschüsse erhält.

Als allgemeine Hypothese könnte man behaupten, daß Mythen, Sagen, religiöse Glaubensvorstellungen, Legenden, ja selbst Märchen allesamt Besen seien, mit denen der Mensch die Welt von jeglicher Spur des Zufalls reinigt, das heißt von Ursachen, die für den Menschen keinerlei Sinn haben.

Das Phantastische in den Sagen, Glaubensvorstellungen und Mythen ist niemals zufällig im statistischen Sinne. Sie berichten nicht davon, daß es Prometheus zufällig gelungen sei, den Göttern das Feuer zu entreißen, daß der Engel der Verkündigung durch Zufall ausgerechnet auf Maria stieß, daß die Ägypter bei der Verfolgung der Juden durch eine bloße Koinzidenz im Roten Meer ertranken oder daß der Kamm der Hexe sich durch Zufall in einen Wald verwandelte. Man verweist uns auf die Vorsehung, auf das Schicksal, auf den Herrgott, auf die Hexerei, aber niemals auf eine Tabelle von Zufallszahlen. In einer Phantastik, die sich durch keinerlei Einordnung auf die Realität zurückführen läßt, ist für den Zufall kein Platz. Das offenkundig Phantastische, das Unglaubliche an den gegenständlichen Beschreibungen der Märchen und Mythen birgt in sich eine nicht so offenkundige, rein *strukturelle* Phantastik: Nicht nur, daß die Hexen und Prometheuse fiktive Gestalten sind – auch die geschilderten Vorgänge folgen phantastischen, aber *niemals zufälligen* Regeln.

Es gibt bis heute keinen Roman über den Ritter auf der Suche nach dem Heiligen Gral, in dem irgendwelche Vorfälle den Helden gänzlich von seinem Weg abbringen könnten: Das Ende ist immer von Erfolg gekrönt. Es werden auch keine realistischen Geschichten geschrieben, in denen einem Drucker der Setzkasten aus der Hand fällt und die verstreuten Lettern auf dem Fußboden den Satz ergeben: »Geh schnell heim, deine Frau betrügt dich!« Würde er nach Hause eilen und die Frau mit einem Liebhaber antreffen, und würde man diese Geschichte statt als eine Anekdote in vier Sätzen in einem Band von dreihundert Seiten schildern, so würden wir das Buch an die Wand knallen. Wenn ein moderner Autor mit Taschenspielertricks solche Wunder vollbringt, dann handelt er arglistig. Der Schriftsteller darf nämlich nicht so tun, als sei er kein Mensch, sondern eine Art Gott; die Literatur hat der Göttlichkeit entsagt, und etwaige Rückfälle finden wir heute verkehrt. Angesichts von Problemen, die uns alle gleichermaßen wehrlos machen, muß der Schriftsteller einer von uns sein. Diese Wehrlosigkeit gilt nicht nur für das Handeln, sondern auch für das Denken, das dort, wo es keine Bedeutungen gibt, scheitert. Diese Tatsache zu konstatieren ist eine Sache, sie zu mystifizieren eine andere. Frisch möchte, daß wir uns eine unglaubhafte, phantastische Beziehung dadurch verständlich machen, daß wir den Text in das Bezugssystem des Ödipus-Mythos einordnen, der ja noch unglaubhafter, noch phantastischer ist. Richtig wäre jedoch, wie schon gesagt, das genau entgegengesetzte Verfahren: Der phantastischen Deformation geht es entweder darum, das Bizarre »um seiner selbst willen« zu schildern, oder sie verlangt nach Ergänzungen, die aus dem, was im buchstäblichen Sinne außergewöhnlich ist, Elemente eines Codes machen, der eine nicht mehr phantastische Wahrheit vermittelt.

Dem könnte entgegengehalten werden, daß das »Geheimnis« der Literatur nur durch ein anderes »Geheimnis« gedeutet werden könne. Es handelt sich aber gerade darum, daß die Abwesenheit eines Geheimnisses überhaupt nichts von einem Geheimnis hat. Ich meine, daß die Literatur in einem Bereich, der inzwischen wissenschaftlich erforscht ist, keine empirisch falschen Erklärungen geben darf, denn dann verkündet sie die Unwahrheit.

Woran liegt es, wenn Werke, die nach der Intention ihres Urhebers literarische Kunstwerke sein sollen, in denen das gegenständliche Rohmaterial – die »Tatsachen des Lebens« – einer Selektion unterworfen und entsprechend den Konventionen seiner Zeit gestaltet wurde, eher unlesbar werden, als schlichte, jeglicher künstlerischen Intention entbehrende protokollarische Beschreibungen von »Lebenstatsachen«?

Seit Pepys‹ Lebzeiten sind unzählige Romane in diesem Sinne gestorben, aber sein »Tagebuch« hat ihr Hinscheiden überdauert, und wir betrachten es geradezu als einen literarischen Schatz.

Die kodifizierte, normative Poetik kann in einem gewissen Sinne ein Bestandteil der »gesellschaftlichen Sitten« sein, eine Vorstellung, die für den Grafen Tarnowski noch erschreckend war, denn er verlangte nach Werken, die man in einem Hause, das heranwachsende Damen beherbergt, ruhigen Gewissens liegenlassen konnte. (Werke, die nicht dieser Konvention entsprechen, werden denn auch häufig als Skandal, als Pasquill, als Verleumdung u.dgl. aufgenommen. So erging es etwa in der Zwischenkriegszeit der Prosa eines Kaden-Bandrowski. Bis dahin hatte in unserer Literatur eine schwer erträgliche Idylle geherrscht: An ihr war alles erhaben und großartig, wenn auch bisweilen erschreckend wie etwa Tuhajbejowicz, der Basia entführt; ein Dichter wie Słowacki durfte an Schwindsucht leiden, aber ganz bestimmt nicht an Hämorrhoiden; die Menschen wurden von gewaltigen, an Bohun und Kmicić gemahnenden Leidenschaften bewegt, und wenn sich jemand entehrte, dann war das sogleich Anlaß für eine »Geschichte einer Sünde«. Anschließend verfiel man in das entgegengesetzte Extrem – nicht, daß nun alles herabgesetzt wurde, sondern im Sinne des Modernismus, der Bohème, der Polarisierung zwischen »Künstler« und »Spießer«, und die Seele begann mit ihrem ebenso langweiligen wie unbeholfenen Striptease, um sich schließlich bis auf die »nackte Seele« eines Przybyszewski zu entblößen. Es wurden also gewissermaßen die Vorzeichen gewechselt, aber an der Überschwenglichkeit änderte sich nichts.)

Ein Mensch, der wie Pepys für sich – obendrein noch verschlüsselt – ein Tagebuch schrieb, brauchte sich um die ringsum herrschenden künstlerischen Konventionen nicht im geringsten zu kümmern. Konventionen veralten indes, gegenständliche Ereignisabläufe dagegen nicht in jedem Fall. Das biographische Protokoll bietet sich uns dar als ein Feld, das der Verfasser mit recht schwach organisierten Elementen bestellt hat, als ein Objekt, das daher sehr komplex ist, weil sich an ihm unterschiedliche Ordnungen ausmachen lassen, darunter solche, an die der Verfasser nicht einmal im Traum gedacht hat. (Nicht er, sondern sein Leben ist der Schöpfer.) Die von Pepys geschilderten Vorgänge können ja psychoanalytisch, tiefenpsychologisch oder nach den Maßstäben der Marxschen Geschichtsphilosophie gedeutet werden, und dadurch gewinnen wir über Pepys und seine Zeit mehr Erkenntnisse, als er selbst sie besessen hat; darin besteht unser Informationsgewinn. Wir können, wie schon erwähnt, an der in Blattgold gefertigten Totenmaske eines Pharaonen heute ablesen, daß er an Akromegalie gelitten hat, wir können daran die metallurgische Technik und die kulturellen Stilarten der damaligen Zeit erkennen, ja sogar die »Geheimnisse der Priester«, von denen vielleicht selbst der Pharao nichts wußte, denn indem wir die *materiellen Objekte* in verschiedene Bezugssysteme einordnen, ziehen wir aus ihnen Informationen heraus, welche ihre Schöpfer nicht besaßen. Gleiches gilt für die Vergegenständlichungen, die der sprachliche Text eines tagebuchartigen Protokolls festlegt. Der Künstler dagegen stutzt das Rohmaterial zurecht, weil er beispielsweise weiß, daß Personen von Stand bestimmte Krankheiten (»unterhalb der Gürtellinie«) nicht haben dürfen, daß Frauen, die eifrig den »Gottesdienst« besuchen, keine schwachsinnigen Kinder gebären, daß Schurken entweder eine »Wandlung« durchmachen oder zu noch schlimmeren Schurken werden usw. usw. Doch die Mode ändert sich, und so kann sich herausstellen, daß sowohl das, was der Literat unter Beschneidung seiner Erfahrungen entfernt hat, als auch das, was er nicht einmal erahnte, *was wir aber vielleicht erahnen könnten*, wenn uns das gesamte »gegenständliche Rohmaterial«, das ihm zur Verfügung stand, bekannt ist, wertvoll war, während die frisierten Inhalte lediglich auf überholte, untergegangene Zustände der literarischen Tradition hinweisen.

Wenn nur das geschildert wird, was im individuellen Gesichtskreis vorgefallen ist, so kann das andererseits bedeuten, Dinge zu wiederholen, die schon tausendmal gesagt worden sind. Der Wert eines Berichts hängt sowohl von der Beobachtungsfähigkeit als auch von der Situation des Erzählers innerhalb der gesellschaftlichen Struktur und der historischen Zeit ab. Pepys‹ Tagebuch ist reich an Fakten – und wenn von der Zimmermannsfrau, die er zu einer Liebschaft nötigte, ein ähnliches Tagebuch vorläge, so darf man annehmen, daß es nicht so aufschlußreich wäre, nicht nur, weil sie nicht so geistreich war wie er, sondern auch, weil sie einen geringen Horizont hatte. Wenn sich eine Formation über längere Zeit unverändert erhält, werden protokollartige Biographien im allgemeinen zu einer Wiederholung dessen, was jedermann bekannt ist. Die Originalität derartiger Mitteilungen strebt gegen Null, zumindest was die geschilderten Vergegenständlichungen betrifft. Treten dagegen große Veränderungen ein, in denen bestimmte Werte zu Bruch gehen, während andere aus deren Trümmern auferstehen, dann können protokollarische Mitteilungen eine ganz neue Bedeutung bekommen.

Einem »protokollarischen Bericht« ähneln epische Werke wie *Krieg und Frieden*, *Nächte und Tage*, *Die Forsyte-Saga*, *Les Thibault*, *Die Chronik der Familie Pasquier* u.dgl. Werke wie *Homo faber*, die *Trilogie* und *Ein Tag zuviel* sind dagegen nicht epischer Natur. Die unterschiedliche Wandelbarkeit der Konstruktion dieser beiden Gattungen läßt sich folgendermaßen bestimmen: Bei einem typischen epischen Werk wird weder der Aufbau insgesamt noch der semantische Überschuß von einer Veränderung der Randbedingungen berührt.

Ein Versuch der Differenzierung ließe sich bezeichnen als Test auf die Anfälligkeit oder Unanfälligkeit gegen eine Störung, die in die gegenständliche (also nicht die artikulatorische) Sphäre des Werkes eingeführt wird.

Um *Nächte und Tage* als Beispiel zu nehmen: Es wäre denkbar, daß Barbara Bogumił unter anderen Bedingungen begegnet, daß Bogumił keine Mutter mehr hat, daß sie nur Kinder männlichen Geschlechts haben, daß Bogumiłs Romanze mit der anderen Frau anders verläuft als im Roman; man könnte noch mehr solcher Änderungen vornehmen, die jedoch allesamt das Werk nicht einschneidend verändern, seine umfassende Aussage nicht berühren würden. Die Epik erweist sich somit als unempfindlich gegen Veränderungen, die an den Ausgangs- oder den Randbedingungen vorgenommen werden, sofern sie kovariant sind und ein Minimum an strukureller Invarianz wahren (so läßt sich das Geschlecht Bogumiłs nicht ändern, denn Barbara kann schließlich nicht eine Frau heiraten).

Bei einem Werk von der Art des *Homo faber* bewirkt dagegen die geringste Fehljustierung der Konstruktion, daß seine gesamte Struktur und Semantik zusammenbricht. Diese Struktur ist deterministisch im mechanistischen Sinne: Alles muß wie bei einem Uhrwerk vollkommen aufeinander abgestimmt und miteinander korreliert sein. Man braucht nur daran zu denken, was passieren würde, wenn der Held statt einer Tochter einen Sohn hätte, wenn er ein anderes Schiff besteigen würde als jenes, auf dem er seine Tochter trifft, wenn diese Tochter einen Buckel hätte oder von ihrem Mann und ihren drei Kindern begleitet würde; aus der Tragödie würde ein ironischer Schwank (falls es zu einer homosexuellen Beziehung zwischen Vater und Sohn kommen würde) oder eine Groteske (falls alle zusammentreffen würden: der Vater, die Tochter als Geliebte und die Mutter), und eine weitere Veränderung (die Wahl eines anderen Schiffes) würde der Roman gar nicht überstehen. Würde Pierre jedoch nicht Natascha heiraten, würde Bolkonski nicht sterben und würde man noch Dutzende weiterer Veränderungen an *Krieg und Frieden* vornehmen, so würde dieser Roman dennoch weiterexistieren. Im Schicksal der Helden würden ungeheure Veränderungen eintreten, aber am Schicksal des Romans würde sich nichts ändern.

Die Anfälligkeit gegen eine »gegenständliche Störung« ist im allgemeinen um so größer, je offenkundiger ein Werk der »Feder« und nicht der »Wirklichkeit« entstammt. Dabei ist die Art der Anknüpfung an die literarische Tradition von unterschiedlicher Bedeutung. Anfällig gegen Störungen sind sowohl *Ein Tag zuviel* als auch die *Trilogie*, obwohl der erstere Roman auf einem traditionsfeindlichen Schema beruht, während der letztere die längst versteinerte Intrige einer abenteuerlichen Romanze entfaltet. Unter strukturellem Aspekt kommt jedoch die Übernahme bestehender Muster der Ersetzung durch andere Muster gleich, denn die Konstruktionsdeterminanten bestehen nicht in realen, beobachtbaren Ereignisverteilungen, sondern in skelettartigen Motiven, deren noch so revolutionäre Umgestaltung darauf hinausläuft, Determinismen der einen gegen solche einer anderen Art auszutauschen. Wenn in *Ein Tag zuviel* eine Situation gestört wird, kann das leicht dazu führen, daß die Handlung sich nicht mehr zu einem (zeitlichen) Kreis schließt; würde aus dem wahren Satz »Oleńka Billewiczówna verteidigte ihre Tugend gegen die Eroberungsversuche Radziwiłłs« ein falscher, so würde das die Konstruktion der *Sintflut* sprengen, denn unter semantischem Aspekt ist das alte Schema dieses Romans gleichbedeutend mit der Erfüllung (»Es muß alles gut enden«). Auch eine ungewöhnliche Verhäßlichung der Barbara aus *Nächte und Tage* bräuchte noch keine Katastrophe für ihre Ehe (und für den Roman) zu bedeuten, während es undenkbar ist, daß Oleńka eine Glatze oder einen Leistenbruch bekommt. Ein Schema wie jenes zu sprengen, in dem Oleńka tugendsam und wunderschön sein muß, würde freilich bedeuten, daß man sich auf die Suche begeben muß, daß man anstelle der durch ihre Strukturen prädeterminierten Romane eines Walter Scott oder eines Dumas nach anderen, vielleicht sogar epischen Mustern des kollektiven und individuellen Schicksals zu suchen hätte.

Eine gewisse Sonderstellung nehmen Werke ein, die, wie der *Doktor Faustus*, in einem eigentümlichen Sinne realistisch sein wollen und zugleich auf der tief verborgenen, paradigmatisch starren Struktur des Mythos beruhen. An dem buchstäblichen Handlungsablauf des *Doktor Faustus* würde sich wohl nicht viel ändern, wenn wir die Krankheit Leverkühns verändern (und eine Geschlechtskrankheit gegen eine andere austauschen) würden, doch müßte der Autor sich dann entschließen, den Parallelismus aufzugeben, den er bis zum Schluß so sorgfältig durchhält: Leverkühns Wahnsinn wäre dann nicht mehr die Folge eines Abweichens vom Pfad der Tugend, wäre kein Sündenfall mehr, sondern eine gewöhnliche, zufällige Erkrankung, die somit eschatologischer Verknüpfungen entbehren würde; es würde sich also entweder herausstellen, daß die großen Erfolge des Komponisten, der Tod seines geliebten Kindes und sein Wahn in keinem ursächlichen Zusammenhang stehen (das Gespräch mit dem Teufel würde damit sicherlich zu einer Halluzination, es bekäme also durch das Abtrennen der Nabelschnur, die es mit der Transzendenz der Hölle verbindet, Eindeutigkeit), oder der Mythos müßte gewissermaßen offen hervortreten und über die realistische Gegenständlichkeit, die ihn in sich verbirgt, siegen. Die Abfolge der einzelnen Ereignisse könnte also erhalten bleiben, aber ihre Verknüpfung durch die Struktur des Mythos würde verschwinden: sie würden nacheinander eintreffen, aber nicht ursächlich aufeinander folgen. Dies ist das Ergebnis der Vermählung des Realistischen mit dem Mythischen, das allerdings in verschiedenen Werken in unterschiedlichem Maße zu beobachten ist: *Ulysses* ist weniger störanfällig als *Faustus*, denn bei Joyce herrscht der Mythos nicht im Sinne einer eindeutigen, eingleisigen Vorherbestimmung der menschlichen Schicksale, sondern lediglich im Sinne eines fernen, allgemeinen Paradigmas, dessen einzelne Phasen mit einer Vielzahl gegenständlich völlig verschiedener Ereignisse ausgefüllt werden könnten; das Urmuster des *Ulysses* hat ein weit größeres »Fassungsvermögen« als das des *Faustus*. Überdies gehen die Elemente des Mythos nicht im buchstäblichen Sinne in die Handlung ein: Bloom ist nicht Odysseus, so wie auch Leverkühn nicht »geradezu« Faust ist – wohingegen der Teufel des *Doktor Faustus* »geradezu« der Teufel des Doktor Faust ist. Durch die größere Distanz zwischen der gegenständlichen Welt des *Ulysses* und der paradigmatischen Konstruktion erhält der Roman von Joyce eine quasi-epische Unempfindlichkeit. Alles, was in ihm geschieht, könnte sich so abspielen, auch wenn es die »Odyssee« nicht gäbe. Dagegen ist der faustische Mythos eine notwendige Bedingung des *Doktor Faustus*. Nicht schon die Einführung des Mythos als eines obersten Programms der Handlung nimmt dieser die Chance, sich episch zu entfalten, sondern der Umstand, daß er auf der buchstäblichen Ebene ihrer Vergegenständlichung angesiedelt wird; wird zwischen einem solchen Paradigma und der objektiven Ereignissphäre eines Werkes eine Distanz geschaffen, so gewinnt diese Sphäre erhebliche Autonomie zurück.

Die Epik ist gegen Störungen deshalb unanfällig, weil sie

sich empirisch bestätigt. Das menschliche Leben wird in den allermeisten Fällen von einer Mischung aus Regelhaftigkeit und statistischen Zufällen regiert. Dadurch gelingt uns manches im Leben, während uns etwas anderes mißlingt; während wir das eine anstreben, erreichen wir bisweilen etwas anderes; dies widerspricht den Normen sowohl einer göttlichen als auch einer teuflischen Ordnung; mal lassen wir uns von der Geschichte, mal von unserer Frau und ein andermal von einem Pickel im Nacken leiten; teils sind wir mit diesem Zustand zufrieden, teils stellen wir uns gegen ihn; für die einen sind wir gütig und klug, für die anderen böse und dumm; die Epik nimmt diesen Stand der Dinge zur Kenntnis, mit allen trivialen Konsequenzen, die sich daraus ergeben. Steigt bei einem solchen Werk »eigenmächtig« der Anteil des zufälligen Elements, so ändert das in einem ganz prinzipiellen Sinne nichts an dem Ganzen, denn der loyale Epiker, der nicht stärker, als es die Gewissenhaftigkeit eines verständigen Beobachters erlaubt, sei es für die Menschen, sei es für die Statistik Partei ergreift, hat die beiden Ordnungen, die sich einmal aus den menschlichen Absichten, zum anderen aus der Stochastik ergeben, bereits berücksichtigt, wenngleich mit leicht veränderten Proportionen. Deterministisch festgelegte Strukturen zielen dagegen auf den Schlußeffekt ab, den sie nicht verfehlen dürfen, denn sonst verwandeln sie sich auf der Stelle in andere Strukturen (wie es beim *Faustus* geschieht), oder sie zerfallen (das ist der Fall beim *Homo faber*). Wieder sehen wir, daß die Mythen vollkommen starre Strukturen und gegenüber den geringsten Veränderungen wehrlos sind: daß sie so leicht zu stürzen sind, macht ihre Unwahrheit aus.

Der Anteil des Zufallsfaktors am menschlichen Leben ist nicht konstant; verbannt man ihn völlig aus dem realen Leben, so entsteht eine mechanische Zivilisation, eine Art von prästabilierter Harmonie, in der sich der Mensch nicht wohlfühlt. Denn die Kinder schon in der Wiege zu vermessen, um festzustellen, welche zu Physikern und welche zu Ärzten auszubilden sind, zugleich sämtliche psychischen Defekte schon im Ansatz zu beseitigen, sich die künftige Ehefrau und den künftigen Ehemann mit Hilfe der Korrelationsstatistik auszusuchen, Krankheiten, Berufswechsel, unvorhergesehene Abenteuer, Reisen, Gewinne in der Lotterie und Verluste im Leben völlig auszuschalten – das ist eine der schrecklichsten Arten, den Menschen zu beglücken. Übersteigt der Zufallsfaktor jedoch ein bestimmtes Maß, so nimmt er uns die Lust am Leben: was auch immer wir anfangen, können wir nicht vollenden. Wie es heißt, hing während der deutschen Besatzung nicht die Erfüllung der Wünsche, sondern das Überleben von diesem Faktor ab. Der Kampf gegen die Okkupanten bedeutete zumindest, daß man mit einer solchen Zufälligkeit nicht einverstanden war; was man damit zurückgewann, war nicht nur die moralische, sondern die ontologische Ordnung.

Solche Veränderungen innerhalb der gesellschaftlichen Realität bereiten dem Schriftsteller nicht geringe Schwierigkeiten. Die Krise der Prosaerzählung läßt sich mit den folgenden »strukturellen« Ursachen erklären. Die wesentlichen Invarianten von Prozessen sind um so leichter festzustellen, je klarer die Systeme, in denen diese Prozesse ablaufen, voneinander isoliert sind, je kleiner die Zahl der an den Systemabläufen beteiligten Elemente ist und je unspezialisierter schließlich das Wissen ist, das man braucht, um die Hauptgradienten der zu erforschenden Prozesse zu erkennen. In einer Welt, die relativ stabil ist – sei es, weil die Gesetze der Gewalt, sei es, weil die Gesetze der gesellschaftlichen Freiheit für Stabilität sorgen –, in einer Welt, in der sich die Erscheinungen relativ klar voneinander abheben und räumlich klar voneinander getrennt sind, einer Welt, in der der Anteil des Zufalls und der Determination in den verschiedenen Bereichen der gesellschaftlichen Prozesse mehr oder weniger konstant ist, einer Welt, in der es darüber hinaus – auch dank all dieser Voraussetzungen – allgemeine, beständige kulturelle Stereotype gibt – in einer solchen Welt kann die Epik oder, allgemeiner, der Roman gedeihen. In einer Welt dagegen, die (vor allem durch die technischen Mittel) zu einer funktionalen Einheit verschmolzen ist, in der es keinen lokalen Antagonismus gibt, der nicht zur Lunte am Pulverfaß des Globus werden könnte, in der sich, anders gesagt, nicht vorhersagen läßt, ob Erscheinungen von der »untersten«, individuellen Ebene auf eine beliebige andere Ebene »überspringen«, in der weder die Wahrscheinlichkeit eines solchen Ereignisses noch die dadurch ausgelösten Wirkungen vorhersehbar sind, einer Welt, in der die berufliche Spezialisierung immer stärker wird, in der das Tempo der Entwicklung sich beschleunigt, so daß immer rascher Konflikte entstehen (aber nicht unbedingt rascher vergehen), in der diese beschleunigte Entwicklung zugleich die Vermittlung der kulturellen Normen von einer Generation zur nächsten beeinträchtigt, indem sie die traditionellen Werte entwertet, zu immer rascher wechselnden Moden führt und allen bedeutsamen Dingen einen Anschein der Flüchtigkeit und Vergänglichkeit verleiht – in einer solchen Welt wird das gewöhnliche Alltagswissen, das man mit der Erfüllung der unumgänglich mit einem normalen Dasein verbundenen (familiären, beruflichen und gesellschaftlichen) Aufgaben erwirbt, immer unzureichender, immer hilfloser. Wer nicht ständig bemüht ist, durch dauerndes Lernen die zurückweichenden Fronten der Realität »einzuholen«, wird diese Welt als ein stürmisches Chaos empfinden. Nun setzt aber die Epik als Bedingung des Verstehens stillschweigend voraus, daß über die Interpretation vieler Variablen des Lebens zwischen Sender und Empfänger (zwischen Autor und Leser) Einhelligkeit besteht; ein Dauerzustand der Unbeständigkeit, in dem fast nichts mehr »sich von selbst versteht«, sondern alles nach Erklärungen verlangt, die zu Ketten komplizierter, sowohl statistischer als auch eindeutig determinierter kausaler Abhängigkeiten führen – ein solcher Zustand bringt die Epik in eine kaum zu überwindende Krise. Früher hatte man beispielsweise erheblichen Einblick in andere berufliche Bereiche; um dem Leser klarzumachen, was es bedeutet, daß der Ehemann der Barbara aus *Nächte und Tage* Landwirt ist, bedurfte es keiner besonderen Erklärungen. Durch die explosionsartige Spezialisierung und die Entstehung hermetischer Fachsprachen ist ein Einblick in fremde Berufe fast unmöglich geworden. Es treten immer mehr Faktoren auf, die eine weitere Differenzierung verstärken und dafür sorgen, daß der subjektive Gesichtskreis der einzelnen Gruppen auf Dauer abgeschottet wird. Das fundamentale Band zwischen den Menschen, das im biologischen Kern der Einzelexistenz liegt, ist bisher fast unangetastet geblieben: Wir wissen zwar nicht genau, welchen Werten fern von uns lebende Nationen und Völker huldigen, doch sind wir überzeugt, daß ihre Frauen Kinder gebären und aufziehen, daß die Männer sich vor allem beruflichen Dingen widmen, daß beide Geschlechter in der gleichen Weise wie bei uns an den fundamentalen Vorgängen des Reifens, des Alterns, des Leidens und Sterbens teilhaben, so daß die Unterschiede zwischen ihnen und uns – gleichgültig, wie groß sie sein mögen, und abgesehen von den Unterschieden kultureller Art – sich auf die technische Hülle in ihren unterschiedlich entwickelten Formen reduzieren, in die jede Zivilisation das individuelle Dasein einhüllt.

Es ist anzunehmen, daß dieser Zustand nur ein vorübergehender ist und daß die organische Gemeinschaft der condition humaine, die in grauer Vorzeit den König mit dem letzten Bettler seines Reiches auf die gleiche Stufe stellte und die auch heute den Multimilliardär einem armen Afrikaner gleichmacht, sich mit den Fortschritten der Biotechnologie lockern wird. Einen Anhaltspunkt mag man etwa darin sehen, daß die Wiedererweckung Toter, die bis vor kurzem noch ein Hirngespinst war, Wirklichkeit zu werden beginnt, dergestalt, daß man Todkranke zu Lebzeiten einfriert, damit sie im Zustand eines widerruflichen Todes solange überdauern, bis wirksame Heilverfahren für sie entwickelt sein werden. Wenn solche Veränderungen in breitem Umfang eingeführt werden und die Möglichkeit entsteht, durch biotechnische Eingriffe den Organismus umzugestalten und ihn mit Merkmalen auszustatten, die ihm von der Vererbung versagt wurden, also nicht nur zu heilen und vorbeugend gegen Krankheiten vorzugehen, sondern Schönheit, Kraft, Vitalität und sogar Intelligenz jenen zu geben, denen es an diesen Gaben fehlt, dann werden diese Veränderungen die Unterschiede, die weltweit zwischen den Menschen bestehen, in einem gewaltigen Sprung vergrößern. Sollte sich der Fortschritt aber weiterhin als eine Kraft darstellen, welche die Menschheit wie eine Ziehharmonika auseinanderzieht, so daß die Vorhut sich immer weiter von der Etappe entfernt, statt sie zu sich heranzuziehen, so entsteht die Gefahr, daß die eine (nicht völlig verwirklichte, sondern eher als erstrebenswertes Ideal gegebene) irdische Kultur zerfällt.

Allerdings ist dies ein Ausblick in die Zukunft, der uns hier nur in dem Maße interessiert, wie das Bild, das er ergibt, mit dem Schicksal der Literatur zusammenhängt. Die Epik ist keine universale literarische Gattung mehr, weil sie die Unmenge von existentiellen Problemen in ihrer nur allzu spürbaren, allzu breit aufgefächerten Vielfalt weder aufzugreifen noch zu begreifen vermag. Als eigentlicher Vorläufer der weiteren Entwicklung des Erzählens könnte sich Kafka erweisen, nicht als ein nachzuahmendes Vorbild, sondern als derjenige, der die Möglichkeit aufgezeigt hat, neue Wege des »Modellierens von Schicksalen« – und das ist ja die Literatur – zu suchen und zu finden.

Wir sprachen davon, daß die beim Erscheinen eines Werkes zunächst auftretenden erheblichen Schwankungen in der Interpretation mit der Zeit nachlassen und schließlich von einem Kokon eindeutiger Rezeptionsanweisungen eingehüllt sind, der im kollektiven Bewußtsein dermaßen verbreitet sein kann, daß man ihn nicht in der gesellschaftlich zirkulierenden Konvention, sondern im Werk selbst lokalisiert. Die Verteilung der Deutungen der Kafkaschen Werke ist jedoch immer multimodal geblieben. Man sieht in ihnen abwechselnd »ontologische« oder »soziologische« Interpretationen des menschlichen Schicksals; dabei betrachtet die erste Spielart das »Kafkasche Modell« als unabhängig von allen in der historischen Entwicklung gegebenen gesellschaftlich-kulturellen Kontexten, während die letztere es – als einen aktuellen Querschnitt durch einen diachronischen Strom – in eine konkrete Situation verlegt. Bisweilen sieht man in diesen Werken schließlich eine andere Art von »Modell« – nämlich ein Modell des Verhältnisses des Menschen zur Welt (zum Dasein, zur Existenz, zur Transzendenz usw.). Dies ist sozusagen ein »Metastandpunkt«, der einige Aspekte der zuvor genannten in sich zu vereinigen versucht; gerade den Zustand des Schwankens zwischen einer »diesseitigen« und einer »transzendierenden« Haltung kann man ja als ein besonders dauerhaftes Merkmal unserer Existenz betrachten. Kafkas Werke haben demnach nichts anderes getan, als von diesem Zwiespalt der menschlichen Existenz Zeugnis abzulegen.

Die Verteilung der Deutungen Kafkas ist mehr als trimodal, denn es ist möglich, in ihr noch weitere Varianten auszudifferenzieren; so kann man innerhalb der ontischen Variante davon sprechen, daß die Suche nach der Transzendenz ein Bestreben ist, das grundsätzlich scheitern muß («Situation des Gläubigen nach dem Tod Gottes«) und daher tragisch ist, oder, gewissermaßen umgekehrt, davon, daß die Transzendenz auf die Erde herabgezogen wird, wodurch höhnische und groteske Effekte entstehen. Ich erinnere daran, daß Kafka und seine Freunde gelacht haben, als sie *Das Schloß* zum ersten Mal lasen, denn sicherlich sahen sie darin eine Verzerrung der transzendentalen Welt, die durch ihre Versetzung in eine irdische Realität boshaft verhöhnt wird. Heute trifft man seltener auf solche Deutungen; in den meisten Interpretationen ist davon die Rede, daß das Werk Kafkas aus einer gewissen Distanz »ein Geheimnis umkreise«; das Lächerliche fällt dann vom »Jenseits« ab und wird zu dem, was wir »unsererseits« nicht begreifen.

Es ist vielfach gesagt worden, Kafka habe eine neue Art des Mythos geschaffen, die sozusagen seine eigene, private Erfindung war und nicht in einem Schema bestand, das fertig der kulturellen Tradition entnommen werden konnte. Diese Diagnose möchte ich näher zu bestimmen versuchen. Wir sprachen davon, daß Mann in seinen Werken den Mythos mit der Empirie gekreuzt habe. Kafka hat eine andere Art von Kreuzung vorgenommen – zwischen dem Mythos und der Groteske. Die Groteske gehört zu den nicht allein artikulatorischen (in der Sprache lokalisierten) Modalitäten der Literatur und liegt auf einer Skala, die in der buchstäblich berichtenden Erzählung ihren Nullpunkt hat. Die erste Verletzung des Buchstäblichen besteht in der Ironie, die entweder das Dargestellte oder den Darstellenden oder beide in Zweifel zieht; potenziert wird sie zum Spott; der Hohn nähert sich bereits dem Pasquill, und in der Groteske wird der Bereich der Vergegenständlichungen einem solchen Druck ausgesetzt, daß seine Verzerrungen nicht nur und nicht so sehr lächerlich werden – durch eine Asynchronie der Einordnungen, eine Verwirrung der klassifikatorischen Festlegungen – als vielmehr bedeutungstragend, so als würde die Welt des Werkes, implizit mit dem realen Modell verglichen, das jeder von uns in sich trägt, in den entstehenden Lücken, Klüften und Schwankungen mit semantischen Überschüssen aufgefüllt. Dank dieser »überschießenden Proliferation von Bedeutungen« kann die Groteske wiederum oszillieren zwischen einer eher humoristischen Bosheit und einer bis ins Makabre reichenden Gespenstigkeit; das Resultat hängt gewöhnlich von der Gruppe der vorgenommenen Transformationen ab, die in gewisser Hinsicht (bezüglich des Richtungsgradienten, des Gesichtspunktes, der Perspektive) kovariant, also durch die Ausgangsprämisse vereinheitlicht sind. Da eine solche Einheitlichkeit des Zugriffs aber ein übergeordnetes System voraussetzt, ist die Groteske sehr oft, wenn nicht immer eine Exemplifikation bestimmter philosophischer Haltungen. Aus diesem Grund besteht die groteske Wirklichkeit des Werkes in einer Verstärkung und Potenzierung der realen Wirklichkeit und zugleich in einem Hervorholen an die Oberfläche von Merkmalen, die in der Realität kaum sichtbar sind; am *Ferdydurke* ist das gut zu erkennen: die Richtung der Transformation, die bis ins Mikroskopische vergrößernde Auswahl, die außerdem Effekte einer »Zeitlupe« ergibt, und schließlich die Einheitlichkeit der verzerrenden Integration, die ihre volle Rechtfertigung – und damit auch ihre »Entsonderlichung« – in der philosophischen (existentiellen, aber nicht existentialistischen) Intention findet. Diese Form stellt daher immer eine eindringliche semantische Diagnose dar.

Kafka hat auf dissonante Weise das Ehrwürdige und bis hin zur irrationalen Heiligkeit Erhabene mit dem rational Spöttischen und höhnisch Skeptischen zusammenprallen lassen. Ein überaus gewagtes Vorhaben. Vielleicht sind seine Werke deshalb so unklassifizierbar, so wenig auf eine einzige Deutung festzulegen. Der Mythos nimmt Abstand von der realen Alltagswelt; die Groteske ist auf diese Welt angewiesen, denn ohne sie bedeutet sie (im Unterschied zum Märchen) nichts – es sei denn, sie wurde bewußt »vermärchlicht« (ein nicht selten etwa wegen der Zensur angewandtes Mittel, das eine »Harmlosigkeit« des Textes vortäuscht). Während der Mythos Ordnungen setzt, die ex definitione vollkommen und unanfechtbar sind, vergrößert die Groteske die beiläufigen Gegegenheiten des Lebens ins Monströse, damit sie erschreckend und zugleich belustigend wirken, wie unter dem Mikroskop das Auge einer Fliege, das der – allerdings karikierten – Kuppel des Petersdoms ähnelt. Eine weitere Eigentümlichkeit Manns besteht darin, daß die Mythen grundsätzlich von ungewöhnlichen, großen, zumindest aber von der Vorsehung auserwählten Gestalten handeln (*Der Erwählte*!), denn schließlich ist nicht jeder zu einem Gott geboren, ist nicht jeder ein Faust, ein Prometheus, ein Odysseus oder ein Ödipus (wie die Psychoanalyse behauptet). Der Kafkasche »Mythos« ist dagegen fern von den »Auserwählten«, ist der Mythos des Jedermann, des grauen, ungeschönten, beschwerlichen und trostlosen menschlichen Schicksals. Daher seine »Aufnahmefähigkeit« für Designate – und seine Wirkung auf uns.

Über längere Zeit der gesellschaftlich auskristallisierten Deutung ausgesetzt, wird ein Werk dieser Art zumeist mit der Bezeichnung »sonderbar« versehen. Als phantastisch bezeichnet man es weniger, weil in dieser Bezeichnung eine gewisse Anerkennung mitschwingt; man sagt ja: »Das ist ein phantastischer Mensch«, aber selten: »Das ist eine phantastische Krankheit«. Als phantastisch gilt eher, was sich mit den bekannten Mustern des Phantastischen deckt – dem Märchen, der philosophischen Fabel, der Legende usw. Deshalb galt das Werk Kafkas bei uns (in Polen; Anm. d. Ü.) lange als »sonderbar«; einen ähnlichen Fall haben wir in den Theaterstücken von Witkiewicz, die nach Ansicht der Rezipienten eine Ansammlung von Albernheiten darstellten, die nirgendwo zu fassen waren und im übrigen der Theorie der »reinen Form« widersprachen, die Witkiewicz mit nicht geringem Eifer verbreitete.

Dieser Zustand bessert sich jetzt, dank der (teils noch unveröffentlichten) Arbeiten von J. Błoński. Es hat sich gezeigt, daß es eine Ebene gibt, auf der sich die Kunsttheorie wie auch die Werke von Witkiewicz so integrieren lassen, daß eine ganz und gar sinnvolle und kohärente Einheit entsteht. Die »reine Form« erweist sich nicht als Selbstzweck, sondern als Mittel zum Zweck. Das axiologische Zentrum der Welt von Witkiewicz bildet das »Geheimnis der Existenz«, ein Zustand, in dem man die Merkwürdigkeit des Daseins total erlebt. Diesen Zustand streben alle seine Helden an, und die Theaterstücke stellen ein Panorama ihrer Niederlagen dar. Dieser ersehnte Zustand ist nicht direkt, umweglos zu erreichen, denn er entsteht im Verlaufe von Tätigkeiten, die ihre eigenen gegenständlichen Zwecke verfolgen: er entsteht im kreativen Künstler und im Philosophen, im glühenden Liebhaber und im Herrscher, und so möchten denn auch diejenigen, die das begriffen haben, solche Tätigkeiten von den ihnen gleichgültigen realen Zwekken abspalten, weil es ihnen nicht um diese geht, sondern um das »Geheimnis«. Die widerwärtigen und komischen Zukkungen der Helden beruhen auf der Vergeblichkeit ihrer Bemühungen, den Erlebnisinhalt der Liebe, der Macht oder der Kunst zum Mittel zu machen, zu einer »leeren Form« gewissermaßen (deshalb die Rede von der »reinen« Form, die ihres alltäglichen Inhalts entleert ist), die vom Erlebnis des »Geheimnisses« ausgefüllt wird. Witkiewicz zufolge verfolgt die Mehrheit der Menschen, auch ohne das Wissen zu besitzen, welches die Wertehierarchie festlegt, nur halb- oder viertelbewußt die in der Welt erreichbaren Zwecke und ist vor allem darum besorgt, die »Merkwürdigkeit des Daseins« zu erfahren. Hier taucht ein eigentümliches Paradoxon auf: Je klarer jemand weiß, um was es ihm gehen *muß* – womit er zugleich begreift, daß das künstlerische Schaffen oder das Lieben nur eine Maske, eine Form des Empfindens des »Geheimnisses der Existenz« ist –, um so hilfloser wird er, denn dieses Überbewußtsein bringt ihn in die Lage, wider besseres Wissen zu handeln. Die Unwissenden, philosophisch nicht Bewußten kennen diese Schwierigkeit nicht und wissen in besonders intensiven und erhabenen Situationen selbst nicht genau, was sie erleben; sie haben nicht begriffen, daß der mystische Akt oder der Liebesakt nur äußerlich verschiedene Formen des Erlebens von etwas prinzipiell Identischem sind. Ohne zu wissen, was sie erreichen, erreichen sie es dennoch sicher und gewandt, denn sie handeln authentisch. Das

Elend der Eingeweihten ist, daß sie Bescheid wissen, daß es nicht um die Macht oder die Liebe geht, sondern um das, was als Empfindung daraus erwächst; aber sowenig man authentisch lieben kann, wenn man des Geldes wegen heiratet, so kann man es auch nicht, wenn die Liebe als Mittel dienen soll, um etwas anderes (»das Geheimnis der Existenz«) zu erlangen.

Den Eingeweihten ist somit bei jeglichem Tun Spontaneität und Authentizität verwehrt; je klüger sie sind, was die axiologische Unterscheidung betrifft, um so ratloser sind sie; schließlich glaubt nicht der am besten, der begriffen hat, wie überaus vorteilhaft der Glaube ist. Ein sonderbarer Unterschied zu Schopenhauer, der die menschlichen Tätigkeiten einteilte in »niedere«, »eigennützige«, die den »Willen«, d.h. die körperlichen Begierden befriedigen, und andererseits in »uneigennützige«, die den blind in uns wirkenden Willen lähmen, wie die Philosophie und die Kunst. Witkiewicz zufolge sind alle Tätigkeiten »eigennützig«, denn sie sind *Formen*, mit dem »Geheimnis« in Berührung zu kommen, nur gelingt das besser mittels Kunst und Philosophie. Nicht jeder kann aber Künstler oder Philosoph sein; doch was man auch tut, hat keinerlei Bedeutung außer einer dienenden. Dies erinnert ein wenig an Yoga, nur daß es nicht asketisch ist, denn natürlich gelangt man gerade durch verschiedene »Tollheiten« und »Zügellosigkeiten« zum ontischen Höhepunkt. Im Grunde liegt jedoch selbst in der Ausschweifung eine Spur von Askese, denn es geht ja nicht um sie selbst, sondern um das »Geheimnis« und die »Merkwürdigkeit der Existenz«. Daher ist denn auch die Sexualität bei Witkiewicz eher kalt – sie ist Mittel, nicht Zweck.

Seinen Figuren gelingt deshalb entweder nichts, oder es gelingt ihnen auf Anhieb zu gut: Sie erlangen wirkliche Macht oder wirkliche Gefühle, doch sogleich haben sie damit ungeheure Schwierigkeiten, obwohl sie weder diese noch die Macht noch die Liebe wollten, sondern etwas anderes. Hat so ein Held sich verliebt, dann »legt er sofort den Rückwärtsgang ein«, und als Herrscher verfällt er in regelrechte tyrannische Konvulsionen; für einen Uneingeweihten ist das objektiv ein verrücktes Verhalten, unter dem Aspekt der zuvor entsprechend festgelegten Werte durchaus kohärent. Die scheinbar fehlende Folgerichtigkeit ist gerade folgerichtig, nur auf einer anderen Ebene. Das Überbewußtsein wirkt bereichernd, weil es deutlich macht, worin der eigentliche Wert liegt, und zugleich verarmend, weil es vereitelt, daß man ihn erreicht. Wenn aus der Form der realen Tätigkeiten der Inhalt der auf wirkliche Zwecke gerichteten Begierden und Gefühle entschwindet und sie zu einer »reinen« Form wird, beginnt sie, verödet, zugleich zu zerbrechen. Das ist der Widerspruch einer Authentizität, die als Mittel zur Erreichung von etwas außer ihr selbst aufhört, authentisch zu sein – und folglich als Mittel immer versagt.

Das Werk von Witkiewicz läßt sich also psychologisch und dann wieder beinahe »realistisch« interpretieren. Es ist ein hoffentlich treffendes Beispiel dafür, daß ein Werk, wenn es nicht in ein geeignetes Bezugssystem einzuordnen ist, nicht ganzheitlich rezipiert werden kann. Und zugleich belegt es den Wandel vom »Sonderbaren« und »Phantastischen« zu einer organisierten Einheit, die sich erfassen, begreifen, diskursiv beschreiben und aus philosophischen Prämissen ableiten läßt.

Gombrowicz' *Kosmos* stellt sich, buchstäblich genommen, als eine Serie von sonderbaren (schon wieder!) Ereignissen dar, die zugleich kaum eine Bedeutung haben. Geschildert wird eine Ermittlung, die anhand eines bewußt kargen »Indizien«materials durchgeführt wird – denn »in der Beschränkung zeigt sich erst der Meister« –, um vorzuführen, wie eigentlich für den Menschen ganzheitliche Bedeutungen aus Ereignissen entstehen, aus Fährten, in denen sich sein Denken bewegt, während er diesem Denken auf der Spur ist. Die Ausgangssituation ist völlig harmlos: Zwei junge Leute mieten in der Sommerfrische bei einer bürgerlichen Familie ein Zimmer, und im Grunde geschieht nichts: Wände, Türen, Gärtchen, Rasen, Büsche – alles ganz harmlos und ohne jede Bedeutung. Isolierte Details – hier ein verendetes Vögelchen auf einem Stöckchen, dort ein Gesichtszug auf der Mauer, eine Narbe am Mund einer Frau – sind zunächst nichtssagende Elemente. Aber in der Öde der Sommerfrische kann man sich an ihnen festbeißen, kann man aus dem ersten den Anfang eines Fadens, aus den anderen Elemente einer schwer zu lösenden Denksportaufgabe machen. Erst einmal durch die Überschüsse der ihnen zugeschriebenen Bedeutungen aneinandergeklebt, gewinnen sie einen inneren Zusammenhang, ergeben sie eine *Richtung* und eine Bewegung, denn je mehr man sozusagen schon »rekonstruiert«, »verstanden« hat, um so mehr kommt der Prozeß der »semantischen Ermittlung« in Schwung. Aus einem Irrtum entsteht so ein System, aus einem Mißverständnis ein Drama, aus einem chaotischen Nichts eine Ordnung. Die Entstehung dieses Prozesses wird anschließend unwesentlich, denn nachdem er sich verselbständigt hat, zu einem »ergodischen« Prozeß geworden ist, drängt er vorwärts bis zum Finale, denn er muß notwendig so enden, daß er zu einem Ganzen wird. Der Schluß ist eine Katastrophe: eine Leiche. Diese Leiche ist freilich eine Geschichte für sich, d.h., der Selbstmord hatte seinen eigenen, realen, uns nicht bekannten Anlaß, aber dem Handlungszug der phantasmagorischen »Ermittlung« hat sich nun eine zweite, nicht ausgesprochene, unbekannte Ereignisfolge überlagert. Damit aber beginnt sicherlich eine andere, normale, kriminalpolizeiliche Ermittlung, die den Autor aus verständlichen Gründen nicht interessiert. *Kosmos* ist somit die Geschichte der Elephantiasis eines Irrtums, der »kosmische Bedeutungen« annimmt, und im Rückblick ist noch nicht einmal sicher, ob es nur ein Irrtum war. Der Zufall ist zu einer Gesetzmäßigkeit, einer ehernen Denkregel geworden. Demnach wurde die Psychologie der Erzeugung von Bedeutungen, von Situationen, von Weltverständnis richtig beobachtet. Also doch Realismus...

Das Werk zeigt nämlich – wenngleich übertrieben, d.h. in der Vergrößerung – den wirklichen Mechanismus der Entstehung von Bedeutungen, wenn ein Mensch sich in einer bestimmten Umgebung zu orientieren versucht. Die Dürftigkeit der Situation, die verschwindend geringe Vielfalt der Ausgangsereignisse reinigt gleichsam das Erfahrungsfeld, damit deutlich wird, daß die Orientierung in der Welt nicht in deren passiver Abbildung besteht, sondern durch die Erzeugung von Bedeutungen entsteht, die zu produzieren für den Menschen ebenso notwendig ist wie das Atmen. Die Logik des menschlichen Vorgehens, die sich normalerweise darin äußert, daß er nach den Ursachen einer jeden Erscheinung sucht, führt zur Bildung von Kausalketten, doch wenn dieses Verfahren auf die Spitze getrieben wird, wird die rationalistische Haltung, auf der es beruht, zur Absurdität, zur Leugnung der Beliebigkeit und Zufälligkeit von Phänomenen, die für die Situation unwesentlich sind. Die Welt zu verstehen heißt, sie zu ordnen, indem ihren Elementen Namen zugewiesen werden, die eine semantische Ganzheit ergeben; die Aktivität des Geistes drängt jedoch zu einem Mißbrauch der Methode, zum Ordnen auch dessen, was an sich weder geordnet war noch ist; die Weigerung, sich mit einer bis zu einem gewissen Grade chaotischen Welt abzufinden, führt zu einer eigentümlichen semantischen Paranoia, die auch für die Entstehung religiöser Glaubensvorstellungen verantwortlich gemacht werden könnte – und nicht nur für Vorurteile oder Mißverständnisse und Irrtümer von Detektiven. Künstlerische Gedankengänge dieser Art, die sich natürlich nicht unbedingt mit den »semantischen Zwangshandlungen« der Menschen befassen müssen, benutzen gern die Methode, die Helden in einer isolierten Situation zu zeigen, weil in der Vereinzelung deutlicher wird, um was es bei dem jeweiligen Experiment geht. Das Nichtveristische, das Unwahrscheinliche im Sinne der »Lebenspraxis«, das Künstliche, durch das sich die Ausgangssituation moderner Theaterstücke auszeichnet, hat denselben Grund wie die »Unnatürlichkeit« der Situation im Labor eines Wissenschaftlers, der die Versuchstiere vor eine »sonderbare«, in der Natur nicht vorkommende Situation stellt, um eine Antwort auf die ihn interessierende Frage zu erhalten.

Man sagt bisweilen, die Literatur erfülle drei Funktionen, die nicht unbedingt voneinander getrennt sein müssen, nämlich eine informierend-beschreibende (sie schildert das, *was ist*), eine normativ-didaktische (sie sagt, was *sein soll*) und eine spielerische (unterhaltsame), die sich darin erschöpft, mit den bedeutungstragenden Elementen eines Ganzen zu spielen, Elementen, die sich intentional entweder auf das semantische Universum der jeweiligen Kulturformation oder auf ein Universum beobachteter menschlicher Verhaltensweisen beziehen. Im letzteren Falle fasziniert oder belustigt uns die Kombinatorik der Bedeutungsinhalte, die nur auf das Gefühl und darüber hinaus auf keinerlei Erkenntnisziele gerichtet ist. Aber auch diese Klassifikation kann keinen Absolutheitsanspruch erheben, da sie wie jede auf kategorialen Voraussetzungen beruht, die einem historisch bedingten Bezugssystem entstammen. Man kann von einem Hammer schließlich auch nicht sagen, daß er ein Instrument zum Einschlagen von Nägeln sei, denn er kann, an einer Schnur aufgehängt, ebenso als Anker eines Magneten oder als Objekt des ästhetischen Genusses dienen, falls wir in ihm ein Relikt aus dem Altertum sehen. Ob ein Werk uns über das Sein oder über das Sollen informiert oder ob es nur »autotelisch unterhaltsam« ist, ist ebenfalls kein immanentes Merkmal des Werkes. Indem ich das sage, schwäche ich bewußt das Gewicht der zuvor angeführten Interpretationen ab; es gibt aber auch kein Werk – zumindest kein Werk, das »zählt« –, dessen Bedeutungen durch eine optimale Interpretation »restlos« ausgeschöpft würden. Unter synchronischem Aspekt hinterlassen die Deutungen gewöhnlich einen »Rest« im Werk, der selbst durch eine optimale Interpretation nicht mehr zu deuten ist, und unter diachronischem Aspekt treten Prozesse auf, die einstmals optimale semantische Rezeptionsstrategien absterben lassen. Der Radikalismus eines Rationalisten und Theoretikers, der das Werk auf die durch eine optimale Deutung gewinnbaren Sinngehalte reduzieren möchte, wird, verabsolutiert und auf die Gesamtheit der literarischen Werke angewandt, unsinnig, denn dann wird das Werk selbst gegenüber dem entdeckten »Schlüssel der Bedeutungen« zu etwas Überflüssigem: Man braucht bloß herauszufinden, »um was es dem Autor ging«, und schon kann man die ganze Problematik der Lektüre »vergessen«. Aber die Deutungen dominieren nicht unabänderlich gegenüber dem Werk. Ein phantastisches Werk, das als Prognose unglaubwürdig geworden ist, kann einen nicht-prädiktiven Wert offenbaren, wenn uns z.B. gerade sein prognostisches Versagen belustigt oder wenn wir in ihm ein Bild des Geisteszustands einer früheren Epoche finden. Ein solcher Sieg des Textes über die Bedeutungen, die urprünglich nach den

Absichten des Autors festgelegt wurden, steht oft im Widerspruch zu diesen Absichten. Die Zukunftsvision von Bellamy verblüfft uns nicht durch ihre futurologische Sicht, sondern sie erheitert uns vielmehr; gehen wir über den auf diese Weise entdeckten »spielerischen« Charakter des Textes hinaus, so erkennen wir in dieser Vision den Horizont der zivilisatorischen Wunschträume, die in jener Zeit geträumt wurden. Wir ordnen das Werk dann natürlich neu ein, denn nicht die Zukunft, sondern vielmehr die Vergangenheit (d.h. die Formation, die den Verfasser formte) ist für uns als Leser das passende Bezugssystem. Dies ein Beispiel dafür, wie sich eine paradigmatische Funktion zur idiographischen wandeln kann, ohne daß der Text des Werkes angetastet wird.

Inzwischen wissen wir allerdings, daß es eine Idiographie, die keinerlei Interpretation enthielte, selbst in der Wissenschaft nicht gibt; um so größer der Spielraum möglicher Schwankungen, der sich damit in der Literatur öffnet. Selbst das getreueste Protokoll von Verhaltensweisen stützt sich stets auf kulturelle Schemata, und daher können wir den »Geist der Epoche« in ästhetischer und metaphysischer Hinsicht, aber auch die Faktoren der sozialen Gliederung selbst aus einer Beschreibung eines Vulkanausbruchs ablesen. Wenn die Tatsachen nicht invariant sind, können es die Ontologien um so weniger sein; was der einen Kultur als heilig gilt, pflegt ja bekanntlich von der anderen verachtet, verspottet oder attackiert zu werden, und daher stellen auch die metaphysischen Elemente eines Werkes keine übergeschichtlichen Invarianten dar.

Nur wenn man die obigen Einschränkungen berücksichtigt, darf man sagen, daß das »Kreative« häufig bedeutet, daß der Schriftsteller aktiv in die Welt eingreift, um »Gegebenheiten« zu schaffen, und daß er damit von einer getreuen – und passiven – Idiographie der Welt zu einer nach Gesetzmäßigkeiten suchenden, d.h. nomothetischen Auffassung der Phänomene übergeht. Das »Unwahrscheinliche«, »Phantastische« und »Sonderbare« sind allenfalls Nebensächlichkeiten, Umstände, die dem Problem untergeordnet sind, und es ist allein dem größeren Scharfsinn der Leser von mathematischen Arbeiten zuzuschreiben, daß sie imaginäre oder irrationale Zahlen nicht als Ausgeburt einer phantastischen Launenhaftigkeit der Mathematiker aufgefaßt haben.

Andererseits erreicht die Literatur nie ein solches Maß an »lokaler Unzulänglichkeit« wie die wahrhaft formalen Konstruktionen der Mathematik, und wenn die dienende Funktion der örtlichen Elemente eines Werkes gegenüber seiner semantischen Ganzheit allzu weit getrieben wird, wird sie zu einer nicht geringeren theoretischen Verirrung als das totale Desinteresse an der Problematik der Integration durch den Rezipienten. Schließlich ist die Literatur – selbst in jenen Werken, die insgesamt vollkommen kohärent sind – nicht bloß eine Denksportaufgabe mit verstreuten Teilen, nicht nur eine Art Palimpsest oder Chiffre, und die Aufgabe des Rezipienten besteht nicht ausschließlich darin, die bereitgestellten Elemente so präzise zu integrieren, daß jede lokale Eigentümlichkeit, alles Phantastische, jeder »merkwürdige« Reiz des Textes verschwindet und durch die Integration in ein Glied einer kognitiv möglicherweise wertvollen Beweisführung verwandelt wird. Dieses Problem – wann man mit der Integration innehalten soll – läßt sich nur nach vernünftigem Ermessen oder intuitiv entscheiden, wobei als Prüfstein oft die gesellschaftlich verfestigte Norm der Rezeption eines Werkes herangezogen wird. Eine Beobachtung aus der Soziologie der Rezeption zeigt uns darüber hinaus, daß – so merkwürdig es auf den ersten Blick auch scheinen mag – Werke, die weder in den Kreisen der Kritiker und Kenner noch von den gewöhnlichen Lesern integriert worden sind, sich einer besonderen Popularität erfreuen. Ich kann nicht sagen, ob es immer von den gleichen psychischen Mechanismen abhängt, daß die Leser an nichtintegrierten Texten Gefallen finden; ich weiß auch nicht, wie groß bei der allgemeinen Anerkennung, die Werke vom Schlage Witkiewicz' finden (die zwar anregend sind, aber nicht immer richtig verstanden werden), der Anteil des gewöhnlichen Snobismus, der Mode, des statistischen Faktors der »Kettenreaktion« der Popularität ist, und welchen Anteil der in keiner soziologischen Untersuchung erfaßbare »Zeitgeist« hat, der auf einer im Sinne jedes nur denkbaren Diskurses außerintellektuellen Ebene der Integration zwischen bestimmten Werken und bestimmten Lesern einen Gleichklang herstellt. Es unterliegt aber – zumindest für mich – keinem Zweifel, daß häufig zu beobachtende Erscheinungen, wie das »Altern« bestimmter Werke, die anfangs sehr beliebt sind, während andere zunächst unpopulär sind, dann aber immer »leichter« rezipiert werden (siehe das Schicksal der Dichtungen Tuwims und Leśmians im diachronischen Vergleich), einen stochastischen und gleichzeitig einen Rückkoppelungscharakter haben. Bestimmte gestalthafte Strukturen solcher Werke »kommen« ja im Laufe der Zeit durchschnittlich bei den nächsten Generationen von Texten »an«, die ihnen nicht selten in formaler und inhaltlicher Hinsicht widersprechen, und anfangs hermetische Systeme von Kodezeichen beginnen sich – nicht im Sinne plötzlicher Offenbarungen, die sich den Lesern aufdrängen! – gleichsam in die Rezeptionshaltungen hineinzufressen, bis sie assimiliert sind und einen nicht mehr wegzudenkenden Bestandteil des geistigen Fundus ausmachen.

Die Forschungen der strukturalen Linguistik und eigentlich auch unsere Ausführungen lassen ja einen wesentlichen Aspekt der menschlichen Kommunikation außer acht, der freilich für die eindeutigen, logisch aufgebauten Systemabstraktionen unzugänglich ist. Ein Kind erlernt die Sprache schließlich nicht so, wie es sich aus den Theorien der »generativen Grammatiken« und den paradigmatisch-syntagmatischen Modellen ergibt; der wesentliche Unterschied besteht darin, daß all diese Modelle vollkommen geordnet und exakt sind, während der Lernprozeß merkwürdig unordentlich, ja sogar chaotisch ist, denn nicht die Theorie ist es, was das Kind zuerst kennenlernt, sondern eben die Sprache, so wie sie täglich gesprochen wird, mit der es vom Morgen bis zum Abend überschüttet wird und die es assimilierend in sich aufzunehmen scheint – und es kann nicht sein, daß das »Lernen« der fleißigen Rezipienten von Literatur sich gänzlich anders abspielt. Die Forderung nach einer semantischen Theorie der Kommunikation, einer Theorie, die uns eindeutige Formeln, eindeutige Schemata und eindeutige, determinierte und determinierende Gesetze des großen Spiels der

Bedeutungen liefern soll, ist denn auch von vornherein zum Scheitern verurteilt, da sie der Stochastik der semantischen Phänomene völlig hilflos gegenübersteht. Das Verstehen kann sich ja auf unendlich vielen Ebenen vollziehen – vorahnend, vermutungsweise, vage, bruchstückhaft, im engen Sinne dunkel –, und dabei ist der unzergliederte Inhalt der Mitteilungen zugleich stark in deren emotionalen Korrelaten verwurzelt, denn das Gefühlsleben, das von der Forschung vollkommen außer acht gelassen wird, ist ja kein informationales Neutrum, noch ist es etwas Aufgesetztes oder Angestücktes, so etwas wie eine eigene »Schicht«, die sich den Inhalten überlagert oder sie sekundär begleitet.

Doch hier lassen uns nun die hilfreichen Theorien völlig im Stich. Was bedeutet es eigentlich – außerhalb der Sphäre von Säuferanekdoten –, daß Menschen, die keine gemeinsame Sprache haben, sich beim Schnaps irgendwie miteinander verständigen können? Sollte es sich bloß um psychische Zustände handeln, die sich durch die gemeinsame Abstumpfung mittels des Alkohols angleichen? So ist es denn doch nicht. Wenn wir in eine Situation geraten sind, deren semantische Struktur – und das heißt: die Entwicklungsrichtung, die Verteilung der Hauptakzente, die Bedeutung der ringsum ablaufenden Aktivitäten – wir nicht verstehen, stellen wir uns – sofern es eine menschliche Situation ist und nicht die irgendwelcher Insekten – rasch auf die allgemeine Stimmung ein, wenn es eine solche gibt; wenn jemand aber die Stimmung der Erwartung, des Grauens, des bevorstehenden Urteils oder der unbekümmerten, entspannten Fröhlichkeit erfaßt und sich gefühlsmäßig darauf einstimmt, kann man nicht sagen, er verstehe überhaupt nicht, was geschieht. Theoretisch wäre es zwar möglich, auch in diesem Fall die empfangene Information analytisch zu zerlegen in die Körperhaltung der Menschen, ihren Muskeltonus, ihre Lippenbewegungen, den Ausdruck der Spannung oder des Lächelns auf ihren Gesichtern, doch würden wir auf diese Weise nur einen Bruchteil der Elemente erfassen, die tatsächlich am »emotiven Kommunikationskanal« beteiligt sind. Es gibt ja Menschen, die einem anderen bloß in die Augen zu schauen oder seine Hand zu halten brauchen, um herauszufinden, an welchen

Gegenstand er denkt, wo er ihn versteckt hat usw., und solche Phänomene, die man auch von den berühmten Täuschungen mit dressierten Tieren kennt (die Pferde von Elberfeld!), deuten darauf hin, daß man ohne Zuhilfenahme der Sprache, der Gestik, ja sogar der Mimik weitaus mehr Informationen vermitteln kann, als die Theoretiker sich träumen lassen. Die Hypothese der Telepathie wird sogleich hinfällig, wenn man solche Menschen in einem Experiment von ihren Partnern isoliert; die Zahl der Fälle, in denen sie etwas richtig erraten, entspricht dann dem Zufallsprinzip. Auch Texte, die man aufnimmt, ohne sie zu verstehen, liefern durch lokale Eigentümlichkeiten eine Information, die, wenn nicht auf der semantischen, so doch auf der emotiven Ebene integriert werden kann. Die Zergliederung des Stroms der affektiven Reize würde jedoch nicht zu einer primitiven, polaren Einteilung führen, bei der man ein rundes Dutzend gegensätzlicher Begriffe an den Endpunkten entsprechender Achsen aufreihen könnte (»Freude – Trauer«, »Liebe – Haß« usw.). Eine Theorie der emotionalen Information besitzen wir jedoch nicht und werden wir auch sobald nicht bekommen: Der Einfluß der gefühlsmäßigen Einstellungen auf den ganzen Bereich der semantischen Auskristallisierung von »Verstehen« und der Zusammenhang dieser beiden »Räume« (des affektiven und des semantischen) ist den analytischen Methoden, die wir heute besitzen, verschlossen. Es fehlt uns nämlich an einer Theorie, die eine formale Untersuchung von Systemen erlauben würde, die gleichzeitig durch eine Vielzahl von Kanälen mit einer bestimmten Umwelt verbunden sind, und zwar derart, daß bestimmte Elemente der Umwelt Informationsträger darstellen, die hinsichtlich ihrer Kodierung an den »Eingängen« sogar identisch sein können, die dann aber innerhalb des Empfängers so getrennt und gemischt werden – nicht zufällig, sondern nach einem Organisationsprinzip, das wir nicht kennen –, daß Dinge, die objektiv durchaus nicht kohärent zu sein brauchen, subjektiv kohärent werden. Ein solches System funktioniert nämlich in der Weise, daß – aus seiner Sicht – zwischen den Wahrnehmungsobjekten und ihm selbst ein »Pulsieren« oder »Kreisen« von Informationen stattfindet, das eine weit größere Menge von Codes umfaßt, als sie ein äußerer Beobachter (d.h. ein Beobachter, der nur die »Eingänge« und »Ausgänge« des Empfängers und dessen direkte Umgebung wahrnimmt) feststellen könnte. Denn wenn dieser »Empfänger« (ein Mensch) beim Anblick des sturmbewegten Meeres dieses als »zornig« bezeichnet, fügt er in die empfangene Information bereits Elemente eines vollkommen innerlichen Codes ein, der durch das Repertoire seiner Gefühlszustände gegeben ist, und diese »emotiven Codes« projiziert er dann wieder auf die äußere Erscheinung; mag es uns in einer so einfachen Situation noch gerade gelingen, zwischen der »Codeeigenschaft« des Wahrgenommenen und der »über den Code hinausschießenden Eigenschaft« des Empfängers zu unterscheiden, so werden wir in sehr viel verwickelteren Situationen eine solche Trennung nicht mehr durchführen können. Aus den emotiven Einstellungen ergeben sich nämlich *auch* semantische Resultate, die wiederum auf dem Wege der Rückkoppelung, der Steuerung und der Transformation auf die Anfangsverteilung der sich aktualisierenden »emotiven Codes« einwirken, und daraus entsteht ein ungemein kompliziertes, auf vielen Ebenen ablaufendes Spiel innerhalb des »Empfängers«; den Schlüssel zu diesem Spiel könnte – wieder einmal! – die vollkommene Physikalisierung der biologischen Welt und der kulturellen Programmierung jenes Systems liefern, das der wahrnehmende, empfindende und irgendwie die Perzepte verstehende Mensch darstellt. Die bislang vorherrschende analytische Einstellung möchte die funktional grundsätzlich zusammenhängende Tätigkeit des Geistes in möglichst voneinander unabhängige Abläufe aufspalten (und sie findet solche Abläufe in den logisch-informationalen Prozessen). Die dabei übergangenen Aspekte verschwinden aber objektiv nicht, auch wenn sie aus dem Gesichtskreis des Forschers entschwunden sind. Wir können uns hier nicht über die Ideen und Hypothesen zur Darstellung emotionaler Phänomene auslassen; nur soviel sei gesagt, daß die bislang vorgetragenen nicht überzeugen. Es ist natürlich möglich, sie auf »switching problems« zu reduzieren, auf Probleme der Umschaltung wandernder Signale, wobei dann aus »Werten« bloße »Entscheidungen« werden, die an diesen Weichen fallen. Auf diese Weise stellen wir vom gesamten Gefühlsleben jedoch nur das System der Steuerungen dar, die beim Handeln selektiv auf Ziele in der Umwelt ausgerichtet werden, was insofern trivial ist, als schließlich jeder Organismus Teile der Umwelt selektiv »bewerten« muß: Für den Dürstenden ist Wasser ein »Wert«. Solche primitiven Modelle taugen jedoch nicht, wenn man herausfinden möchte, warum die emotive Sphäre als ein stimmendes, einstimmendes System auf mentale Operationen semantischer Art einwirkt, nicht aber auf Operationen, die darin bestehen, in der Umwelt nach »Werten« zu suchen, und die sich in Akten der Abstoßung oder der Anziehung manifestieren. Wenn man beispielsweise sagt: »Tout comprendre, c'est tout pardonner«, dann geht es nicht allein um das Erkennen der *kausalen Struktur* der Vorgänge, die einen Menschen zu einem Vergehen veranlaßt hat, sondern auch um die emotionale »Einstimmung« in seinen Zustand zum Zeitpunkt der Tat; ein »Empfindungs«modell ist jedoch nicht dasselbe wie ein »Beziehungen aufzeigendes Modell«. Das »gefühlsmäßige Verstehen«, das »Begreifen von Gefühlen« oder »durch Gefühle« – das sind heute bloße Metaphern oder Etikette, die wir Erscheinungen anheften, deren Mechanismus wir nicht verstehen. Die naive Hypothese, das Intellektuelle und das Emotionale seien »getrennte Dinge«, läßt sich nicht aufrechterhalten. Wir bezweifeln nicht, daß diese Erscheinungen in unterschiedlichen Zentren des Gehirns lokalisiert sind, doch für das Problem, ein Modell des »verstehenden Verhaltens« zu entwickeln, ist das ebenso unerheblich, wie die Lokalisierung der sprachlichen Funktionen – in mindestens drei Zentren der Großhirnrinde – für ein Modell der Sprache unwichtig ist. Daß sie nicht an einer Stelle und noch nicht einmal innerhalb eines Systems lokalisiert sind, spielt keine Rolle, da sie dennoch eine *funktionale Einheit* bilden. Historisch hat sich bei uns die höchste Wertschätzung für die obersten intellektuellen Funktionen des Gehirns herausgebildet, während verschiedene Doktrinen, darunter auch die Psychoanalyse, uns lehrten, die affektiven Phänomene als eine Art von »subkortikalen Schädlingen« zu betrachten, die bloß das »seelische Gleichgewicht« stören.

Für die Psychoanalyse sprach, daß sie nicht im psychologischen Laboratorium, sondern in der Klinik entstanden ist, daß also die Pathologie der Affekte ihre Domäne war; die Ansicht, Emotionen seien »Störfaktoren«, hat jedoch auch auf andere Forschungsdisziplinen übergegriffen.

Der Psychologie ist auch bekannt, daß ein starkes emotionales Engagement das Bewußtseinsfeld einengt, Beurteilungen verzerrt, zu Auffassungen und Entscheidungen führt, die logische Mängel besitzen; solche Phänomene lassen sich ja auch unschwer feststellen. Emotionen können uns aber genausogut bei höheren geistigen Tätigkeiten behilflich sein, und das tun sie zweifellos auch; diese »Hilfe« hat indes nicht den Charakter eines zusätzlichen Rades am Wagen, noch einer weiteren Stütze, sondern sie bildet einen integralen Bestandteil dieser »höheren Tätigkeiten«, die ohne sie einfach nicht möglich wären. Die Emotionen scheinen nämlich ein Faktor der generalisierenden Restriktion zu sein, der dazu beiträgt, daß man sich erinnern kann und nach den richtigen Erinnerungen (»Engrammen«) sucht, ein Faktor, der lenkend die Entwicklung des strategischen Baums der gedanklichen Suche beim Theoretiker, Künstler und Forscher »einengt«, so daß man in ihm die Antwort auf das Rätsel zu suchen hat, wie es möglich ist, daß ein Mensch innerhalb von Sekunden (obwohl mit »neuraler Langsamkeit«) bewältigt, was die Maschine (trotz ihrer »elektronischen Schnelligkeit«) nicht in der hundertfachen Zeit schafft. Die »Störungstheorie« (die nie als solche artikuliert wurde, aber dennoch unter diesem Namen durch die Wissenschaften geistert) ist das Resultat der Tatsache, daß Phänomene, die man theoretisch nicht zu fassen vermochte, aus dem Bereich der Analyse »verdrängt« und anschließend »beschuldigt« wurden, selbst daran schuld zu sein, daß man sie übergangen hat, weil sie an den höchsten Aktivitäten des geistigen Schaffens lediglich als »Rauschen« teilhaben. Übrigens hat die ganze Tradition unserer Kultur,die den »Körper plus Emotionen« als polaren Gegensatz zum »logischen Geist«, zur »reinen Vernunft« (zum »logos«!) auffaßte, auf das Entstehen jener Situation hingewirkt, die auch wir uns geschaffen haben. So kann man denn auch von durchaus vernünftigen

Menschen nicht selten hören, die Literatur, ja die Kunst insgesamt sei so etwas wie eine »Reizung der subkortikalen Zentren« des Menschen, die das Gefühlsleben steuern, das gewiß ungemein wertvoll, aber dennoch irgendwie niedriger sei als die »reine Vernunft«. Solche Vorurteile behaupten sich mit einer seltenen Zähigkeit. Wir sind auf sie nicht gut zu sprechen, weil sie mitverantwortlich sind für den fatalen Zustand, daß wir in der so bedeutsamen Frage des Zusammenhangs zwischen der semantischen und der emotionalen Sphäre der Informationsverarbeitung beim Menschen kaum ein paar verworrene Worte hervorzustottern vermögen.

Der Stand der theoretischen Erkenntnis im Bereich der Information hat sich zwangsläufig in unserer Behandlung des Themas niederschlagen müssen. Wir haben literische Werke so beschrieben, als seien ihre kognitiven Werte nicht nur nicht trügerisch, sondern nahezu einzigartig. Das ist keineswegs der Fall; nicht immer sind Werke, die uns kognitiv hervorragende Offenbarungen auftischen, selber hervorragend. Die Literatur ist nicht nur eine Mimikry der Welt, die wir auf dem »höchsten« Niveau der geistigen Operationen und auf dem »niedrigsten« Niveau der sinnlichen Empfindung erfahren, sondern sie erstreckt sich über den ganzen Raum zwischen diesen beiden Ebenen; ohne Zweifel hat auch die »Semantik des Menschen« verschiedene, dieser gewaltigen Spannweite entsprechende Ebenen. Wir haben lediglich die Oberfläche dieser Erscheinungen untersucht, die sich in der Literatur niederschlagen; daß sich auf dem Grunde eines herrlichen Gedichts nicht selten ein – wenn er diskursiv ausgedrückt wird – Gemeinplatz oder eine Binsenweisheit verbirgt, entzieht sich unserer Methode. Mit dieser Erklärung unserer Ratlosigkeit müssen wir es bewenden lassen.

Nachwort

Das Reich der Literatur hat zwei nicht in gleicher Weise zugängliche Gesichter. In den Buchhandlungen biegen sich die Regale unter funkelnden Bänden; in den Bibliotheken wandern die Bücher von einer Hand zur anderen; die Druckereien drucken Erst- und Wiederauflagen; dieses Bild hält die Literatur selbst für das »wahre«, da es ihren Glauben an die außergewöhnliche Beständigkeit der Bücher bestätigt, womit natürlich nicht die physische gemeint ist, sondern jene, die der beste bislang bekannte Ersatz der Unsterblichkeit ist. Denn tatsächlich sprechen aus ihnen Tote zu uns.

So stellt sich die Synchronie der Literatur dar; ihre Historiker, die Schnüffler und Bibliophilen kennen jedoch den anderen Bereich der mumifizierten, von Staub überzogenen Bücherberge, wo die gefallenen Dramen mit den morschen Federn des Messianismus ruhen, die bibliographischen Friedhöfe, die Grabstätten eines erkalteten Denkens, das durch keine Lektüre mehr auferweckt wird, und dieser zweite Tod der Schreibenden, der nicht minder vollständig ist als der biologische, nur daß er ohne einen Todeskampf eintritt, scheint den zuvor geschilderten Anschein Lügen zu strafen; der bloße Gedanke, daß diese tote Region, die so stumm ist wie ein abgebrannter Wald, sich plötzlich mit allen Stimmen zugleich melden könnte, treibt einem die Haare zu Berge, würde das doch allzusehr an Szenen aus dem Tale Josaphat gemahnen...

Eine ungemeine Ähnlichkeit mit dem Reich des Lebens! Denn auch hier beobachten wir eine ungestüme Synchronie – Bewegung, Wachstum, Üppigkeit, unablässige Erneuerung, ein Emporklimmen und Schimmern der Kräfte, ein Pulsieren des unvergänglich kreisenden Blutes –, so daß es scheinen könnte, als würde in diesem Reich nichts für immer vergehen, sondern lediglich zu den Wurzeln hinabsteigen und von dort aus erneut seinen unaufhaltsamen Lauf antreten. Doch das, was wir zu Lande, in den Meeren und in den Lüften beobachten, ist nicht einmal ein Milliardenbruchteil jenes Lebens, das einmal existiert hat und das unwiderruflich zerfallen ist; geborstene Felsen enthüllen uns die Stein gewordenen mikroskopischen Spuren der einstigen Fülle; Tausende von Arten mußte die Evolution durch die Siebe der Auslese pressen, damit nicht alle in dem entstehenden Gemenge zerquetscht wurden, damit ein Keim, ein Insekt überlebte; diese Hekatombe, diese unabsehbare Menge, die in den Mahlgang der Vernichtung gestoßen wurde, ist ohne Zweifel entsetzlicher, in ihren Ausmaßen unvorstellbarer als jene, die dem Denken zuteil wird, das in der Hoffnung erkaltet, in der Nachwelt Gerechtigkeit zu erfahren, indem es in den Köpfen und Herzen späterer Generationen immer wieder von neuem lebendig wird. Doch während die absoluten Zahlen der Opfer nicht miteinander vergleichbar sind, dürfte wohl hier wie dort die gleiche verschwindend geringe Chance bestehen, Dauer zu erlangen, und in beiden Reichen herrscht die gleiche Absolutheit der statistischen Gesetze. Die Friedhöfe der Literatur, ihre still verstaubten Gräber nehmen im gleichen Maße mehr Platz ein als jener Teil der Literatur, der im »Kampf ums Dasein« bestanden hat und wieder aufersteht, in dem die unterirdischen Lagerstätten ausgerotteter Arten den Umfang der sichtbaren Biosphäre übersteigen. Und schließlich ist die Erinnerung an das, was einmal eine Offenbarung, eine epochale Erfindung in der Evolution, sei es der Körper, sei es des Denkens gewesen ist, allen Hoffnungen zum Trotze offenbar kurz. Es stimmt nicht, daß die Evolution ein verschwenderischer Markowscher Prozeß ist, der keine andere Erinnerung besitzt als jene, welche der Chromosomenbestand der lebenden Organismen bewahrt, während das Gedächtnis der Menschheit, das natürlich in den Werken gespeichert ist, weit zurückreicht und selbst allerfernste Errungenschaften getreulich bewahrt. Beide vergeuden unzählige Schätze, und beide wiederholen zwanzig- und hundertmal nacheinander Entdekkungen, die angeblich neu, erstmalig und einzigartig unter der Sonne sind, indem sie erfinden, was irgendwo vergessen ruht – ob nun unter Spinnweben oder im Felsgestein, was macht das für einen Unterschied? Die Gesamtbilanz, aus der deutlich wird, daß die Information vergeudet, rücksichtslos verschwendet, aufgegeben, vernichtet und verplempert wird, ist im organischen Leben die gleiche wie im geistigen Leben. Nur was unentbehrlich ist, wird bewahrt und weitergegeben. So wie das Blut, das in unseren Adern kreist, fast nicht vom Meerwasser zu unterscheiden ist, so kreisen in uns die Gedanken der Toten, die nicht an uns weitergegeben wurden, die aber noch einmal in der gleichen Gestalt erstehen, nur weil wir ihnen so ähnlich sind. Deshalb mehr Beachtung, mehr Achtung – und sei sie unwillig, ja sogar feindselig – vor der rücksichtslosen, absoluten Herrin der Jahrhunderte, der Statistik, denn sie hat die Herrschaft in beiden Reichen, dem des Lebens und dem des Geistes.

Krakau, im August 1967

Gesamtinhaltsverzeichnis

Band 1:

Band 2:

Die Werke von Stanisław Lem
in Einzelausgaben

Der Schnupfen
Kriminalroman. Aus dem Polnischen von Klaus Staemmler

Imaginäre Größe
Aus dem Polnischen von Caesar Rymarowicz und Jens Reuter

Mondnacht
Hör- und Fernsehspiele. Aus dem Polnischen von Klaus Staemmler, Charlotte Ecker, Jutta Janke und I. Zimmermann-Göllheim

Summa technologiae
Aus dem Polnischen von Friedrich Griese

Phantastik und Futurologie I
Aus dem Polnischen von Beate Sorger und Wiktor Szacki

Eden
Aus dem Polnischen von Caesar Rymarowicz

Die vollkommene Leere
Aus dem Polnischen von Klaus Staemmler und I. Zimmermann-Göllheim

Pilot Pirx
Erzählungen. Aus dem Polnischen von Roswitha Buschmann, Kurt Kelm, Caesar Rymarowicz und Barbara Sparing

Erzählungen
Aus dem Polnischen von Caesar Rymarowicz, Klaus Staemmler und I. Zimmermann-Göllheim

Phantastik und Futurologie II
Aus dem Polnischen von Edda Werfel

Dialoge
Aus dem Polnischen von Jens Reuter

Essays
Aus dem Polnischen von Friedrich Griese

Die Stimme des Herrn
Roman. Aus dem Polnischen von Roswitha Buschmann

Philosophie des Zufalls
Zu einer empirischen Theorie der Literatur
Aus dem Polnischen von Friedrich Griese

Kyberiade
Fabeln zum kybernetischen Zeitalter
Mit Zeichnungen von Daniel Mróz
Aus dem Polnischen von Jens Reuter u. a.

Also sprach GOLEM
Aus dem Polnischen von Friedrich Griese

Solaris
Roman. Aus dem Polnischen von I. Zimmermann-Göllheim

Rückkehr von den Sternen
Roman. Aus dem Polnischen von Maria Kurecka

Lokaltermin
Roman. Aus dem Polnischen von Hubert Schumann